国家社会科学基金项目资助（项目批准号：10BZW007）

文化保守主义思潮与中国现代文艺批评

黄 键 著

Wenhua Baoshouzhuyi Sichao Yu
ZhongguoXiandai Wenyi Piping

中国社会科学出版社

图书在版编目(CIP)数据

文化保守主义思潮与中国现代文艺批评/黄键著. —北京：中国社会
科学出版社，2017.8
ISBN 978 – 7 – 5203 – 1103 – 8

Ⅰ.①文… Ⅱ.①黄… Ⅲ.①保守主义—文化思潮—关系—
文艺评论—研究—中国—现代 Ⅳ.①D092.6②I206.6

中国版本图书馆 CIP 数据核字(2017)第 238493 号

出 版 人	赵剑英	
选题策划	罗 莉	
责任编辑	刘 艳	
责任校对	陈 晨	
责任印制	戴 宽	

出 版	中国社会科学出版社	
社 址	北京鼓楼西大街甲 158 号	
邮 编	100720	
网 址	http://www.csspw.cn	
发 行 部	010 – 84083685	
门 市 部	010 – 84029450	
经 销	新华书店及其他书店	

印 刷	北京明恒达印务有限公司	
装 订	廊坊市广阳区广增装订厂	
版 次	2017 年 8 月第 1 版	
印 次	2017 年 8 月第 1 次印刷	

开 本	710×1000 1/16	
印 张	26.25	
插 页	2	
字 数	341 千字	
定 价	118.00 元	

序

程正民

文化保守主义是一个十分复杂的问题，相当长的一个时期内，人们把它完全同革新相对立，完全同现代化相对立，斥之为封建复古，斥之为反对现代化，给予消极的、负面的评价。后来情况有了变化，人们逐渐看到文化保守主义本身复杂和矛盾的方面，看到它同现代化的复杂关系，看到它同现代化并不是完全对立的。我们当下在面向世界开放的同时，强调文化自信，强调宏扬民族文化精神，对中国现代文化史上的文化保守主义思潮进行历史的深入研究，对于思考传统与现代化关系这一重大问题，会给我们提供许多有益的启示。

黄键的专著《文化保守主义思潮与中国现代文艺批评》在前人研究的基础上，在研究中国近现代文化保守主义思潮方面有新的领悟、新的阐释，并且重点结合它同中国现代文艺批评的关系，将问题引向深入。

专著首先给我留下深刻印象的是研究方法。面对复杂和充满矛盾的问题，有两种不同的研究方法，一种是从概念到概念，从理论到理论，拿概念和理论当标签去套理论问题，其结果必然把问题简单化、片面化。一种是从历史事实出发，通过对历史事实的辨析去寻找历史的本来面目和历史的发展规律。专著的作者自觉地走后一条路，他以实证研究为基础，把问题交还给历史，在鲜活、生动的历史中展现问题的全部复杂性和矛盾。专著以文化保守主义和现代化的关系问题为中心，从清末到民初，从曾国藩到张之洞、康有为、梁启超，从严复到林纾，展示了中国文化保守主义思潮的生成过程。正是通过对这个历史过程的展示，对各种思潮和各种历史人物的深入研究，让我们看到了文化保守主义和现代化的关系是十分复杂的，是充满矛盾的：文化上的保守主义者可能是政治上的保守主义者，但也不一定是政治上的保守主义者；文化保守主义者不一定完全反对现代化，他们同现代化有或显或隐的联系，反之，主张现代化的也不完全反对传统，他们同传统有血肉的联系，对传统有割舍不断的情怀。由此，作者得出了一个重要的结论：中国现代文化保守主义同现代化并不是完全对立的，而是相互纠缠、相互渗透和相向而行的。这种看法对于我们理解中国现代文化保守主义同中国现代化的关系有很高的理论价值，对于当今正确处理传统和现代化的关系也有深刻的启示。

专著引起我关注的另一个问题是中国文化保守主义思潮同中国现代文艺批评的关系。如果说文化保守主义思潮先前已有不少研究成果，但真正深入到中国现代文艺批评领域来研究它的价值和影响，却是专著的特色，也是专著的主要内容。这种研究是对文化保守主义思潮研究的深化。作者在阐发这种影响时不是泛泛而论，而是深入到现代美学和文学批评的各个领域，从文学学科观念的建立、目的价值的美学重建——中国文化传统的美学化阐释，到晚清文体观念的建构，中国诗歌形式意识的重建与形式传统的再认识，都做了宏观的把握和细致的分析。比如指出传统主义者往往在形而上意味的宇宙观和人性论基础上对儒家文化和中国文化作了一种美学化阐释，从目的价值的层面上来体认与阐释本土传统文化，彰显传统文化的价值。比如指出梁宗岱通过对诗歌形式意识的深度重建，重新发现中国诗歌传统形式的内在意义和价值，使中国现代诗歌从对内容的追求回到诗歌本体的塑造上来。这些分析对于我们理解文化保守主义对现代美学和文学批评深层的和内在的影响，是很有启发意义的。特别需要看到的是，选择从美学和文艺批评的角度来研究中国文化保守主义思潮固然同作者从事的专业相关，更重要的是作者对两者的关系有深刻的认识。美学和文学批评是中国现代化思潮的先锋和栖身之地，文化保守主义同现代化的纠缠和渗透在这个领域也表现得较为突出。尽管文化保守主义有政治的、制度的、教育的、文化的诸多层面，但归根到底它更多的是一种精神追求，是人文的追求。从这个意义上说，美学和文学批评对于实现文化保守主义的最终追求的目标就显得更为重要，正如作者所说的，"文化保守主义的核心理念，就是坚持认为中国过去的思想与文化资源在现代社会仍有其效用和价值，甚至可以为中国在现代世界的生存和发展提供方向性的引导与助力"。

十五年前，黄键以博士论文为基础的专著《京派文学批评研究》出版，这是他学术研究道路的起点，作为导师，我为专著写了序言。在那本书中，他以扎实的个案研究为基础，对京派文学批评提出一些新的见解，比如指出不能简单地将海派批评归为社会批评，将京派批评归为审美批评，认为两者既有矛盾冲突的一面，也有相互渗透、相互补充和相互对话的一面。专著出版后得到业界的肯定和好评，厦门大学中文系教授俞兆平就当着我的面夸赞这本专著，其实当时他并不知道我是黄键的导师。十年磨一剑，黄键又捧出了新的专著。比起第一本专著，这本专著在保持原有的实证的、历史的研究的基础上，无论在研究的广度还是深度方面，都有新的进展。黄键在走向成熟，这让我感到欣慰。我也期待着他不断有新的成果和新的超越。

目　　录

导言 ……………………………………………………………（1）

第一章　中国近代文化保守主义思潮的生成 ………………（12）

　　第一节　"技艺"之崛起及其界限 …………………………（12）

　　第二节　两种知识界域的鸿沟 ……………………………（24）

　　第三节　文化民族主义与文化保守主义的纠缠 …………（30）

　　第四节　知识的有效性与合法性 …………………………（34）

　　第五节　知识世界的裂隙 …………………………………（44）

　　第六节　激进之后的反思与调适 …………………………（61）

第二章　启蒙的悖论:隐含读者意识与晚清文体观念的建构

　　　　　——以小说研究为中心 ……………………………（73）

　　第一节　跨越雅俗之界 ……………………………………（74）

　　第二节　作为知识的小说 …………………………………（78）

　　第三节　隐含读者的分裂 …………………………………（84）

　　第四节　隐含的精英读者 …………………………………（89）

第三章　清末学制改革与"文学"学科观念的建立 ………（94）

　　第一节　知识世界的震荡与倾颓 …………………………（94）

　　第二节　"中国文学"归来 ………………………………（100）

　　第三节　"有用之学"与"无用之学" …………………（106）

第四章　民初新旧之争与文化权力的更迭
　　——对于《新青年》与林纾之论争的文化社会学
　　分析 …………………………………………………（111）
　　第一节　他者之镜 ……………………………………（112）
　　第二节　"亦新亦旧"与"不新不旧" …………………（115）
　　第三节　争夺文化制高点 ……………………………（120）
　　第四节　谣言及其心理逻辑 …………………………（123）
　　第五节　寻找替罪羊 …………………………………（131）
　　第六节　走上十字架 …………………………………（140）

第五章　胡适与"学衡派"：现代性的两种范式 …………（146）
　　第一节　不同的"文艺复兴" …………………………（146）
　　第二节　语体的承载 …………………………………（151）
　　第三节　现代性：断裂与连续 ………………………（158）

第六章　国民党官方的文化保守主义政策与知识分子………（168）
　　第一节　"新生活运动"："规矩"之求 ………………（168）
　　第二节　作为权威资源的"三民主义" ………………（174）
　　第三节　新版"中体西用" ……………………………（179）
　　第四节　"中国本位文化"的官方背景………………（188）
　　第五节　"政""学"互动：知识界的支持 ……………（199）
　　第六节　新版"中体西用"的可能性辩护……………（216）

第七章　目的价值的美学重建
　　——中国文化传统的美学化阐释 ………………（227）
　　第一节　传统之"用" …………………………………（227）
　　第二节　走向目的价值 ………………………………（236）
　　第三节　放逐目的论 …………………………………（249）
　　第四节　走向心理主义美学 …………………………（257）

第五节 回归东方形而上学 ………………………… (265)

第六节 会通与开新 ……………………………… (280)

第八章 中国诗歌形式意识的重建与形式传统的再认识
　　　　——以梁宗岱为中心 ……………………… (300)

第一节 "形式"的沉浮 ………………………… (300)

第二节 从二元到一元 …………………………… (307)

第三节 纯诗观念与形式形而上学 ……………… (312)

第四节 体味"形式" …………………………… (318)

第九章 网际人语:中西批评术语的会通 ………… (322)

第一节 欣喜与向往:面对另一张语言之网 ……… (323)

第二节 杂用、互释与黏合 ……………………… (338)

第三节 网际缝隙 ………………………………… (344)

第四节 合适的映射以及阐述机制 ……………… (351)

第十章 道家思想与中国现代美学 ………………… (360)

第一节 众矢之的 ………………………………… (361)

第二节 复归于朴 ………………………………… (367)

第三节 "道""艺"之间 ………………………… (380)

结语 …………………………………………… (396)

主要参考文献 ………………………………… (401)

后记 …………………………………………… (410)

导　　言

　　20 世纪 70 年代，美国汉学家傅乐诗编辑出版了一本名为《变革的限制》（*The Limits of Change*）的论文集，此书后来又经台湾学者译成中文并加入几篇相关的中文论文，于 1980 年以《近代中国思想人物论——保守主义》为题出版。书中多处将所论及的一批中国现代思想家标称为"文化保守主义者"，试图"重估近代中国诸思想运动与中国传统的关系，并且追溯保守主义在一个显著的革命性现代社会中递嬗著的面貌①"。这部论文集引发了汉语学术界对于中国现代思想史上的"文化保守主义"思潮的关注与研究。迄今为止，汉语学界已出版了大量有关的研究论文与著作，"文化保守主义"的研究已不再是当时史华慈所说的"不时兴"的研究对象，甚至成为学界的热点。

　　但是，什么是"保守主义"或者"文化保守主义"？史华慈在《论保守主义》一文中说："'保守主义'的研究，是教人不愿意去碰触的泥淖。"② 究其原因，很大一部分是因为尽管人们习惯于使用"保守"乃至"保守主义"的概念来描述与界定思想史上的一些现象与人物，但是对于这些概念却没有较为准确明晰的定义，而

---

　　① ［美］傅乐诗：《现代中国保守主义的文化与政治》，载傅乐诗等著，周阳山、杨肃献编《近代中国思想人物论——保守主义》，时代文化出版事业有限公司 1980 年版，第 39 页。

　　② ［美］史华慈：《论保守主义》，载傅乐诗等著，周阳山、杨肃献编《近代中国思想人物论——保守主义》，时代文化出版事业有限公司 1980 年版，第 19 页。

另一部分原因，则是这些被标称为"保守"的思想潮流与人物又充满了分歧与差异，似乎缺乏一个统一的面目，也难以将之作为一个整体进行价值判定。如果将论题集中在中国近现代思想文化史领域，由于中国现代知识分子与中国现代社会政治变革的复杂关系，这个问题就更加复杂难解。时至今日，虽然关于文化保守主义的研究已经产生了不少的成果，但是，在如何界定"文化保守主义"这个看来是最基本的问题上，学术界仍然存在着不小的分歧。

这一分歧导致的直接结果就是，究竟哪些人、哪些群体算是"文化保守主义"？学界难以达成完全一致的意见。尤其是对于晚清保守派与洋务派算不算"文化保守主义"，学者们更是争执不下。

主要的分歧存在于"文化保守主义"与社会政治的关系以及"文化保守主义"与现代文化、现代意识的关系这两个问题上。史华慈等人认为，如果说西方的保守主义者往往着力于维持社会政治领域的现状，反对对现行社会政治秩序进行变革，那么"现代中国保守主义是'文化的保守主义'，根本上并不是墨守现行之社会政治现状的'社会政治的保守主义'。……总之，他们在当时之社会政治秩序里，很少看到全然实现的固有文化①"。从这一论述出发，论者往往强调中国现代文化保守主义的一个重要品格就在于对于文化本位的执守，认为这些文化保守主义者的保守往往体现在文化领域，因而不能将他们与力图维护各代统治集团（从清王朝到民国各届政府）的政治秩序的政治上的顽固派混为一谈。较有代表性的观点是胡逢祥在《试论中国近代史上的文化保守主义》一文中提出的，认为存在着两种性质不同的"文化保守主义"，"一种是封建的文化保守主义，它不但主张在文化和意识形态上固守一切传统，拒斥各种异端和外来文化因素的加入，还极力要求在政治上保持旧有的封建制度或其主体"。而"另一种是近代式的文化保守主义。

---

① ［美］史华慈：《论保守主义》，载傅乐诗等著，周阳山、杨肃献编《近代中国思想人物论——保守主义》，时代文化出版事业有限公司1980年版，第33页。

他们虽然也对传统怀有强烈的依恋感，并且十分强调文化变动的历史延续性，始终倾向以传统文化为根底或主体的近代文化建设进路，但却并不因此盲目维护传统社会体制。他们不仅能以理性的姿态看待和认肯整个社会的近代化趋势，有的还积极投身推翻封建专制和建设现代民主制度的革命实践。即使对于所钟爱的传统文化，也不一味偏袒，而是有所反思和批判，其文化观的内涵和关切目标都已显露出一种背离封建的近代文化建设意向"。按照这种区分，胡逢祥把晚清的保守派与洋务派都归入前者，而将从章太炎到"五四"以后新儒家的文化保守主义，都归入后者，并认为只有后者，才是"一种具有自觉的近代意识或以这种意识为主导的""严格意义上的近代文化保守主义"，"美国学者史华慈……指的正是这类文化保守主义"①。

在2013年发表的《20世纪中国文化保守主义的理论特征与实践》一文中，他又重申了类似的观点，并为文化保守主义总结了三个方面特征："首先，对传统文化既主张尊重和继承，又保持着相当的反思性，而不是毫无原则地一味称颂传统。""其次，对西方文化的态度较为理性，并不因维护传统而对之一味排斥。""第三，对保守专制政治多持批判态度。其主流不仅反对历史上的帝王专制主义，与现实社会的政治保守势力也始终保持着相当距离，尤其是不愿与各时期的保守政权合流为伍。"② 可以说，强调文化保守主义与政治保守主义的区别与疏离，以及文化保守主义思想中所包含的现代性意识，是许多论者共同的倾向。但是问题在于，这种与政治保守主义的区隔很难说是适用于中国现代文化保守主义者全体的共同特征。在已为大多数论者所共同认定的"文化保守主义团体"

---

① 见胡逢祥《试论中国近代史上的文化保守主义》，《华东师范大学学报》（哲学社会科学版）2000年第1期。

② 胡逢祥：《20世纪中国文化保守主义的理论特征与实践》，《华东师范大学学报》（哲学社会科学版）2013年第6期。

中，固然有章太炎与"国粹派"这样的被认为文化上"保守"而政治上"激进"的群体，也有"学衡派"这样基本上固守文化领域而对于政治不甚感兴趣的学派，但是"中国本位文化"派以及"新儒家"中的一些人对于国民党政府的支持是否应该被看作是某种"社会政治上的保守主义"？尽管"新儒家"学者中有胡先生所称道的反复峻拒蒋介石资助的熊十力，但是，同样也有接受甚至争取蒋介石资助的贺麟与冯友兰，包括中国近现代史上为数不少的与当时的保守倾向的政府维持着不同程度的合作关系的文化人，以及像康有为、严复乃至王国维、林纾等一批以清遗民自居、认同清王朝的封建政体，甚至在实际上参与了复辟的文化人，按照这样的标准，这些人恐怕都有可能被划出"文化保守主义"之外去。实际上，史华慈强调文化保守主义与政治保守主义的区别，只是说二者往往未必是同一的，但并不妨碍文化的保守与政治的保守可能统一在同一个人或者群体的身上。正如郑大华先生所认为的："对于中国思想家来说，他们的文化取向与政治取向的联系是历史而非逻辑的，一个文化取向上的保守主义者没有任何理由也必然是政治上的保守主义者。换言之，文化取向上的保守主义者，在政治取向上既可能是自由主义者或激进主义者，也可能是保守主义者。同理亦然，一个文化取向上的激进主义者没有任何理由也必然是政治上的激进主义者。换言之，文化取向上的激进主义者，在政治取向上既可能是自由主义者或激进主义者，也可能是保守主义者。造成中国近代尤其是进入 20 世纪后的中国思想家文化取向与政治取向不完全一致的根本原因，就在于现代化过程所引起的传统之一元化网络结构的解体，导致了文化道德与政治秩序的分离，人们完全可以以一种纯粹文化的态度对中西文化取激进、保守或其他立场，而于其政治取向是否自由、激进或保守了无关系。"[1] 据此逻辑，我们既

---

[1] 郑大华：《中国文化保守主义思潮的历史考察》，《求索》2005 年第 1 期。

不能因为某些人在文化上的保守就进而认定其在政治上也是保守的，同样，也不能因为某些人政治上的保守就否认其在文化上作为保守主义者的资格。

另外，政治上的保守主义者有可能在文化上做出一些非常激进甚至颇有现代意义的举动。被认为"基本立场仍在于维护封建制度，故本质上，也只能流为一种封建保守文化的变形"① 的洋务派就是如此，例如张之洞在清末新政中主张废除科举与主持学制改革，开启了中国现代教育制度的先声，难道不能说是"具有自觉的现代意识"？但是，如果说一定要以是否具有自觉的现代意识作为是否为现代文化保守主义的标准，这又会造成另一个麻烦，由于中国人与西方的接触以及对西方与现代化的了解都经历了一个比较漫长的过程，我们到底如何断定怎样才算了解西方与现代化，才算具备了现代意识？在多大程度上接受现代化才符合这个标准？实际上，我们当然可以肯定倭仁等人完全不了解西方与现代文化，或者他们的了解是不正确不深刻的，那么洋务派对西方现代文化算不算有一定的了解？他们企图建立自主的现代军工体系，算不算是一种现代意识？正如郑大华先生所言："五四运动前期的保守主义者，大多是传统士绅知识分子，他们虽然从小就熟读'四书五经'，非常热爱以儒家思想为核心的中国传统文化，但也正由于他们爱得太深，往往理不胜情，缺少对传统文化的理性反省，因而对传统文化的真正价值并无深刻的体认。至于西方文化，除辜鸿铭外，他们知道的就更少更浅，尽管其中有些人，如林纾，曾与人合作翻译过不少西方文学作品，然而对西方的文化理论可以说是一窍不通。"② 实际上，哪怕是新儒家学者，他们对于西方的了解与理解难道都称

① 胡逢祥：《试论中国近代史上的文化保守主义》，《华东师范大学学报》（哲学社会科学版）2000 年第 1 期。

② 郑大华：《第一次世界大战与战后中国文化保守主义思潮的兴起》，《浙江学刊》2002 年第 5 期。

得上正确与足够深刻吗？或者他们的每一个论点都建立在对西方正确乃至深刻的理解的基础之上？这些学者中常有人认为西方文明是"物质文明"，中国文明是"精神文明"，这种似是而非的观点算得上是具备了现代意识吗？因此，要求"具有自觉的近代意识"才能算是文化保守主义者，这个标准既显得模糊含混而难以把握，又显得有些缺乏历史意识而强人所难。

中国现代的"文化的保守主义"与西方的"社会政治的保守主义"的不同还在于，他们似乎并不如史华慈所说的柏克那样，对传统持一种"有机整体"的观点，——相反地，倒是"五四"的"全盘反传统主义"经常将中国的传统作为一个整体进行全盘否定。事实上，中国现代的传统主义者往往对复杂多元的中国传统进行选择甚至重构，正如艾恺所说的，这些保守主义者往往采用传统的社会形式作为"完美社会"的标准，但这些传统的社会形式是经过他们理想化处理的①，而他们所论述的传统思想自然更是经由他们的精心选择并经过了他们的重新阐释的"新传统"。从这个角度上说，设立"对传统文化既主张尊重和继承，又保持着相当的反思性"的标准也几乎没有太大的意义。实际上，即使是倭仁之辈，仍然有他们自己的学派观点，对所谓"传统"也保持着一种反思与批判。更不用说对主张"中体西用"的洋务派而言，所谓"中体"，也是经过他们反思与选择之后的结果。

另一种界定"文化保守主义"的思路是主张在与所谓"进步"与"激进"的比较中来界定"文化保守主义"。郑大华先生在《中国文化保守主义思潮的历史考察》一文中认为，"'保守'是相对于'不保守'或'进步''激进'而言的，换言之，有'不保守'或'进步''激进'才会有保守，它们是矛盾的同一体"。郑先生

---

① ［美］艾恺：《梁漱溟——以圣贤自许的儒学殿军》，载傅乐诗等著，周阳山、杨肃献编《近代中国思想人物论——保守主义》，时代文化出版事业有限公司 1980 年版，第 282 页。

因之不同意将洋务派界定为"文化保守主义"，因为在 19 世纪中叶，洋务派属于"不保守"或"进步""激进"的阵营，"中体西用"在当时也是最"进步"或"激进"的文化理论。而"中体西用"成为保守主义的文化理论，"那是后来的事，是后来社会发展了，人们对中学和西学的认识进步了"①。郑先生的看法充满了历史眼光，似乎很有道理。但是，这样一来，是否可以说，在历史上，每一种文化思想都可能起先是"进步"的，后来就变成"保守"的了，也就是说，每一种思想都可以"曾经"是"进步"的，也都将会变成"保守"的？这样一来，所谓"文化保守主义"就没有了自己的基本特征与规定性，甚至可以说没有什么"文化保守主义"思潮这回事了，因为任何思想都可能是或将是"保守主义"的。郑先生的这种观点，显然是将"文化保守主义"的思想特征与这一思想在历史上所造成的效果混淆了，似乎一个文化上的"保守主义"思想，它一定造成了（文化上的）保守的效果，其实，史华慈就已经说过了，"在目前的历史脉络里，到底是传统观点或是反传统观点会有激进的或保守的后果，吾人是无法预料的"②。事实上，被郑先生界定为"近代中国第一个保守主义的文化团体"国粹派，正如郑先生所指出的，他们区分中国文化为"国学"和"君学"，认为"国学"中蕴含有丰富的爱国主义传统和民族主义、民主自由的内容；"君学"是统治者用来宣传封建迷信、功名利禄和纲常名教，实行专制统治的工具。所以他们对"君学"持激烈的批评态度。他们还通过提高自汉代以来就一直受压抑排斥的先秦诸子百家的地位，以破除人们对儒学的尊崇和对孔子的迷信。这样的观点显然颠覆了原先的正统的文化秩序，在当时不啻于是在搞文化地震。从这个角度来看，与其说他们是"文化保守主义"者，还不

---

① 见郑大华《中国文化保守主义思潮的历史考察》，《求索》2005 年第 1 期。
② ［美］史华慈：《论保守主义》，载傅乐诗等著，周阳山、杨肃献编《近代中国思想人物论——保守主义》，时代文化出版事业有限公司 1980 年版，第 37 页。

如说他们是文化上的激进派！

在这个问题上，也许耿云志先生在《从保守主义的角色演变看中国近代文化的发展进路》一文中的观点可以对我们有所启发。耿先生在文中指出，在中国近代文化转型的过程中，保守主义在各个时期都充当了传统守护者的角色，只是随着历史的发展，它所扮演的角色也不断有所变换。这是因为他们所要保守和所能保守的东西变得越来越少，同时在精神上却又越来越被放大①。作为文化保守主义，其主要的角色与职能当然是守护文化传统在现代化浪潮的冲击下免遭灭顶之灾，但是这种守护，因为不同时期的政治文化生态的不同，其起到的主要作用也就因之而有所差异。例如洋务派的"中体西用"，一方面它是中国近现代第一代现代化纲领，开启了中国现代化的大幕，而另一方面，我们不能否认，在文化上，它也为传统文化筑了一道抗拒现代化浪潮的防波堤，但在当时的文化环境之下，也正是因着这道防波堤的设置，才使得中国人能够将通往现代化的大门挤开一条小缝。在晚清，"中体西用"正是集现代化与文化保守主义于一体的双面之旗，在这其中，文化保守主义与现代化的主张相互为用，形成了一种悖论式的合作关系。而随着中国现代化的进展，"中体西用"对现代化的推动作用逐渐减弱，更多地成为了对于现代化的一种制动装置。

将"文化保守主义"界定为一种对于全球化扩散的现代化潮流的反应，也即艾恺所称的"反现代化"思想，是一个非常重要的理解维度。艾恺认为，这些保守主义者"若不是持怀疑的眼光，就是坚决澈底地敌视工业化的结果，特别是现代的都市生活"②。而史华慈也在总结列文森的观点时认为，"要定义现代中国的保守主义，

---

① 耿云志：《从保守主义的角色演变看中国近代文化的发展进路》，《湖南大学学报》（社会科学版）2008 年第 6 期。

② [美]艾恺：《梁漱溟——以圣贤自许的儒学殿军》，载傅乐诗等著，周阳山、杨肃献编《近代中国思想人物论——保守主义》，时代文化出版事业有限公司 1980 年版，第 282 页。

简单的方法就是把它认为是反对现代化的所有态度。于是，所有对传统的肯认都可称曰保守主义者"①。在这种理解中，传统与现代化被界定为互相反对的一对范畴，而因为现代化过程"可回溯到西方所独有的文化与传统"②。因而，现代化有时就被等同于西方化，"传统主义"或"保守主义"就被等同于"反现代化"，也即"反西化"。但是这样一系列的等同显然无法呈现中国的"文化保守主义"或者"传统主义"与现代化、西化之间的复杂关系。实际上，正是在这些问题上，艾恺的一些论述看上去有些自相矛盾，他一方面将梁漱溟等人的文化保守主义界定为一种"反现代化"思想，但在论及梁漱溟时又写道："梁氏乐观主义地希望：鱼与熊掌，得以兼得——也就是，得到现代化的物质利益而避其缺失与陷阱。有如我前述的，在亚洲与西方的反现代化思潮中这是很普遍的。"③ 而这些矛盾之处也正体现出了这些尚未厘清的复杂关系。

　　实际上，文化保守主义与现代化的关系比这种描述所呈现出来的复杂得多。如上所述，就以近代中国最为流行的"中体西用"的文化纲领来说，它既是一个文化保守主义纲领，同时也可以说是中国近代第一代现代化纲领。而且这个纲领包括它的各种变体在后来的现代中国思想历程中反复出现，很难说已经完全耗尽了其现代化推动力。而在新儒家学派那里，传统与现代化、中国与西方的关系更加复杂，甚至他们提出的由"内圣""开出新外王"的说法，更可以说是通过对传统进行"现代转化"，希望由中国传统思想中"开出"现代化的社会架构。因此，很难说中国现代文化保守主义就一定是绝对的"反现代化"的，也许说他们主张"有限现代化"（实际上，即便是倭仁之辈，如果洋务派的变革不危及他的文化民

---

①　［美］史华慈：《论保守主义》，载傅乐诗等著，周阳山、杨肃献编《近代中国思想人物论——保守主义》，时代文化出版事业有限公司1980年版，第35页。
②　［美］艾恺：《世界范围内的反现代化思潮——论文化守成主义》，贵州人民出版社1991年版，第2页。
③　同上书，第180页。

族主义的文化价值秩序，他也未必就反对向西方学习——这个问题我们将在后面的相关探讨中涉及），或者企图探索一种不同于西方式的现代化的"中国式现代化"道路可能更准确一些，但是，如果将之理解为对于现代化的反应，那么，很难说这种反应不会以完全拒绝现代化的面目出现——至少在这个过程的起初，很有可能就是这样。

根据以上的讨论，我们可以认为，所谓文化保守主义的核心理念，就是坚持认为中国过去的思想与文化资源在现代社会仍然有其效用与价值，甚至可以为中国在现代世界的生存与发展提供方向性的引导与助力。至于持有这些理念的人是否同时支持多大限度的现代化，是否在政治上也维护现存的社会政治秩序，则与这个理念未必有必然的逻辑关系。这其中，相当一部分持这种理念的思想者往往将产生新的未来的中国文化的希望寄托于中国的传统与西方现代文化的结合（当然这只是其中一部分人的观点，同样不能排除其中有少部分人可能会认为中国的生存与未来都依赖于固有传统的保存以及对于西方现代文化的抗拒），其中部分怀有使命感与乐观精神的人甚至认为这种中西文化的结合将为整个世界的文化开出新的前景。

如果以这个标准来衡量，在现代中国，对这一理念抱有不同程度的认同感的文化人当不在少数。当然，如果综合各方面指标来衡量，以阐述、传播与实现这个理念为自己主要志业的、典型意义上的文化保守主义者也许只是中国现代文化人中的少数，但是，如果从社会思潮的层面来看，可以说，文化保守主义思潮在中国现代文化史上具有颇为深广的影响力，如果将当时各级政府官方的文化保守主义政策的影响考虑进来，说文化保守主义思潮是中国现代文化史上的主流思潮之一，当不会有太大的偏差。

就中国现代文艺批评而言，"五四"启蒙精神以及其中的激进的反传统主义思潮无疑产生了巨大的影响，但是，文化保守主义思潮的影响也许并不如人们一直认为的那么微弱无力，虽然如林纾、"学衡派"等人物与学派在很长一段时期内一直被视为新文学主潮的对立面而在文学史的叙述中受到冷遇，但是就此认定文化保守主义思潮在中国现代美学思维与文艺批评中没有任何影响也显然过于轻率。事实上，在近代文学研究学科的建立过程中、在晚清启蒙作家对于文体的选择中以及在 20 世纪 30 年代之后的一些学院派理论家的学术话语中都可以看到这一思潮影响力的存在，更不用说现代新儒家学者一直在对儒家思想进行着美学化的现代阐释。可以说，作为一种社会思潮，它通过官方制度、媒体宣传、课程教学以及学术研究产生着或显或隐的影响，在局部甚至左右与牵引着文学批评观念与话语的生成。如果不对这些存在进行审视，我们所建构的中国现代文艺批评的图景很难说是完整的。

第一章 中国近代文化保守主义思潮的生成

1860年，英法联军在北京城西郊纵火，将一座精美绝伦的东方皇家园林化为一片残垣与焦土。这场大火最重要的后果，显然不是仅仅留下了一个供后人凭吊的著名废墟，而是使得一个被西方人称为"沉睡的狮子"的国家逐渐惊醒。

第一节 "技艺"之崛起及其界限

这只狮子显然醒得有些太过迟缓。事实上，早在二十年前，当英国皇家海军的炮舰在中国沿海咆哮的时候，它就应该醒来了。然而，在那个时候，即使是这个国家最有头脑的人也未必真正地意识到这些似乎拥有强大军事力量的深目高鼻的"夷人"将给这个古老的国家带来什么。（即使有林则徐和魏源这样所谓最早"睁眼看世界"的人，他们提出的"师夷长技以制夷"的主张，不但应者寥寥，即使知者亦寥寥，甚而他们自己在当时也顾忌于"夷夏之辨"而不敢大声疾呼。）在《南京条约》签订之后，初入仕途的曾国藩在家书中写道："自英夷滋扰，已历二年。将不知兵，兵不用命，于国威不无少损。然此次议抚，实出于不得已。但使夷人从此永不犯边，四海晏然安堵，则以大事小，乐天之道，

孰不以为上策哉！"① 确实，这个一向以文明发达自居的民族并不
是第一次败在武力强大的外敌之手，远者如匈奴、辽、金，稍近
者如蒙古，更何况当时正统治着这块广袤的土地的满清八旗，也
都曾经是凭着快马利刀滋扰边关，甚至迫使中央天朝不得不拿出
大宗钱财来"安抚"的蛮夷吗？也许，在历代天朝君民们的心
中，这种出让些许利益而换得海内升平的"抚策"确实可称为
"上策"。

因此，区区"岛夷"打到海岸上的几发炮弹并未能惊扰天朝君
臣的酣梦，甚至一直到 1858 年，清军在与英法联军的战斗中获得
数次小胜，曾国藩还在给友人幕僚的信中满怀信心地写道："逆夷
连受惩创，较前敛戢，深见其易于剿办。制军一到，大兵云集，必
当聚而歼旃。俾前覆后威，永不敢窥伺海疆。"② "粤中团勇报捷，
盖意中事。逆所长者，船也，炮也；所短者，路远也，人少也。自
古称国富者以地大为富，兵强者以人众为强耳。英夷土固不广，其
来中国者人数无几，欲恃虚者以慑我上国。……鄙意彼蹈骄兵、贪
兵之二忌，恐不能久。"③ 可以说，曾国藩在预测这次战争的胜败
时显示出了对于近代战争形态的完全的无知，军队的人数仍然是他
判断敌我强弱态势与战争胜败的决定性指标，而双方在军事技术上
的"代差"参数则几乎完全没有被他计入这一演算之中。

抱有这种观念的人显然并不在少数。即使在英法联军兵锋前
指，威胁京城，咸丰皇帝逃往热河之际，后来的同治帝师、时任盛
京侍郎的倭仁在上疏中仍然写道："该夷远涉重洋，众皆乌合，舍
舟而陆，弃其所长，我以京兵之全力，益以蒙古之新军，众寡之

---

① 曾国藩：《禀祖父母》（0022），《曾国藩全集·家书一》，岳麓书社 1985 年版，
第 33 页。

② 曾国藩：《复刘建德》（0530），《曾国藩全集·书信一》，岳麓书社 1990 年版，
第 621 页。

③ 曾国藩：《致左宗棠》（0531），《曾国藩全集·书信一》，岳麓书社 1990 年版，
第 622 页。

势，主客之形，臣民之义愤，如果圣心刚断，自然众志成城，彼虽骄横，不难遏其凶锋而歼其丑类。"①

　　然而，交战之后，清军屡屡失利，甚而大清天子也不得不弃京城仓皇出逃。这种结局对于当时的曾国藩等人实在是一种极大的心理震撼。咸丰十年八月初七日，曾国藩在日记中写道："夜接胡宫保信，知天津于七月初五日战败，僧邸退至通州。夷人占据天津，读之惊心动魄，焦愤难名。……不图时事决裂至此。"②"接恭亲王咨文，敬悉銮舆已出巡热河，夷氛逼近京城仅二十里，为之悲泣，不知所以为计。"③ 奕䜣等人在向咸丰皇帝报告圆明园被焚时写道："臣等登高瞭望，见火光至今未息，痛心惨目，所不忍言！……目睹情形，痛哭无以自容！"④ 在这种惨败的局面下被迫签订和约，造成的心理痛苦实非近二十年前签订《南京条约》可比。曾国藩在日记中写道："接江西总局新刻英吉利、法郎西、米利坚三国和约条款，阅之，不觉呜咽，比之五胡乱华，气象更为难堪。"⑤ 这种心理上的震撼与痛苦最终造成了一种民族自信心的动摇乃至崩溃。英法联军进驻北京期间，海淀地区土匪猖獗，户部左侍郎文祥曾企图带兵前去侦视，但是"带健锐、火器两营兵数名同往。该兵弁闻有夷兵，不敢入城，辄行逃散，兵情恇怯至此"⑥。其实心怀恐惧的不仅仅是这些下级士兵，也不仅仅是文祥等留守京城的官员们，即使是统率数十万湘军、手握江南数省军政大权的曾国藩在这个时

---

　　① 倭仁：《吁恳回銮疏》，《倭文端公遗书补》（复旦大学图书馆藏），第1—2页。
　　② 曾国藩咸丰十年九月初七日日记，《曾国藩全集·日记一》，岳麓书社1987年版，第527页。
　　③ 曾国藩咸丰十年九月初三日日记，《曾国藩全集·日记一》，岳麓书社1987年版，第534页。
　　④ 奕䜣等：《又奏初五日英兵焚毁圆明园片》，《筹办夷务始末·咸丰朝》，中华书局1979年版，第2473页。
　　⑤ 曾国藩咸丰十年十一月卅日日记，《曾国藩全集·日记一》，岳麓书社1987年版，第557页。
　　⑥ 《文祥奏海淀西北土匪甚张俟洋兵退后即可搜捕折》，《筹办夷务始末·咸丰朝》，中华书局1979年版，第2475页。

候也不得不承认"不怕柴狗子，只怕洋鬼子"①。他在日记中记下了自己内心的恐惧与忧虑："念夷人纵横中原，无以御之，为之忧悸。"② 而薛福成的笔记中更记述了另一位"中兴名臣"胡林翼目睹长江中的外国轮船飞速行驶而忧灼恐惧以至吐血的情形③，可以说，曾、胡等人的感受具有某种代表性，尤其是，关于胡林翼吐血的叙述恰恰是中国人的一种集体焦虑的投射（至于薛氏笔记所记是否实有其事，倒并不十分重要）。——中国人终于意识到，这些常常不请自来的"夷人"和他们的坚船利炮实在是从未遇见过的强劲对手，尽管他们尚未能够准确清晰地评估这个对手的实力，但是，在他们的心中，数千年来中华帝国作为世界最为文明与发达的中心的世界图景行将被外国人的枪炮所粉碎，可以说，这是一种令人痛苦的但确实从未有过的新的世界感受，当时人著作中时常出现的诸如"天地之变局"（王韬）"千古变局"（李鸿章）一类的说法正是对于这种世界感受的概括与描述④。

出于这种恐惧与焦虑，一部分中国士大夫开始寻找应对之策，在这个时候，经常为传统士大夫所忽略的"技艺"与"器械"之学开始进入这些一向只关心世道人心与修齐治平的读书人的视野。

咸丰十年九月，圆明园的余烬尚温，京内外大臣还在为如何收拾目下这狼狈的局面焦头烂额之际，一个官位低微的官员——云南学政张锡嵘上疏咸丰皇帝，并呈览山西候选教谕祁元辅条陈《破夷纪闻》，意图针对当时清王朝面临的危局提出对策。奏折中说：

---

① 曾国藩：《致沅弟》（0546），《曾国藩全集·家书一》，岳麓书社 1985 年版，第655 页。

② 曾国藩咸丰十一年十月初二日日记，《曾国藩全集·日记一》，岳麓书社 1987 年版，第 669 页。

③ 见薛福成《庸盦笔记》卷一，"疆臣忧国"条，上海商务印书馆 1937 年版，第15 页。

④ 王尔敏统计当时提出变局之说的不下 81 人，且在著述中数次言及者亦不在少数。可参考王尔敏《近代中国知识分子应变之自觉》一文中的列表与举证，见王尔敏著《中国近代思想史论》，中国社会科学文献出版社 2003 年版，第 326—337 页。

"方今内忧外患，相逼而至，亦改弦更张之时也。"① 明确地提出了改革朝政的要求。而如何从技术上应对"夷人"的火器，是这篇奏折的一个重点。张锡嵘提出："英夷所恃者，火器之利，若能破火器，则一战可擒也。"② 奏折中对于僧格林沁在与英法联军作战时"以马队硬冲"的传统战法颇为不满，因而提出："臣惟破夷之道，不在益兵而在择将，近畿之兵，非不数十倍于夷，而夷所向得志者，以未有破夷之计，非兵力之不厚也。"③ 这一观点显然突破了前述曾国藩所言"兵强者以人众为强"的观点，而所谓"择将"则似乎是要求领军的将领能够掌握针对夷人火器与轮船弱点的"破夷之计"，从而能够在与以先进枪炮武装起来的外国军队交战时"出奇制胜"。然而，无论是张锡嵘还是祁元辅，显然都缺乏战场经验，甚至缺乏可靠有效的军事知识，他们所借鉴的军事技术资料，乃是明代戚继光的《纪效新书》，而他们的"破夷之计"，居然是试图用竹牌、渔网等物抵挡"夷人"的子弹与炮弹！

张锡嵘等人的奏折涉及的另一个重点则是用人与行政，正是在这一点上，他呈现了一种相当典型的传统思路。奏折中提出"用人之途宜宽"，并认为曾国藩、胡林翼能够建功，乃是帐下人才众多，"岂二臣所在皆人才渊薮，余地遂尽无哉？能用不能用异也"④。而他在奏折中也郑重推举了一批"人才"："臣闻盛京侍郎倭仁、直隶按察使吴廷栋，皆儒术湛深，向与曾国藩以性命之学相砥砺，……至前内阁中书何慎修，规矩程、朱，有体有用；前翰林院编修陈介祺，志行敦笃，留心经世之学；又赛尚阿之子笔帖式崇绮，学正而才优，此数员皆知切劘于圣贤之道，若量予以寸柄，必

---

① 张锡嵘：《张锡嵘奏披沥四条并将破夷纪闻呈览折》，《筹办夷务始末·咸丰朝》，中华书局 1979 年版，第 2519 页。
② 同上。
③ 同上。
④ 同上书，第 2520 页。

克有所树立。"① 可以说，这些人才的主要的与共同的特点，就是在儒家的圣贤之道上颇有造诣，且身体力行，正是传统意义上的"贤人君子"。

不仅如此，张锡嵘对于皇帝也提出了要求："皇上之一心，乃天下政治之根本，历观古昔兴废之故，莫不判于能自强之心。故殷忧启圣，则敌国外患，主极之砺石也；发奋为雄，则险阻艰难，郅治之坦途也。……伏愿皇上新又日新，辨理欲以清宰治之源，判邪正以定官人之准，谓天下为必可为，谓小丑为必可灭。"② 可以说，除去鼓舞激励之词，主要的意思就是要咸丰皇帝以程朱理学克己自修，并以此为政治的出发点。

可以说，张锡嵘的思想方式其实是很传统的。当国家与社会面临危机的时候，中国人往往立刻会从传统的"天人相感"的三元合一的宇宙论—伦理学—政治学理论模型出发，检讨国家政治与统治者个人的道德修养的缺失，并且要求从这方面着手来解决根本问题。

与此同时，传统中国人并不排斥发展与使用被哈贝马斯称为"目的理性活动的子系统"的实用技术来解决具体问题的思路，甚至在传统上，中国人对于发明实用技术的人亦抱有相当的尊重甚至崇仰。这从流传久远的黄帝、神农等古圣王的传说中以及民间社会对于据传发明了木流牛马的诸葛亮的崇拜都可见出，否则就无法解释为什么据称一向视技术发明为"奇技淫巧"的中国人在古代科学技术上曾经领先于世界。因此，张锡嵘等人企图通过农业文明时期的技术模式与政治伦理学双管齐下来解决国家的危机的想法在当时并不是一种怪异的思想，与后来倭仁倡言的"立国之道，尚礼义不

---

① 张锡嵘：《张锡嵘奏披沥四条并将破夷纪闻呈览折》，《筹办夷务始末·咸丰朝》，中华书局 1979 年版，第 2520 页。

② 同上书，第 2521 页。

尚权谋；根本之图，在人心不在技艺"①。这种看似反技术主义的
思想之间未必有什么实质性的矛盾。正如哈贝马斯所认为的："前
资本主义的生产方式、前工业化的技术和前现代的科学的稳定模
式，使得制度框架同目的理性活动的子系统的独特关系有了可能：
以社会劳动系统和在社会劳动中积累起来的、技术上可以使用的知
识为出发点，自身发展着的这些子系统，虽然取得了可观的进步，
但却从未使自身的'合理性'发展成为使统治合法化的文化传统的
权威受到公开威胁的程度。"②

然而，中国人正面临着一个前所未有的技术变革时代，仅仅从
军事技术层面而论，习惯于冷兵器战争的中国人正在面临着热兵器
时代的全面挑战，显然，像张锡嵘那样以前现代的技术思维方式来
应对使用高能量的现代军事技术，基本上是徒劳无功。对此，曾国
藩恐怕是深有感受。他曾经制作并试验过使用类似于戚继光的所谓
"刚柔牌"等各种工具来抵挡枪弹炮弹，最终得出了令人失望的结
论——即这些冷兵器时代的防御工具根本无法抵挡现代枪炮的攻
击。在传统的防御手段被证明无效的同时，曾国藩亦追求制造有效
的进攻性火器——例如试制高效的火炮霰弹弹丸，在与太平军的战
斗过程中，曾国藩更认识到大炮的威力，"湘潭、岳州两次大胜，
实赖洋炮之力"③。曾国藩亦赞同奕䜣购买西洋船炮，并认为是
"今日救时之第一要务"④。不仅如此，他早在咸丰十年，他就已经
提出了更加长远的目标："将来师夷智以造炮制船，尤可期永远之

---

① 倭仁：《倭仁奏正途学习天文算学为益甚微所损甚大请立罢前议折》，《筹办夷
务始末·同治朝》第五册，中华书局 2008 年版，第 2009 页。
② ［德］哈贝马斯：《作为"意识形态"的技术与科学》，李黎、郭官义译，学林
出版社 1999 年版，第 52 页。
③ 曾国藩：《请催广东续解洋炮片》，《曾国藩全集·奏稿一》，岳麓社 1987 年
版，第 161 页。
④ 曾国藩：《复陈购买外洋船炮折》，《曾国藩全集·奏稿三》，岳麓社 1987 年
版，第 1603 页。

利。"① 他的设想十分理想化："购成之后，访募覃思之士，智巧之匠，始而演习，继而试造，不过一二年，火轮船必为中外官民通行之物，可以剿发逆，可以勤远略。"② 显然，曾国藩是较早认同魏源与冯桂芬"师夷长技"观点的人，他总结道："欲求自强之道，总以修政事、求贤才为急务，以学作炸炮、学造轮舟等具为下手功夫。但使彼之所长，我皆有之，顺则报德有其具，逆则报怨亦有其具。"③ 可以说正是在奕䜣、曾国藩等人的推动下，清王朝拉开了洋务运动的大幕，中国也从此进入了现代化的轨道。

然而，曾国藩对于技术问题的看法似乎颇有些矛盾。

同治元年九月十一日，曾国藩在给弟弟曾国荃的信中写道："所需洋枪洋药铜帽等，即日当专长龙船解去。然制胜之道，实在人而不在器。鲍春霆并无洋枪洋药，然亦屡当大敌。前十月、去年六月，亦曾与忠酋接仗，未闻以无洋人军火为憾。和、张在金陵时，洋人军器最多，而无救于十年三月之败。弟若专从此等处用心，由风气所趋，恐部下将士，人人有务外取巧之习，无反已守拙之道，或流于和、张之门径而不自觉，不可不深思，不可不猛省。真美人不甚争珠翠，真书家不甚争笔墨，然则将士之真善战者，岂必力争洋枪洋药乎？"④ 这封信写于 1862 年 8、9 月间太平军将领李秀成率军攻打曾国荃驻扎于天京城外的大营之时，对交战双方而言，此次战役都极端激烈残酷，李秀成军大量使用西式枪炮，在战斗中给因疫病大量减员的湘军造成了巨大的压力，因而曾国荃也要求曾国藩给他大量输送洋枪与西式弹药。然而，曾国藩在应其所请

---

① 曾国藩：《遵旨复奏借俄兵助剿发逆并代运南漕折》，《曾国藩全集·奏稿二》，岳麓书社 1987 年版，第 1272 页。

② 曾国藩：《复陈购买外洋船炮折》，《曾国藩全集·奏稿三》，岳麓书社 1987 年版，第 1603 页。

③ 曾国藩同治元年五月初七日日记，《曾国藩全集·日记二》，岳麓书社 1988 年版，第 748 页。

④ 曾国藩：《致沅弟》（0822），《曾国藩全集·家书二》，岳麓书社 1985 年版，第 868—869 页。

送去一批批的武器装备的同时，又连连去信，反复强调洋枪之不可信赖：

> 洋枪洋药，总以省用为是。余前接办张小浦之徽防，其弁目人人皆有洋枪，余令部下不必染其风，而张部亦次延缓裁汰。凡兵勇须有宁拙毋巧、宁故毋新之意，而后可以持久。①

大敌当前，生死存亡之际，曾国藩为什么会有这些迂阔而奇怪想法？显然，他对战场局势并不是不担忧，恰恰相反，在李秀成进攻曾国荃所部湘军大营期间，曾国藩在日记中屡屡写到自己挂念曾国荃方面的战况，屡现"忧灼万状""忧灼莫名"，乃至"忧心如焚""绕屋旁皇"等语②。他也很清楚对手的装备情况，他在家书中写道："沅弟金陵一军危险异常，伪忠王率悍贼十馀万昼夜猛扑，洋枪极多，又有西洋之落地开花炮，幸沅弟小心坚守，应可保全无虞。"③

显然，对于西式枪炮的威力，他虽不如置身前沿的曾国荃那样有切肤之痛，但至少也应该有所了解。他在家书与日记中屡屡表现出对于西式枪炮威力的关注：

> 洋枪与大炮、劈山炮，三者比较，究竟何者群子最远？望校验见告。④

---

① 曾国藩：《致沅弟》（0831），《曾国藩全集·家书二》，岳麓书社1985年版，第875—876页。

② 见曾国藩同治元年闰八月廿七日至九月间日记，《曾国藩全集·日记二》，岳麓书社1988年版，第795—810页。

③ 曾国藩：《致澄弟》（0851），《曾国藩全集·家书二》，岳麓书社1985年版，第863—864页。

④ 曾国藩：《致沅弟》（0792），《曾国藩全集·家书二》，岳麓书社1985年版，第844页。

> 酉刻至城外试验炸弹、炸炮，冯竹渔新自广东买来者。将
> 寄至金陵一用，故亲往一试，果能落地炸裂，火光大然。①

> 又闻贼以炸炮炸弹打入营内，为之惊心动魄。②

但是，在这样一个危急关头，曾国藩仍然坚持要求曾国荃少用洋枪，而主要依靠湘军的看家本领——劈山炮、抬枪与鸟枪，甚至认为这些传统的火器比洋枪更有效，并"以洋枪比诗赋杂艺，而以劈山抬鸟比经书八股"③，显然，曾国藩的出发点有着超越单纯的军事效率的考虑，可以说，"制胜之道，实在人而不在器"这句看似迂阔的话，却是曾国藩集自己多年以来对于世道人心的观察与思考以及战场体验的结晶——虽说这其中不乏由于对新式枪炮与近代战争形态缺乏全面了解而导致的偏见与误判——更与他力图挽救当时的社会与国家的救世理念有关。

曾国藩对于当时社会的全面腐败堕落深感忧虑与愤怒。他认为当时社会危机最根本的原因是人心相率于"奸伪变诈"，完全丧失了基本的信仰与操守。

> 今日天下之变，只为混淆是非，麻木不仁，遂使志士贤人
> 抚膺短气，奸滑机巧逍遥自得。④
> 今之学者，言考据则持为骋辩之柄，讲经济则据为猎名之
> 津，言之者不怍，信之者贵耳，转相欺谩，不以为耻。至于仕

---

① 曾国藩同治元年闰八月廿九日日记，《曾国藩全集·日记二》，岳麓书社1988年版，第796页。
② 曾国藩同治元年九月初二日日记，《曾国藩全集·日记二》，岳麓书社1988年版，第797页。
③ 曾国藩：《致沅弟》（0844），《曾国藩全集·家书二》，岳麓书社1985年版，第885页。
④ 曾国藩：《与吴文镕》（0178），《曾国藩全集·书信一》，岳麓书社1990年版，第225页。

> 途积习，益尚虚文，奸弊所在，蹈之而不怪，知之而不言，彼此涂饰，聊以自保，泄泄成风，阿同骇异。①

而挽救之道则在于力倡"忠诚"与"质朴"：

> 窃以为天地之所以不息，国之所以立，贤人之德业之所以可大、可久，皆诚为之也……今日而言治术，则莫若综核名实，今日而言学术，则莫若取笃实践。〈践〉履之士，物穷则变，救浮华者莫如质。②

曾国藩清醒地看见，作为国家柱石的军队，也同样腐败堕落到不可救药的地步："近世之兵，屡怯极矣，而偏善妒功忌能，懦于御贼，而勇于扰民，仁心以媚杀己之贼，而狠心以仇胜己之兵勇。……即兵与兵相遇，岂闻有此营已败，而彼冒险往救者乎？岂闻有此军饿死，而彼军肯分一粒往哺乎？"③ 他对于清王朝的正规军队已经彻底绝望："现在之额兵……恐岳王复生，半年可以教成其武艺；孔子复生，三年不能变革其恶习。"④ 无怪乎清王朝的军队屡战屡败，丧师失地，太平天国的狂飙席卷大清王朝的半壁江山，朝廷无以御之，清王朝危若累卵。然而，在这时，曾国藩却发出了这样的高论："窃尝以为无兵不足深忧，无饷不足痛哭，独举目斯世，求一攘利不先，赴义恐后，忠愤耿耿者，不可亟得；或仅得之，而又屈居卑下，往往抑郁不伸，以挫以去以死，而贪饕退缩者，果骧首而

---

① 曾国藩：《复贺长龄》（0001），《曾国藩全集·书信一》，岳麓书社1990年版，第4页。
② 同上书，第3—4页。
③ 曾国藩：《与王鑫》（0146），《曾国藩全集·书信一》，岳麓书社1990年版，第186页。
④ 曾国藩：《与魁联》（0100），《曾国藩全集·书信一》，岳麓书社1990年版，第130页。

上腾，而富贵，而名誉，而老健不死。此其可浩叹者也！"①

正是因此，曾国藩一手组建的湘军，就成了他寄寓与贯彻其救世理念的载体与实践工具。曾国藩所写的《湘乡昭忠祠记》就非常集中地表达了他对于湘军所寄寓的理想：

> 君子之道，莫大乎以忠诚为天下倡。世之乱也，上下纵于亡等之欲，奸伪相吞，变诈相角，自图其安而予人以至危，畏难避害，曾不肯捐丝粟之力以拯天下。得忠诚者，起而矫之，克己而爱人，去伪而崇拙；躬履诸艰而不责人以同患；浩然捐生，如远游之还乡而无所顾悸。由是众人效其所为，亦皆以苟活为羞，以避事为耻。呜呼！吾乡数君子所以鼓舞群伦，历九州而勘大乱，非拙且诚者之效与？亦岂始事时所及料哉！②

曾国藩认为，他的道德理想与人格理想与传统农业社会的社会形态有着微妙的联系，而都市社会形态则会破坏它，因而曾国藩在招募湘军兵勇的时候就特别强调"土气"与"朴实"："择技艺娴熟、年轻力壮、朴实而有农夫土气者为上。其油头滑面，有市井气者，有衙门气者，概不收用。"③ 在他看来，只有拙朴的农夫才可能成为忠勇的士兵，才可能捍卫并挽救这危机重重的国家与社会。

选将方面，曾国藩也同样奉行"忠、诚、质、直"的人格标准，并认为"统领、营官须得好，真心实肠是第一义，算路程之远近，算粮仗之缺乏，算彼己之强弱是第二义"④。对于浮滑之辈，

---

① 曾国藩：《复彭中甫》（0074），《曾国藩全集·书信一》，岳麓书社 1990 年版，第 105 页。
② 曾国藩：《湘乡昭忠祠记》，《曾国藩全集·诗文》，岳麓书社 1986 年版，第 304 页。
③ 曾国藩：《营规》，《曾国藩全集·诗文》，岳麓书社 1986 年版，第 463 页。
④ 曾国藩：《加李鸿裔片》（6418），《曾国藩全集·书信八》，岳麓书社 1994 年版，第 5746 页。

则绝不可委以重任："将领之浮滑者，一遇危险之际，其神情之飞动，足以摇惑军心；其言语之圆滑，足以淆乱是非。"① 湘军的一大特色是大量任用文人士子充任各级将官，"纯用书生为营官、率皆生员、文童，以忠、诚相期奖"②，形成了"士人领山农"③ 的独特的军队格局，这固然与曾国藩对于清军将官已经彻底失去了信心，认为"武弁自守备以上，无一人不丧尽天良"④ 有关，亦由于他坚信熟读圣贤之书的"抱道君子"即使在军旅战场上，亦可以充当中流砥柱，力挽狂澜于既倒。

正是因为这些信念与经验，曾国藩才对使用先进的西式枪炮怀有某种戒心。"制胜之道，在人不在器"的观点，是他对社会与战争长期观察与思考的结果，乃是切齿痛心之语，岂能轻易推翻，他更担心这些高效便利的西式枪炮虽然可能迅速摧毁敌人的营垒，但也可能使部队养成骄惰之气，从而瓦解他苦心经营建立起来的湘军"道德人格共同体"，更进而危及他的救世理念。而长期以来，湘军与太平军交战互有胜负的经验，以及纯用西式枪炮的常胜军与太平军作战亦有失败记录的事实更使他相信洋枪洋炮不能决定一切。

第二节　两种知识界域的鸿沟

曾经师事曾国藩的李鸿章对于枪炮问题的看法却与曾氏有很大不同。李鸿章反复劝说曾国荃大量装备洋枪来对抗已经大量使用洋枪的李秀成军：

① 曾国藩：《加姚体备片》（2994），《曾国藩全集·书信四》，岳麓书社1994年版，第2531页。
② 王闿运：《湘军志》，《湘军志　湘军志平议　续湘军志》，岳麓书社1983年版，第20页。
③ 王定安：《湘军记》，岳麓书社1983年版，第337页。
④ 曾国藩：《复吴文镕》（0321），《曾国藩全集·书信一》，岳麓书社1990年版，第393页。

　　贼中专用洋枪，力可及远，皆牛芒鬼子（即闲散洋人）、广东、宁波商船购运者，无法禁止，我军惟有多用西洋军火以制之。①

　　李秀成所部最众，洋枪最多，……欲剿此贼，非改小枪队为洋枪队不可，再持此以剿他贼，亦战必胜攻必取也。②

不仅如此，他对于西式枪炮的了解显然也远胜于曾国藩。例如他似乎很清楚军火市场上各种洋枪的质量等次，因此不会像曾国藩那样因为接触到几次质量低劣的产品便完全否定这些西式枪炮的性能："惟洋枪洋炮好者不易得，鸿章前解之二百杆天字号，在中国为上品，在外国仍不中用，元字号次之，万字号又次之。然我军所用皆以万字号为真洋枪，其余多系广东土造。"③

　　显然，李鸿章与使用西式枪炮的常胜军联合作战的经验使他对于西式武器与现代战争技术有了较为深入的了解。故而他除了屡屡向曾国荃推介洋枪之外，更在给曾国藩的信中反复称赞西式枪炮的威力：

　　洋兵数千，枪炮齐发，所当辄靡。其落地开花炸弹真神技也。④

---

　　① 李鸿章：《复曾沅帅》（T1-09-008），载顾廷龙、戴逸主编《李鸿章全集》第二十九册，信函一，安徽教育出版社、安徽出版集团2008年版，第134页。
　　② 李鸿章：《复曾沅帅》（T1-09-011），载顾廷龙、戴逸主编《李鸿章全集》第二十九册，信函一，安徽教育出版社、安徽出版集团2008年版，第136页。
　　③ 同上。
　　④ 李鸿章：《上曾制帅》（T1-04-001），载顾廷龙、戴逸主编《李鸿章全集》第二十九册，信函一，安徽教育出版社、安徽出版集团2008年版，第83页。

十五日，戈登在营前排列开花巨炮十余尊，对城轰打，……炮力所穿，无孔不入，自午至申，轰倒二十余丈，城内屋瓦皆飞，击死悍贼无数。①

洋枪实为利器，和、张营中虽有此物而未操练队伍，故不中用。……程学启三营中并改出洋枪队一营（每哨添劈山炮二队），临阵时一营可抵两营之用。②

可以说，这个时期的李鸿章几乎是一个唯武器论者。他最后得出的结论是："外国兵丁粮贵而人数少，至多一万人为率即当大敌，中国用兵多至数倍，而经年积岁不收功效，实由于枪炮窳滥。若火器能与西洋相埒，平中国有余，敌外国亦无不足。"③ 洋枪洋炮就是最终的"制胜之道"。

但是，李鸿章的思路又不同于那种仅仅靠购买乃至仿造西式武器以达到军事技术的现代化的想法。李鸿章不但希望拥有一支能够熟练操作现代兵器并充分发挥其武器效能的军队，更希望拥有一个具有自主制造能力的军工制造业体系，他更认识到，要达到这一目标，就必须在知识价值观念与用人制度上进行配套改革。

夫器不精，则有器与无器同；用不善，则有精器与无精器同。炮不能施放，弹不能炸裂，此制造者之过也；弹之远近疾徐，炮之高下缓急，此用炮者之事也，其中皆有至当一定之理，非可浅尝而得。鸿章窃以为天下事穷则变，变则通，中国

---

① 李鸿章：《上曾相》（T2-03-012），载顾廷龙、戴逸主编《李鸿章全集》第二十九册，信函一，安徽教育出版社、安徽出版集团2008年版，第217页。
② 李鸿章：《上曾中堂》（T1-10-003），载顾廷龙、戴逸主编《李鸿章全集》第二十九册，信函一，安徽教育出版社、安徽出版集团2008年版，第152页。
③ 李鸿章：《上曾相》（T2-03-012），载顾廷龙、戴逸主编《李鸿章全集》第二十九册，信函一，安徽教育出版社、安徽出版集团2008年版，第217—218页。

士夫沈浸于章句、小楷之积习；武夫悍卒又多粗蠢而不加细心，以致所用非所学，所学非所用。无事则嗤外国之利器为奇技淫巧，以为不必学；有事则惊外国之利器为变怪神奇，以为不能学。不知洋人视火器为身心性命之学者已数百年，一旦豁然贯通，参阴阳而配造化，实有指挥如意从心所欲之快。其演习之弁兵，使由而不必使知；其创制之员匠，则举国尊崇之，而不以曲艺相待。中国文武制度，事事远出西人之上，独火器万不能及，其故何由？盖中国制器也，儒者明其理，匠人习其事，造诣两不相谋，故功效不能相并，艺之精者，充其量不过为匠目而止；洋人则不然，能造一器为国家利用者，以为显官，世食其业，世袭其职。故有祖父习是器而不能通，子孙尚世习之，必求其通而后止。上求鱼，臣乾谷，苟荣利之所在，岂有不竭力研求，穷日夜之力以期至于精通而后止乎？①

显然，李鸿章已经觉察到，西方优势军事技术建立在一个庞大而复杂的原理知识系统的基础之上，只有掌握了这套知识系统，才有可能真正掌握相应的制造与使用技能。而在中国的传统社会中，作为高层知识精英的掌握哲理性知识的儒生与从事实用技术实践的工匠之间存在着某种隔阂，这就导致了中国传统实用技术因缺乏原理知识系统的支持而失去了长足的发展前景。可以说，李鸿章的判断抓住了问题的关键。美国史学家斯塔夫里阿诺斯也指出：在所有的传统社会中，都是匠人发展了各种实用技术，但是，"匠人关心的是技术上的实际知识，而不是科学上的潜在原因"②。导致西方社会发生突变，产生现代科学技术，并从传统社会进入现代工业社会的

---

① 李鸿章：《李鸿章函》，《筹办夷务始末·同治朝》第三册，中华书局 2008 年版，第 1088 页。

② ［美］斯塔夫里阿诺斯：《全球通史：从史前史到 21 世纪》（第 7 版修订版），吴象婴、梁赤民等译，北京大学出版社 2006 年版，第 480 页。

重要原因是从文艺复兴时期开始的工匠与学者之间的联合，"西方的伟大成就是使这两者结合起来。掌握实际知识与了解潜在原因的结合，奠定了科学的基础，推进了科学的发展，使科学成为今日的支配力量"[①]。而要实现这种联合，一个很重要的环节，就是必须大幅度提升工匠及其实用技术知识的社会地位，使之能够得到与作为社会的领导阶层的知识分子及其掌握的知识类型相同的尊重。

李鸿章显然也意识到了这一点，因此，他想通过对传统的科举取士制度进行某种修改与补充来实现这个关键性的目标："欲觅制器之器与制器之人，则或专设一科取士，士终身悬以为富贵功名之鹄，则业可成，艺可精，而才亦可集。"[②]

在曾国藩、李鸿章等人的推动下，总理衙门终于认识到学习西方基础科学的重要性："因思洋人制造机器火器等件，以及行船行军，无一不自天文算学中来。现在上海、浙江等处，讲求轮船各项，若不从根本上用著实功夫，即习学皮毛，仍无裨于实用。"[③]于是计划在同文馆内增设天文算学馆，聘请外国教师，招取科甲正途出身的士人与官员入馆学习，并在津贴与升迁方面给予优待。然而这样一个以学习与引进西方军事技术为目的的基础科学教育计划，却遭到来自倭仁等保守派大臣的激烈反对。

首先发难的是山东道监察御史张盛藻，他主要反对的，是奕䜣等人意图招取科甲正途官员入馆学习的想法。他在奏折中认为："朝廷命官必用科甲正途者，为其读孔、孟之书，学尧、舜之道，明体达用，规模弘远也，何必令其习为机巧，专明制造轮船、洋枪之理乎？"并认为"若令正途科中人员习为机巧之事，又藉升途、

---

① ［美］斯塔夫里阿诺斯：《全球通史：从史前史到21世纪》（第7版修订版），吴象婴、梁赤民等译，北京大学出版社2006年版，第480页。

② 李鸿章：《李鸿章函》，《筹办夷务始末·同治朝》第三册，中华书局2008年版，第1089页。

③ 《奕䜣等奏拟设馆学习天文算学折》，《筹办夷务始末·同治朝》第五册，中华书局2008年版，第1945页。

银两以诱之，是重名利而轻气节，无气节，安望其有事功哉？"因此，即使要设馆学习这些"机巧之事"，亦"止宜责成钦天监衙门，专取年少颖悟之天文生、算学生送馆学习，俾西法与中法互相考验；至轮船洋枪，则宜工部遴选精巧工匠，或军营武弁之有心计者，令其专心演习，传授其法，不必用科甲正途官员肄习其事，以养士气而专责成"①。可以说，张盛藻提出的反对意见在此后的"同文馆之争"中是一个十分关键的重点。这一反对意见恰恰体现了一种维持传统社会的思想与技艺两大知识界域及其价值之区隔的努力。传统社会的知识精英所掌握的正是关于这个社会的宗教——形而上世界观的相关知识，正是通过这种知识垄断，他们占据了这个社会的领导地位，因此，正如哈贝马斯所指出的："'传统社会'指的是这样一些社会：〔它们的〕制度框架是建立在对整个现实——宇宙和社会——所作的神话的、宗教的或形而上学的解释的毋庸置疑的合法性基础上的。只要目的理性活动的子系统的发展保持在文化传统的合法的和有效的范围内，'传统的'社会就能存在下去。"②维护这种知识的至上性并维护自己与这一知识系统的唯一的权威性联系，并继续将实用技术知识限制在一种从属的相对低下的地位，也就维持了自己这一知识共同体在社会结构中的优势地位。因此，我们可以认为，张盛藻等人所欲图维护的，是一个传统的知识—权力制度，他的立场与观点所显示出来的，正是传统的知识—权力制度对现代化知识权力的一种抗拒，可以说，这是文化保守主义立场的一种早期形态。

---

① 见《张盛藻奏同文馆学天文算术不必用科甲正途官员折》，《筹办夷务始末·同治朝》第五册，中华书局2008年版，第2001—2002页。
② 〔德〕哈贝马斯：《作为"意识形态"的技术与科学》，李黎、郭官义译，学林出版社1999年版，第52页。

第三节　文化民族主义与文化保守主义的纠缠

在张盛藻之后挺身而出的，是当时深孚众望的同治帝师、大学士倭仁。与张盛藻基本一致，倭仁立论的重点也是反对召集科甲出身的正途官员入馆学习，但是这位被时人视为理学名臣的知识领袖提出了一个颇为响亮而精警的纲领性口号："立国之道，尚礼义不尚权谋；根本之图，在人心不在技艺。"① 从而将张盛藻的观点提炼到了一个更高的层次。

但是倭仁的重点是用"夷夏之辨"来支持与加强张盛藻的反对意见，从而使得这一场关于知识价值与知识—权力制度的争论与仇夷排外的传统文化民族主义情绪纠缠在一起。

诚如一些学者所指出的，中国的文明具有一种基于"文化主义"的内聚性②。这种建立在文化的基础之上的文明内聚亦与民族聚居地域之间有着某种程度的重叠与一致性，加上在历史上中国文明始终处于东亚文明的轴心地位，这就使得中国至少在《春秋》时期就形成了一种传统的文化民族主义，正如蒋庆所说的："《春秋》夷夏之辨中具有民族主义的性质，这种民族主义主要通过尊王攘夷表现出来。但是，这种民族主义不同于西方近代民族国家产生后出现的民族主义……《春秋》的民族主义则是以文化为基础，强调中国文化的本位性与不可取代性。……在《春秋》的民族主义中，文化高于民族，高于国家，《春秋》的民族主义可以说是一种文化民族主义。"③ 这种传统的文化民族主义虽然不同于以民族—国家认同为基础的现代民族主义，但它仍然在一定程度上发挥了现代民族

---

① 倭仁：《倭仁奏正途学习天文算学为益甚微所损甚大请立罢前议折》，《筹办夷务始末·同治朝》第五册，中华书局 2008 年版，第 2009 页。
② ［美］斯塔夫里阿诺斯：《全球通史：从史前史到 21 世纪》（第 7 版修订版），吴象婴、梁赤民等译，北京大学出版社 2006 年版，第 361 页。
③ 蒋庆：《公羊学引论》，辽宁教育出版社 1995 年版，第 228—229 页。

主义的功能，以"夷夏之辨"来表述的这种对于非华夏文明与族群的排斥就是这一功能的体现。因此，当大清帝国及其臣民们受到来自欧洲人的入侵的时候，立刻——至少在知识阶层中——引发了某种仇夷与排外的情绪。正是基于这种思想与情绪，倭仁上奏时所反对的重点正在于"师事夷人"，因此，尽管他认为"天文算学为益甚微"①，"即使教者诚教，学者诚学，所成就者不过术数之士，古今来未闻有恃术数而能起衰振弱者也"②，但是这并不是关键问题，他甚至并不绝对反对学习这些"一艺之末"，但是"天下之大，不患无才。如以天文、算学之必须讲习，博采旁求，必有精其术者，何必夷人，何必师事夷人？"③ 而让科甲出身的士大夫们向这些夷人学习，将会在文化与信仰世界里造成更大的危险。"议和以来，耶稣之教盛行，无识愚民半为煽惑，所恃读书之士讲明义理，或可维持人心。今复举聪明隽秀国家所培养而储以有用者，变而从夷，正气为之不伸，邪氛因而弥炽，数年以后，不尽驱中国之众咸归于夷不止。"④ 倭仁显然意识到，传统社会的基石正是掌握在这些士大夫精英手中的信念性知识的不可置疑性，而"奉夷为师"的行为本身，恰恰倒转了"夷"与"夏"的文化优势地位之设定，这无疑是对于传统的中国文化绝对合法性的否定，既然以"夷夏之辨"的形式得以确认的文化律令的绝对地位被否定，就不能指望它能够再得到无条件的信奉与遵行，"今以诵习诗书者而奉夷为师，其志行已可概见，无论所学习不能精，即使能精，又安望其存心正大、尽力报国乎？恐不为夷人用者鲜矣"⑤。而一旦作为社会领导阶层

---

① 倭仁：《倭仁奏正途学习天文算学为益甚微所损甚大请立罢前议折》，《筹办夷务始末·同治朝》第五册，中华书局 2008 年版，第 2009 页。
② 同上。
③ 同上。
④ 同上书，第 2010 页。
⑤ 倭仁：《倭仁奏正途学习天文算学为益甚微所损甚大请立罢前议折》，《筹办夷务始末·同治朝》第五册，中华书局 2008 年版，第 2027—2028 页。

的知识精英自身的知识—信念的真诚性与稳固性遭到怀疑，就必定失去其对社会的领导权，于是整个社会的知识—信念—权力的三元合一秩序将从根本上崩解。显然，倭仁的反对学习西方现代科学的态度正是基于一种文化民族主义的立场与利益考量，他甚至在奏折中写道："夷人教习算法一事，若王大臣等果有把握，使算法必能精通，机器必能巧制，中国读书之人，必不为该夷所用，该夷丑类，必为中国所歼，则上可纾宵旰之忧劳，下可伸臣民之义愤，岂不甚善。"① 显然，在倭仁那里，最为关键的要点实际上也并不在是否学西学、制机器，而在抵御"夷人"对天朝传统秩序的入侵与颠覆。

可以说，在传统的文化民族主义潮流的裹挟下，产生了以保存传统社会的知识价值与知识—权力制度为目的的反现代化的文化保守主义思潮。可以说在这其中，文化民族主义充当了一个非常重要的角色，它既是一个动因，亦是一个战略目标。正是由于担心现代化的举措将触犯全体社会成员的文化民族主义情绪，并由此导致传统社会话语权力结构的崩盘，才产生了这种早期的反现代化的思想，尽管崇古与维持旧的文化秩序一向是传统中国人的习惯性思维，但是这种思维现在对抗的是席卷全球的现代化潮流，因而它就蜕变成了一种反现代化的文化保守主义的思想，因而悖论式地具备了某种现代性意义，可以说，正是现代化浪潮的冲击使得中国传统的文化主义开始了向现代文化保守主义的蜕变。

倭仁们的保守思想显然是一种极端与典型，但是，这种思想并不仅仅为倭仁及其同道所专有，可以说，倭仁们的思想，只是当时的一种影响广泛的社会思潮的表现形式，事实上，这一思潮的影响力极为广泛，无论是那些后来所谓的"洋务派"还是与之相对的所谓的"保守派"或"顽固派"，都不同程度地被笼罩在这种思潮

---

① 倭仁：《倭仁奏正途学习天文算学为益甚微所损甚大请立罢前议折》，《筹办夷务始末·同治朝》第五册，中华书局 2008 年版，第 2028 页。

之下。

例如，郭嵩焘，这位后来自命为当时唯一精通洋务的人，虽然他被任命为驻英法的公使，成为中国第一位驻外外交官还需在数年以后，但是，他曾随同曾国藩参赞军务，亦曾入幕李鸿章的淮军，甚至曾上过《条陈海防事宜》的折子，主张兴办洋务以自强，其思想应该是属于比较开放与前沿的，但是，在"同文馆之争"爆发后，他的态度却显得颇为有趣。他在日记中写道："从少海处借读总理衙门原奏，立言之悖谬，无一语不足喷饭。"[①] 而他的理由是："用洋人所授之业为升阶以狎侮士大夫，流俗之所争趋，君子之所深耻。乃至行拘禁之令，出入有制，而月一加考试，移督教童蒙之政以施之翰、詹清贵人员，贱简士大夫以辱朝廷。总理诸公，无识甚矣。"[②] 但是，反对派也并没得博得他的好评："御史之陈奏，湖南、山西之争持，倭相之调处，与总理衙门用意不同，而同一懵懵，如群盲相遇于道，争辩诙然，而皆一无所见。"[③]

而在他看来，正确的做法，则应该以报效国家的道义责任为号召——"朝廷以实用求人，期使应时，须以宏济国家之艰难，出之以至诚恻怛，无不起而相应者"[④]。当然，利益驱动也是一种手段，但是，传统士人好名而耻于言利，因此，在这件事情上，必须顾及士大夫的道义感与价值观念。他指出："名义者，生于人心而与外相应者也。故君子重名，今使就洋人受业，所受者业也，于心无咎。而为之名曰：汝往从洋人，即高官厚禄随之，是先毁弃士大夫之廉耻，以使觍颜而为此。天文、算学所习者不可知，而耻心先已荡然矣。士习，人心之所关系，于斯为大，惜乎御史张公之未能辨此也。"[⑤] 显然，郭嵩焘的见解实际上与倭仁等人在某些方面相当

---

① 郭嵩焘：《郭嵩焘日记》第二卷，湖南人民出版社1981年版，第430页。
② 同上书，第431页。
③ 同上。
④ 同上书，第445页。
⑤ 同上。

一致，他虽然不像倭仁们那样反对学习西方科学，甚至他还对于学习西学持赞同态度，但他也认为总理衙门的行事方式将瓦解传统士人的道德信念，并进而危及社会风气。可以说，郭嵩焘也认同传统的文化民族主义有其合理的存在价值，至少，作为一个社会既存的社会意识与心理趋向，它与一个社会的道德风气有着某种微妙的关联，因此，任何的改革措施应该与之达成某种意义上的妥协。

第四节　知识的有效性与合法性

实际上，郭嵩焘并不是唯一有这种想法的人。显然，"夷夏之辨"以及与此相关的一系列传统信念与价值观的强大影响力，使得企图对传统社会的物质与精神层面进行某种变革的人都不得不自愿或被迫与之保持一种争辩与对话的关系。

当然，首先是倭仁等以理学著名的士大夫们在庚申之变后努力强化儒家思想传统在政治文化上的权威性，并努力论证这一思想传统作为知识的有效性。同治元年二月二日（1862 年 3 月 2 日），倭仁被任命为同治皇帝的师傅，不久，他上呈了他自己以前所辑的《帝王盛轨》和《辅弼嘉谟》，前者辑录了从尧舜到宋仁宗十七位帝王的言行治迹，而后者则辑录了十五位古代名儒大臣论治国之道的表疏奏议。显然，他希望这两本书成为训练皇帝执政能力的教科书。实际上，对于倭仁来说，这可以说是他压抑已久的政治理想的初步展开。在咸丰皇帝即位之初，就曾诏谕官员们上疏陈言，献计献策，倭仁也在当时上了《应诏陈言疏》，大谈君子小人之辨，力言"君德成就而后辅弼得其人，辅弼得人而后天下治"①，并希望咸丰皇帝"命老成贤儒，俾日亲便座，相与讲论道义，以辅圣德；又择天下贤俊，使得陪侍法从，朝夕廷见，开陈善道，讲磨治体，

---

① 倭仁：《应诏陈言疏》，《倭文端公遗书》卷二，第 3 页，清光绪元年求我斋刊本，华文书局股份有限公司 1968 年影印版，第 150 页。

以广听闻"①。但是这种以理学治天下的高调显然并没有引起对程朱理学在国家治理上的实用价值持怀疑态度的咸丰皇帝的兴趣。

而在咸同之交，由于曾国藩等理学名臣在镇压太平天国的战场上屡建功勋，朝廷与社会对于理学的态度也有所转变。正如梁启超后来所总结的："罗罗山泽南、曾涤生国藩在道、咸之交，独以宋学相砥砺，其后卒以书生犯大难成功名。……自此以后，学人轻蔑宋学的观念一变。"② 前述张锡嵘的上疏中推倭仁、曾国藩等儒术湛深的官员为可用之才，即是这种学术风气转变的一种表征。而当倭仁得到帝师之职的时候，他自然将之视为实现自己"治道"理想的一个天赐良机。他在进呈同治皇帝的《辅弼嘉谟》中称："必如尧舜禹汤文武，由诚意正心推而至于治平天下，始可谓之圣学，始可谓之郅治。若汉唐宋之贤君，非无所学，惟鲜大学明德之功，故其治往往驳而不纯。然则人君为学尚其取法乎上哉！"③ 倭仁等人努力强调儒家学术在政治治理上的功用："学不明则人心锢蔽，理欲混淆，尚有何事可为，故兴学育才，明义利之辨，是为治第一义也。"④ 他的好友、理学名臣吴廷栋也认为："窃谓世运之转移在人材，而人材之奋兴关乎风俗，风俗之盛衰系乎人心，人心之邪正由于学术。此学不明，固无望人心之兴起、而天心之来复也。"⑤

可以说，重新论证传统的儒家学术知识在国家与社会治理上的有效性，确保程朱理学成为王朝政治的权威意识形态，已经成为倭仁以及吴廷栋这些身兼理学家与朝廷重臣的士大夫们倾力为之的一

---

① 倭仁：《应诏陈言疏》，《倭文端公遗书》卷二，第 3 页，清光绪元年求我斋刊本，华文书局股份有限公司 1968 年影印版，第 149 页。

② 梁启超：《中国近三百年学术史》，天津古籍出版社 2003 年版，第 30 页。

③ 倭仁：《辅弼嘉谟》，《倭文端公遗书》首卷下，第 26 页，清光绪元年求我斋刊本，华文书局股份有限公司 1968 年影印版，第 100 页。

④ 倭仁：《日记（壬子以后）》，《倭文端公遗书》卷六，第 39 页，清光绪元年求我斋刊本，华文书局股份有限公司影印版，第 497 页。

⑤ 吴廷栋：《复洪琴西孝廉书》，《拙修集》卷九，第 29 页，清同治十年求我斋刻本。

件事情。在这种学术潮流之下，就不难理解，倭仁、张盛藻等人挑起的"同文馆之争"从某种程度上实际上是一次刚刚夺回话语霸权的理学家们维护与论证儒学主流——程朱理学的知识有效性的一次舆论战。

因此，针对奕䜣等人对自己的尖锐批评之词："别无良策，仅以忠信为甲胄、礼义为干橹等词，谓可折冲樽俎，足以制敌之命。"① 倭仁的反击表现出的是一种对于传统儒家的伦理—政治理念的不由分说的坚定信心："今阅总理衙门所奏，大率谓忠信礼义之空言，无当于制胜自强之实政。奴才愚见，窃谓不然。夫欲求制胜，必求之忠信之人；欲谋自强，必谋之礼义之士，固不待智者而后知矣。"②

显然，在倭仁等人的知识世界之中，唯一有效的国家与社会治理知识就是作为"正学"的孔孟之道以及与之二位一体的"整纪纲，明政刑，严赏罚，求贤养民，练兵筹饷诸大端"③ 的所谓"善政"，因此，"战胜在朝廷，用人行政有关圣贤体要者，既已切实讲求，自强之道，何以逾此，更不必多此一举"④。

然而，实际上，尽管洋务派的知识世界图景已经发生了某种巨大的变化，但是这种变化在当时并未如倭仁所认为的那样造成对于传统的儒家伦理—政治文化的权威地位及其作为知识与信念的有效性的破坏。当时的洋务派思想家冯桂芬已经对于中外国家实力的结构性差距进行了某种系统的总结："彼何以小而强，我何以大而弱，……约有数端：人无弃材不如夷，地无遗利不如夷，君民不隔

---

① 《奕䜣等奏议覆倭仁请罢正途学天文算学折》，《筹办夷务始末·同治朝》第五册，中华书局 2008 年版，第 2021 页。
② 《倭仁奏再论总理衙门学天文算学折》，《筹办夷务始末·同治朝》第五册，中华书局 2008 年版，第 2027 页。
③ 《张盛藻奏同文馆学天文算术不必用科甲正途官员折》，《筹办夷务始末·同治朝》第五册，中华书局 2008 年版，第 2001 页。
④ 《倭仁奏再论总理衙门学天文算学析》，《筹办夷务始末·同治朝》第五册，中华书局 2008 年版，第 2028 页。

不如夷，名实必符不如夷。"① 但是，冯桂芬仍然认为这种结构性差距可以依靠传统的治理手段得以拉平："四者道在反求，惟皇上振刷纪纲，一转移间耳，此无待于夷者也。"② 不仅如此，冯桂芬也对双方军事实力上的结构性的差距进行了系统的分析与总结："至于军旅之事，船坚炮利不如夷，有进无退不如夷，而人材健壮未必不如夷。是夷得其三，我得其一，故难胜。"③ 然而，他仍然认为"夫得二之效，亦道在反求而无待于夷"，唯一"有待于夷者，独船坚炮利一事耳"④。正是基于这样一种认识，冯桂芬一方面主张"制洋器"、甚而"采西学"，但并不认为应该抛弃传统的伦理—政治文化，他的理想是："以中国之伦常名教为原本，辅以诸国富强之术，不更善之善者哉？"⑤

对于曾和倭仁一起在理学大师唐鉴门下切磋程朱之学的曾国藩来说，儒家的伦常名教以及性理之学也始终是一种绝不可否定的价值信念与伦理秩序。事实上，对曾国藩来说，对太平天国的战争在很大程度上可以说是一场文化的"圣战"。作为中国近代史上最大规模的一场下层阶级反抗王朝政权的起义，太平天国运动与以往几乎所有的这类反抗运动极不相同的，是它不仅在政治与军事上对清王朝发起了激烈的进攻，更以取自西方基督教文化的精神武器⑥，对中国传统社会的伦理秩序与信仰世界发动了全面的进攻。因而当曾国藩以一介书生提兵对抗席卷大清帝国半壁江山的太平天国之时，他发布的《讨粤匪檄》完全可以看成是为捍卫中国传统社会的伦理与信仰世界而向太平天国掷下的一封文化战书，曾国藩在檄文

① 冯桂芬：《校邠庐抗议》，中州古籍出版社1998年版，第198页。
② 同上。
③ 同上。
④ 同上。
⑤ 同上书，第84页。
⑥ 太平天国的信仰与西方正统的基督教并不一致，前者显然也汲取了中国传统民间宗教的许多思维方式与习惯，甚而由此发明出一种披着基督教的语词外衣的新的中国民间宗教。因而我们只能说太平天国的信仰中有"取自"基督教的成分。

中首先宣布了传统伦理秩序的不可置疑性："自唐虞三代以来，历世圣人，扶持名教，敦叙人伦，君臣父子，上下尊卑，秩然如冠履之不可倒置。"① 进而指斥太平天国的宗教教义与反儒、毁庙运动是对于这一伦理秩序与信仰世界的背叛与破坏："举中国数千年礼仪人伦、诗书典则，一旦扫地荡尽。此岂独我大清之变，乃开辟以来名教之奇变，我孔子、孟子之所痛哭于九原！"② "佛寺、道院、城隍、社坛，无庙不焚，无象不灭。斯又鬼神所共愤怒，欲雪此憾于冥冥之中者也！"③

因此，曾国藩不仅欢迎"血性男子""仗义仁人"向他的军队输送兵员、捐助银饷，并给这些人以相应的优遇，更宣称"倘有抱道君子，痛天主教之横行中原，赫然奋怒，以卫吾道者，本部堂礼之幕府，待以宾师"④。曾国藩的这篇檄文写于1854年，从此以后，曾国藩与太平天国用冷、热兵器进行着这场他心目中的文化战争，在此过程中，他逐渐见识了西方现代军事技术的威力，并开始购使用甚而试制西式枪炮与轮船，并进而认识到这些实用军事技术的背后有着一个巨大的知识系统的支持，于是又开始在江南制造局中设馆翻译西方科学书籍——可以说，经过十五年左右的时间，曾国藩建立了令时人惊羡的功业，并且也应该极大地扩展了自己对于知识世界——尤其是西方知识的认识，然而，到了1869年，他在《劝学篇示直隶士子》一文中概括他的知识世界："为学之术有四：曰义理，曰考据，曰辞章，曰经济。义理者，在孔门为德行之科，今世目为宋学者也。考据者，在孔门为文学之科，今世目为汉学者也。辞章者，在孔门为言语之科，从古艺文乃今世制义诗赋皆是也。经济者，在孔门为政事之科，前代典礼、政书，及当世掌故皆

---

① 曾国藩：《讨粤匪檄》，《曾国藩全集·诗文》，岳麓书社1986年版，第232页。
② 同上。
③ 同上书，第233页。
④ 同上。

是也。"①

这是一件非常奇怪的事情，似乎曾国藩所有与现代技术与知识有关的经验与作为在他的知识世界中几乎没有留下丝毫痕迹，而在他那综合各种类型但仍然维持着传统格局的知识世界中，他称为"义理之学"的儒家伦理信念知识仍然占据着最具主导性与决定性的地位："君子贵慎其所择，而充其所急。择其切于吾身心不可造次离者，则莫急于义理之学。凡人身所自具者，有耳、目、口、体、心思；日接于吾前者，有父子、兄弟、夫妇；稍远者，有君臣，有朋友。为义理之学者，盖将使耳、目、口、体、心思，各敬其职，而五伦各尽其分，又将推以及物，使凡民皆有以善其身，而无憾于伦纪。夫使举世皆无憾于伦纪，虽唐虞之盛有不能逮，苟通义理之学，而经济该乎其中矣。"② 显然，在曾国藩看来，这种伦理知识即使是在政治治理的层面上，仍然保有其确定无疑的有效性。

实际上，洋务派人士对于中国传统伦理信念与秩序的绝对合理性乃至唯一性始终没有怀疑过。王韬在为郑观应所著《易言》所写的跋中称："当今之世，非行西法则无以强兵富国。"③ 他也非常清楚这种改弦更张将是对于传统的国家与社会治理手段的一种背离甚而破坏："此我中国五帝三王之道将附于地而不可收拾矣。古来圣贤所以垂法立制者，将废而不复用。"④ 王韬坚定地认为中国人已面临一个前所未有的历史局面，这种变革势在必行："古圣贤之在当时，天下事犹未极其变也；而今则创三千年来未有之局，一切西

---

① 曾国藩：《劝学篇示直隶士子》，《曾国藩全集·诗文》，岳麓书社 1986 年版，第 442 页。
② 同上书，第 442—443 页。
③ 王韬：《〈易言〉跋》，载夏东元编《郑观应集》上册，上海人民出版社 1982 年版，第 167 页。
④ 同上书，第 166 页。

法西学，皆为吾人目之所未睹，耳之所未闻。"① 同时，他又为主张变革的郑观应辩护说："所欲变者器也，而非道也。"② 并说"器则取诸西国，道则备自当躬。盖万世而不变者，孔子之道也"③。而至于这个永恒有效的孔子之道，在王韬看来，就是孔子的伦理观念："天下之道，一而已矣，夫岂有二哉！道者，人人所以立命，人外无道，道外无人。故曰：圣人，人伦之至也。盖以伦圣而非以圣圣也。于以可见，道不外乎人伦。苟舍人伦以言道，皆其歧趋而异途者也，不得谓之正道也。"④

王韬关于儒家伦理观念的普适性的观点应该是他自己真诚的信念，而不仅仅是替自己的思想同道们辩护的虚饰之词。王韬在回答牛津大学毕业生有关孔子之道与西方基督教信仰之间的异同问题时说："孔子之道，人道也，有人此有道，人类一日不灭，则其道一日不变，泰西人士论道，必溯原于天……夫天道无私，终归乎一。由今日而观，其分则同而异；由他日而观，其合则异而同。前圣不云乎东方有圣人焉，此心同此理同也；西方有圣人焉，此心同此理同也。请一言以决之，曰其道大同。"而他自己亦显然因"诸问者俱为首肯"而颇为自得。⑤

他甚至将欧洲列强对中国的侵略也看作了东西方文化达成孔子之道的大同之境的一个命运性的契机："今日欧洲诸国日臻强盛，智慧之士造火轮舟车，以通同洲异洲诸国，东西半球足迹几无不遍，穷岛异民几无不至，合一之机将兆于此。夫民既由分而合，则道亦将由异而同。形而上者曰道，形而下者曰器，道不能即通，则先假器而通之，火轮舟车皆所以载道而行者也。东方有圣人焉，此

---

① 王韬：《〈易言〉跋》，夏东元编《郑观应集》上册，上海人民出版社 1982 年版，第 166 页。
② 同上。
③ 同上书，第 168 页。
④ 王韬：《弢园文录外编》，辽宁人民出版社 1994 年版，第 3 页。
⑤ 王韬：《漫游随录图记》，山东画报出版社 2004 年版，第 81 页。

心同此理同也；西方有圣人焉，此心同此理同也。盖人心之所向，即天理之所示，必有人焉，融会贯通而使之同。……天之所覆，地之所载，日月所照，霜露所坠，舟车所至，人力所通，凡有血气者莫不尊亲，此之谓大同。"①

甚至，他在英国游历考察之后得出了这样的结论："盖其国以礼义为教，而不专恃甲兵；以仁信为基，而不先尚诈力；以教化德泽为本，而不徒讲富强。"② 这样的观点在当时可以称得上是惊世骇俗的，但是这种观点一方面认为"英夷"亦奉行着华夏中国引以为傲的"礼义教化"，另一方面则更显示了传统的伦理信念之普泛性，而这已经不是前所谓的大势所趋之"大同"，而是认为儒家的伦理信念在事实上亦已成为西方社会所遵从的基本价值了。

王韬的"道—器"二元文化分层论在解决当时的知识与信仰的有效性危机上显然是具有一定成效的，这一思路后来也被郑观应在《盛世危言》一书中所采用。通过将文化整体分成"道"与"器"两个层次，并将传统文化的核心价值观念与知识归为"道"的层次，宣布为永恒普适的真理，从而使之获得某种安全保护，而将西方现代技术、知识与制度归为"器"的层次，从某种意义上是一种贬低，将之在整个知识世界中定位为一种较为次要的、非本原性与核心性的知识，从而使之失去了与所谓"道"层次的知识与信念相冲突的可能，这就使得这种知识有可能被安全地引入原有的知识世界之中，而不致引起传统的文化机体激烈的排异反应（这种思路后来被凝练地概括成为"中体西用"而广泛流行，并成为一个同时集现代化与反现代化为一体的双面之旗）。但是，另一方面，这种思路亦暗含了对于西方技术知识的文化地位与价值的认可与提升。由于"道"的本原性与唯一性，"道"乃是"器"的依据与源头，因此，作为"器"的西方知识与技术，自然也与"道"有着内在的

---

① 王韬：《弢园文录外编》，辽宁人民出版社1994年版，第5页。
② 王韬：《漫游随录图记》，山东画报出版社2004年版，第119页。

联系，正是通过这种思路，西方技术与知识也就有了在传统知识世界中获得知识合法性认证的可能途径。在当时相当一段时期内颇有影响力的"西学中源"说就是这种理路的典型代表。

对于 1860 年以后的洋务派人士来说，"西学中源"说为"采西学""制洋器"的现代化举措的合法性提供了一件非常便捷顺手的辩护工具。在奕䜣奏请增设天文算学馆的奏折中，奕䜣等人就已经预估自己的举措可能招致的责难："论者不察，必有以臣等此举为不急之务者；必有以舍中法而从西人为非者；甚且有以中国之人师法西人为深可耻者。"① 因而他们首先必须为自己的这种举措提出辩护："至以舍中法而从西人为非，亦臆说也，查西术之借根，实本于中术之天元，彼西土目为东来法，特其人性情缜密，善于运思，遂能推陈出新，擅名海外耳，其实法固中国之法也。天文算学如此，其余亦无不如此。中国创其法，西人袭之。中国傥能驾而上之，则在我既已洞悉根原，遇事不必外求，其利益正非浅鲜。"② 通过将西方现代科学技术解说成来自中国古代知识世界的元素，从而在免于冒犯对于华夏文明的中心性乃至唯一性的信念的前提下，让西方现代技术知识轻而易举地获得了合法性认证，进而为学"西学"扫清了知识伦理层面的障碍。

显然，对传统知识世界的系统结构进行重新描述，成为引渡西学之时必须进行的一种知识与观念准备。在这个过程中，利用原有知识系统中的某些要素，重新强调与刻意凸显它在传统的儒家知识系统中的地位与价值，由此达到改变原有的知识价值层级，从而为新的西方现代科技知识打开归入这一知识架构的可能路径，正是洋务派人士所力图达到的目标。

奕䜣等在奏折中努力证明他们计划设馆教授的天文学与数学知

---

① 《奕䜣等奏酌拟学习天文算学章程呈览折》，《筹办夷务始末·同治朝》第五册，中华书局 2008 年版，第 1982 页。

② 同上书，第 1983 页。

识属于传统儒家知识系统的一部分："六艺之中，数居其一；古者农夫戍卒，皆识天文，后世设为厉禁，知者始鲜。我朝康熙年间，除私习天文之禁，由是人文蔚起，天学盛行，治经之儒，皆兼治数，各家著述考证俱精。语曰：'一物不知，儒者之耻。'士子出户，举目见天，顾不解列宿为何物，亦足羞也。"① 这种煞费苦心的论证显然是有效的，它最后在同治六年正月二十九日的上谕中被采纳并总结为一种明确的知识合法性的判断："天文算学为儒者所当知，不得目为机巧。"② 甚至连倭仁也不得不承认这一合法性："数为六艺之一，诚如圣谕为儒者所当知，非歧途可比。"从而只能从这一知识的有效程度来进行质疑与抗拒："天文算学为益甚微，西人教习正途所损甚大。"③

　　为了证明这些知识与原有的知识系统的兼容性，奕䜣们甚至不得不对传统的学者与工匠之间的知识隔离作出妥协的姿态："或谓：制造乃工匠之事，儒者不屑为之。臣等尤有说焉。查《周礼》《考工》一记，所载皆梓匠轮舆之事，数千百年，黉序奉为经术，其故何也？盖匠人习其事，儒者明其理，理明而用弘焉。今日之学，学其理也，乃儒者格物致知之事，并非强学士大夫以亲执艺事也，又何疑乎？"④ 这种辩解显得似是而非，与奏折中同时强调这种学习是以制造枪炮轮船为目的显得有些自相矛盾，但他们一时也已经顾不上这其中的疏漏了。

　　显然，洋务派人士关于西方科技知识与传统知识系统兼容性的苦心论证显示了他们对于传统知识的霸权力量的畏服，而这种畏服

---

① 《奕䜣等奏酌拟学习天文算学章程呈览折》，《筹办夷务始末·同治朝》第五册，中华书局 2008 年版，第 1983 页。

② 《上谕》，《筹办夷务始末·同治朝》第五册，中华书局 2008 年版，第2002 页。

③ 见《倭仁奏正途学习天文算学为益甚微所损甚大请立罢前议折》，《筹办夷务始末·同治朝》第五册，中华书局 2008 年版，第 2009 页。

④ 《奕䜣等奏酌拟学习天文算学章程呈览折》，《筹办夷务始末·同治朝》第五册，中华书局 2008 年版，第 1983—1984 页。

乃至妥协虽不乏某种策略色彩，但在相当程度上亦有着发自内心的真诚，可以说，作为西方现代化力量冲击之下的一种应激反应，从传统的文化民族主义思想中产生并与之纠缠在一起的文化保守主义思潮，在当时具有相当强大而普遍的影响与控制力，以致于无论是加入争辩的正方还是反方，都不同程度地认同这一思潮的大多数观点，并承认与依凭同一个知识—权力架构进行着自己的话语实践。从这个意义上说，当时无论是所谓的保守派还是作为早期现代化的开启者的洋务派，或者出于主动，或者出于被动，都在不同程度上为文化保守主义思潮所裹挟，而随着中国现代化进程的展开，像倭仁这样的完全意义上的反现代化者亦将逐渐地绝迹，大多数持文化保守主义立场的人虽然可能会认同倭仁的相当一部分观点与思路，但同时却并不反对中国的现代化，因而可以说，中国近现代的文化保守主义思潮将始终与现代化思想交织互渗而并行，并从某种意义上，构成了中国现代性思想景观的一个方面。

第五节　知识世界的裂隙

尽管传统学术与知识系统的真理性仍然得到大多数人的认可，但是外来知识与技术的入侵，还是对这个知识与真理世界施加了印痕。福柯指出："每个社会都有其真理制度"①，即在知识与权力的共生关系中，将知识确认为真理并确保它得以生产、流通、获取，以及发挥效能的权力制度。在这其中，最为重要的自然是教育与人才选拔制度。而对于近代中国人来说，则是科举取士制度以及与此相关联的一整套教育机制。尽管这一套与儒家学术知识系统相关联的知识—真理制度的真实效力一直都令人生疑，但是，到了这个时候，这一知识—真理制度才遭到了前所未有的尖锐且大范围的

①　《米歇尔·福柯访谈录》，载杜小真编选《福柯集》，上海远东出版社 1998 年版，第 445 页。

质疑。

最先提出的质疑所针对的是这一知识制度的实践效能。冯桂芬在《校邠庐抗议》中记载了一种对于八股取士制度的批判观点："时文取士，所取非所用。"① 而沈葆桢则将这一质疑发挥得更为清晰明确。他在同治六年（1867）上呈的《又奏敬陈自治四事片》中写道："国家之待翰林最优，而得其用者甚寡，词章之学，竭毕生精力犹虑弗工，遑问经世。譬如雕文刻镂，非不美观，然远不如瓦缶秉耜之有裨于日用。"②

应该说，这些质疑基本集中在这一知识—真理制度之上，尤其是质疑这一制度与自身原本设定的目标之间的距离，而并不质疑原来企图通过这一制度来传播的知识与真理本身。郑观应在《盛世危言》中尖锐地批判当时的教育机制："中国师道日衰，教术日坏，无博学通儒克胜教习之任，无师范学校以养教习之材，故为师者类皆迂儒老生，终身从事于章句之学，帖括之艺。"③ 为师者的知识面之狭窄固然已经到了令人难以置信的地步："试问以五洲形势、列国政治、历朝史鉴、诸子百家、天算、动植、形声、格致之学，皆懵然漠然，不知所对。"④ 即使是其所擅长的传统儒家经典的传授，亦已失去了它作为真理机器的本应有的效能："其课徒也，曰五经，曰古文。五经将以通圣人之道，古文将以开童子之智，斯固然矣。……然膏继晷，朝夕从事于斯，彼其用心将为考试之题目耳，制艺之取材耳，于义理无所讲究也，于文法无所留意也。……故名为读圣人书，学圣人道，实则蠢愚迂谬不可响迩，腹笥空虚毫

---

① 冯桂芬：《校邠庐抗议》，中州古籍出版社 1998 年版，第 177 页。
② 《沈葆桢又奏敬陈自治四事片》，《筹办夷务始末·同治朝》第六册，中华书局 2008 年版，第 2214 页。
③ 郑观应：《盛世危言·学校下》，载夏东元编《郑观应集》上册，上海人民出版社 1982 年版，第 269 页。
④ 同上。

无心得。"①

对于这一真理机制失去效能，并进而导致涉身其间的人们对于所操持的知识与真理丧失信仰的状况，梁启超在《变法通议》中的抨击甚至更为尖锐而深刻：

> 今之学塾于孔子之外，乃兼祀文昌魁星等。吾粤则文昌魁星，专席夺食，而祀孔子者殆绝矣。……是故父兄之相诏，师长之相督，朋友之相勉，语以求科等博青紫，则恬然固然不以为怪；语以学圣人救天下，则色然惊，窃然笑，以为此妄人也。……嗟夫，以视佛氏之日念佛号，耶氏之七日礼拜者，其相去抑何远矣。②

真理机器失去效能，蜕化为知识"假晶"，却仍然保留了与权力体系的稳固的利益联系，这就阻碍了西方现代知识与技术进入这个社会的知识—权力体系，从而使得作为"富强之学"的西学在中国无法推行。梁启超等人敏锐地发现科举制度的存在严重地限制了西学人才培养的成效："举国上才之人，悉已为功令所束缚，帖括所驱役，鬒身灭顶，不能自拔，孰肯弃其稽古之荣，以俯焉而从事也？故当其就学（指同文馆等西学学业——引者注）之始，其与斯选者，大半仅中人之才耳。而自束发以后，又未尝一教以中国义理之学，徒溷身洋场，饱染习气，及至学成，亦且视为杂流，不与士齿，其不自爱固所宜也，坐是之故，而瑰玮特绝之徒，益惩羹吹齑，羞与哈伍，是以此中人才，日就寂寥也。"③ 因此，从洋务运

----

① 郑观应：《盛世危言·学校下》，载夏东元编《郑观应集》上册，上海人民出版社1982年版，第269页。
② 梁启超：《变法通议·论幼学》，《饮冰室合集·文集之一》，上海中华书局1936年版，第49页。
③ 梁启超：《变法通议·论科举》，《饮冰室合集·文集之一》，上海中华书局1936年版，第27页。

动开始，革新派对于改革科举及其与之相关的行政体制的吁求就愈来愈强烈与急迫，梁启超最后将这一变革要求总结为："变法之本，在育人才；人才之兴，在开学校；学校之立，在变科举；而一切要其大成，在变官制。"①

　　然而这种改革要求并不意味着用西学来完全代替中国传统的学术知识，后者，即所谓的"中学"，在革新派人士所设计的知识—真理制度中，始终保有一席之地。其重要原因就在于，即使是革新派人士，也认为中国传统文化知识与价值信念是构成对于这个文化共同体（或所谓国家）的认同与忠诚的基石。郑观应在论及曾国藩与容闳那个失败的留美幼童计划时说："昔曾文正奏派幼童出洋学习，意美法良，特稚齿髫年，血气未定，沾染习气，乖僻性成，甚至有从教忘亲不愿回国者，则就学诸生于中学毫无所得故也。"②将这一计划的失败归因于幼童人格未受中国传统学术知识的陶铸，故而无法成为兼容于中国社会并为之服务的人才，此论虽然未必正确，但恐怕却正反映了当时社会知识界的普遍观点，更影响了革新派人士设计新的教育与人才选拔制度时的思路。郑观应就在论及学校教育体制时写道："或谓中国小学堂宜仿德国小学堂章程……学分十课：一曰经学，以中国十三经之大义，择其浅近而切于伦常日用者训之，以培其德行也；二读中国书，凡华人不能不通华文，上而章句，中而论说辩难，下而浅近往来书牍，虽文理有浅深，而学徒皆不可以不通也。"③然后才是数学、地理、历史等各门现代基础学科。

　　除去强调传统的儒家经学知识作为德育途径在新的知识系统中

---

　　①　梁启超：《变法通议·论变法不知本原之害》，《饮冰室合集·文集之一》，上海中华书局 1936 年版，第 10 页。
　　②　郑观应：《盛世危言·考试上》，载夏东元编《郑观应集》上册，上海人民出版社 1982 年版，第 296 页。
　　③　郑观应：《盛世危言·学校下》，载夏东元编《郑观应集》上册，上海人民出版社 1982 年版，第 271 页。

仍应具有重要地位之外，革新派更努力扩大"中学"所涵盖的知识谱系，尤其强化其"经世致用"的功能，以努力恢复这一知识系统的实践效能。

梁启超在《〈西学书目表〉后序》中甚至认为，不仅仅是以应举为目标的八股试帖之学，乃至作为知识机器的全套儒家学术都已经退化到完全失去原有的实践效能的地步。"中学之不自立，抑有故焉。两汉之间，儒者通经，皆以经世，以《禹贡》行水，以《洪范》察变，以《春秋》折狱，以《诗》三百五篇当谏书，盖六经之文无一字不可见于用，教之所以昌也。今之所谓儒者，八股而已，试帖而已，律赋而已，楷法而已。……又其上者，笺注虫鱼，批抹风月，旋贾、马、许、郑之胯下，嚼韩、苏、杜之唾余，海内号为达人，谬种传为巨子。更等而上之，则束身自好，禹行舜趋，衍诚意正心之虚论，剿攘夷尊王之迂说。缀学虽多，不出三者。历千有余年，每下愈况，习焉不察，以为圣人之道，如此而已。是则中国之学，其沦陷澌灭一缕绝续者，不自今日。虽无西学以乘之，而名存实亡，盖已久矣。"① 而这并不使他推出放弃"中学"而以"西学"取而代之的结论。他在《与林迪臣太守书》中甚至说："窃以为此后之中国，风气渐开，议论渐变，非西学不兴之为患，而中学将亡之为患。"②

显然，在他看来，"中学"的知识谱系所包括的并不仅仅是儒家经术，其中自有足以"经世"者在，只是现存的知识机器将它们遗漏了："今日之士，他日之官也。问国之大学，省之学院，郡县之学官，及其所至之书院，有以历代政术为教者乎？无有也。有以

① 梁启超：《〈西学书目表〉后序》，《饮冰室合集·文集之一》，上海中华书局1936年版，第127页。
② 梁启超：《与林迪臣太守书》，《饮冰室合集·文集之三》，上海中华书局1936年版，第2页。

本朝掌故为教者乎？无有也。有以天下郡国利病为教者乎？无有也。"① 正是基于这一观点，梁启超甚至认为："西学之学校不兴，其害小；中学之学校不兴，其害大。西学不兴，其一二浅末新法，犹能任洋员以举之；中学不兴，宁能尽各部之堂司，各省之长属，而概用洋员以承其乏也?"② "欲为政学者，必于中国前古之积弊，知其所以然，近今之情势，知其所终极，故非深于中学者不能治此业。"③ 可以说，在梁启超看来，"中学"作为一种地方性知识，在中国走向现代化的过程中仍然有其无可替代的价值，现代性的知识体系，只有与这一地方性知识相结合才有可能发挥积极的效力。

因此，梁启超提出了一个"中学为主、西学为辅"的所谓"政学"知识谱系："以六经诸子为经（经学必以子学相辅，然后知六经之用，诸子亦皆欲以所学治天下者也。）而以西人公理公法之书辅之，以求治天下之道。以历朝掌故为纬，而以希腊罗马古史辅之，以求古人治天下之法。以按切当今时势为用，而以各国近政近事辅之，以求治今日之天下所当有事。"④ 如果不经由本土地方性知识的途径，所有对于西方技术与知识的引入与学习，只能造就一群对于中国国情缺乏系统的知识，甚至对于这一政治与文化共同体缺乏忠诚感的人，"为洋人广蓄买办之才"⑤，而对这个国家和民族没有任何益处。

张之洞在《劝学篇》中亦持相似的观点："今日学者，必先通经以明我中国先圣先师立教之旨，考史以识我中国历代之治乱、九州之风土，涉猎子集以通我中国之学术文章，然后择西学之可以补

---

① 梁启超：《变法通议·学校总论》，《饮冰室合集·文集之一》，上海中华书局1936年版，第17页。
② 同上书，第18页。
③ 同上书，第63页。
④ 同上。
⑤ 同上书，第64页。

吾缺者用之、西政之可以起吾疾者取之，斯有其益而无其害。"①

但是，对于张之洞来说，这个以儒学为核心的被称为"中学"的知识与信念系统不仅仅是地方性的，更是普世性的："孔门之学，博文而约礼，温故而知新，参天而尽物。孔门之政，尊尊而亲亲，先富而后教，有文而备武，因时而制宜。孔子集千圣，等百王，参天地，赞化育。"②

他甚至力图在西方伦理与政治秩序中发现与"三纲五常"相通的因素，以证明儒家的伦理信念的普世性意义："圣人为人伦之至，是以因情制礼，品节详明。西人礼制虽略，而礼意未尝尽废。诚以天秩民彝，中外大同。"③

对于传统社会伦理秩序普世性与永恒性的信仰正是张之洞虽然赞成技术与物质层面的现代化却反对民权——社会政治制度的西化与现代化的理由。他将西方现代社会同样有法律与政治秩序看成是民权与自由观念不能成立的证据，因而很有把握地作出了"环球万国必无此政，生番蛮獠亦必无此俗"④ 的论断。并认为"若强中御外之策，惟有以忠义号召合天下之心，以朝廷威灵合九州之力，乃天经地义之道，古今中外不易之理"⑤。如果说，对于早期洋务派，"中体西用"的侧重点尚在强调"西用"的合法性的话，在张之洞那里，这个口号则成为在推动物质与技术层面的现代化的同时，阻遏与反对社会政治制度与伦理秩序上的现代化的知识纲领，在张之洞的心目中，这个知识纲领划分了所谓"中学"与他所谓的"西学"各自的适用范围："中学为内学，西学为外学；中学治身心，西学应世事。不必尽索之于经文，而必无悖于经义。如其心圣人之心，行圣人之行，以孝弟忠信为德，以尊主庇民为政，虽朝运汽

① 张之洞：《劝学篇》，中州古籍出版社1998年版，第59页。
② 同上书，第90页。
③ 同上书，第71页。
④ 同上书，第86页。
⑤ 同上书，第87页。

机，夕驰铁路，无害为圣人之徒也。"① 可以说，张之洞的文化保守主义成为他的政治保守主义建立其上的知识基石，这使得他的文化保守主义思想成为中国近现代史上影响最大的具有政治意图的文化保守主义纲领。

梁启超在著述中也经常表现出对于儒学知识的普世意义的热烈信仰："盖孔子之教，非徒治一国，乃以治天下。"② 他在《湖南时务学堂学约》更明确地将"传教"设定为探求学问的终极目标："他日诸生学成，尚当共矢宏愿，传孔子太平、大同之教于万国，斯则学之究竟也。"③ 但是，在梁氏看来，这个儒学知识体系的普世性价值却有待于从西方知识系统那里获得一种支持与澄清："彼西人之所以菲薄吾教，与陋儒之所以自蔑其教者，由不知孔子之所以为圣也。今宜取六经义理、制度、微言大义，一一证以近事新理以发明之。然后孔子垂法万世，范围六合之真乃见。"④

与此同时，正如前述，梁启超也认为西学只有通过中学的接引，才能发挥效用。中学与西学必须相互支持："舍西学而言中学者，其中学必为无用，舍中学而言西学者，其西学必为无本，皆不足以治天下，虽庠序如林，逢掖如鲫，适以蠹国，无救危亡。"⑤

可以说，梁启超的这些思想相当一部分受到了其师康有为的影响——当然，也许更确切的说法应该是，他们的这些思想是来自于同样的一个知识—真理传统，如果说师对于弟子有影响，这种影响能够产生也必有赖于其思想中已有的前理解结构的接纳与阐明——康有为在学术上最大的努力就在于重新阐释儒学传统，力图恢复儒

---

① 张之洞：《劝学篇》，中州古籍出版社 1998 年版，第 161 页。
② 梁启超：《湖南时务学堂学约》，《饮冰室合集·文集之二》，上海中华书局 1936 年版，第 28 页。
③ 同上书，第 29 页。
④ 同上书，第 28 页。
⑤ 梁启超：《〈西学书目表〉后序》，《饮冰室合集·文集之一》，上海中华书局 1936 年版，第 129 页。

学的所谓"真正面目"。

于是正如萧公权所概括的：

> 康氏正要打倒皇家的儒学传统——此一传统植根于朱熹的
> 理学，而成为朱熹所不能预见的统治者的思想工具。康氏所要
> 用来取代此一传统的是，如梁启超所说的"进步"儒学，而不
> 是"保守"儒学；是尊崇博爱，而非个人修身的儒家；是平等
> 的而非专制的儒教。①

这种否定主流的儒学传统，试图重释儒学的意图恐怕不仅仅限于
康、梁师弟们，在革新派中间，这种想法可能具有某种程度的普遍
性。黄遵宪在与梁启超通信时就表示："吾年十六七始从事于学，
谓宋人之义理，汉人之考据，均非孔门之学……及闻陋宋学、斥歆
学、鄙荀学之论，则大服。"② 而同样地，虽然黄遵宪并不同意康、
梁尊孔子为教主，将儒学宗教化的思路，但是也对原生儒学知识
（即所谓孔学）的普世性价值抱有坚定的信仰："人类不灭，吾教
永存，他教断不得挽而夺之。"③

因此，就当时而言，康、梁在保守与革新的两个方向上都可以
说是十分激烈，一方面，他们主张全面改革中国的行政体系乃至社
会结构，作为一种现代化主张，这种变革要求显然远比从前洋务派
仅仅要求学习西方的技术手段以及相关知识激进得多，而与此同
时，他们又强调作为传统社会秩序的知识基石的儒学系统的有效性
与合理性，甚至企图将它的权威性提升到宗教的层次。这样两种看
似悖反的思想倾向却同时存在于同一群人身上，萧公权对于康有为

---

① 萧公权：《近代中国与新世界：康有为变法与大同思想研究》，江苏人民出版社
1997 年版，第 40 页。

② 黄遵宪：《致梁启超书（九通）》，《黄遵宪集》下卷，天津人民出版社 2003 年
版，第 486 页。

③ 同上书，第 487 页。

的描述与分析正可以适用于这些人："保全中国的文化认同（儒学）和维持中国的政治独立（帝国），在康的心目中是同等重要的，两者都不能被'西潮'所吞没。……康氏虽然心仪西学，但他从不认为中国在道德价值和伦理原则上不如欧洲，即使在科技和政府方面的确落后。他相信儒学比世界上任何其他学说优越。这是中国的传统，其优越更加要保全；事实上，这个传统才使得中国和中国民族值得保存。……为了保全帝国的目的，中国法律、行政和经济制度都必须按照西方的模式改变；但如果放弃儒学，企图对整个道德生活西化，则将是文化自杀。"①

但是萧公权认为康有为与张之洞似乎没有什么本质的不同，这样的看法却颇令人怀疑：

> 康有为乃一"爱国的"儒者，努力使儒家传统以及帝政适应 19 世纪末与 20 世纪初的新形势，以保国、保种、保教。他与主张"中学为体，西学为用"的张之洞并无很大的不同，所不同者仅程度而已：张之洞要保存传统中的中学（儒学），而借自西学的不过是技器；康有为则予儒学以非传统的解释，而且除西方的科技外更建议变法。因此康氏远较张氏激进，然两人一样热心使儒学的权威与影响绵延下去。康氏与张氏一样坚信尊孔与保教必须与富强维新齐头并进。康有为作为儒家的卫护者可说是与张之洞一样"保守"。②

然而，问题在于，张之洞的"中体西用"是为了保存清王朝原有的行政体制，他的"中体"之核心亦在于维持"三纲五常"这些帝制国家的伦理秩序，因此，可以说，张之洞不仅是一个文化保守主

---

① 萧公权：《近代中国与新世界：康有为变法与大同思想研究》，江苏人民出版社 1997 年版，第 89 页。
② 同上书，第 105 页。

义者，亦是一个政治保守主义者，他所赞成的只是技术层面的现代化，而康有为对儒学的重新阐释，在很大程度上是一种对儒学知识与价值信念的现代化，而他对国家政治现代化的要求更是受到张之洞们的强烈反对，因此，虽然都是文化民族主义者，康、张二人的社会政治目标是大不相同的。可以说，至少在辛亥革命之前，康氏在更大的程度上是一个现代化的支持者与推动者，他的"尊孔保教"的主张，与其说是一种文化保守主义思想，不如说是一种文化民族主义的表现形式，而且从某种意义上说，更是其维新变法的一种手段。叶德辉斥之为："其貌则孔也，其心则夷也。"① 倒是从某种意义上道出了其思想的部分真相。只是在辛亥革命以后，国家的政治体制的现代化步伐已经远远超过了维新派的变法主张，他的思想的重点亦转向了维护与强化儒学思想的权威地位，在这个时候，他才变成了一个真正意义上的彻底的文化保守主义者。只有了解了这一点，才能理解康梁与张之洞等人之间的对立与冲突，也同样才能理解作为康氏弟子的梁启超在 1898 年前后的一系列矛盾与变化。

1902 年，梁启超发表《保教非所以尊孔论》，主张教不必保，也不可保，而宣称"自今以往所当努力者，惟保国而已"② 。显示其思想发生了巨大的变化，这时的梁启超对于孔教的观点似乎非常矛盾，一方面，在《保教非所以尊孔论》中仍然宣称："孔教者，悬日月，塞天地，而万古不能灭者也。……其所教者，人之何以为人也，人群之何以为群也，国家之何以为国也，凡此者，文明愈进，则其研究之也愈要。……孔子实于将来世界德育之林，占一最重要之位置，此吾所敢豫言也。……世界若无政治、无教育、无哲学，则孔教亡；苟有此三者，孔教之光大，正未艾也。持保教论

---

① 叶德辉：《叶吏部与刘先端黄郁文两生书》，载叶德辉编《翼教丛编》卷六，沈云龙主编《近代中国史料丛刊》第六十五辑，文海出版社 1971 年印行，第 410 页。

② 梁启超：《保教非所以尊孔论》，《饮冰室合集·文集之九》，上海中华书局 1936 年版，第 50 页。

者，盍高枕而卧矣。"① 但另一方面，又似乎已放弃了对于孔子学说普世意义的信仰，"孔子之立教，对二千年前之人而言者也，对一统闭关之中国人而言之也。其通义之万世不易者固多，其别义之与时推移者亦不少"②。在写给康有为的私人信件中甚而干脆地认为"孔学之不适于新世界者多矣"，而"欲救今日之中国，莫急于以新学说变其思想"③，并认为康有为与自己从前提倡的尊孔保教的思想，将束缚国民思想，有碍于开民智、兴民权的思想启蒙运动的展开。几乎与此同时，梁启超开始写作并陆续发表《新民说》，鼓吹民权自由思想，甚而提倡"破坏主义"。

梁启超对于孔教观点的转变，显然在相当程度上受到严复的影响。1897 年，梁启超在回复严复的来书时写道："来书又谓教不可保，而亦不必保，又曰保教而进，则又非所保之本教矣。读至此，则据案狂叫，语人曰：不意数千年闷葫芦，被此老一言揭破，不服先生之能言，而服先生之敢言也。……教之一尊未定，百家并作，天下多学术。既已立教，则士人之心思才力皆为教旨所束缚，不敢作他想，窒闭无新学矣。故庄子束教之言，天下之公言也。此义也，启超习与同志数人私言之，而未敢昌言之。"④ 显然，梁在数年以前就已经在相当程度上接受了严复的观点，只是没有在公共领域内公开表达而已。而这其中的一部分原因，可能是他自己也尚处于矛盾之中。他在给严复的回信中为自己与康有为的保教主张辩解说："中国今日民智极塞，民情极涣，将欲通之，必先合之。合之之术，必择众人目光心力所最趋注者，而举之以为的，则可合。既合之矣，然后因而旁及于所举之的之外以渐而大，则人易信而事易

---

　　① 梁启超：《保教非所以尊孔论》，《饮冰室合集·文集之九》，上海中华书局 1936 年版，第 57—58 页。

　　② 同上书，第 58 页。

　　③ 丁文江、赵丰田：《梁启超年谱长编》，上海人民出版社 2009 年版，第 183 页。

　　④ 梁启超：《与严幼陵先生书》，《饮冰室合集·文集之一》，上海中华书局 1936 年版，第 109 页。

成。譬犹民主，固救时之善图也。然今日民义未讲，则无宁先藉君权以转移之。彼言教者，其意亦若是而已。此意先生谓可行否，抑不如散其藩篱之所合为尤广也。此两义互起灭于胸中者久矣，请先生为我决之。"①

因此，可以说，梁启超面临的是两种现代化道路的抉择——究竟是放弃传统，直接选择全面西化的道路来实现现代化，还是利用传统，以文化民族主义为手段而形成民族凝聚力，并进而以国家意志实行自上而下的改革，完成社会政治体制的现代化，他自己在思想上也并没有形成确定的结论，而在历史进程的裹挟下，梁在政治行动上最终卷入了戊戌变法，则显然实践了后一种选择。这样看来，康梁的保教论实际上是一种旨在为现代化改革铺路的文化民族主义纲领，就此而言，它显然不是一种反现代化的文化保守主义思想。

也正是由于这种现代化方案的未定性，在戊戌变法失败后，利用现存的政治权威推动国家进入现代化轨道的希望在当时看来已经十分渺茫，于是梁启超迅速地转向另一种选择，转而以民间知识分子的身份推动政治文化的变革，这个时候，原先可以充当政治权力的合谋者的传统似乎在很大程度上成了现代化改革必须破除的障碍，于是，正如黄遵宪在1902年所发觉的，这时梁启超"报中近作，时于孔教有微词。其精要之语，谓上天下泽之言，扶阳抑阴之义，乃为专制帝王假借孔子依托孔子者，借口以行其压制之术"②。但是，对于梁启超来说，这并不意味着这一现代化方案选择的未定性从思想上彻底消除，因而他的思想与行动时时呈现出后人难以理解的矛盾，也就在1902年，当他公开发表反对保教的主张，并在报纸上批判孔学的时候，他又为办《国学报》的计划商诸黄遵宪，

---

① 梁启超：《与严幼陵先生书》，《饮冰室合集·文集之一》，上海中华书局1936年版，第110页。
② 丁文江、赵丰田：《梁启超年谱长编》，上海人民出版社2009年版，第291页。

认为"养成国民，当以保国粹为主义，取旧学磨洗而光大之"①。
这一保存国粹的主张很可能与章太炎、黄节、邓实等人一样，受了
日本国粹保存主义的影响，而其实质显然也是一种具有现代化意图
的文化民族主义。

实际上，很难说晚清国粹派是严格意义上的文化保守主义者。
尽管他们一直宣称："国粹者，一国精神之所寄也。其为学，本之
历史，因乎政俗，齐乎人心之所同，而实为立国之根本源泉也。是
故国粹存则其国存，国粹亡则其国亡。"② 但是，在国粹派的理解
中，所谓"国粹"，未必就仅限于本土文化资源。1902 年，黄节在
《国粹保存主义》中也认为："国粹者，国家特别之精神也。"③ 但
是他在论及日本的国粹保存思潮的时候，表示不能完全认同。他指
出："昔者日本维新，欧化主义浩浩滔天，……当是时，入日本国
民思想界而主之者，纯乎泰西思想也，如同议一事焉，主行者以泰
西学理主行之，反对者亦以泰西学理反对之，未有酌本邦之国体民
情为根据而立论者也。文部大臣井上馨特倡此义，大呼国民，三宅
雄次郎、志贺重昂等和之，其说以为宜取彼之长，补我之短，不宜
醉心外国之文物，并其所短而亦取之，并我所长而亦弃之，其说颇
允。"④ 但是，黄节认为井上等人的观点是有缺陷的。他以园艺家
开辟荒地，移植适宜的树种为例，认为"本我国之所有而适宜焉
者，国粹也，取外国之宜于我国而吾足以行焉者，亦国粹也。井上
之言是知我国之所有者为国粹，而不知外国之宜于我国而吾足以行

---

① 丁文江、赵丰田：《梁启超年谱长编》，上海人民出版社 2009 年版，第 292 页。
② 许守微：《论国粹无阻于欧化》，《辛亥革命前十年时论选集》第二卷上册，三
联书店 1963 年版，第 52 页。
③ 黄节：《国粹保存主义》，邓实辑《政艺通报》，《任寅政艺丛书·政学编》卷
五，载沈云龙主编《近代中国史料丛刊续编》第二十七辑，文海出版社有限公司印行，
第 180 页。
④ 同上。

焉者亦为国粹也"①。实际上，尽管国粹派中人在这方面很可能各
自持有不同观点，但是仍然有一些成员并不排斥当时所谓的"欧
化"。1906 年 8 月，《国粹学报》第七期上刊载的许守微的《论国
粹无阻于欧化》一文中断然否认提倡国粹"乃袭崇古抑今之故习，
阻国民之进步"、阻碍"欧化"的观点，并明确地宣称"夫欧化
者，固吾人所祷祀以求者也"②，但是，许守微指出，"西法之入中
国，将三十年，而卒莫收其效，且更敝焉"，西方文明的"良法善
制，一施诸我国则弊愈滋。无他，虽有嘉种，田野弗治弗长也；虽
有佳实，场圃弗修弗植也；虽有良法，民德弗进弗行也"。他引述
严译斯宾塞《群学肄言》的观点，指出一个社会的法律制度必须与
社会成员的"情性智识"相适应。因此，要引进西方的政治制度，
就必须"进吾民德修吾民习"，而增强爱国心就是其中一个重要环
节，提倡国粹恰恰可以起到这个作用③。按照这个逻辑，提倡国粹
恰恰是推进中国学习西方或者现代化的一种手段。

就整体而言，国粹学派与大多数的文化保守主义者相比在对待
中国传统文化思想的态度有很大的不同，他们对于孔子与儒家往往
持否定的态度，所谓提倡国粹，对他们来说实际上是弘扬诸子学与
中国的历史，正如章太炎在一次演讲中说的："为甚提倡国粹？不
是要人尊信孔教，只是要人爱惜我们汉种的历史。这个历史，是就
广义说的，其中可以分为三项：一是语言文字，二是典章制度，三
是人物事迹。近来有一种欧化主义的人，总说中国人比西洋人所差
甚远，所以甘暴弃，说中国必定灭亡，黄种必定剿绝。因为他不
晓得中国的长处，见得别无可爱，就把爱国爱种的心，一日衰薄一

---

① 黄节：《国粹保存主义》，邓实辑《政艺通报》，《壬寅政艺丛书·政学编》卷
五，载沈云龙主编《近代中国史料丛刊续编》第二十七辑，文海出版社有限公司印行，
第 181 页。
② 许守微：《论国粹无阻于欧化》，《辛亥革命前十年时论选集》第二卷上册，三
联书店 1963 年版，第 52 页。
③ 同上。

日。若他晓得，我想就是全无心肝的人，那爱国爱种的心，必定风发泉涌，不可遏抑的。"① 而对于孔教或者儒家思想，章太炎的观点很明确："若说孔教，原有好到极处的。就是各种宗教，都有神秘难知的话杂在里头，惟有孔教，还算干净，但他也有极坏的。……孔子最是胆小，虽要与贵族竞争，却不敢去联合平民，推翻贵族政体。……孔教最大的污点，是使人不脱富贵利禄的思想。……我们今日想要实行革命，提倡民权，若夹杂一点富贵利禄的心，就像微虫霉菌，可以残害全身，所以孔教是断不可用的。"②

可以说，国粹派提倡国粹的出发点是民族主义立场，这一民族主义所针对的首先是满清政权的统治，其次才是西方的文化入侵。黄节在《国粹学报叙》中宣称："国于吾中国者，外族专制之国，而非吾民族之国也。学于吾中国者，外族专制之学，而非吾民族之学也。而吾之国之学之亡也，殆久矣乎！"③ 他又强调中国人在政治上与文化上都必须有自主性："海波沸腾，宇内大夫，痛时事之日亟，以为中国之变，古未有其变，中国之学，诚不足以救中国。于是醉心欧化，举一事革一弊，至于风俗习惯之各不相侔者，靡不惟东西之学说是依。慨谓吾国固奴隶之国，而学固奴隶之学也。呜呼！不自主其国，而奴隶于人之国，谓之国奴；不自主其学，而奴隶于人之学，谓之学奴。奴于外族之专制固奴，奴于东西之学说，亦何得而非奴也。"④

尽管如此，国粹学派的观点仍然有明显的东方主义的痕迹。在国粹思潮中，往往有欧洲中心主义、西方标准主义在起作用。以西方模式作为典范与标准，中国的传统之价值乃在于与之相符，或者

---

① 章太炎：《东京留学生欢迎会演说辞》，汤志钧编《章太炎政论选集》上册，中华书局1977年版，第276页。
② 同上书，第272—273页。
③ 黄节：《国粹学报叙》，《辛亥革命前十年时论选集》第二卷上册，三联书店1963年版，第43页。
④ 同上书，第44页。

为西方人所重视。这种西方主义中的东方主义，构成了国粹主义基本价值判断的某种基点。他们对诸子学的推崇，除了有反抗专制主义的动机之外，也因为诸子学中可以找到一些与西方学说相似的因素：

> 夫以诸子之学，而与西来之学，其相因缘而并兴者，是盖有故焉。一则诸子之书，其所含之义理，于西人心理、伦理、名学、社会、历史、政法、一切声光化电之学，无所不包，任举其一端，而皆有冥合之处，互观参考，而所得良多。故治西学者，无不兼治诸子之学。①

而西方社会通过所谓"古学复兴"（即"文艺复兴"）而走向现代化的这一段历史，也使他们希图复制这一模式，通过"复古"而实现国家与民族的现代化新生：

> 西哲之言曰：今日欧洲文明，由中世纪倡古学之复兴，亚别拉脱洛查诸子之力居多焉。谅哉言乎！夫彼之尊崇古学，固汲汲矣。……彼族强盛，实循斯轨。此尤其大彰明著者也。视我神州，则蒙昧久矣，昏瞀久矣。横序之子，不知四礼；衿缨之士，不读群经。盖括帖之学，毒我神州者六百有余年。而今乃一旦廓清，复见天日，古学复兴，此其时矣，此其时矣。欧洲以复古学科学遂兴，吾国至斯，言复古已晚，而犹不急起直追，力自振拔，将任其沦坟典于草莽，坐冠带于涂炭，侪于巫来由红樱夷之列而后快乎？必不然矣。②

---

① 邓实：《古学复兴论》，《辛亥革命前十年时论选集》，第二卷上册，三联书店1963年版，第59页。
② 许守微：《论国粹无阻于欧化》，《辛亥革命前十年时论选集》第二卷上册，三联书店1963年版，第54页。

显然，文艺复兴的"复古"成为国粹主义者的重要论据之一，但是他们并没有认识到西方文化自身的复杂结构，对于文艺复兴所"复兴"的古希腊文化所包含的特殊的现代性文化特征也并没有认识，而仅仅简单地将文艺复兴运动理解为一种时间维度上的向后看，理解为文化在时间轴线上的复归，因而简单地认为恢复任何一个民族的古代文化必定能带来民族的复兴，甚至能带来民族的现代化——在他们心目中就是科学的崛起。这种认识上的错误，恰恰透露出国粹思潮中所包含的现代化动机。

第六节　激进之后的反思与调适

梁启超与国粹派之间出现的思想交集显现出，现代化的欲求和提升并利用传统影响力的文化民族主义思想可以说是当时的新派士人共有的两种看似矛盾而实互为支持的思想观念。即使是作为反传统思想的先驱的严复，最终也没有跳出这个思想框架，甚至，在后来的十余年的时间里，他更从一个彻底的现代化论者转变成了一个真正的反现代化的文化保守主义者。

早在甲午前后，严复就已经公开表达了对于包括儒家思想在内的中国文化传统的全面批判。1895 年，他在《论世变之亟》一文中说："观今日之世变，盖自秦以来，未有若斯之亟也。夫世之变也，莫知其所由然，强而名之曰运会。运会既成，虽圣人无所为力，盖圣人亦运会中之一物；既为其中之一物，谓能取运会而转移之，无是理也。"① 这段话语，除了再次肯定了自 1860 年以来洋务派人士已经表达过的"千古变局"之说外，更对"圣人"——传统权威思想话语系统的象征符号——改变这种历史趋势的能力表示了怀疑甚而否定。这显然是一次对于传统思想话语权力信仰的颠

---

① 严复：《论世变之亟》，王栻主编《严复集》第一册，中华书局 1986 年版，第1 页。

覆。这一颠覆性思想在同年发表的《辟韩》一文中表达得更加明确
而激烈，截然不同于冯桂芬以来一直鼓吹的"中学为主、西学为
辅"的知识纲领，严复放言："苟求自强，则六经且有不可用
者。"① 甚至，他对于洋务派思想家将国家民族衰弱的根源归咎于
一向颇蒙恶名的秦始皇身上的做法亦不甚以为然，他"问责"的矛
头直指传统的主流文化："四千年文物，九万里中原，所以至于斯
极者，其教化学术非也。不徒嬴政、李斯千秋祸首，若充类至义言
之，则六经五子亦皆责有难辞。嬴、李以小人而陵轹苍生，六经五
子以君子而束缚天下，后世其用意虽有公私之分，而崇尚我法，劫
持天下，使天下必从己而无或敢为异同者则均也。因其劫持，遂生
作伪；以其作伪，而是非淆、廉耻丧，天下之敝乃至不可复振
也。"② 此时的严复可以说是全面反传统思想的先驱，他对于中国
传统的学术与文化甚而一言以蔽之曰"无用""无实"，并宣称：
"固知处今而谈，不独破坏人才之八股宜除，与 ［举］ 凡宋学汉
学，词章小道，皆宜且束高阁也。即富强而言，且在所后，法当先
求何道可以救亡。"③ 他要求的是以西方的现代性精神文化对中国
文化进行一次全面的大换血。

　　必须强调的是，严复的西化论，是一种自觉明确的现代化追
求，相对于之前与当时的人们，严复心目中的西方文化版图显然更
加清晰，而此前，无论是洋务派人士还是反对"以夷变夏"的所谓
保守派人士，对学"西学"可能导致的"西教"入侵都怀有某种
警惕和恐惧。这恰恰反映了他们对于中国所面临的这股"西潮"的
实质乃是起自西方、波及全球的现代性浪潮并没有清晰的认识，严
复则非常明确地指出了"西学"与"西教"之间存在的泾渭分明

---

　　① 严复：《辟韩》，载王栻主编《严复集》第一册，中华书局1986年版，第35
页。
　　② 严复：《救亡决论》，载王栻主编《严复集》第一册，中华书局1986年版，第
53—54页。
　　③ 同上书，第44页。

的文化分界：

> 西学之与西教，二者判然绝不相合。"教"者所以事天神，致民以不可知者也。致民以不可知，故无是非之可争，亦无异同之足验，信斯奉之而已矣。"学"者所以务民义，明民以所可知者也。明民以所可知，故求之吾心而有是非，考之外物而有离合，无所苟焉而已矣。"教"崇"学"卑，"教"幽"学"显；崇幽以存神，卑显以适道，盖若是其不可同也。世人等之，不亦远乎！①

因而，所谓的学"西学"，并不是对西方文化的整体性与全面的引入，而是进行以引进西方现代科学文化与民主政治理念为核心程序的现代性转轨。为了完成这一转轨，严复甚至将传统的知识与价值观念都判定为"无用""无实"而可弃如敝屣。这样一种激进的反传统的姿态不仅在当时惊世骇俗，即使与"五四"人相比，恐怕也毫不逊色。

然而，严复的这种激进姿态并没有维持多长时间。大约在1900年以后，也就是清政府在庚子国变的打击下，不得不再次以"新政"的名义重新启动国家的现代化进程之后，在严复的言论中，传统的价值却逐渐重新得到肯定，而且其重要性与日俱增，并在民国初年逐渐达到顶峰。

1901年6月，严复在给友人的信中写道："教中国少年以西学，其门径与西人从事西学者霄壤迥殊。……中国之旧，岂宜一概抹杀？而西人则漫不经意；执果断因，官则无一非贪，政则无往非

---

① 严复：《救亡决论》，载王栻主编《严复集》第一册，中华书局1986年版，第52页。

獒，而所以贪、所由獒之故，又非异类之所识也。"① 在这时的严
复看来，中国的传统知识，仍有存在的价值，即作为了解这个古老
民族与国家的必要途径，并进而作为接引西方现代知识的基础。循
着这一思路，到了1902年的《与〈外交报〉主人书》中，尽管此
文明确地反对"中体西用"的知识纲领，并极力强调科学思想在西
方现代社会与政治生活中的重要性，并宣称："有一道于此，足以
瘳愚矣，且由是而疗贫起弱焉，虽出于夷狄禽兽，犹将师之。"②
但是，此文仍然提出了一个颇为稳健公允的"会通新旧"的文化
纲领：

> 然则今之教育，将尽去吾国之旧，以谋西人之新欤？曰：
> 是又不然。英人摩利之言曰："变法之难，在去其旧染矣，而
> 能择其所善者而存之。"方其汹汹，往往俱去。不知是乃经百
> 世圣哲所创垂，累朝变动所淘汰，设其去之，则其民之特性
> 亡，而所谓新者从以不固，独别择之功，非暖姝囿习者之所能
> 任耳。必将阔视远想，统新故而视其通，苞中外而计其全，而
> 后得之。③

显然，这个文化纲领不再像《辟韩》那样对传统文化采取全面
否定的态度，而是明确地肯定了传统中亦有"善者"，并将其价值
与意义提到了相当的高度，进而提出了一种在会通新旧中西的基础
上建构新文化的思路（比起"中体西用"说的轮廓分明、层级清
晰的设计来说，这种思路显得含混迁远，但却以一种未完成性涵寓
了远远超越"中体西用"的宏阔的文化前景）。不仅如此，严复此

---

① 严复：《与张元济书》，载王栻主编《严复集》第三册，中华书局1986年版，
第539页。
② 严复：《与〈外交报〉主人书》，载王栻主编《严复集》第三册，中华书局
1986年版，第560页。
③ 同上。

时对于所谓的守旧派的态度也颇耐人寻味。他在《主客平议》一文中，以对话的形式，陈述新、旧二派的基本立场，而在文中又虚设了一个自己的代言人"大公主人"，对两派进行裁断："窃谓国之进也，新旧二党，皆其所不可无，而其论亦不可以偏废。非新无以为进，非旧无以为守；且守且进，此其国之所以骏发而又治安也。……惟新旧各无得以相强，则自由精义之所存也。"[①] 而对于主张政治上进行激进的、断裂式的现代化变革的革命派，他更是颇多不满，他在写于1902年的《译〈群学肄言〉自序》中说："窃念近者吾国，以世变之殷，凡吾民前者所造因，皆将于此食其报。而浅谫剽疾之士，不悟其所从来如是之大且久也，辄攘臂疾走，谓以旦暮之更张，将可以起衰而以与胜我抗也。不能得，又搪撞号呼，欲率一世之人，与盲进以为破坏之事。顾破坏宜矣，而所建设者，又未必其果有合也，则何如其稍审重，而先咨于学为愈乎？"[②] 认为这些人过于浮浅，既不了解中国历史传统对于现代化所构成的阻力之大，又对西方民主学说缺乏真正的研究与认知，因而他特意翻译斯宾塞的《群学肄言》，希图对当时的激进政治潮流能起到一些补偏救弊的作用。

几乎与此同时，梁启超也从原先自己所鼓吹的"破坏主义"的立场上回撤。当他看到文化与政治上的激进主义带来的某种负面影响的时候，他不得不对于自己一度提倡的文化上的激进主张进行反思。发表于1903年的《论私德》一文，正是这一反思与调整的成果。

在此文中，梁启超认为，西方现代民主思想传入中国，却因为缺乏必要的思想准备而对中国的价值观念产生了破坏性的消极后果：

---

① 严复：《主客平议》，载王栻主编《严复集》第一册，中华书局1986年版，第119页。

② 严复：《译〈群学肄言〉自序》，载王栻主编《严复集》第一册，中华书局1986年版，第123页。

　　五年以来，海外新思想随列强侵略之势力以入中国，始为一二人倡之，继焉千百人和之。彼其倡之者，固非必尽蔑旧学也，以旧学之简单而不适应于时势也，而思所以补助之，且广陈众义，促思想自由之发达，以求学者之自择。而不意此久经腐败之社会，遂非文明学说所遽能移植，于是自由之说入，不以之增幸福，而以之破秩序；平等之说入，不以之荷义务，而以之蔑制裁；竞争之说入，不以之敌外界，而以之散内团；权利之说入，不以之图公益，而以之文私见；破坏之说入，不以之箴膏肓，而以之灭国粹。①

梁启超的这些说法显然有其现实感受的支持。在当时，作为思想启蒙运动的主要受众，新派学堂学生与归国留学生对于传统伦理秩序与道德信条的反叛与背弃显然给整个社会造成了深刻的印象。例如给事中李灼华在奏议中说："今之学堂岂真学哉，挈一富贵利达之心而来也，次则鄙夷朝政、次则煽惑国民、次则勾结匪党，盖三五少年，中文未精，血气未定，以挟制官吏凌辱师长为文明，以君臣平等父子不亲为文明，以诋毁圣贤毁弃礼法为文明，以干预政权牺牲牲（性）命为文明。"② 如果说这种来自守旧一方的指责尚包含某种因政见立场格格不入而生的偏见的话，那么，对照来自革命阵营内部的观察与批评或许更能让人多少窥见实情。陈天华在《绝命书》中对于同侪的批评与董氏所言颇有相似之处："乃进观吾同学者，有为之士固多，有可疵可指之处亦不少。以东瀛为终南捷径，其目的在于求利禄，而不在于居责任。其尤不肖者，则学问未事，私德先坏，其被举于彼国报章者，不可缕数。""近来青年误争自

---

　　① 梁启超：《新民说》，中州古籍出版社1998年版，第205页。
　　② 《给事中李灼华奏学堂难恃拟请兼行科举折》，故宫博物院明清档案部编《清末筹备立宪档案史料》下册，中华书局1979年版，第994页。

由，以不服从规则、违抗尊长为能，以爱国自饰，而先牺牲一切私德。"①

　　而这些由国内外学堂造就出来的新派人物进身官场政界，更形成了一种污浊风气，有亲历其间者后来概括这些"归国留学生之为朝官者"曰："清末朝士，风气卑劣，既非顽固，又非革新，不过走旗门混官职而已……向之助清杀党人者，既入民国，摇身一变，皆称元勋。朝有官而无士，何以为朝？清之亡，亦历史上教训耳。"② 新的文化观念知识瓦解了旧的道德信念，却并未建立起新的信仰与操守，于是造就的是一代只认利益而缺乏信仰的令人生疑的知识人群体，这些人在国家加速现代化的过程中逐渐占据舞台的中心地位，却加速了整个社会的士风人心的沦落。

　　正是基于这些观察，梁启超意识到，人的道德意识与关于道德的知识之间有着紧密的关联，但也可能存在着某种裂隙。拥有关于道德的知识并不等于能够实践这种道德信念。梁启超认为，中国人的道德意识已经非常堕落，而其原因除了政治与经济方面的因素之外，更由于儒家学术变迁之影响，梁启超认为，宋明理学在维系社会的良知方面起了很大的作用，而清代的汉学，则导致了儒学知识与社会道德实践之间的脱节，并进而加剧了社会道德意识的下滑。梁启超亦意识到，他之前向国人鼓吹的新的道德伦理信条对于当时的中国人来说，只是来自于另一个文化系统的知识，在中国社会中缺乏与之相配套的文化心理的土壤。

　　　　吾畴昔以为中国之旧道德，恐不足以范围今后之人心也，
　　而渴望发明一新道德以补助之，由今以思，此直理想之言，而
　　决非今日可以见诸实际者也。夫言群治者，必曰德曰智曰力，

---

　　① 陈天华：《猛回头》，《陈天华、邹容集》，辽宁人民出版社 1994 年版，第170 页。
　　② 刘禺生：《世载堂杂忆》，中华书局 1960 年版，第 145 页。

然智与力之成就甚易，惟德最难。今欲以一新道德易国民，必非徒以区区泰西之学说所能为力也。即尽读梭格拉底、柏拉图、康德、黑智儿之书，谓其有"新道德学"也则可，谓其有"新道德"也则不可。何也？道德者行也，而非言也，苟欲言道德也，则其本原出于良心之自由，无古无今无中无外，无不同一，是无有新旧之可云也。苟欲行道德也，则因于社会性质不同，而各有所受。其先哲之微言，祖宗之芳躅，随此冥然之躯壳，以遗传于我躬，斯乃一社会之所以为养也，一旦突然欲以他社会之所养者养我，谈何容易耶！窃尝举泰西道德之原质而析分之，则见其得自宗教之制裁者若干焉，得自法律之制裁者若干焉，得自社会名誉之制裁者若干焉，而此三者，在今日之中国能有之乎？吾有以知其必不能也。①

因此，从西方移入的新的伦理与政治观念，在没有相应社会心理基础的中国社会，只能造成瓦解社会道德意识的结果。

吾固知言德育者，终不可不求泰西新道德以相补助，虽然，此必俟诸国民教育大兴之后，而断非一朝一夕所能获。……况今者无所挟持以为过渡，则国民教育一语，亦不过托诸空言，而实行之日终不可期，是新道德之输入，因此遂绝望也。然则今日所恃以维持吾社会于一线者何在乎？亦曰吾祖宗遗传固有之旧道德而已。……而"一切破坏"之论兴，势必将并取旧道德而亦摧弃之。②

要而论之，魏晋间清谈，乾嘉间之考据，与夫现今学子口头之自由平等权利破坏，其势挟持绝异，其性质则同。而今之受

---

① 梁启超：《新民说》，中州古籍出版社1998年版，第209—210页。
② 同上书，第210页。

痼愈深者，则以最新最有力之学理，缘附其所近受远受之恶性
恶习，拥护而灌溉之。故有清二百年间民德之变迁，在朱学时
代，有伪善者，犹知行恶之为可耻也；在汉学时代，并伪焉者
而无之，则以行恶为无可耻也；及今不救，恐后此欧学时代，
必将有以行恶为荣者，今已萌芽于一小部分之青年矣。夫至以
行恶为荣，则洪水猛兽足喻斯惨耶！君子念此，肤粟股栗矣！①

于是，梁启超在《私德论》中大力提倡保留与发扬中国旧有的传统
道德意识，希望以此作为建设新社会的道德保障。

应该说，梁启超对于传统道德精神的提倡，是以道德精神的保
守作为政治革命的手段与助力，这种保守态度具有梁氏一贯的以张
扬传统因素的手段来行其变革之实的风格，甚至具有明显的权宜与
过渡的工具性的意味，但是这种思想也提示出：中国近代知识分子
的现代化思想中经常包含着一些反现代化的因素，或者说，他们往
往企图对现代化将涉及的层面与领域加上某种保留和限制，具体地
说，则是将这种现代化的过程限制在知识、技术以及政治管理制度
层面，而尽量不要触及或有限度地触及精神文化层面。在他们的思
想中，这种文化上的保守主义倾向经常与现代化的目标相生相克，
甚而并行不悖，交相为用，构成一种独特的思想结构。

但是，虽然是拥有类似的思想结构，严复的趋向却与梁启超颇
不相同。与后者相比，严复的思想立场在十年左右几乎是戏剧性地
从反传统的思想先驱转变成了一个传统的热诚维护者。这个趋向在
1906 年前后表现得尤为明显，在这一年，严复做了一件颇有意味
的小事，他请好友郑孝胥为他书写了一副对联："有王者兴，必来
取法；虽圣人起，不易吾言"，这副对联后来一直挂在严复的书房
中，清晰地透露出严复此时对自己写作与译述事业的期许，显然，

---

① 梁启超：《新民说》，中州古籍出版社 1998 年版，第 205 页。

在他的自我期许中，他的思想言说与中国传统的圣人之道之间可以达成相互的认同。

1906 年，严复在题为《论教育与国家之关系》的演讲中，将人类的文明成果分为两个部分，"形而上"之"道"与"形而下"之"器"，后者即科学技术，在西方现代社会取得了相对于古代社会的巨大的进步，"几于绝景而驰，虽古之圣人，殆未梦见"①。而作为前者的道德，则很难说比古代有多少进步，"独至于道，至于德育，凡所以为教化风俗者，其进于古者几何，虽彼中夸诞之夫，不敢以是自许也"②。而如果失去了道德的制约，科技的进步，就有可能为恶者所利用，成为作恶的工具。因而，他认为维持一个社会的存在的，乃是"天理"与"人伦"。"天理亡，人伦堕，则社会将散，散则他族得以压力御之，虽有健者，不能自脱也。"③ 而对于中国社会而言，维系其稳定与生存的则是儒家道学："往自尧舜禹汤文武，立之民极，至孔子而集其大成，而天理人伦，以其以垂训者为无以易，汉之诸儒，守阙抱残，辛苦仅立，绵绵延延，至于有宋，而道学兴。虽其中不敢谓于宇宙真理，不无离合，然其所传，大抵皆本数千年之阅历而立之分例。为国家者，与之同道，则治而昌；与之背驰，则乱而灭。故此等法物，非狂易失心之夫，必不敢昌言破坏。"④ 但是，儒学道德话语的绝对权威地位在西学的挑战下发生了危机："乃自西学乍兴，今之少年，觉古人之智，尚有所未知，又以号为守先者，往往有末流之弊，乃群然怀鄙薄先祖之思，变本加厉，遂并其必不可畔者，亦取而废之。"⑤

严复认为，传统道德的瓦解已经危及了国家与社会的生存：

---

① 严复：《论教育与国家之关系》，《严复集》第一册，中华书局 1986 年版，第 167 页。

② 同上。

③ 同上书，第 168 页。

④ 同上。

⑤ 同上。

"须知东西历史,凡国之亡,必其人民先坏;前若罗马,后若印度、波兰,彰彰可考,未有国民好义,君不暴虐,吏不贪污,而其国以亡,而为他族所奴隶者。故世界天演,虽极离奇,而不孝、不慈、负君、卖友一切无义男子之所为,终为复载所不容,神人所共疾,此则百世不惑者也。不佞目睹今日之人心风俗,窃谓此乃社会最为危岌之时,故与诸公为此惊心动魄之谈,不胜太愿,愿诸公急起而救此将散之舟筏。惟此之关系国家最大。"①

于是,相对于《辟韩》时期,严复对于传统道德文化的观点已经发生了巨大的变化:"今夫诸公日所孜孜者,大抵皆智育事耳。至于名教是非之地,诸公之学问阅历,殆未足以自出手眼,别立新规。聚闻新奇可喜之谈,今日所以为极是者,取而行之,情见弊生,往往悔之无及,此马文渊所谓画虎不成反类狗者也。则不如一切守其旧者,以为行己与人之大法,五伦之中,孔孟所言,无一可背。"② 也就是说,人们既没有能力建立新的可靠的道德信念与伦理行为规范,那么,就不如维持传统的以儒家道德话语为表征的道德伦理,在他看来,这些道德信念与伦理规范历经考验与淘洗,其维持国家与社会生存的效力已久经人类历史的检验与确证,自有其颠扑不破的普遍意义与真理价值。

值得注意的是,相较于译述《群学肄言》之时,严复此时批判激进派的出发点已有所不同。如果说 1902 年前后的梁启超与严复看到的是中国人由于对于西方现代社会政治观念的误解而导致的伦理失序与道德滑坡,尚只是梁启超所说的中国社会"过渡时代"的特殊现象,所以,那时严复想到的救弊之方是"咨于学"——进一步介绍西方的社会政治理论,那么,1906 年的严复,则在某种程度上将这种传统道德信念被消解的原因归咎于西学之"器"——即

---

① 严复:《论教育与国家之关系》,《严复集》第一册,中华书局 1986 年版,第 169 页。

② 同上书,第 168 页。

科学技术知识的崛起对于人类数千年来所信奉的普遍道德信念的冲击。可以说，严复已经从大力鼓吹科学思想转而开始了对于作为西方现代化过程的重要驱动力的科学技术的作用进行反思，虽然这种反思最终导向了对于中国本土传统道德信念的维护，但是它却被放在一个世界历史的背景之下，具有某种普世意义。可以说，正是从这里开始，严复的观点开始明显地呈现出反现代化的倾向，走向了鲜明的文化保守主义立场。

当然，这一立场最终是在第一次世界大战的炮声中得以完全确立与呈现。第一次世界大战爆发之后，严复极为关注，常常从外文报纸上了解战况。也就在这个过程中，他开始表达了一系列否定西方文明、崇扬中国传统的观点，他在一首诗中写道："欧洲三百年科学，尽作驱禽食肉看。"① 并在诗后附注中写道："战时公法徒虚语耳。甲寅欧战以来，利器极杀人之能事，皆所得于科学者也。孟子曰：'率鸟兽以食人。'非是谓欤？"② 在给熊纯如的一封信中又说："不佞垂老，亲见脂那七年之民国与欧罗巴四年亘古未有之血战，觉彼族三百年之进化，只做到'利己杀人，寡廉鲜耻'八个字。回观孔孟之道，真量同天地，泽被寰区。"③

严复的这些言论，并未在公共领域发表，对当时社会几可谓毫无影响。当他写下这些文字的时候，时间的脚步已经走到了1918年，严复从1895年开始播下的思想启蒙的种子早已大规模地发芽，一个更加崇尚西方现代文化的新时代已经开启，而这个先驱者却悄然地转向了对于现代文化的反思，可以说，在"五四"汹涌的西潮之下，中国现代文化保守主义的潜流也已经开始悄然涌动。

---

① 严复：《何嗣五赴欧观战归，出其纪念册子索题，为口号五绝句》，《严复集》第二册，中华书局1986年版，第403页。
② 同上。
③ 严复：《与熊纯如书·七十五》，载王栻主编《严复集》第三册，中华书局1986年版，第692页。

第二章 启蒙的悖论：隐含读者意识与晚清文体观念的建构

——以小说研究为中心

　　盖尔纳在《民族与民族主义》一书中指出，在前现代社会，上层精英阶层出于维持其特权地位的目的，往往努力强调自己与下层平民阶层之间的文化上的区别，而其中常见的一种手段就是"不仅用无法理解的文字去记载，而且文字读起来也晦涩难懂"①。显然，这种"文体壁垒"同样也存在于中国传统社会之中。精英士大夫们秉持的高雅文言诗文的文体意识使他们不仅与下层民众的不识字的口头文学文体存在着巨大的难以逾越的距离，而且对于下层识字人群所喜好的俗文学文体，也往往持一种蔑视与拒绝的态度，尽管他们中也不乏有人向壁垒的另一边投去好奇甚而欣赏的目光，但两种文体，区隔出两个读者群，同时区隔着两个社会阶层，仍然是这个社会文化结构的基本常态。

　　这一区隔体系在甲午战争的炮声中随同中国人最后一点天朝大国的虚荣心一起被炸裂了。中国的士大夫们开始以一种从未有过的严肃目光审视壁垒那边一向为他们所不屑一顾的读者群，这些读者所喜好的"俚俗"文体也成为他们眼中的兴国法宝。

———————

　　① ［英］厄纳斯特·盖尔纳：《民族与民族主义》，韩红译，中央编译出版社 2002 年版，第 16 页。

第一节　跨越雅俗之界

1897 年，康有为在《日本书目志》的识语中写道：

> 吾问上海点石者曰：何书宜售也？曰：《书经》不如八股，八股不如小说。宋开此体，通于俚俗，故天下读小说者最多也。启童蒙之知识，引之以正道，俾其欢欣乐读，莫小说若也。①

在此，作品价值的评判标尺已经置换成为文化市场上的销售数量指标，而作为小说的文体特征的"俚俗"，已经不是一个缺点，而成为一个值得重视的优势，显然，相对于从前文人动辄提倡的"宗经""征圣"，康有为的文体价值排序发生了某种意义上的倒转。正是这种倒转使他进而讲出了这样的话："易逮于民治，善入于愚俗，可增《七略》为八，四部为五，蔚为大国，直隶《王风》者，今日急务，其小说乎？"② 这种企图将小说以及其他俗文体纳入传统典籍文化体系之中的意图，在传统的士大夫眼中，恐怕等于制造文化地震。因此，针对康氏弟子梁启超在《变法通议》中继其师说所提出的以歌诀、小说作为幼学教材的观点，叶德辉在《非〈幼学通议〉》一文中进行了激烈的抨击："梁氏拟撰之歌诀书，自命立学，已为狂悍。至戒烟、缠足，亦欲学童歌诵，则是糟粕鄙俚之叔孙通，胜于天地元黄之周兴嗣矣，岂非士林笑柄乎？"③ 尤其是针对康梁所主张的以小说为教的观点，叶氏更是断然反对："说部书

---

① 康有为：《日本书目志》，康有为撰，姜义华、张荣华编校，《康有为全集》第三集，中国人民大学出版社 2007 年版，第 410 页。
② 同上书，第 522 页。
③ （清）苏舆辑：《翼教丛编》卷四，《苏舆集》，湖南人民出版社 2008 年版，第 152 页。

为唐人所尚，宋、元以降流为传奇，其为风俗、人心之害，亦已久矣。……梁氏持论，动谓泰西人人识字明理，由于说部书之益，彼其意，殆欲摈去中国初学之所诵之《孝经》《论语》，一以说部为课程。然则九百虞初，果能与十三经、二十四史同立学官，垂之久远耶？"①

在人们的印象中，叶德辉作为当时保守派的代表人物，他置身于康、梁的对立面并不出人意料，但是，反对康、梁推举俗文体的，并不仅限于叶德辉辈，在同为主张变革的新派人物中，也大有人在。桐城名宿吴汝纶就是其中之一。吴汝纶对于梁启超"改经史为白话""以便初学"的做法不以为然，认为这是"化雅为俗"，是"废弃中学之渐"，并为之"私忧而大恐"②。即使是译述西学，他也仍然主张使用雅致的古文，因此，他多次称赞严复的"译才"，在为严复译述的《天演论》写序时则一方面极力称赏严复的古文文笔，另一方面亦对于当时的知识分子"方以时文、公牍、说部为学"的倾向深表不满，并认为"今西书虽多新学，顾吾之士以其时文、公牍、说部之词，译而传之，有识者方鄙夷而不知顾，民智之瀹何由？此无他，文不足焉故也"③。

这是一个颇有意思的现象，吴汝纶与康、梁同以"开民智"为目标，但对于这个知识传播工程所应使用的文体却持有截然相反的主张。吴汝纶甚至将小说以及其他俗文体与当时维新人士深恶痛绝的八股文体相并列而斥为"固不足与文学之事"④。这显然昭示了启蒙思想界的某种分歧。

这种分歧并不仅仅是"说什么话"即文体选择的分歧，更重要

① （清）苏舆辑：《翼教丛编》卷四，《苏舆集》，湖南人民出版社 2008 年版，第 153 页。

② 见吴汝纶《与薛南溟》《答严几道》两书，《吴汝纶全集》第三册，黄山书社 2002 年版，第 235、369 页。

③ ［英］赫胥黎：《天演论》，严复译，商务印书馆 1981 年版，前言第 7 页。

④ 同上。

的是"对谁说话"即隐含读者意识的分歧。正是这一分歧，建构了
两种完全不同的启蒙文体观念。

　　尽管都以"开民智"为号召，但是，这个"民"在康、梁与
吴汝纶与严复们来看却颇不相同。1902 年，梁启超主编的《新民
丛报》创刊，在第一号上即刊载了对于严复新译《原富》一书的
评价，文中除了对于严译大力赞扬之外，亦对其译文提出了一点
批评："吾辈所犹有憾者。其文笔太务渊雅，刻意摹仿先秦文体，
非多读古书之人，一翻殆难索解。夫文界之宜革命久矣，欧美日
本诸国文体之变化，常与其文明程度成比例，况此等学理邃赜之
书，非以流畅锐达之笔行之，安能使学僮受其益乎！著译之业，
将以播文明思想于国民也，非为藏山不朽之名誉也。文人结习，
吾不能为贤者讳矣。"① 对照《新小说》第七号刊载的《小说丛
话》所说"文学之进化有一大关键，即由古语之文学，变为俗语
之文学是也。各国文学史之开展，靡不循此轨道，……苟欲思想
之普及，则此体非徒小说家当采用而已，凡百文章，莫不有
然"②。可以理解，"文界革命"是梁启超全盘启蒙规划的一个战
略要点，而"新小说"的提倡，则可以视为"文界革命"工程的
一个重要子项目。

　　梁启超对于严译"文笔太务渊雅"的批评引来了严复来书答
辩，这场小小的论争将启蒙思想界在文体与读者选择上的分歧更加
清晰地展露无遗。

　　面对梁启超针对自己"文笔太务渊雅"的"文人结习"的批
评，严复的反应却是"不徒不以为忤，而转以之欣欣也"③。可以
说，严复对于自己翻译的文体选择是自觉的，对于梁启超批评自己
的译作"非多读古书之人"殆难索解，不能"使学僮受其益"，他

　　① 《绍介新著〈原富〉》，《新民丛报》第 1 号，第 115 页。
　　② 《小说丛话》，《新小说》第七号，第 166 页。
　　③ 严复：《与梁启超书》，《严复集》第三册，中华书局 1986 年版，第 516 页。

针锋相对地回答道："不佞所从事者，学理邃赜之书也，非以饷学僮而望其受益也，吾译正待多读中国古书之人。""声之眇者不可同于众人之耳，形之美者不可混于世俗之目，辞之衍者不可回于庸夫之听。非不欲其喻诸人人也，势不可耳。"① 显然，严复与梁启超在各自的文体意识中所设定的隐含读者是迥然不同的，对梁启超来说，他心目中的读者对象是广大的粗识文字的中下层的民众，所谓"开民智"的启蒙工程所针对的正是这些人群，因此，他极力提升俗文体的价值，大力提倡对俗文体的利用，正是为了这一"觉世"的目的。而对于严复来说，事情却未必如此简捷明快，在他看来，自己所译述的西学，是一个庞大而精深的知识与学理体系，绝非缺乏必要学养的"学僮"与"庸夫"所能领会，因此，他心目中的读者自然是这个社会中最有学识修养的"多读古书"的饱学之士。在这一点上，吴汝纶与严复是一样的，在他们的心目中，"开民智"的对象正是这个社会的知识精英。

正是基于这一认识，严复与吴汝纶才认为必须选择一种具备足够的文化权威与审美涵量的高雅甚而古奥的文体，以从文体形式上首先争得这些精英士人的重视与认可，获得与之对话的权力与资格，才有可能实现其灌输新学理的目标。不仅如此，严复清醒地意识到，自己对西学的译述在中国尚处于白手起家的开创时期，几无成例可循，要将西方学理准确地引介给中国的读书人，势必充分利用这些读者最熟悉的知识与语言资源，以实现西方知识对中国文化与语言传统的归化。于是便产生了使用具有先秦诸子风格的古汉语语体来翻译西方的社会科学著作的这样一个引发颇多争议的文体选择方案。

① 严复：《与梁启超书》，《严复集》第三册，中华书局 1986 年版，第 516—517 页。

第二节　作为知识的小说

　　然而，这显然不能代表严复的启蒙策略的全部。事实上，同样在 1897 年，严复与夏曾佑共同撰写并刊登于《国闻报》上的《本馆附印说部缘起》一文（此说据梁启超所言），则表达了以小说一类的俗体文作为开启民智之工具的思路。显然，严复也同样清楚俗体文的传播效率："夫说部之兴，其入人之深，行世之远，几几出于经史上，而天下之人心风俗，遂不免为说部之所持。"① 不仅如此，他也认同甚至企图实践康、梁所反复宣扬的这一启蒙神话：小说在西方与日本的文明与现代化进程中曾经扮演着推进器的重要角色："且闻欧、美、东瀛，其开化之时，往往得小说之助。是以不惮辛勤，广为采辑，附纸分送。"②

　　正是出于启蒙民智的目的，当时的启蒙思想界往往都将小说看成是一种承载与传播特定知识（主要是政治思想知识）的载体。例如严复与夏曾佑就将所有的书分成"言理之书"与"纪事之书"，后者又分为两种："书之纪人事者，谓之史""书之纪人事而不必果有此事者，谓之稗史"③，然而，在《本馆附印说部缘起》一文中，作者显然并不关心所纪之事是史实还是虚构，甚至说"若因其虚而薄之，则古之号为经史者，岂尽实哉！岂尽实哉！"④ 文中甚而将《伊利亚特》中的传奇故事与罗马帝国的历史纪实等量齐观，用以证明"英雄"与"男女"乃是造成"政与教"的所谓"公性情"。林纾在《〈译林〉序》中亦认为，"亚之不足抗欧"，亦由于"欧人日励于学，亚则昏昏沉沉，转以欧之所学为淫奇而不之许，

---

① 几道、别士：《本馆附印说部缘起》，载陈平原、夏晓虹编《二十世纪中国小说理论资料》第一卷，北京大学出版社 1989 年版，第 12 页。
② 同上。
③ 同上书，第 10 页。
④ 同上书，第 12 页

又漫与之角，自以为可胜"①。因而振兴国家实力的关键在于开民智，而译书则为开民智最为有效而便利的途径，而在他看来，无论是《拿破仑传》这样的历史著作，还是《茶花女》这样的小说作品，都可以作为一种"学"而加以译介，显然，他也并不在意这种"虚"的"小说之学"与"实"的史学之间作为知识有什么区别，邱炜菱则提出了一种与林纾相反而实相成的观点，即要求小说提供的是一种具有确实性的知识："吾闻东、西洋诸国之视小说，与吾华异，吾华通人素轻此学，而外国非通人不敢著小说。故一种小说，即有一种之宗旨，能与政体民志息息相通；次则开学智，祛弊俗；又次亦不失为记实历，洽旧闻，而毋为虚侨浮伪之习，附会不经之谈可必也。"② 无论是严、林还是邱，他们都忽略了小说区别于史学的虚构性特征，在他们那里，小说都被作为一种与社会治理有关的知识来看待。

显然，对于严、夏、林等人而言，正统的"国史"与所谓"稗史"之间真伪虚实的区别并不是一个重要的问题，真正值得重视的是二者传播效能的巨大落差以及造成这一落差的文体原因，即所谓"五不易传"与"五易传"——包括所使用的书面语言与日常流行口语的距离、描写与叙述的简略与详尽、内容与读者经验是否相接近、虚构还是事实——严、夏认为虚构的故事大多接近于人的愿望，易于取悦读者，在此，虚实问题之所以有意义乃是因为它关乎传播效能。显然，这些原因都以是否与读者的智能素质与趣味相吻合为归依。

可以说，读者意识一直是晚清启蒙思想界建构小说文体观念的一个重要支点。大多数的论者都将小说作为一种主要针对文化水准

---

① 几道、别士：《本馆附印说部缘起》，载陈平原、夏晓虹编《二十世纪中国小说理论资料》第一卷，北京大学出版社 1989 年版，第 26 页。

② 邱炜菱：《小说与民智关系》，载陈平原、夏晓虹编《二十世纪中国小说理论资料》第一卷，北京大学出版社 1989 年版，第 31 页。

较低的平民大众读者的高效知识传播工具来看待，因此，以康、梁为代表的启蒙思想界一直极为重视并反复强调的小说文体特征之一就是其浅俗的口语语体，梁启超在《变法通议·论幼学》中讨论"说部书"时说："古人文字与语言合，今人文字与语言离，其利病既缕言之矣。今人出话，皆用今语，而下笔必效古言，古妇孺农氓，靡不以读书为难事。而《水浒》《三国》《红楼》之类，读者反多于六经（寓华西人亦读《三国演义》最多，以其易解也）。"①他非常推崇日本假名文字能"操其土语以辅汉文，故识字、读书、阅报之人日多焉"。认为应该效法这种做法，以扩大新知识与思想所能达到的读者人群："今宜专用俚语，广著群书：上之可以借阐圣教，下之可以杂述史事，近之可以激发国耻，远之可以旁及彝情，乃至宦途丑态，试场恶趣，鸦片顽癖，缠足虐刑，皆可穷极异形，振厉末俗。其为补益，岂有量耶！"②显然，小说文体因为使用口语而成为影响广大下层读者的最为便捷高效的工具，因而足资为传播有改革社会之力量的新知识的利器，但也正是由于这一文体特征与传播效能，使得中国传统小说在这些新派人士心目中成为造成传统民间社会之恶德的罪魁。有趣的是，无论是叶德辉等保守派人士还是康、梁等维新派人士，在这个问题上似乎颇能达成一致，所不同的，只是后者在否定传统小说的内容的同时，却企图利用其文体形式的旧瓶来装维新思想与新知识的新酒，而与此相应的是，他们还不甚了解的西方小说自然被他们视为有效传播新知识的小说文体的典范。因此，他们一边批判中国小说"其立意则在消闲，故含政治之思想者稀如麟角，其至遍卷淫词罗列，视之刺目……小说界之腐坏，至今日而极矣"③，一边大力赞赏与推崇西方小说之

---

① 梁启超：《变法通议·论幼学》，《饮冰室合集·文集之一》，上海中华书局1936年版，第54页。

② 同上。

③ 衡南劫火仙：《小说之势力》，《清议报》第六十八册，中华书局1991年影印版，第4306页。

"益国利民"。当然，对于以政治体制变革为最重要目标的维新人士来说，西方政治小说可以说是最符合他们政治启蒙期望的小说文体，1898 年，梁启超以其独有的修辞笔调极力渲染政治小说在西方社会政治变革过程中对于社会舆论的影响效应："在昔欧洲各国变革之始，其魁儒硕学，仁人志士，往往以其身之所经历，及胸中所怀政治之议论，一寄之于小说，于是彼中缀学之子，黉塾之暇，手之口之，下而兵丁、而市侩、而农氓、而工匠、而车夫马卒、而妇女、而童孺，靡不手之口之。往往每一书出，而全国之议论为之一变……"① 显然，在他的心目中，这种典范的启蒙文体的读者对象亦是文化水准较低的下层人群。

梁氏等人的大声疾呼显然在相当程度上使得一部分读者的小说文体观念发生了变化。1903 年，作为一个新小说的读者与新派士人的孙宝瑄在自己的日记中清晰地展现了这一宣传的成果："观西人政治小说，可以悟政治原理；观科学小说，可以通种种格物原理；观包探小说，可以觇西国人情土俗及其居心之险诈诡变，有非我国所能及者。故观我国小说，不过排遣而已；观西人小说，大有助于学问也。"② 在孙氏心目中，不仅是政治小说与科学小说，即令是西方社会最典型的通俗小说类型——侦探小说也成为一种"有助于学问"的知识载体，因而远胜于仅有"排遣"之用的中国小说。

然而，启蒙精英与社会读众之间似乎经常是殊途异辙。署名觉我的《余之小说观》一文则对于社会上所流行的小说类型的偏向深表忧虑，作者发现，当时社会上不同类型的小说的销量颇不相同，大概"记侦探者最佳，约十之七八；记艳情者次之，约十之五六；记社会态度，记滑稽事实者又次之，约十之三四；而专写军事、冒

---

① 梁启超：《译印政治小说序》，《清议报》第一册，中华书局 1991 年影印版，第54 页。

② 孙宝瑄：《忘山庐日记》上册，上海古籍出版社 1983 年版，第 710 页。

险、科学、立志诸书为最下，十仅得一二也"①（必须强调的是，这一统计所涉及的读者并不是康、梁心目中的下层读众，大多数是较有知识素养的士人读者，这正显示出康、梁等启蒙精英的文化规划与文化现实之间存在着微妙的落差）。而与孙宝瑄略有不同的是，他认为侦探小说虽与法律有密切关系，但中国人喜好此类小说，"巧诈机械，浸淫心目间"，必定产生不良影响，至于艳情小说更可能败坏道德、毁坏婚姻制度，而"军事、冒险、科学、立志诸书"乃"尽国民之天职，穷水陆之险要，阐学术之精蕴，有裨于立身处世诸小说，而反忽焉。是观于此，不得不为社会之前途危矣"②。

显然，启蒙精英与读者大众对于小说价值取舍的分歧，正凸显了启蒙知识界对于小说文体特征认识上的某种盲点——他们在企图利用小说的浅俗来承载思想与知识的启蒙功能的同时，却在相当程度上忽略了读者对于小说文体的娱乐性要求。而读者的这一要求以及与之相应的小说文体特征则是在关于政治小说的讨论中逐渐浮现出来。

启蒙知识界逐渐意识到，除去浅浴语体之外，小说文体强大的传播效能还肇因于这一文体的另一个特征——趣味性。梁启超在《译印政治小说序》中写道："政治小说之体，自泰西人始也。凡人之情，莫不惮庄严而喜谐谑……善为教者，则因人之情而利导之，故或出之以滑稽，或托之于寓言。"③ 因此，政治小说就是一种以趣味性的修辞包装来传播政治思想知识的文体。

到了 1902 年的《论小说与群治之关系》一文中，梁启超对于小说影响读者心理的文体机制有了更深刻的感悟与认识。此时的梁

---

① 觉我：《余之小说观》，《小说林》第 9 期。
② 同上。
③ 梁启超：《译印政治小说序》，《清议报》第一册，中华书局 1991 年影印版，第 53 页。

启超对小说文体的理解已不仅仅满足于"浅而易解"与"乐而多趣"而止，他力图从人性的深层中去寻找小说吸引力的源头所在。梁启超认为：

> 凡人之性，常非能以现境界而自满足者也。而此蠢蠢躯壳，其所能触能受之境界，又顽狭短局而至有限也。故常欲于其直接以触以受之外，而间接有所触有所受，所谓身外之身，世界之外之世界也。……小说者，常导人游于他境界，而变换其常触常受之空气者也。此其一。人之恒情，于其所怀抱之想象，所经阅之境界，往往有行之不知、习矣不察者；无论为哀为乐、为怨为怒、为恋为骇、为忧为惭，常若知其然而不知其所以然。欲摹写其情状，而心不能自喻，口不能自宣，笔不能自传。有人焉和盘托出，彻底而发露之，则拍案叫绝曰："善哉善哉，如是如是。"所谓"夫子之言，于我心有戚戚焉"。感人之深，莫此为甚。此其二。①

也就是说，小说能够扩大与丰富人的体验，亦能澄明人的体验，当然，梁启超也承认，"此二者实文章之真谛，笔舌之能事"②，但是，小说文体将文学满足人的这两种欲望的能力发挥到了极致——"故曰小说为文学之最上乘也"③。

而梁启超所总结出的小说影响读者的熏、浸、刺、提四种力，则显示出他已经认识到小说的接受过程不仅仅是单纯的知识与思想的灌输过程，更是情感与心灵的感动与共鸣的过程。尤其是，四力之一的"提"，乃是"凡读小说者，必常若自化其身焉，入于书

---

① 梁启超：《论小说与群治之关系》，《新小说》1902 年第 1 号。
② 同上。
③ 同上。

中，而为其书之主人翁"①，这种"化身"的现象可以说是小说文体接受中比较独特的一种心理机制，如果说其他三力多少可以说是文学的共性的话，"提"之一力，可以说多少认识到了小说文体的某种独特品格。

梁启超关于小说文体传播效能问题的思考角度显然发生了某种微妙的变化。与此前主要将小说视为一种以下层平民为读者对象的浅俗文体不同，此时的梁启超将小说看成是广受各个文化阶层人士——包括"高才赡学之士"——欢迎的流行文体，因此，对小说的嗜好是一种基于人性普遍欲望的趣味，于是，他不但从人性的普遍好尚出发来考察小说文体的优势特征，当他批判旧小说是"吾中国群治腐败之总根原"②的时候，他的矛头也是直指整个中国社会"下自屠爨贩卒、妪娃童稚，上至大人先生、高才硕学"③的各个阶层，因而他的"新小说"的隐含读者是全民性的，是包含了中国各个社会阶层的全体国民的。

然而，也正是由于这种宏伟的启蒙雄心，使得这些维新派知识分子的小说文体意识中潜藏了某种内在的矛盾乃至断裂。

第三节　隐含读者的分裂

当小说被当作向全社会发言的工具，而这个社会又明显地分裂为两个文化阶层的时候，这种文体的隐含读者的设定就成为一个非常棘手的问题，其中所包含的悖论与张力不但使得这个文体处于一种左右为难的窘境，甚至可能将这个文体完全颠覆。

1900年，洪兴全在《中东大战演义自序》中写道：

---

① 梁启超：《论小说与群治之关系》，《新小说》1902年第1号。
② 同上。
③ 同上。

> 从来创说者，事贵出乎实，不宜尽出于虚，然实之中虚亦不可无者也。苟事事皆实，则必出于平庸，无以动诙谐者一时之听，苟事事皆虚，则必过于诞妄，无以服稽古者之心。①

显然，在洪兴全这里，隐含读者已经分裂成两个，一个是追求某种娱乐乃至情感刺激效果的"诙谐者"，一个则是以注重历史事实的真实性的"稽古者"，在严复与夏曾佑那里可以不分轩轾的虚构的传言与真实的史实在此之所以显示出一种难以调和的关系，正是因为作者为自己的写作设定的隐含读者之间的矛盾，这种矛盾的产生，不仅与历史演义小说这一文体置身于以追求真实为目标的史传写作与追求娱乐效果为目标的小说写作的夹缝之中有关，更与当时社会心理的矛盾心态相关：

> 是以余之创说也，虚实而兼用焉。至于中日之战，天妆台畏敌之羞，刘公岛献船之丑，马关订约，台澎割地，种种实事，若尽将其详而遍载之，则国人必以我为受敌人之贿，以扬中国之耻；若明知其实，竟舍而不登，则人又或以我为畏官吏之势，而效金人之缄口。……至若刘大帅之威，邓管带之忠，左夫人之节，宋宫保之勇，生番主之横，及其余所载刘将军用智取胜，桦山氏遣使诈降等事，余亦不保其必无齐东野人之言。既知其为齐东野人之言，又何必连番细写？盖知其为齐东野人之言者余也，非读者也。然事既有闻于前，凡一点能为中国掩羞者，无论事之是否出于虚，犹欲刊载留存于后，此我国臣民之常情也。故事有时虽出于虚，亦不容不载。②

---

① 洪兴全：《中东大战演义自序》，载陈平原、夏晓虹编《二十世纪中国小说理论资料》第一卷，北京大学出版社 1989 年版，第 25 页。
② 同上。

显然，甲午战败，使得中国人既感到痛苦与难堪，又不得不正视这一惨败，以图振作，因而情感与理智之间产生了尖锐的冲突，这一冲突在洪兴全的写作中，就转化成为失败的事实与自我抚慰的传言之间如何取舍的问题，正是这种难以选择的矛盾心态，使得洪氏心目中的隐含读者发生了分裂，他最终的写作策略则是"虚实兼用"，尽管这是一种比较取巧与平衡的策略，但另一方面，亦是"任教稽古者诙谐者互相执博"①，隐含读者意识的裂隙一仍其旧。

在梁启超那里，同样也存在着求知型的隐含读者与求乐型的隐含读者的分裂。这一分裂甚至导致了他的整个小说文体的裂解。梁启超在他自己写作的政治小说《新中国未来记》的绪言中写道："此编今初成两三回，一覆读之，似说部非说部，似稗史非稗史，似论著非论著，不知成何种文体，自顾良自失笑。虽然，既欲发表政见，商榷国计，则其体自不能不与寻常说部稍殊。编中往往多载法律章程、演说、论文等，连篇累牍，毫无趣味，知无以餍读者之望矣。"②

显然，为传播政见而写小说，这本身就是一个具有强烈的读者诉求的写作策略，正是因此，作者才会在最终意识到这种"不知成何种文体"的"三不像"作品必会让自己理想中的小说读者的阅读期待落空，并因此而流露出某种失望情绪。此书最终没有完成，虽然主要原因与梁启超兴趣思想多变的流质性格有关，但作者自我评测此作在读者那里不会有积极的反应恐怕亦是一个重要原因。梁启超在自知"无以餍读者之望"之后，又颇为无奈地在绪言中表示："愿以报中他种之有滋味者偿之。其不喜政谈者乎，则以兹覆瓿焉可也。"③ 显然，他已经不再期望这两个分裂的隐含读者——

---

① 洪兴全：《中东大战演义自序》，载陈平原、夏晓虹编《二十世纪中国小说理论资料》第一卷，北京大学出版社 1989 年版，第 25 页。

② 梁启超：《新中国未来记·绪言》，《饮冰室合集·专集之八十九》，上海中华书局 1936 年版，第 2 页。

③ 同上。

一个求"有滋味者"，另一个则"喜政谈"，能在这一文体中融合为一体，只好索性将他们分开来。

可以说，梁启超强烈的政治性论说意图几乎完全撑裂了他理想中的小说（哪怕是政治小说）文体模型，或者说，这种文体的裂解导源于隐含读者的冲突与失衡。可以说，梁启超的"新小说"理想包括了一个覆盖全民的政治启蒙规划，然而，当他启用政治小说文体实践这一规划的时候，却难以将整个社会的读者群综括成一个完整和谐的隐含读者，并在文体中得以充分的体现。当然，梁启超应该也多少认识到这一点。《新民丛报》第二十号"绍介新刊"栏中推荐《新小说》第一号时说："此编结构之难，有视寻常说部数倍者。……名为小说，实则当以藏山之文、经世之笔行之。其难一也。小说之作，以感人为主，若用著书演说窠臼，则虽有精理名言，使人厌厌欲睡，曾何足贵？故新小说之意境，与旧小说之体裁，往往不能相容。其难二也。"[1] 然而，对于梁启超这样的文章高手来说，藏山之文与经世之笔恐未必是件难事，以梁氏"常带感情，对于读者别有一种魔力"的笔锋，即"用著书演说窠臼"，亦未必使人恹恹欲睡，所难者却在于果真写出一部如其广告所自夸的"风格笔调，却又与《水浒》《红楼》不相上下"[2]、能感动旧小说读者的新小说来。

显然，小说是梁启超们并不善于驾驭的一种文体，对于梁启超们来说，中国传统小说文体的隐含读者，只作为一群浅俗文体的读者存在于他们的理论论述之中，与他们的写作习惯与文体意识融合无间的隐含读者，则是一生阅读甚而写作"藏山之文、经世之笔"的士人读众（虽然这些读者也可能时常涉猎小说，但这种阅读并非其"正业"，因此，并不构成其阅读习惯与文学能力的主体）。因此，即便在理论与理智上梁启超们的"新民"计划包括了前者，一

---

① 《绍介新刊〈新小说〉第一号》，《新民丛报》第 20 号。
② 同上。

且真正进入写作，后者便毫不客气地挤压掉了前者在文体意识中的存在空间，于是，我们看到，后者熟悉且欣赏的"藏山之文、经世之笔"便超量膨胀，结果，且不谈《水浒》《红楼》的风格笔调之有无，即便"说部"文体亦已被捏弄得面目全非了。

这种隐含读者的分裂与失衡在署名平等阁主人的小说批文中得到了某种清晰的折射。在小说的第三回，写小说主人公李去病与黄克强就当时中国政治局势展开辩论，批者在两人的议论言语间屡下夹批曰："青年读书诸君想想""维新改革第一流人物听者""读书诸君想想""民间志士极宜猛省""官场诸公，试自己扪心想一想：李去病君到底是骂着我不成？"等等不一而足，然而，当李去病以激烈的言辞大骂义和团的时候，批者却没有加夹批曰："请义和团诸君想一想。"显然，在批评者的心目中，这部小说即使大部分以口语俗话写成，其所预设的读者有可能包含了青年学生、维新派人士乃至"民间志士""官场中人"，却绝不包含义和团的拳民们。而在李、黄二人的辩论过程中，批者又不断地在每一段议论与见解的开始处批曰："提论第一""驳论第二"……直至"驳论第四十三"以及"结论"，最后更在总批中写道："拿着一个问题，引着一条直线，驳来驳去，彼此往复到四十四次，合成一万六千余言，文章能事，至是而极。中国前此惟《盐铁论》一书，稍有此种体段。"甚而认为此篇远胜于《盐铁论》："彼书主客所据，都不是真正的学理，全属意气用事，以辩服人，此篇却无一句陈言，无一字强词，壁垒精严，笔墨酣舞，生平读作者之文多矣，此篇不独空前之作，只恐初写兰亭，此后亦是可一不再了。"以至于叹赏有加曰："非才大如海，安能有此笔力？然仅恃文才，亦断不能得此，盖由字字根于学理，据于时局，胸中万千海岳，磅礴郁积，奔赴笔下故也。文至此，观止矣！"①

---

① 见梁启超《新中国未来记》，《饮冰室合集·专集之八十九》，上海中华书局1936年版，第18—41页。

显然，观者叹赏，写者落笔之时恐亦意兴酣畅，可见，虽用"著书演说之窠臼"，亦可以引人入胜，只是这个"人"，却必须是像平等阁主人这样的善读之知音，也就是严复所说的"多读古书"、满腹经纶学养之辈。然而，梁启超事后却自承此书毫无"趣味"，显然，像平等阁主人这样的读者，是其政论与著作的隐含读者，却并非他心目中正常的小说读者，然而，在不知不觉之中，这种读者却在隐含读者意识中膨胀，最终导致了梁启超的小说走向了文体的倾覆。

第四节　隐含的精英读者

可以说，在晚清新小说家们的文体观念中，普遍地包含着"开民智""变风俗"这样的文体功能意识，同时传统的文体层级划分亦将小说归入"俗"体之列，因此，"俗体"就是小说的"正体"这一认识在很大程度上构成了新小说家们的某种共识。然而，正是因此，尽管梁启超们大力地抬举小说在文类层级中的地位，他们仍然会隐隐感受到来自传统精英士人的高雅文体意识的某种压力。即使如梁启超，也不由自主地在推举政治小说时漏出一句："著书之人，皆一时之大政论家，寄托书中之人物，以写自己之政见，固不得专以小说目之。"① 看来，"政论"仍然高出"小说"多多。实际上，尽管常常以"藉思开化夫下愚，遑计贻讥于大雅"② 之类的论调相标榜，这种来自于传统文化社会亦来自于这些本自出身传统士人的新小说家内心深处的精英士人型的隐含读者意识，一直在暗中掣动着新小说文体观念的建构。

---

① 梁启超：《饮冰室自由书》，《清议报》第二十六册，中华书局 1991 年影印版，第 1681 页。

② 商务印书馆主人：《本馆编印〈绣像小说〉缘起》，载陈平原、夏晓虹编《二十世纪中国小说理论资料》第一卷，北京大学出版社 1989 年版，第 52 页。

　　类似《自由结婚弁言》中译者煞费苦心的表白亦颇为常见：
"统观全书，用意平常，措词俚俗，意在使人人通晓，易于观感。
此著者之苦衷，亦译者所取法，大雅君子，幸勿哂之。"① 可以看
到，尽管以广大下层读众为首要隐含读者，"大雅君子"们仍然被
预设为小说的隐含读者之一，因此，在投前者所好的同时，必定又
要向后者再三致意，以冀达成谅解。与此同时，像《本馆编印〈绣
像小说〉缘起》中引西方小说为奥援，以比梁启超更为夸大的辞句
极力标举西方小说家地位与学养之崇高则是殊途同归的另一种方
法："其从事于此者，率皆名公巨卿，魁儒硕彦，察天下之大势，
洞人类之颐理，潜推万古，豫揣将来，然后抒一己之见，著而为
书，以醒齐民之耳目。"②

　　发表于1907年的《读新小说法》则干脆提出："小说固不许浅
人读得耶？"进而为新小说读者提示了种种"读法"，诸如"宜作
史读""宜作子读""宜作志读""宜作经读"乃至"可作兵法读"
"可作唐宋遗事读""可作齐梁乐府读"等等不一而足，将一向被
目为"俗体"的小说与各种高雅文体相比附，要求读者"俗体雅
读"，这当然是强调小说文体自身的质素含有或不低于甚至优于各
种"雅体"作品的质素，于是，阅读传统高雅文体的读者素质亦成
为小说读者的基本素质。更有甚者，此文对读者提出了六项基本能
力要求："无格致学不可以读吾新小说""无警察学不可以读吾新
小说""无生理学不可以读吾新小说""无音律学不可以读吾新小
说""无政治学不可以读吾新小说""无论理学不可以读吾新小
说"③。对此，陈平原认为："倘若新小说真的需要如此深厚的文化

　　① 自由花：《〈自由结婚〉弁言》，载陈平原、夏晓虹编《二十世纪中国小说理论资料》第一卷，北京大学出版社1989年版，第93页。
　　② 商务印书馆主人：《本馆编印〈绣像小说〉》缘起，载陈平原、夏晓虹编《二十世纪中国小说理论资料》第一卷，北京大学出版社1989年版，第51页。
　　③ 参见《读新小说法》，载陈平原、夏晓虹编《二十世纪中国小说理论资料》第一卷，北京大学出版社1989年版，第273—279页。

修养才能阅读，那么小说'以其浅而易解故，以其乐而多趣故'的感人力量也不存在了。"① 然而，故作这些惊人之语，其原意正是要推翻小说一向给人们的"浅易"的印象，通过有意地抬高小说读者能力达标线，期望使得小说成为可与传统经、史、诗、文等高雅文体相比肩的高层次文体，从而真正获得精英士人的肯定与认同——而不是作为一种高层作者俯就低层读者的不得以而为之的策略性文体选择②。

由市场传来的信息似乎也在提出类似的要求。公奴在《金陵卖书记》中传递的正是新小说最终顾客对于小说文体的要求："小说书亦不销者，于小说体裁多不合也。不失诸直，即失诸略；不失诸高，即失诸粗；笔墨不足副其宗旨，读者不能得小说之乐趣也。"③他批评当时以"开民智"为写作目标的新小说家对小说文体的独特要求缺乏理解与把握，"今之为小说者，俗语所谓开口便见喉咙，又安能动人？"④

然而，出人意料的是，他认为好小说所应具备的条件，则是一向作为传统士人的看家本领的要素——"小说之妙处，须含词章之精神"。当然，他辩称自己所谓的"词章"并非排偶四六之类的语言的形式，而是所谓"形容之法"——"中外之妙文，皆妙于形容之法；形容之法莫备于词章，而需用此法最多者莫如小说。……比来海内诸同志，力矫厥弊，皆以排浮华、崇实学为宗旨，故寻常通问函件，或且不甚了了，而词章一学，行且绝响。然果无此学，

---

① 陈平原：《中国现代小说的起点——清末民初小说研究》，北京大学出版社 2005 年版，第 111 页
② 忧患余生在《〈官场现形记〉叙》中写道"存之万世之下，安知不作今日之《春秋》观？而今日之知我罪我，则我又何所计及乎？"（见《二十世纪中国小说理论资料》第一卷，第 56 页）这种想法也是企图将小说归并到某类传统的高雅文体的范围之内。
③ 公奴：《金陵卖书记》，载陈平原、夏晓虹编《二十世纪中国小说理论资料》第一卷，北京大学出版社 1989 年版，第 48 页。
④ 同上。

究不能显难显之情。饮冰室主人之文笔，夙为海内所叹服矣，然吾得而断之曰：实惟得力于词章。故诸同志不欲为小说则已，如欲为之，勿薄词章也"①。

可以说，用传统精英士人的"文心"去理解、品味以及衡量小说文体，是晚清小说文体观念建构过程的一个重要侧面。正是在这种意识之下，林译小说才成为当时最受欢迎与赞誉的小说，而作为译述者的林纾本人也在努力迎合乃至引领着读者的这一文体意识。

林纾译述《巴黎茶花女遗事》时，是以冷红生的笔名与世人见面的，正如邱炜萲所言，这显然是出于"不欲人知其名，而讬别号以掩真"②，与林氏之前写作白话诗《闽中新乐府》，署名"畏庐子"是同一用意，作为一个传统气质深厚的文人，显然并不想以小说家传世，以致讥于同侪文人。然而到了1901年的《黑奴吁天录》，就赫然署以真名了，而颇有意味的是，在小说《例言》中，林纾写下了这样一段文字："是书开场、伏脉、接笋、结穴，处处均得古文家义法。可知中西文法，有不同而同者。译者就其原文，易以华语，所冀有志西学者，勿遽贬西书，谓其文境不如中国也。"③ 这是明白地要求读者将小说当古文看了。也许正是以古文译小说，进而以小说为古文，通过这种方式消弭了"俗体"相对于"雅体"的落差，才使得林纾终于在署名时不再以别号遮遮掩掩，而坦然地示人以真姓名了。显然，林译小说因其"遣词缀句，胎息史汉，其笔墨古朴顽艳，足占文学界一席而无愧色"④，而获得了古文与小说的双重成功。而时人对于市场效果的统计亦足以使"小说界革命"的倡导者们大跌眼镜——"文言小说之销行，较之白话

① 公奴：《金陵卖书记》，载陈平原、夏晓虹编《二十世纪中国小说理论资料》第一卷，北京大学出版社1989年版，第48页。
② 邱炜萲：《〈巴黎茶花女遗事〉》，载陈平原、夏晓虹编《二十世纪中国小说理论资料》第一卷，北京大学出版社1989年版，第29页。
③ ［美］斯土活：《黑奴吁天录》，林纾、魏易译，商务印书馆1981年版，第2页。
④ 觉我：《余之小说观》，《小说林》第10期。

小说为优"①。原因自然是因为当时的小说读者，主要是"出于旧学界而输入新学说者"②。可以说，正是启蒙意识与传统文人文体价值观的合力造就了林译小说的隐含读者，并最终成功地俘获了现实的读者。而这些现实的读者则反过来鼓励与强化了林译小说的文体意识，从而造就了中国近代影响最大、最成功的小说文体。

显然，从这个意义上看，严复与吴汝纶对于隐含读者的预设远较梁启超正确，而严、林文体的成功亦证明严、吴二人看似迂远的思路反较梁启超简捷的规划更切合于文化的现实逻辑。

于是，晚清小说史出现了一个非常吊诡的现象，以启蒙下层民众为目的的"小说界革命"最大的成果是打造出最接近于传统的雅文体的文言林译小说，并以这些投合精英士大夫读者趣味的小说文体实现了对于知识界自身的启蒙。可以说，由于雅俗分立的文化区隔，使得由雅向俗的启蒙运动难以形成预期的效果，这种启蒙往往成为精英知识界自身的更新与再生产，而跨越雅俗界限的文体变革运动最终成为雅文体的更新与升级。晚清"小说界革命"是如此，即令"五四"新文学启蒙运动亦是如此。

---

① 觉我：《余之小说观》，《小说林》第 10 期。
② 同上。

第三章　清末学制改革与"文学"学科观念的建立

　　自 1860 年庚申之变以来，中国人面对潮水般涌来的西方优势霸权，始终依凭一种文化与心理的护墙进行抗拒，这种抗拒心理终于在 1900 年的义和团运动中得到了一次全方位的总体释放，但是在接踵而至的八国联军入侵、《辛丑条约》签订的打击下很快就遇到了巨大的挫折。经此一役，中国人的心理发生了戏剧性的转折，抵御西方霸权入侵的文化心理防线迅速崩解，正如大约十年之后，梁启超回顾这一时期的社会心理状况时所说的："自辛丑、壬寅以后，无一人敢自命守旧"[①]，崇洋与趋新几乎成为朝野上下大多数人的共同心态。从此，中国被迫驶入了加速现代化的快车道。正是在这一背景下，晚清新政骤然拉开大幕，令人意外的是，在这出大戏中，学制改革被放在一个极其重要的位置上，新与旧、中与西在这个位置上展开了新一轮的纠缠与冲突。

第一节　知识世界的震荡与倾颓

　　1900 年，桐城派名家吴汝纶在给友人的几封信中反复表达了这样一些观点：

---

　　① 梁启超：《读十月初三日上谕感》（署名沧江），载张枬、王忍之编《辛亥革命前十年间时论选集》第三卷，三联书店 1977 年版，第 669 页。

盖非广立学堂，遍开学会，使西学大行，不能保此黄种。①

此时国力极弱，由于上下无人。人才之兴，必由学校。我
国以时文为教，万不能自保种类，非各立学堂，认真讲求声光
电化之学，不能自存。②

此次大创之后，朝政不改，国必亡；士学不改，种必灭。③

可以说，吴汝纶的反应在当时的士大夫知识分子中是具有某种
普遍性的，国家的危机迅速被归结为总体知识世界的危机，而应对
策略自然也着眼于这一层面。正是因为这个原因，当尚在流亡途中
的清皇室下诏变法之时，湖广总督张之洞与两江总督刘坤一联衔上
疏的《江楚会奏变法三折》的第一疏却是《变通政治人才为先遵
旨筹议折》，疏中极言："中国不贫于财而贫于人才，不弱于兵而
弱于志气。人才之贫，由于见闻不广，学业不实。志气之弱，由于
苟安者无履危救亡之远谋，自足者无发愤好学之果力。"④ 因此，
救济之策便是"育才兴学"，张之洞等人在疏中郑重地将兴学堂、
改科举、废八股的措施作为"救时首务，振作大端"⑤ 提出来。在
张之洞等实力派地方督抚的推动下，1901 年 8 月 29 日，清廷发布
上谕，宣布在科举考试中废除八股，以策论试士，至 1905 年，终
于正式宣布废除科举，以八股取士为核心内容的科举制度退出历史
舞台，为近代学校教育体制所取代。

然而，这并不是清政府第一次废除八股文。实际上，在 1898
年的戊戌变法中，光绪皇帝就曾下诏废八股，用策论。虽然第二次

① 吴汝纶：《答李季皋》，《吴汝纶全集》第三册，黄山书社 2002 年版，第311 页。
② 吴汝纶：《与张春元》，《吴汝纶全集》第三册，黄山书社 2002 年版，第314 页。
③ 吴汝纶：《与言謇博》，《吴汝纶全集》第三册，黄山书社 2002 年版，第366 页。
④ 张之洞：《变通政治人才为先遵旨筹议折》，《张之洞全集》第二册，河北人民
出版社 1998 年版，第 1394 页。
⑤ 同上书，第 1402 页。

废八股改科举使得八股文和科举制最终走上了不归路，但是相对于第二次废八股，第一次废八股对当时的士人所造成的心理震动恐怕更其强烈。1898 年，身历其事的吴汝纶在给友人的信中写道："近日朝局一变，使人目眩神惊。……端午诏书，竟废去时文不用，可谓大快。"① "五百年旧习，一旦廓清，为之一快。"② 作为一名接纳新学影响的新派人物，吴汝纶最终的理想是完全废除科举，改学西学，由学堂举才，但是，八股文的废除还是给他带来了一时的震惊与兴奋。然而，作为晚清桐城派名宿的吴汝纶同时又是一位由传统知识世界铸造出来的旧式文人。八股文的废除也给他带来了一种危机感，几乎在同一个时期，他在给友人的信中写下了这样一段话："吾辈无他才能，但知作八股文取科第，国家不用，即退而以八股盛业传诸其徒，以自给身口，自今以后，此盛业者，等之刍狗矣，吾无术以自给身口矣！天倾非杞人私事，衣食无所，真切近之灾也。"③

吴汝纶的这种"天倾"之感恐怕正是当时大多数普通的传统读书人的共同感受。可以说，八股文正是一个从知识世界中延伸出来、联结与贯通国家权力系统与读书人私人生活世界的一个桥接，正是通过这个桥接，传统读书人的私人生活世界、国家权力运作机制、传统的价值与知识世界三者实现了耦合。这一桥接的消失，对他们来说，不啻整个知识—生活世界的圮倒。吴汝纶矛盾的感受所透露的，正是当时相当一部分传统知识分子共同的心理与思想的矛盾与困惑。

这是一种来自知识世界的矛盾与困惑。对于晚清一代知识分子，他们所熟知的知识世界不再像 1860 年之前那样显示为一种整

---

① 吴汝纶：《与李季皋》，《吴汝纶全集》第三册，黄山书社 2002 年版，第194 页。

② 吴汝纶：《与周玉山廉访》，《吴汝纶全集》第三册，黄山书社 2002 年版，第194 页。

③ 吴汝纶：《答方伦叔》，《吴汝纶全集》第三册，黄山书社 2002 年版，第182 页。

一的存在，他们发现自己要同时面对所谓新与旧、中与西两个知识世界，而在西方现代知识势力的冲击之下，传统的知识—权力机制的有效性与存在的合理性正在遭受前所未有的质疑，李鸿章等人提出的"千古变局"之说，在这个层面上无疑呈现着更为深刻与重大的意义。

这种知识世界的"千古变局"引发的首先是对于传统之学的怀疑与否弃。事实上，甲午之后，庚子之前，他们中的相当一批才杰之士就已经产生了这种对于传统知识学问的离心之思。1897年，吴汝纶发出了这样的议论："中国之学，有益于世者绝少，就其精要者，仍以究心文词为最切。……然在今日，强邻棋置，国国以新学致治，吾国士人，但自守其旧学，独善其身则可矣，于国尚恐无分毫补益也。"① 作为当时的文坛名手的吴汝纶会如此贬低自己所擅长的"中国之学"与"文词"，虽说有些出人意表，但在当时知识界急于寻求"富国强兵"之道的氛围里恐怕也正在情理之中。吴汝纶已经认识到，一个新的知识世界已经出现，并以一种显而易见的有效性挤压传统知识世界的存在空间。1899年，吴汝纶在致严复的信中作出了这样一种预言："此后必应改习西学，中国浩如烟海之书，行当废去。"② 面对这种局势，一直在提倡开风气、学西学的吴汝纶并未感受到自己的目标渐渐在望的喜悦，相反，他却感到一种斯文将丧的忧虑："见今患不讲西学；西学既行，又患吾国文学废绝。"③

吴汝纶的预感与忧思并不是一个特例。梁启超在1897年也写下了这样一段话："窃以为此后之中国，风气渐开，议论渐变，非西学不兴之为患，而中学将亡之为患。"④ 梁启超强烈地感到中、

---

① 吴汝纶：《答阎鹤泉》，《吴汝纶全集》第三册，黄山书社2002年版，第142页。
② 吴汝纶：《答严几道》，《吴汝纶全集》第三册，黄山书社2002年版，第231页。
③ 吴汝纶：《答方伦叔》，《吴汝纶全集》第三册，黄山书社2002年版，第381页。
④ 梁启超：《与林迪臣太守书》，《饮冰室合集·文集之三》，上海中华书局1936年版，第2页。

西两个独立的知识世界的庞大规模给从学者个体有限的生命所构成的巨大压力，1897 年，他在《湖南时务学堂学约》中写道："今时局变异，外侮交迫，非读万国之书，则不能通一国之书。然西人声、光、化、电、格、算之述作，农、矿、工、商、史、律之纪载，岁出以千万种计，日新月异，应接不暇。"① 另一方面，"今夫中国之书，他勿具论，即如注疏、两经解、全史、九通及国朝掌故、官书数种，正经正史，当王之制，承学之士，所宜人人共读者也。然而中寿之齿，犹惧不克卒业，风雨如晦，人寿几何？"② 然而，这两个庞大的知识世界对于现实世界的有效性却未必相等。作为一个算得上博学的中国传统学人，梁启超深切地感到，中国之学，"夫书之繁博而难读也既如彼，其读之而无用也又如此"③，然而，废中学而唯西学是从，在梁启超看来却是不可接受的："若从而拨弃之，则所以求先圣之道，观后王之迹者，皆将无所依藉。"④ 因而，中国文化传统与学术的保存乃至发扬光大仍是一件至关重要的事情，他甚至在《湖南时务学堂学约》中明确地提出"今设学之意，以宗法孔子为主义"，并倡言："他日诸生学成，尚当共矢宏愿，传孔子太平、大同之教于万国，斯则学之究竟也。"⑤

　　显然，梁启超所秉持的正是当时颇为流行的"中体西用"的知识纲领，作为一种应对现实世界的控驭技术，中学的效能似乎远不如西学，但是包含于儒学之中的那种具有准宗教意义的价值信念，在当时人的心目中却具有无可置疑的真理性，从这一点来看，梁启超从根子上仍然是一个抱持着"修齐治平"的伦理救世情怀的传统知识分子，中学也好，西学也罢，都不过是经世之"用"而已，传

---

① 梁启超：《湖南时务学堂学约》，《饮冰室合集·文集之二》，上海中华书局 1936年版，第 25 页。
② 同上。
③ 同上书，第 26 页。
④ 同上书，第 25 页。
⑤ 同上书，第 28—29 页。

统儒者所谓"为天地立心，为生民立命，为往圣继绝学，为万世开太平"的悠远博大的准宗教式政治情怀，才是其真正之"体"。在这个终极之"体"面前，一切的"学"与"艺"都只是"用"，只是手段。于是，在梁启超那里，甚至是保存旧学的提倡，也透着浓厚的政治功利主义色彩，与维新变法不仅不相矛盾，甚而可以为彼所用，他在《与林迪臣太守书》中写道："中国旧学，考据、掌故、辞章为三大宗，启超窃尝见侪辈之中，同一旧学也，其偏重于考据、词章者，则其变而维新也极难，其偏重于掌故者，则其变而维新也极易。……故今日欲储人才，必以通习中国掌故之学，知其所以然之故，而参合之于西政，以求致用者为第一等，……亦当中西兼举，政艺并进，然后本末体用之间，不至有所偏丧。"① 虽说是"中西兼举"，但是从实际效用出发，知识价值的天平恐怕仍然会向更合于"致用"的西学与西艺倾斜。

正是出于这一动机，梁启超对于旧学中的"辞章"之学，显示了相当的轻视态度："学者以觉天下为任，则文未能舍弃也。传世之文，或务渊懿古茂，或务沉博绝丽，或务瑰奇奥诡，无之不可。觉世之文，则辞达而已矣，当以条理细备，词笔锐达为上，不必求工也。温公曰：'一自命为文人，无足观矣。'苟学无心得而欲以文传，亦足羞也。"② "文"之用，在于"觉世"，文以"传世"，已落第二义，甚而可羞。因此，他在《湖南时务学堂学约》中所设想的整理"中国应读之书"的计划中，仅仅是"专求其有关于圣教，有切于时局者，而杂引外事，旁搜新义以发明之。量中材所能肄习者，定为课分，每日一课，经学、子学、史学，与译出西书，四者间日为课焉"。他自信通过这个计划的实施，"度数年之力，

---

① 梁启超：《与林迪臣太守书》，《饮冰室合集·文集之三》，上海中华书局1936年版，第2—3页。

② 梁启超：《湖南时务学堂学约》，《饮冰室合集·文集之二》，上海中华书局1936年版，第27页。

中国要籍一切大义，皆可了达，而旁证远引于西方诸学，亦可以知崖略矣。夫如是则读书者，无望洋之叹、无歧路之迷，中学或可以不绝"①。然而，在这个宏大的计划中，显然并没有文学——即所谓"辞章"的位置。

第二节 "中国文学"归来

而在吴汝纶那里，"文词"，或者"词章"却在传统知识世界中居于一个非常重要的位置。即使在他认为"中国之学，有益于世者绝少"② 的时候，仍然把"究心文词"视为中学"最切"之"精要"。而在戊戌变法废八股之后，在对中学将废深感忧虑之际，他提出的保存传统旧学的方案，却是以"文"为着力点的。在西学逐渐呈现挤压中学的态势，中国传统学术显露生存危机的时候，他郑重其事地提出来作为保存传统文化的策略性工具的，竟然是姚鼐编的《古文辞类纂》！戊戌变法之后，他在给友人的信中说："中国斯文未丧，必自此书（即《古文辞类纂》——引者注），以自汉至今，名人杰作，尽在其中，不惟好文者宝畜是编，虽始学之士，亦当治此业。后日西学盛行，《六经》不必尽读，此书决不能废。"③ 他在与严复的通信中亦多次强调《古文辞类纂》的重要价值："因思《古文辞类纂》一书，二千年高文略具于此，以为六经后之第一书。此后必应改习西学，中国浩如烟海之书，行当废去，独留此书，可令周孔遗文绵延不绝。"④ "姚选古文则万不能废，以此为学堂必用之书，当与六艺并传不朽也。……即西学堂中，亦不

---

① 梁启超：《湖南时务学堂学约》，《饮冰室合集·文集之二》，上海中华书局 1936 年版，第 26 页。
② 吴汝纶：《答阎鹤泉》，《吴汝纶全集》第三册，黄山书社 2002 年版，第 142 页。
③ 吴汝纶：《答姚慕庭》，《吴汝纶全集》第三册，黄山书社 2002 年版，第 186 页。
④ 吴汝纶：《答严几道》（己亥正月卅日），《吴汝纶全集》第三册，黄山书社 2002 年版，第 231 页。

能弃去不习，不习，则中学绝矣。"① 显然，在吴汝纶看来，学习
与传播《古文辞类纂》所收集的古文作品乃是延传统中学于一线的
最后的、也是最便利、最有效率的工具与手段，其有效性甚至超过
了儒家经典。尽管庚子国变带给他极大的刺激，使他从"保种"的
高度强调对西方现代科学知识的学习，但很快，他仍然回到戊戌之
后的思路上来，在力倡讲求西学的同时，又强调以存"文"而存中
学："鄙意西学当世急务，不可不讲；中学则以文为主，文之不存，
周孔之教息矣。"② 因此，在吴汝纶开出的从小学堂到大学堂的书
目中不但有西学，以及旧学的经、史类，更有从小学堂到大学堂的
浅深递进的诗、文类书目，相对于比大学堂更高层次的"中国专门
学"的书目仍然沿袭经、史、子、集的传统分类法，从小学堂到大
学堂的书目中则单独分出了文与诗两大类，其中的"文"类则以姚
选《古文辞类纂》为依托。

如果说梁启超从政治功利主义走向了对于"辞章"之学的
轻视，吴汝纶则强调"文词"作为传统文化的载体在保存旧学
的事功中可能具有的潜能与价值。而在张百熙、荣庆、张之洞
等人主持下的清末学制改革运动中，这两种倾向则实现了某种
综合与调和。

1902 年 8 月，张百熙向朝廷上呈了他所制定的学堂章程，从这
个后来被称为"壬寅学制"的学校教育体制方案的出台开始，清末
学制改革正式登场。但是真正作为正式方案公布，并以国家行政手
段推行的，则是稍后张之洞参与修订的《奏定学堂章程》，史称癸
卯学制。这一学制的办学理念可以说是充分地贯彻了张之洞的"中
体西用"的文化纲领，在《重订学堂章程折》中，他明确地提出：
"立学宗旨，无论何等学堂，均以忠孝为本，以中国经史之学为基，

---

① 吴汝纶：《答严几道》（己亥二月廿三日），《吴汝纶全集》第三册，黄山书社
2002 年版，第 235 页。
② 吴汝纶：《答贺松坡》，《吴汝纶全集》第三册，黄山书社 2002 年版，第353 页。

俾学生心术壹归于纯正，而后以西学瀹其智识，慎防流弊之意。"①
显然，中国传统的经史之学是作为塑造学生的政治与道德人格根基
的手段被放在了"本"与"体"的地位，而所谓"西学"则是提
高学生智能素质的手段。可以说，张之洞的文化思想与教育理念含
有强烈的政治意图，他对作为传统政治道德的"忠孝"的强调，以
及以传统经史学术规训学生的价值信念，目的正是为了在西方现代
政治文化的冲击之下挽清王朝于狂澜之既倒，他在《劝学篇》中
说："吾闻欲救今日之世变者，其说有三：一曰保国家，一曰保圣
教，一曰保种。夫三事一贯而已矣。……保种必先保教，保教必先
保国。种何以存？有智则存。智者，教之谓也。教何以行？有力则
行。力者，兵之谓也。故国不威则教不循，国不盛则种不尊。……
盖政教相维者，古今之常经、中西之通义。"②"舍保国之外，安有
所谓保教、保种之术哉？"③也就是说，在张之洞看来，只有国家
实力的强大才能保证种族生存与民族文化信念的传承，而富国强兵
的唯一途径，则是学习西学。但是张之洞并没有由此直趋于西化
论，反而提出了一个看似自相矛盾的观点："今欲强中国，存中学，
则不得不讲西学；然不先以中学固其根柢，端其识趣，则强者为乱
首，弱者为人奴，其祸更烈于不通西学者矣。"④欲保学（教），必
强国，欲强国，必学西学，欲学西学，则又必须先学中学。这一悖
论式的逻辑，只有认识到他所说的"国"，正是作为封建国家的清
王朝，才能打通理顺。

　　正是为了"保国"，《学务纲要》中明确规定"中小学堂宜注
重读经以存圣教"，并且提出"外国学堂有宗教一门。中国之经

---

　　① 张之洞：《重订学堂章程折》，璩金圭、唐良炎编《中国近代教育史资料汇编·
学制演变》，上海教育出版社1991年版，第280页。
　　② 张之洞：《劝学篇》，《张之洞全集》第十二册，河北人民出版社1998年版，第
9703页。
　　③ 同上书，第9709页。
　　④ 同上书，第9724页。

书，即是中国之宗教。若学堂不读经书，则是尧舜禹汤文武周公孔子之道，所谓三纲五常者尽行废绝，中国必不能立国矣。学失其本则无学，政失其本则无政。其本既失，则爱国爱类之心亦随之改易矣。安有富强之望乎?"①

而在这个过程中，文学或者"文辞"教学的特殊意义得到了强调与凸显。1902 年，张之洞在发给张百熙讨论学制问题的电文中说："中国文章，不可不讲，自高等小学至大学，皆宜专设一门。韩昌黎云：'文以载道。'此语极精，今日尤切。中国之道具于经史，经史文辞古雅，浅学不解，自然不观，若不讲文章，经史不废而自废。"② 这一观点最终在正式发布的《学务纲要》中得到了充分的体现："学堂不得废弃中国文辞，以便读古来经籍"，并说"中国各体文辞，各有所用。古文所以阐理纪事，述德达情，最为可贵。骈文则遇国家典礼制诰，需用之处甚多，亦不可废。古今体诗辞赋，所以涵养性情，发抒怀抱。中国乐学久微，借此亦可稍存古人乐教遗意。中国各种文体，历代相承，实为五大洲文化之精华。且必能为中国各体文辞，然后能通解经史古书，传述圣贤精理。文学既废，则经籍无人能读矣。外国学堂最重保存国粹，此即保存国粹之一大端"③。值得注意的是，这里使用"文学"概念来指称"文辞"之学，作为"文辞"之"学"的"文学"与"经史古书"等"经籍"构成了对举的范畴，形成了一个专门化的"文学"范畴——而不是像过去那样以这一概念笼统地指称包括经史在内的一切文化典籍。而到 1905 年前后，张之洞等人数度上疏奏请逐步递减乃至废除科举，所举的理由之一是学堂课程已包括科举所

①　张百熙、荣庆、张之洞：《学务纲要》，朱有瓛《中国近代学制史料》第二辑上册，华东师范大学出版社 1987 年版，第 83 页。
②　张之洞：《致京张冶秋尚书》，载璩金圭、唐良炎编《中国近代教育史资料汇编·学制演变》，上海教育出版社 1991 年版，第 136 页。
③　张百熙、荣庆、张之洞：《学务纲要》，载朱有瓛《中国近代学制史料》第二辑上册，华东师范大学出版社 1987 年版，第 84 页。

考的中学："现拟各学堂课程，于中学尤为注重。凡中国向有之经学、史学、文学、理学，无不包举靡遗。"① 似乎将"文学"作为独立的一门学科与"经学""史学"等并列，已成为一种至少为这些主事者所公认的常识与惯例。但在1904年颁布的《奏定大学堂章程》中，特设"文学科"为八类分科大学之一，与"经学科""政法科"同列，而在"文学科"大学下设九门专业中，不仅有"中国文学"以及英、法、俄、德、日等国"文学"，亦有所谓"中国史学门""万国史学门"以及"中外地理学门"，仍然与现代学科分类不甚符合，似乎"经学"与"文学"并列，"史、地"学则可归入"文学"，但"中国史学"又与"中国文学"并立，而不是归入"中国文学"，显然，在此，存在着两个"文学"概念，一个是作为传统的包含经、史的大"文学"概念，而另一个则是接近于现代意义上的、作为"辞章"之学的"文学"概念，而鉴于在当时的情况下，所谓英、法、俄、德、日等"外国文学"几乎是形同虚设的空壳子，这个"文学"概念，基本上是限定于"中国文学"之内。在当时人们的观念中，这种两个"文学"概念并用的情况可能是一种比较普遍的状况，王国维在《奏定经学科大学文学科大学章程书后》一文中，对于这一章程中大学学科设置进行批评，除了强烈批评其中忽略了哲学学科之外，也指出"文学科"大学的专业中列入"中外地理学门"不妥，并认为"经学科"与"文学科"不能分开，于是在王国维的设计中，"文学科"大学的专业设置应该是：一，经学科；二，理学科；三，史学科；四，中国文学科；五，外国文学科。显然，这一分科比较符合现代学科分类的原则，但是，以精研西方哲学著称、亦应受过比较严格的逻辑学训练的王国维，却丝毫未对"文学科"大学内设置经学、史学等专业有任何质疑，显然也认可了张之洞等人将两个"文学"概念同

---

① 张百熙、荣庆、张之洞：《奏请递减科举注重学堂折》，载朱有瓛《中国近代学制史料》第二辑上册，华东师范大学出版社1987年版，第107页。

时并用的做法。

但是，无论如何，"中国文学"中的"文学"已经从包括经、史在内的宏大而混整的范畴中被单独地抽取出来，成为一门独立的学科，而且，从《奏定大学堂章程》中"中国文学门"下所设置的课程看，其中包括了"文学研究法""历代文章流别""古人论文要言""周秦至今文章名家"等科目，大略可说已涵盖了文学史、文学批评史甚至文学基本理论等几大领域，可以说，已颇具现代意义"文学研究"学科的雏形与意味，不仅如此，与之相应的，按逻辑必定衍生出相应的"外国文学"的概念——虽然在这个章程中，英、法、德、俄、日等国"文学门"下列科目基本上只是相应国别的语言。可以说，作为接近现代意义上的普遍的"文学"研究学科已经是呼之欲出了。而且，"文学"的重要性亦得到了相当幅度的提升。前已述及，与吴汝纶的思想相近，张之洞等人也将"文辞"视为中国传统学术知识与价值信念赖以传承的媒介与工具，对于极其强调"中学为体"的张之洞来说，这意味着"中国文辞"对于维系中国旧有价值信念具有举足轻重的意义。不仅如此，"文辞"还是国家行政权力运作机制的一个重要部分，具有实用性的功能："假使学堂中人全不能操笔为文，则将来入官以后，所有奏议、公牍、书札、记事、将令何人为之乎？行文既不能通畅，焉能畀以要职重任乎？"① 总之，"古人云：文以载道。今日时势，更兼有文以载政之用"②。这在清末推重"实学"而轻"虚文"的风气中，算得上是一种比较独异的观点。正是因此，《学务纲要》特意进行了某种辩解与说明："惟近代文人，往往专习文藻，不讲实学，以致辞章之外，于时势经济，茫无所知，宋儒所谓一为文人，便无足观，诚痛乎其言之也！盖黜华崇实则可，因噎废食则不可。今拟除

---

① 张百熙、荣庆、张之洞：《学务纲要》，载朱有瓛《中国近代学制史料》第二辑上册，华东师范大学出版社1987年版，第84页。

② 同上书，第85页。

大学堂设有文学专科，听好此者研究外，至各学堂中国文学一科，则明定日课时刻，并不妨碍他项科学。"① 这种安排，显然是试图调和崇"实学"与存"文学"的某种纠纷，在二者之间小心翼翼地走一条平衡道路，这里头显然蕴含着章程的制定者对于崇"实学"思路的认同。

第三节　"有用之学"与"无用之学"

在张之洞等人的教育方案中，对于"中国文辞"各体并未一视同仁，在安排与处置中显然有所偏重与区别。这种安排中最为突出的特点就是诗赋教学的范围与份额受到某种程度的限制。虽然从初等小学堂到中学堂安排了古诗的诵读，但同时又明确地规定："学堂内万不宜作诗，以免多占时刻。"② 《奏定大学堂章程》亦言："博学而知文章源流者，必能工诗赋，听学者自为之，学堂勿庸课习。"③ 陈平原先生据此认为："大学'勿庸课习'诗赋，中小学又有'学堂内万不宜作诗，以免多占时刻'的规定，长此以往，不待五四新文化运动兴起，传统诗文在西式学堂这一文学承传的重地，已必定日渐'边缘化'。"并认为"学堂之排斥作诗，将文学教育界定为'文章流别'之分疏或'文学史'的讲授""此举更接近日本及欧美汉学家的研究思路"④。但是，实际上，诗与文所受的对待是颇不相同的，作诗固然受到了排斥，但作文则未必如此。事实上，从小学堂到中学堂乃至到大学堂，《章程》制定了比较系统的

---

① 张百熙、荣庆、张之洞：《学务纲要》，载朱有瓛《中国近代学制史料》第二辑上册，华东师范大学出版社 1987 年版，第 84 页。

② 《奏定高等小学堂章程》，载朱有瓛《中国近代学制史料》第二辑上册，华东师范大学出版社 1987 年版，第 196 页。

③ 《奏定大学堂章程》，载朱有瓛《中国近代学制史料》第二辑上册，华东师范大学出版社 1987 年版，第 787 页。

④ 陈平原：《中国大学十讲》，复旦大学出版社 2002 年版，第 113 页。

浅深递进的阶梯式作文训练课程。在《奏定大学堂章程》中更规定"凡习文学专科者，除研究讲读外，须时常练习自作，教员斟酌行之，犹工医之实习也"①。虽然没有提出明确的训练目标，但毕竟强调了其必要性，而不是如诗赋那样委之于"诵读既多，必然能作"②。

可以肯定，张之洞等人的文学教育方案中，文比诗所占的位置更重要，所占的份额也更大。究其原因，显然是因为诗与文在张之洞等人心目中的实用性功能是不同的。"古文所以阐理纪事，述德达情，最为可贵。骈文则遇国家典礼制诰，需用之处甚多，亦不可废。古今体诗辞赋，所以涵养性情，发抒怀抱。"③ 前二者，乃是可以"致用"之学，故而必须练成己身之能，"如工医之实习"；而后者，则只有"独善"之功，自然只需吟诵古人之作，"以养其性情"可矣。因此，我们可以看到，在《奏定大学堂章程》中"中国文学门"所设的课目，基本只有关于"文"，而无涉于"诗"，因此，所谓"中国文学"在事实上成为中国"文"学——当然，在谈论"中国文学门"的课目时，亦提及诗赋，虽然只是虚晃一枪，颇有敷衍之嫌，但似乎又透露出章程的制定者亦承认"中国文学"中本应包括这个范畴。因而，尽管概念所涉的外延在事实上大大缩水，但"文学"毕竟已成为独立于经、史的专门之学——至少在"中国文学"这个范围之内是这样的，因此，《奏定大学堂章程》中甚而提出"文学家于周秦诸子当论其文，非宗其学术也"，这一观点虽然为王国维批评曰："今不解其思想，而但玩其

---

① 《奏定大学堂章程》，载朱有瓛《中国近代学制史料》第二辑上册，华东师范大学出版社 1987 年版，第 787 页。

② 《奏定高等小学堂章程》，载朱有瓛《中国近代学制史料》第二辑上册，华东师范大学出版社 1987 年版，第 196 页。

③ 张百熙、荣庆、张之洞：《学务纲要》，载朱有瓛《中国近代学制史料》第二辑上册，第 84 页。

文辞，则其文学上之价值已失其大半。"① 但至少显示"文学"相对于"思想"已取得了某种比较独立的地位。

废八股、兴学堂，乃至数年之后的废除科举，可以说是以国家权力对于读书人的知识价值取向的一次制度性干预。可以说，对于传统学术与"文学"的知识价值及其有效性的信仰在很大程度上正是由科举制度所实现的利益机制来维系的，当这一制度形于瓦解的时候，这种所谓"旧学"就近乎成了"无用之学"。然而，"旧学"以及"古文"正是在逐渐失去了制度性的利益支持的时候，获得了某种价值新生的契机。

王国维一直坚持学术与文学的独立价值，他尖锐地批评清政府奖励学堂出身的政策是"以官奖励职业，是旷废职业也；以官奖励学问，是剿灭学问也。……无怪举天下不知有职业学问，而惟官之是知也"②。并进而提出了一个迥异乎流俗的观点："夫今日欲求真悦学者，宁於旧学中求之。以研究新学者之真为学问欤？抑以学问为羔雁欤？吾人所不易知。不如深研见弃之旧学者，吾人能断其出於好学之真意故也。"③ 从王国维后来的学术道路来看，这些话恐非一时意气之言。

严复的观点与王国维颇为相类。1910 年，他针对时人认为西学时行，旧学衰微，古文辞行将灭绝的忧虑，指出："盖学之事万途，而大异存乎术鹄。鹄者何？以得之为至娱，而无暇外慕，是为己者也，相欣无穷者也。术者何？假其途以有求，求得则辄弃，是为人者也，本非所贵者也。为帖括，为院体书，浸假而为汉人学，为诗歌，为韩欧苏氏之文，樊然不同，而其弋声称、网利禄

---

① 王国维：《奏定经学科大学文学科大学章程书后》，《王国维文集》第三卷，中国文史出版社 1997 年版，第 71 页。

② 王国维：《教育小言十则》，《王国维文集》第三卷，中国文史出版社 1997 年版，第 86 页。

③ 同上书，第 87 页。

也一。凡皆吾所谓术，而非所谓鹄者。苟术而非鹄，适皆亡吾学。"① 也就是说，传统学术与文学形式的兴衰存亡并不依赖于相关的利益分配制度，而完全取决于其自身的价值。传统文学形式的价值正是作为个人的精神与情感的安顿之所这种"无用之大用"："若夫古之治文辞而遂至于其极者，可以见已。岂非意有所愤懑，以为必待是而后有以自通者欤？非与古为人冥然独往，而不关世之所向背者欤？非神来会辞，卓若有立，虽无所得，乃以为至得者欤？"②

如果说在严复的观念中，文学在另一种意义上尚可称为"有用"之学的话，在林纾那里，古文学则几乎仅仅作为民族文化的一种审美性的表征而具有其自身的独立价值："新学既昌，旧学日就淹没，孰於故纸堆中觅取生活。然名为中国人，断无抛弃其国故而仍称国民者，仆承乏大学文科讲席，犹兢兢然日取左国庄骚史汉八家之文，条分缕析与同学言之，明知其不适于用，然亦所以存国故耳。"③ 即使是相对于当时颇为流行的张之洞们所倡导的以"中体西用"而达"保国"的思路，林纾的观念仍然是一种异数。因为这种几乎没有任何现实利益追求的对民族文化与民族身份独特性的纯粹固守的态度，林纾被王汎森指为对传统怀着"木乃伊审美式的怀念心情"的代表性人物④，如果悬搁其中所含有的进步论价值立场，这一审断倒也确实道出了林纾心态的个中三昧。

正是在甲午与庚子之后，在传统知识世界震荡崩解的"千古变

---

① 严复：《〈涵芬楼古今文钞〉序》，《严复集》第二册《诗文》下，中华书局1986年版，第275页。
② 严复：《〈涵芬楼古今文钞〉序》，《严复集》第二册《诗文》下，中华书局1986年版，第276页。
③ 林纾：《文科大辞典序》，《畏庐续集》第10页。《林琴南文集》，北京中国书店1985年影印版。
④ 王汎森：《古史辨运动的兴起》，台北允晨文化实业股份有限公司1987年版，第4页。

局"之下，出于在改换知识世界的同时维系住传统知识世界与旧有价值信念乃至政治秩序的目的，在吴汝纶、张之洞这些合革新与保守于一身的文化保守主义者的主持下，晚清学制改革催生了接近于现代意义的"文学"观念，使得"文学"从广义的典籍文化的笼统范畴中独立出来，成为一门与传统的经史之学并立的独立学科。而科举废除、新学流行，又为中国传统文学观念脱离实用性价值的框范，而走向具有现代意义的独立自足的文学价值观提供了契机。我们可以说，文学学科与文学界域的产生与独立肇因于一个维系旧世界的愿望，但却同时展开了一个指向未来的向度。

第四章 民初新旧之争与文化权力的更迭

——对于《新青年》与林纾之论争的文化社会学分析

长期以来，人们一直存在着这样一种认识："五四"新文化是经过与"旧"文化势力的艰难搏斗，才杀出了一条生路。而当时跳出来反对白话文、与《新青年》论争而落败的林纾等人则被界定为"封建复古派"的代表，被钉在了历史的耻辱柱上，充当献给"五四"先驱的祭品。这种"新旧搏斗"的历史叙述模式在近二十年来受到了动摇。较具代表性与影响力的，是罗志田先生在《权势转移：近代中国的思想、社会与学术》一书中提出，近代以来，中国思想界到整个社会都形成了一股尊西崇新的大潮，可称为"新的崇拜"[1]，尤其是，辛亥革命之后，尊西崇新的新派势力更加明显占据了上风。

如果这一判断是正确的，那么以"新"为号召的《新青年》挑起这场针对"封建复古派"林纾的论战又有何必要与意义呢？

---

[1] 罗志田：《权势转移：近代中国的思想、社会与学术》，湖北人民出版社1999年版，第63页。

第一节　他者之镜

　　1918 年春夏之交，《新青年》第 4 卷第 3 号刊出了所谓的"双簧信"。"双簧信"的矛头指向的是谁，似乎早有定论。一种颇为通行的说法是说，钱玄同是将当时保守派攻击新文化的种种观点汇集起来，构成了虚拟人物王敬轩的观点，做成了批判的靶子。但是，必须注意的是，这些所谓保守派的种种观点，似乎很少见诸公共媒体之上——就是连刘半农在复信中也说"自从提倡新文学以来，颇以不能听见反抗的言论为憾"①，因此，王敬轩的观点，虽然有可能确实汇聚了旧派的种种论调，但是更大程度上，却是钱玄同塑造出来的作为己方的他者的反对派形象！也就是说，王敬轩是《新青年》造出来的假想敌，这个假想敌实际上体现了《新青年》当时的战术意图，即主动寻找并挑衅一个合适的对手，通过这种表演性的出击来让自己成为公众瞩目的焦点。

　　钱玄同所塑造的王敬轩其人，显然并不是一个纯粹意义上的旧派人物。王敬轩来书亦认为"自海禁大开以还，中国固不可不讲求新学"，只是他持守的仍然是晚清以来流行的"中体西用"的文化观念，他甚至也表示不反对新文学，只是反对《新青年》"之排斥旧文学而言新文学耳"。信中的一个重点是极力推崇林纾与严复，极力称扬林氏"善能以唐代小说之神韵，迻译外洋小说，所叙者皆西人之事也，而用笔措词，全是国文风度，使阅者几忘其为西事，是岂寻常文人所能企及"，而严复则"不特能以周秦诸子之文笔，达西人发明之新理，且能以中国古训，补西说之未备"②。显然，"双簧信"所要树立的敌手，并不是笼统的所谓"封建保守势力"，而是晚清以来非常流行、影响广泛的集现代化主张与文化保守主义

---

　　① 《文学革命之反响》，《新青年》1918 年第 4 卷第 3 号。
　　② 参见《文学革命之反响》，皆引自《新青年》1918 年第 4 卷第 3 号。

于一体的"中体西用"的文化观念，以及被视为这一文化观念之典范的林纾与严复。

作为最早向中国人大规模译介西方文化思想的启蒙先驱，林纾与严复在当时人的心目中，显然不能算"旧"，而应该算"新"，准确地说，是亦新亦旧、是贯通与融汇中西新旧的成功范例。就这一点而言，王敬轩的称赏可以说确实代表了当时主流文化界对他们的定评。将林、严树为对手与靶子，就很有可能引爆一场足以耸动时人耳目的文化权力的争夺战。

事实上，《新青年》针对林纾的笔战，在此之前早已零零星星地开打了。1917 年 2 月 1 日，《新青年》第 2 卷第 6 号刊发了陈独秀的《文学革命论》，同期刊出的钱玄同致陈独秀信中，提出了"选学妖孽、桐城谬种"的说法，而其时的林纾，从 1913 年年底辞去京师大学堂教职之后，就一直积极从事古文选本的编纂与古文的传授，并非桐城派中人的林纾对桐城古文却有惺惺相惜之意，他自己古文造诣颇深，有古文作品结集出版，亦曾在京城学校内外讲授过古文，并著有《韩柳文研究法》（1914）、《春觉斋论文》（1916）等理论性著作，编纂了《浅深递进国文读本》等以中小学生为读者对象的古文读本，因此，"谬种"之论多少会触痛林纾的神经。

然而，即使在胡、陈等人发难之前，林纾也已感受到古文前所未有的危机。在《送文科毕业诸学士序》（1916）中，他就表达了他的这种危机感与孤独感，在新学与西潮以其实用性与有效性而逐渐占据中国社会的知识主流的时候，传统的人文素养与文学范式，渐渐被挤压到了边缘位置。对于滔滔涌来的新潮，林纾的理智告诉他这是中国社会所必需，亦是不可抗拒的大势，只是作为一个古典之子，他自愿而固执地背负起了一个守卫者的责任。

这种矛盾的心态也表现在屡次成为胡适讥嘲口实的《论古文之不宜废》一文中。胡适在致陈独秀的信中针对林纾声称"吾识其理，乃不能道其所以然"的说法，信心满满地写道："林先生为古文大家，而其论'古文之不当废''乃不能道其所以然'。则古文之当废也，不亦既明且显耶?"①

然而，文人气质浓厚的林纾也许确实很难条分缕析地对"古文之不当废"的道理说出个"所以然"。但是这并不意味着林纾果然一点理由都没有说出来。实际上，林纾此文的态度并不是非常专断，他非常清醒——也许也非常无奈——地承认，"方今新学始昌，即文如方姚，亦复何济于用?"② 但是，古文仍然有其价值：一是作为一种艺术文体，二是作为民族文化传承的载体。亦曾在晚清新潮中引领潮头的林纾，也从西方找到了支持自己的论据："凡所谓载道者，皆属空言，亦特如欧人之不废腊丁耳。知腊丁之不可废，则马、班、韩、柳亦自有其不宜废者。"③ 显然，林纾为古文所争的席位其实并不很大——"不废"而已。从这个角度讲，林纾所言欧人"不废"拉丁文，并不为错，由此论证古文之"不当废"，亦自有其道理。

实际上，如以力图实行"伦理革命"的陈独秀等人的眼光来看，林纾以"欧人不废腊丁"为"古文不废"的理由，倒是一个可以大力反驳的攻击点：林的出发点是维护传统的延续，奈何《新青年》作者们正是要反叛传统，但是有些奇怪的是，胡适却并未从此立论反驳，他驳论的重点是，林纾的古文水平不够，也就是说，作为新派的胡适，并不是从"新"的角度来品评林纾，相反，他借用了作为自己的他者的旧派之镜，构建了林纾的镜像，正是通过这面借自旧派他者的镜子，他构建出一个"不够旧"的林纾。

---

① 胡适致陈独秀，《新青年》1917 年第 3 卷第 3 号。
② 林琴南：《论古文之不宜废》，见胡适著，曹伯言整理《胡适日记全编》第二册，安徽教育出版社 2001 年版，第 566—568 页。
③ 同上书，第 568 页。

第二节　"亦新亦旧"与"不新不旧"

罗志田先生认为，新文化诸人对林纾的攻击"一直抓住林纾的认同危机即旧派资格不够这一主线"，即是在后来的林蔡之争中亦是如此，这就导致林不是在思想观念上输给蔡，而是在社会学意义上，才败给了蔡。罗先生认为，林纾失败的原因在于其身份认同的危机。"林纾之所以在社会学意义上被战败，一个主要原因是他的个人身份有些尴尬。林是前清举人，以功名论，不过小儒一个。后之成名主要靠两端：一是古文做得好，被许多人认为是清季桐城文派的一个殿军；一是大译西人小说，流布甚广。但在新旧不两立的民国初年，这两端本身已非十分和谐。林氏的认同危机，也正隐伏于此。"①

实际上，林纾的双重身份未必会导致什么认同危机。正如罗先生亦认识到的，民初"社会上到底是新旧杂陈，比较得意者大多一身而兼新旧两面。蔡元培以名翰林而喜谈新学，胡适之以留学生而能作考据，皆名重一时。林纾以至更正宗的吴汝纶，虽以桐城文章名世，又何尝不是半新半旧的人物呢"②。

显然，这种新旧杂陈构成了当时人们最为推崇与认可的身份认同——亦新亦旧，新旧兼容。事实上，林纾亦以此新旧两兼的身份而自许，1921 年，林纾在其七十自寿诗中颇为自得地写道："移译泰西过百种，传经门左已千人。自坚道力冥机久，不饮狂泉逐世新。"③ 可以说，这就是林纾建构的自我镜像。这种中西、新旧兼容的文化身份对他来说不仅不构成什么困扰，而且还成为一种值得

---

①　罗志田：《权势转移：近代中国的思想、社会与学术》，湖北人民出版社 1999 年版，第 264 页。

②　同上书，第 288 页。

③　林纾：《畏庐七十寿辰自寿诗十八首》，载李家骥、李茂肃、薛祥生整理《林纾诗文选》，商务印书馆 1993 年版，第 170 页。

夸耀的光环。他在给蔡元培的信中，亦对蔡作如此推许："我公崇尚新学，乃亦垂念遍播之臣，足见名教之孤悬，不绝如缕，实望我公为之保全而护惜之。"① 而相应地，当他以"士林表率，须圆通广大"② 责望于蔡时，蔡元培亦颇为会心地以"兼容并包"可以与之不悖应之。

蔡似乎亦不认为林纾的多重文化身份有何不妥："公曾译有《茶花女》《迦茵小传》《红礁画桨录》等小说，而亦曾在各学校讲授古文及伦理学。使有人诋公为此等小说体裁讲文学，以挟妓奸通争有夫之妇讲伦理者，宁值一笑欤？"③ 当然，蔡元培的这些话可谓是含意丰富而微妙，如果说翻译西方小说与讲授古文在当时可能确实未必会构成什么矛盾，尤其是经过晚清启蒙思潮的洗礼之后，小说文体的地位已经大大提升，更何况是西洋小说——事实上，晚清士人或许仍然鄙视中国传统小说，但对西洋小说却很可能是崇奉有加，孙宝瑄就认为："观我国小说，不过排遣而已；观西人小说，大有助于学问也。"④ 但是，西方现代小说中的伦理观念显然与中国传统的伦理系统之间有很大的落差，而林纾在给蔡元培的信中恰企图有意抹杀这一落差："弟不解西文，积十九年之笔述，成译著一百二十三种，都一千二百万言，实未见中有违忤五常之语。"⑤ 林纾显然期望通过否认中西伦理之间的差异，从而否认新派人士反传统观点所具有的西方权威性，亦反证自己的伦理立场并不悖于、甚而合于西方伦理文化的权威。而蔡显然是要有意地提醒林纾，他

---

① 林纾：《答大学堂校长蔡鹤卿太史书》，《畏庐三集》第26页，《林琴南文集》，北京中国书店1985年影印版。

② 林纾：《答大学堂校长蔡鹤卿太史书》，《畏庐三集》第28页，《林琴南文集》，北京中国书店1985年影印版。

③ 蔡元培：《致〈公言报〉函并致林琴南函》，《蔡元培全集》第三卷，中华书局1984年版，第271页。

④ 孙宝瑄：《忘山庐日记》上册，上海古籍出版社1983年版，第710页。

⑤ 蔡元培：《致〈公言报〉函并致林琴南函》，《蔡元培全集》第三卷，中华书局1984年版，第271页。

所译的西方小说中确实存在着有悖于中国传统伦理的因素，从而让林纾企图否认的这一差异凸显出来，进而使他的双重认同出现裂缝。而这种矛盾一旦被揭示出来，林亦新亦旧、亦中亦西的身份认同就难以维持，他对于新派的攻击也就只显示为"旧"，从而失去了至少一半的说服力，而因为自己曾经译过这些小说，又有宣扬这些观点的嫌疑，便连代言"旧"的资格也很可疑。实际上，蔡元培巧妙地将林纾的亦新亦旧（即新旧都可以支持他的立场）变成了不新不旧（即新旧都无法有效地支持他的立场）。

实际上，《新青年》作者们不仅仅攻击林纾古文水准不够，同样也质疑林译的成就。1917 年 3 月《新青年》第 3 卷第 1 号刊登钱玄同来书，钱在信中批判"桐城巨子"鄙夷戏曲小说，但自己的作品不过"高等八股"而已，随后又将矛头对准了林纾："又如某氏与人对译欧西小说，专用《聊斋志异》文笔，一面又欲引韩柳以自重，此其价值，又在桐城派之下。然世固以大文豪目之矣。"①

钱玄同对林纾的评论，显然有些逻辑矛盾。《聊斋》文笔虽非白话，但毕竟是小说，林纾以小说文笔译小说，至少不像"桐城巨子"们一样持鄙夷态度；而引韩、柳以自重，亦可理解为是将小说与韩、柳等量齐观，从推崇小说戏剧的立场看来，这相对于桐城派的鄙夷小说应该是一种进步，如何反而更低下呢？这种逻辑上的错讹显示，钱玄同对林纾的批评并不是从所谓"新"的立场出发的，而是借用了"旧"的立场，只有从这一视角出发才会认为聊斋文笔与小说为低下，而又企图高攀韩、柳以自重，自然是"又在桐城之下"了。然而，钱玄同的批评亦透露，当时的社会对于林纾是认可的，也就是说林纾这样将小说家与古文家、西书译者与古文高手等一系列亦新亦旧的身份集于一身乃至体现于一种文体之中，在当时人们眼中，非但并无什么不妥，反而是种非常值得肯定的成就。

---

① 钱玄同致陈独秀，《新青年》1917 年第 3 卷第 1 号。

尽管如此，借用正统"旧派"的立场攻击林纾的小说文笔，以证明林纾不够"旧"，一直都是《新青年》作者及其支持者反复使用的战术手段之一。在"双簧信"出世一年之后，林纾小说《荆生》的发表终于引爆了新派以及几乎整个文化舆论界对林纾及"旧派"的总攻击。1919 年 3 月 16 日，《每周评论》发表了署名二古的《评林畏庐最近所撰"荆生"短篇小说》的读者来信，作者自称中学教员，批评林纾此文"固不成其为文也。其结构之平直、文法之舛谬、字句之欠妥、在在可指"①，甚而把林纾的小说当作中学生的作品大加评改。

随后几期《每周评论》所刊出的文章则集中火力攻击林纾的翻译小说。

1919 年 3 月 23 日，《每周评论》14 号刊出读者来信，说林纾在《茶花女遗事》之后的译书皆出于追求金钱利益的动机，不再有"真性情"，已经"才尽"。3 月 30 日，《每周评论》第 15 号则刊出了一封署名贵兼的读者来信，语气更加刻薄，说林纾是只知道"艳情小说"的人，不配用批改中学生作文的方法去批改他。② 颇为有趣的是，此信刻意地称林纾为"清国举人"，显然是强调林纾的遗老身份——一个典型的"旧"的身份标识，但是与此同时，这一称呼亦暗示林即使在旧的资格上也并不高级，尤其是远低于林所批评的曾是前清翰林的蔡元培，而说林纾"只知道'艳情小说'"，则指的是林纾的翻译小说，这显然是一种有意为之的很不公正而且扭曲的评价，其口吻浑然如同极端保守的旧派！这里的批判显然是从新、旧两个方面同时做出的，从新的角度看，林是"旧"，但从旧的角度看，他又不够格。

显然，《新青年》借用旧派立场对林译小说的攻击未必真能切

---

① 二古：《评林畏庐最近所撰"荆生"短篇小说》，《每周评论》1919 年 3 月 16 日第 13 号。

② 《每周评论》1919 年 3 月 30 日第 15 号，《通讯》栏。

中要害，其中夸大其辞，吹毛求疵之处并不鲜见。《新青年》作者批判林译小说时主要是针对它不够"新"。针对王敬轩对林译小说的称赞，刘半农在答书中断然曰，林纾的这些著作，只能算"闲书"，"半点儿文学的意味也没有"！其理由有二：一是"原稿选择得不精"，二是不忠实于原著——这种不忠实分为两种情况，一是由于自己与合译者外文水平的局限，遇到译不出来的地方，便"信笔删改，闹得笑话百出"；另一个问题在刘半农看来更为严重，就是林纾向来为世人所称赏的"以唐代小说之神韵，迻译外洋小说"，刘认为，正是因此，林译小说才没有"文学意味"。刘半农写道："当知译书与著书不同，著书以本身为主体，译书应以原本为主体；所以译书的文笔，只能把本国文字去凑就外国文，决不能把外国文字的意义神韵硬改了来凑就本国文。"①

对于林译的这种批评，正反映了从晚清到民初的翻译规范的变化。有趣的是，刘半农在此由翻译问题引出的结论，却是林译小说"没有文学意味"。然而，照刘氏所说，译书与著书不同，前者是介绍他人的作品，更偏于学术性；后者则富于创作的自主性。那么，林纾的译，则应该含有更大的"著"的成分（事实上，在很大程度上，晚清读者对林译小说也往作如是观），也就是说，反而更富于"文学意味"了。如果指责林纾的翻译在"学术价值"上有欠缺，恐怕还说得过去，要说他"没有文学意味"却未必能让林纾的崇拜者们心服。晚清的作者与读者往往对译与著的界限区分并不明晰，在习惯中往往将译作视为译者自己的作品，这才有以严、林为"新文学"巨子的看法。事实上，翻译一直被视为最"新"也即最"西"的学问，也是最"新"的文学。刘指责林纾对西人著作的不忠实，无疑是彻底否定其"西"学的资格，也就是否定其"新"的资格。后来周作人也说：林纾的翻译是"抱定老本领旧思

---

① 见《文学革命的反响》，《新青年》1918 年第 4 卷第 3 号。

想""把外国异教的著作，都变作班马文章，孔孟道德"①。

显然，对于林纾的文化成就，双方对其事实的认定应该说没有什么太大的差距，但是在以"新"与"旧"作为一种价值标尺来进行衡量的时候，双方的结论却完全相悖。支持者以其"亦新亦旧"而推崇之，而反对者则以其"不新不旧"而贬低之。

第三节　争夺文化制高点

事实上，贬对方为"不新不旧"，同时力图占据"亦新亦旧"的文化价值制高点，是《新青年》与林纾双方在争论中不约而同都采用的策略。

显然，林纾并不是不想讲点"道理"，正是在《妖梦》最后两段"蠡叟曰"的议论中，林纾比较全面地阐述了他的观点，显然，他并不是反对白话文，他希望的，是文言与白话的并行，而更重要的是，他认为"作白话须先读书明理，说得通透，方能动人"②。——这个观点在《致蔡鹤卿书》中又进一步被表述为"非读破万卷书，不能为古文，亦并不能为白话"③。显然，这走的又是一个新旧兼容而兼备的路子。在信中，林纾还规劝蔡元培"须圆通广大，据中而立"④。林纾不仅是说说而已，他还在实践上努力展示自己新旧兼备的姿态。1919 年 2 月，林纾开始在上海《新申报》上开出"蠡叟丛谈"专栏，发表文言小说，但同年 3 月却在北京的《公言报》开辟"劝世白话新乐府"专栏，"小引"中称

---

①　作人：《随感录（二四）》，《新青年》1918 年第 5 卷第 3 号。
②　林纾：《妖梦》，薛绥之、张俊才编《林纾研究资料》，知识产权出版社 2010 年版，第 72 页。
③　林纾：《答大学堂校长蔡鹤卿太史书》，《畏庐三集》第 27 页，《林琴南文集》，北京中国书店 1985 年影印版。
④　林纾：《答大学堂校长蔡鹤卿太史书》，《畏庐三集》第 28 页，《林琴南文集》，北京中国书店 1985 年影印版。

"今世人既行白话，琴南亦以白话为之，趋风气也"①。显然，林纾要让《新青年》作者们与世人看看，他在白话上同样也有充分的能力和资格。有趣的是，林纾攻击《新青年》作者们的时候，说出的话却不太像一个"顽固的封建复古派"："善乎西哲毕困腓士特之言曰，智者愚者，俱无害，唯半智半愚之人，最为危险。何者？谓彼为愚，则出洋留学，又稍知中国文字，不名为愚；若指为智，则哲学仅通皮毛，中文又仅知大略，便自以为中外兼通。说到快意，便骂詈孔孟，指斥韩欧，以为伦常文字，均足陷人，且害新学。"②林纾对《新青年》的指责是半智半愚，说具体些，就是新学与旧学方面的资格均不足。这与《新青年》作者们批评林纾基本是同一理路。

而当新派回应林纾的指责的时候，他们几乎是不假思索地针对这一理路进行辩护。针对林纾对北大新派教授的质疑，蔡元培刻意说明胡适等人亦"博极群书"且"能作古文"："胡君家世从学，其旧作古文，虽不多见，然即其所作《中国哲学史大纲》言之，其了解古书之眼光，不让于清代乾嘉学者。钱君所作之《文字学讲义》《学术文通论》，皆古雅之古文。周君所译之《域外小说》，则文笔之古奥，非浅学者所能解。"③

而署名遗生的《规劝林琴南先生》一文，则更是以相当强硬而尖锐的口吻为新派与林纾作"资格之争"："谓新派并没有旧学根底、所以来提倡白话文体、一般青年学子、胸无点墨、自然要欢迎这几句话。林先生你可说差了。你何以见得新派没有旧学根底呢？有甚么凭据可以证明呢？我恐怕陈胡钱刘诸君的旧学、还要比你林

　　① 林纾：《劝世白话新乐府·小引》，载李家骥、李茂肃、薛祥生整理《林纾诗文选》，商务印书馆1993年版，第233页。
　　② 林纾：《妖梦》，载薛绥之、张俊才编《林纾研究资料》，知识产权出版社2010年版，第72页。
　　③ 蔡元培：《致〈公言报〉函并致林琴南函》，《蔡元培全集》第三卷，中华书局1984年版，第271页。

先生深一点。你拿这种话骂人、不但叫人家不服、并且有点儿不配。就从文学一件事论、要没有旧学的根底、决看不出旧学的坏处，没有旧学的坏处的灼见、决没有提倡新文学的本事。""谓新派崇拜红楼水浒等小说、胸中眼中更没有别种书本。此种话也算武断到极巅的了。无论新派所提倡是国民实用的文学、所主张是科学上精髓的理论、林先生生平还没有梦到。就说红楼水浒的文字、也准比你译的小说强得多、（并非译本不佳、乃是译笔不对。）你也不便菲薄他。"① 显然，为了压倒林纾，不但要指出新派的"新学"要远强于林纾，更要强调新派的"旧学"根底也要比林纾"深一点"，而这"旧"的功底也成为"新"的合法性根基。当然，在新派这边，这种"旧学"已经被降格，被取消了与知识拥有者的信念世界的联系及对人的伦理实践行为的支配力量，正是在对"旧学"进行了这样一种留形弃神的"无害化处理"之后，新派宣称自己亦是"新""旧"兼容的，从而劫夺"旧学"所能带来的文化资本与社会话语权力。

　　另一方面，新派对林纾进行的攻击所循的理路与导出的结论都呈现为一种诡论，在新派的批判中，林纾被派定了"旧派"的标签，但同时，又被宣布为没有代表旧派的"资格"。新派们痛斥林纾企图在学术与思想之外打击自己，要求开展真正的思想上的争论，但一旦林纾企图讲点"道理"的时候，他们又力图证明对方没有资格与自己争论——当林纾为旧文化辩护的时候，就讥嘲他"学问文章不及孟韩"乃是"婢学夫人"②，当他动用了西方知识的时候，就说他既反对西学与新潮，就应该引用孔孟学说而不应该引用西人"唾余"③。实际上，同样的批评亦可用于新派，林纾固然学

　　① 遗生：《规劝林琴南先生》，《每周评论》1919 年 4 月 27 日第 19 号，"特别附录"。
　　② 只眼（陈独秀）：《婢学夫人》，《每周评论》1919 年 4 月 6 日第 16 号。
　　③ 遗生：《规劝林琴南先生》，《每周评论》1919 年 4 月 27 日第 19 号，"特别附录"。

问文章不及孟、韩，但新派的学问文章难道就能比肩西方大师？林纾固然引西人唾余，新派何尝不曾挟传统故纸之学以为自重？然而，论战的结果，《新青年》被奉为新时代的文化英雄与精神领袖，而林纾则被认定为"封建复古派"的代表，他的话不独没有多少人听，更被认为不值得认真对待。这种文化声望的变迁轨迹，清晰地显示出，以《新青年》及其支持者为代表的现代新知识分子，已经成功地从晚清以来一直主导中国现代化潮流的新派士绅手中夺取了文化的主控权，一个新的文化时代正在拉开大幕。

第四节　谣言及其心理逻辑

1919 年 3 月 2 日，《每周评论》刊出了陈独秀署名"只眼"的短论《旧党的罪恶》，一场针对所谓"旧派"的舆论战全面爆发，这场被当时的媒体称为"新旧之争"的论战，几乎演变成为对于"旧派"的一边倒的"围剿"，可以说，正是这场论战，标示着中国现代文化权力更迭的完成。

陈独秀在文中写道："无论新旧何种思想、他自身本没有什么罪恶。但若利用政府权势、来压迫异己的新思潮、这乃是古今中外旧思想家的罪恶、这也就是他们历来失败的根原。至于够不上利用政府来压迫异己、只好造谣吓人、那更是卑劣无耻了！"① 显然，"利用政府来压迫异己""造谣吓人"，这些说法都意有所指，但另一方面，主语始终含混模糊，然而，正是这种语气，更给人以一种印象，即文中所言乃是路人皆知的事实。两天后，李大钊发表的《新旧思潮之激战》终于将这一"事实"挑明——文章明确地将这些"旧党的罪恶"与林纾的小说《荆生》联系起来。李写道："我正告那些顽旧鬼祟，抱着腐败思想的人：你们应该本着你们所信的

---

① 只眼：《旧党的罪恶》，《每周评论》1919 年 3 月 2 日第 11 号。

道理，光明磊落的出来同这新派思想家辩驳、讨论。……你们若是不知道这个道理，总是隐在人家的背后，想抱着那位伟丈夫的大腿，拿强暴的势力压倒你们所反对的人，替你们出出气，或是作篇鬼话妄想的小说快快口，造段谣言宽宽心，那真是极无聊的举动。"① 可以说，李大钊的这篇文章从此坐实了林纾"妄图利用政治力量压迫新文化"的罪名，但是，从常识的角度看，如果说《新青年》作者们摆出这样一副剑拔弩张、如临大敌的姿态，仅仅是由于一篇小说的刺激，却未免有些不合情理。

真正使得《新青年》作者们将林纾的荆生与某种现实的危险联系起来的，也许是当时在《申报》等报纸上辗转登载的关于北京大学驱逐陈独秀等新派教授的谣言。《新青年》与北大校方最后将这些谣言归源于林纾及其门生张厚载，陈独秀在《关于北京大学的谣言》里写道："他们因为反对《新青年》，便对大学造了种种谣言、其实连影儿也没有。……这班国故党中、现在我们知道的、只有《新申报》里《荆生》的著者林琴南和《神州日报》的通信记者张厚载两人。"② 这就将"利用政府来压迫异己""造谣吓人"的罪名坐实到了林纾与张厚载的头上，北大开除张厚载的布告中亦称："学生张厚载屡次通信于京沪各报，传播无根据之谣言，损坏本校名誉。"③ 然而，至今没有充足的证据显示林纾制造并发布了这些谣言，至于张厚载，确实于 1919 年 2 月在《神州日报》上刊发了关于陈独秀辞职的消息，这一消息，被作为谣言的"源头"，但是，张在回答胡适的质问函时说："《神州》通信所说的话，是同学方面一般的传说，同班的陈达才君他也告诉我这话，而且法政专门学校里头也有许多人这么说。我们无聊的通信，自然又要藉口于

---

① 守常：《新旧思潮之激战》，《每周评论》1919 年 3 月 9 日第 12 号。
② 只眼：《关于北京大学的谣言》，《每周评论》1919 年 3 月 16 日第 13 号。
③ 《北京大学日刊》1919 年 3 月 31 日第 329 号。

'有闻必录',把他写到报上去了。"① 显然,对于校园八卦"有闻必录",这种"无聊"行径,也确有其咎由自取之处,但是,以情理度之,关于陈独秀将离职的传言,很可能在见诸报端之前,已在北大校园内外的相关圈子里头流传,钱玄同在 1919 年 1 月 5 日的日记中就写道:

> 森玉说现有陈衍林纾(福建教育出版社出版的影印本《钱玄同日记》此处字迹难以辨认,然"纾"字则很清晰,此据北京大学出版社的整理本——引者注)等人为大学革新求徐世昌来干涉。……有改换学长整顿文科之说。②

但无论是《申报》的报道,还是张厚载在《神州日报》上的报道,都没有将这些传言与林纾联系起来,虽然钱玄同日记中的记录显示,在相关圈子中流行的传闻中确有此事与林纾有关的说法,但陈独秀自己所写的《关于北京大学的谣言》里所引用的各大报纸对于此事的报道与评论,无一字与林纾有关,显然是因为缺乏确实的证据。可以说,在公共媒体上认定林纾为此事之始作俑者或者为流言的制造者的,最早只有李大钊与陈独秀的文章,而唯一被引为证据的,则只有 1919 年 2 月发表的小说《荆生》!尤其耐人寻味的是,在《新青年》作者们的叙述中,这个谣言的内容是林纾倚仗政治势力来压迫陈、胡等人,那么,这个谣言的流传,对林纾而言不但没有任何好处,只能带来极糟糕的负面效应,因此,说林纾等人制造谣言,说自己借助政治势力来压迫异己,目的却只是为了"吓人",显然于理不合。

---

① 《胡适教授致本日刊函》所附《张厚载君答胡适信》,《北京大学日刊》1919 年 3 月 10 日第 328 号。
② 载杨天石主编《钱玄同日记(整理本)》上册,北京大学出版社 2014 年版,第 338 页。

　　显然，林纾究竟是否应该为这些传言负责，时至今日，我们恐怕已经永远不可能弄清事实真相了。谣言之所以为谣言，就在于大多数谣言的来源根据几乎是无法查考的，正如奥尔波特所指出的："谣言里经常有一些残留的新闻成分，一个'真实的核心'，但在传播过程中，它蒙受如此多想象的阐述，以致变得不可区分，也无据可查了。"① 但是，谣言的重点，并不在于其来源，而在于其传播过程。"谣言来源问题从根本上来说其实不重要。在谣言传播过程的起点，必须解释的是人群的参加与动员。就算存在着一个始作俑者，谣言的基础也还是在于他人，在于听到谣言并且传播谣言的人身上。"② 可以说，恰恰是这些谣言的传播透露出了社会与文化的某些重要信息。

　　可以说，陈独秀等人实际上卷入了一次谣言的传播活动，而且这是一个嵌套式双重谣言：关于陈独秀等人将要去职固然被宣布为谣言，但指认这一谣言与林纾有关——无论是说林纾企图借助政治势力达到使陈等人去职的目的，还是林纾制造与散布了这一谣言——亦同样是缺乏切实证据的谣言，然而，陈等人在对前一重谣言口诛笔伐的同时，却在并无确实的证据的情况下迫不及待地要坐实后一重谣言，并据此在公共媒体上展开对林纾的攻击。现在看来，这样一种多少有些轻率与小题大做的行为方式却恰恰符合谣言传播的社会心理逻辑。

　　根据奥尔波特等人的谣言心理研究，谣言实际上是传播者的主观情感状态的投射，从某种意义上说，谣言所说的，恰恰是传播者心中所希望的。如卡普费雷所指出的："谣言大声表达和证实了我们心中暗自思忖或不敢希冀的事情。"③ 从这个角度看，关于陈独

---

　　① ［美］奥尔波特：《谣言心理学》，刘水平等译，辽宁教育出版社 2003 年版，第 17 页。

　　② 同上书，第 25 页。

　　③ ［法］让－诺埃尔·卡普费雷：《谣言》，郑若麟、边芹译，上海人民出版社 2008 年版，第 92 页。

秀等去职的谣言恰恰反映了当时社会新旧两派各自心中的情感与愿望。从张厚载（也许还包括林纾）等所谓"旧党"一方面说，这个谣言之所以不胫而走，恰恰因为它符合"旧党"们对于"新派"们的某种嫉恨情绪，而从同样自觉或不自觉地参与了这一谣言的传播的"新派"人士方面说，显然更愿意相信谣言中所谓林纾企图利用政治势力压迫自己的说法，因为这一说法恰恰使他们针对林纾这样的"旧党"的嫉恨情绪获得了合理的根据，正是因此，他们才会对一篇游戏笔墨的小说反应如此激烈。

实际上，陈独秀等人对《荆生》的激烈反应并不是由于感受到了某种实际的危险。陈独秀显然并不真正认为林纾有能力给自己与新文化带来什么实质性的损害。他在后来的文章中说："对于新思想存在的价值、和政府不当干涉言论思想的理由、上海北京各报都说得很痛快、无须我再说。而且政府并没有干涉、更不必'无的放矢'了"①。当报纸上报道了张元奇提出弹劾案，陈仍然非常从容地在《每周评论》的"随感录"栏中写道："林纾本来想藉重武力压倒新派的人、那晓得他的伟丈夫不替他做主、他老羞成怒、听说他又去运动他同乡的国会议员、在国会里提出弹劾案、来弹劾教育总长和北京大学校长。无论那国的万能国会、也没有干涉国民信仰言论自由的道理。我想稍有常识的议员、都不见得肯做林纾的留声机罢？"② 显然，他连现实中的弹劾案都不在意，怎么会对虚构小说里的一个伟丈夫如此神经过敏？尤其是，一个面目与行径都似江湖豪客的伟丈夫，怎么会被解读成企图"利用政治权势"？实际上，《每周评论》的编者亦曾经将荆生的形象解读成"自然是那《技击余闻》的著者自己"③，而将它与政治权势联系起来的思路，恐怕更多的属于有意的误读。（至于说张元奇的弹劾案是林纾所推

① 只眼：《关于北京大学的谣言》，《每周评论》1919 年 3 月 16 日第 13 号。
② 只眼：《林纾的留声机器》，《每周评论》1919 年 3 月 30 日第 15 号。
③ 《杂录》按语，《每周评论》1919 年 3 月 9 日第 12 号。

动，则更是不合情理，《申报》刊登有关弹劾案的消息是在 3 月 31
日，即 26 日傅增湘致信蔡元培五天之后，可谓是消息灵通，而此
时舆论界对林纾与旧派的批判已成汹汹之势，即便说林纾对此可以
置之度外，但他在收到蔡元培为明遗民刘应秋遗著向他求题词的信
后，心态已然有所转变，并曾要求张厚载追回那两篇后来招惹事端
的小说，如果说在这之后，他还企图利用政界势力危害蔡元培，显
然不合情理，以林纾正直耿介的为人，更属绝不可能。）而这种误
读——以及后来陈独秀轻率地选择相信"林纾运动张元奇提出弹劾
案"这样一个仅见于少数公共媒体的消息——的背后，则是一种情
感合理化的需要："谣言的产生并在同源社会媒介中流传是由于传
播者的强烈兴趣造成的。这些兴趣的有力影响要求谣言主要成为一
种文过饰非的手段。为正在起作用的情绪作解释、辩解，并提供含
义。"① "每一次都有一个事实来证实公众的内心感情：这个事实使
这种感情恢复了名誉，并使其能够自由地、富于感染力地表达
出来。"②

那么，《新青年》作者们急需加以合理化的是一种什么样的情
绪呢？显然，《新青年》作者们与林纾的纠葛，并非从《荆生》才
开始的。从 1917 年前后开始，《新青年》作者就开始不指名道姓地
贬低林纾的文学成就，例如钱玄同不仅提出"选学妖孽、桐城谬
种"的说法，更在通信中不点名地攻击林纾，用语时常极为刻薄：
"可叹近来一班做'某生''某翁'文体的小说家，与别人对译哈
葛德、迭更司等人的小说的大文豪，当其撰译外国小说之时，每每
说：西人无五伦，不如中国社会之文明；自由结婚男女恋爱之说流
毒无穷；中国女人重贞节，其道德为万国之冠；这种笑得死人的谬

---

① ［美］奥尔波特：《谣言心理学》，刘水平等译，辽宁教育出版社 2003 年版，第
24 页。
② ［法］让 - 诺埃尔·卡普费雷：《谣言》，郑若麟、边芹译，上海人民出版社
2008 年版，第 92 页。

论，真所谓'坐井观天''目光如豆'了。"① 但是，对于所有这些批评，林纾没有任何回应，也许正是出于"颇以不能听见反抗的言论为憾"的心理，《新青年》1918 年春夏之交策划并推出了所谓"双簧信"，正式指名道姓地批评林纾的小说翻译。应该承认，《新青年》对待林纾的态度并不公平，尤其是"双簧信"的策划，严重危及媒体的公信力，这一点即使是新文化阵营内部人士也未必都能接受②。

应该说，尽管《新青年》作者们一方面对林纾鄙夷有加，口诛笔伐，另一方面却多少感到有些不那么堂皇和正大。这种歉疚感在 1924 年林纾逝世之后，有了某种程度的表露。当时郑振铎乃至周作人、胡适，都撰文肯定林纾翻译的成就，尤其是周作人发表于《语丝》上的《林琴南与罗振玉》一文，对林纾小说翻译的成就更是褒扬有加，认为"他在中国文学上的功绩决不在任何人之下""他介绍外国文学，虽然用了班马的古文，其努力与成绩决不在任何人之下。"可以说，周作人在此几乎颠覆了 1917 年前后《新青年》作者对于林纾的全部否定性论断，并且表现出了某种反省的倾向："'文学革命'以后，人人都有了骂林先生的权利，但有没有人像他那样的尽力于介绍外国文学，译过几本世界的名著？"最后更说："只是他这种忠于他的工作的精神，终是我们的师。"③ 周作人的文章显然触及了当年参与攻击林纾的《新青年》作者的某种心结，刘半农自巴黎写信给周作人，信中更加清晰地表达了这种歉疚感："真叫我们后悔当初之过于唐突前辈。"④ 但是，即令如此，这些作者对于当年围绕《荆生》发生的一切仍然无法释怀，周作人在文章中回忆这段历史时写道："五六年前，他卫道，卫古文，与

---

① 《天明》附识，《新青年》1918 年第 4 卷第 2 号。
② 任鸿隽致胡适，《胡适往来书信选》上册，中华书局 1979 年版，第 14 页。
③ 见开明《林琴南与罗振玉》，《语丝》1924 年 12 月 1 日第 3 期第 5 版。
④ 刘复：《巴黎通信》，《语丝》1925 年 3 月 20 日第 20 期第 2 版。

《新青年》里的朋友大斗其法，后来他老先生气极了，做了一篇有名的《荆生》，把'金心异'的眼镜打破，于是这场战事告终，林先生的名誉也一时扫地了。"① 显然，这一叙述强调了林纾在与《新青年》的纠葛中的主动进攻的姿态，事实上，林纾何尝与《新青年》朋友们"大斗其法"，倒是《新青年》作者们使尽了或明或暗的各种招数向林纾叫阵挑衅；林纾最终固然"名誉一时扫地"，但《荆生》的出场并非标志着"战事告终"，而恰恰是大规模战斗（准确地说，是《新青年》作者们对林纾发动歼灭战）的正式开始。显然，周作人的叙述在相当程度上回避甚至扭曲了历史事实，对自己所属的这个集团多少有些曲意回护，同样，刘半农仍然坚持认为"他要借重荆生，却是无论如何不能饶恕的"②，至于当年言辞最为激烈的钱玄同更是完全不能接受刘半农"后悔"的说法，甚至说"一九一九年林纾发表的文章，其唐突我辈可谓至矣。我记得那时和他略开玩笑的只有一个和我辈关系较浅的程演生。我辈当时大家都持'作揖主义'底态度，半农亦其一也。有谁'过于唐突'他呢？"③ 钱玄同似乎完全忘记了当年《新青年》作者们对于林纾的种种激烈言论，这种曲意辩解恰恰说明了《新青年》作者们某种心理与情绪上的障碍，以至于多年以后，他们中的一部分人仍然无法正视既往的这一段历史。正是因此，林纾"借重荆生"可以说是他们唯一能够将他们从道德的污淖中救起的稻草。通过让自己相信这件事，他们确定了自己对林纾的任何的攻击都具有正当性——"对我们自身内疚的直接投射（非互补），是避免不舒服的良心痛苦的自然而不可思议的措施之一……错的是别人，而不是我们（或

---

① 开明：《林琴南与罗振玉》，《语丝》1924 年 12 月 1 日第 3 期第 5 版。
② 刘复：《巴黎通信》，《语丝》1925 年 3 月 20 日第 20 期第 2 版。
③ 钱玄同：《写在半农给启明的信底后面》，《语丝》1925 年 3 月 20 日第 20 期第 3 版。

者即使我们错了，与其他人的过失相比，是多么的微不足道）"①。

回到1919年的现场，我们看到，在这场争端中，陈、李等人的立论颇有些令人意外，一向注重对传统思想进行批判的陈独秀这时居然会说"无论新旧何种思想、他自身本没有什么罪恶"②，而李大钊更是认为新旧"两种思潮，都是人群进化必要的，缺一不可"（这倒是李大钊一向的观点，可以参看其《新的！旧的！》的一文）所要求的，是旧派"应该本着你们所信的道理，光明磊落的出来同这新派思想家辩驳、讨论"③ ——而林纾则企图在思想与学术之外采取行动，自然其水准与道德操守就都很可疑了，而这则可以反证《新青年》们的正义性，正如署名遗生的《规劝林琴南先生》一文中所声称的："我们新派□学、总要找出许多凭据、许多理由来、从不肯专以骂人的方法作先锋。今借林先生诋毁、可以衬出新派身份上的价值、与学术思想上的根据、这岂不是可以感激的一件事？"④ 显然，因着这四处流行的谣言与林纾两篇自取其祸的小说，《新青年》杂志上曾经赫然印着的"妖孽""谬种"一类的字样以及种种嘲弄与挖苦都可以忽略不计了。

第五节　寻找替罪羊

陈独秀等人对谣言与造谣者的批判（实际上这对于谣言的传播无异于火上加油）显然造成了预期的效果。陈独秀等人刻意将谣言叙述成"国故党"的一次政治阴谋，并将之与民初政治乱象联系起来：

---

① ［美］奥尔波特：《谣言心理学》，刘水平等译，辽宁教育出版社2003年版，第23页。

② 只眼：《旧党的罪恶》，《每周评论》1919年3月2日第11号。

③ 守常：《新旧思潮之激战》，《每周评论》1919年3月9日第12号。

④ 遗生：《规劝林琴南先生》，《每周评论》1919年4月27日第19号"特别附录"。

中国人有"倚靠权势""暗地造谣"两种恶根性。对待反
对派、决不拿出自己的知识本领来正正堂堂的争辩、总喜欢用
"倚靠权势""暗地造谣"两种武器。民国八年以来的政象、
除了这两种恶根性流行以外、还有别样正当的政治活动吗？此
次迷顽可怜的国故党、对于大学捏造谣言、也就是这两种恶根
性的表现。①

这样的指控引发了舆论界的强烈共鸣与支持，一时间各大报纸纷纷
痛斥"旧党"的罪恶。陈独秀等人又将各大报纸对于此事的评论选
刊于《每周评论》，形成了对于旧派的集中冲击。从这些选刊的评
论可以看到，舆论界集中批判的，正是旧派企图利用政治势力压制
言论自由，不少文章亦沿着陈独秀的思路将旧思想和政治势力的结
合与民初的复辟事件相联系，认为"顽旧的思想、与恶浊的政治、
往往相因而至"②，于是，对林纾以及所谓"旧派"的攻击就带上
了泛政治化的意味，这种批判在相当程度上成为一种情绪的宣泄，
成为知识界乃至整个社会宣泄由民初政治与社会危机导致的集体性
失望与焦虑的一个契机。勒内·吉拉尔指出，人类社会普遍具有一
种"替罪羊机制"，当一个社会面临严重危机的时候，就会引发一
种集体性的指控与迫害，人们"总是相信一小部分人，甚至一个人
都可能极大地危害整个社会，尽管他相对上是弱小的"③，于是，
全社会发起一种行动，将危机的责任推到这一小部分人身上，"并
通过消灭他们，或至少把他们驱逐出受'污染'的团体，来改变危
机"④，而首先就是指控这些嫌疑人犯下了某种特殊的罪孽，而这

① 只眼：《关于北京大学的谣言》，《每周评论》1919 年 3 月 16 日第 13 号。
② 毋忘：《最近新旧思潮冲突之杂感》，《每周评论》1919 年 4 月 13 日第 17 号
"特别附录"。
③ ［法］勒内·吉拉尔：《替罪羊》，冯亦农译，东方出版社 2002 年版，第 19 页。
④ 同上书，第 29 页。

些罪状的本质则是"攻击文化秩序的基础本身"①。从某种意义上说，林纾与所谓"旧派"就是这样一种社会危机的替罪羊。新文化人有意无意参与传播的这一谣言的实质，正是指控他们企图危害当时中国现代知识界的领袖——北大新派教授与校长，从而从根基上危害现代文化秩序。

这种指控，本质上是企图为民初社会政治危机寻找替罪羊，并借此疏解知识界的焦虑情绪。显然，尽管被认为最先进的共和政体已经在中国建立起来了，但是，面对辛亥革命之后的社会政治局面，民初知识界普遍深感失望。于是，正如勒内·吉拉尔指出的："既然危机首先是社会危机，因此我们普遍趋向于用社会原因、特别是道德原因来解释危机。"② 尽管对于社会政治乱局的症结所在，他们的看法大相径庭——在《新青年》们看来，民初社会危机的根源在于中国传统社会与文化中的专制主义思想遗毒；而在林纾们看来，这一危机的原因则恰恰在于现代化过程中引进的西方思想观念乃至政治制度对传统的伦理文化的破坏——然而这两代知识精英却不约而同地将矛头指向了民初政界的道德沉沦。例如，梁启超等人在民国初年发现，作为民主政治的支柱的国会议员们已经将自己的道德声誉败坏到了令人不可容忍的地步："乃自肇建以来，声光销歇，日甚一日，未及三月，而天下之望，殆已尽去……凡百秽德，众所具瞻，不待吾之指数，抑亦非吾之所更忍言也。"③ 而发自《新青年》阵营的批判矛头则直指政府官僚："北京为数百年龌龊官吏之薮。……彼等以自身之私利、与公道正义绝不相容、故竭力厉行其民愚政策：必令中国数十年来仅得之世界的进步的学术思潮、完全消灭、俾人民仍还入于愚陋僿野之境、然后乃恣行其私、

---

① ［法］勒内·吉拉尔：《替罪羊》，冯亦农译，东方出版社 2002 年版，第 18 页。
② 同上。
③ 梁启超：《国会之自杀》，《饮冰室合集·文集之三十》，上海中华书局 1936 年版，第 13 页。

无所畏惧。"①

　　民初政界与晚清政界的一个最大的差别，就是具有传统功名的士绅的比例减少，而受过新式教育者的人数比例大增。晚清政界，可以说是士绅的天下，即使是为预备立宪而设的各省咨议局与资政院中的议员，大多数都是具有传统功名的士绅，据张朋园的研究，各省咨议局的议员中"89.13% 皆具有传统功名，相对的，只有10.87% 不具功名背景"②，但是民初的第一届国会的议员，完全新式教育出身，不具传统功名者则占到了48.50%，如果再加上有传统功名者中还有一部分转而接受过新式教育，那么，受过新式教育者的比例当占相当优势。而到1918 年的第二届国会，议员中有功名者仅约占22.9%③。在这样的格局之下，政界的道德堕落引发人们对传统的士大夫阶层的道德感召力的怀念应该是顺理成章的思路。恰如严复1913 年写的《论国会议员须有士君子之风》一文标题所示的，希望以传统士大夫的君子人格理想挽救当时政客们的道德堕落，以构建现代民主政治的政治道德根基。而梁启超更是从西方社会中找到了某种证据与支持，用以证明中国传统士大夫这样的文化—政治精英阶层即使对于现代国家与社会的治理仍然具有重要价值。梁在文章中写道："吾尝历览古今诸国，见夫行多数政治而能善其治者，……必有少数优异名贵之辈，常为多数国民所敬仰所矜式，然后其言足以为重于天下，而有力之舆论出焉。夫有力之舆论，实多数政治成立之大原也。"④ 梁认为，这种所谓"中坚阶级"，在西方国家就是所谓贵族与绅士阶层，其人格素养奠定了国

① 《论大学教员被挽事》，《每周评论》1919 年4 月13 日第17 号"特别附录"。
② 张朋园：《中国民主政治的困境，1909—1949：晚清以来历届议会选举述论》，吉林出版集团2008 年版，第64 页。
③ 参见张朋园《中国民主政治的困境，1909—1949：晚清以来历届议会选举述论》中有相关统计，吉林出版集团2008 年版。
④ 梁启超：《多数政治之试验》，《饮冰室合集·文集之三十》，上海中华书局1936 年版，第35—36 页。

家与社会的根基，亦成为西方国家民主政治得以成功的重要原因，而在传统中国社会，具有与之相似的品格与社会功能的则是所谓"士君子"阶层。

按照这样的思路，曾经作为传统社会道德领袖的士绅阶层似乎很有希望担当起拯救民初政治道德危机的救世主的角色，然而，民初知识界显然很快否决了这一设想。

1915 年前后，梁启超认识到，将救赎社会道德的重任托付给现实中的士绅群体乃是一个时代性的误会。他在文章中指出："竺旧者流，佻然俨以道德为其专卖品，于是老官僚老名士之与道德家，遂俨成三位一体之关系，而欲治革命以还道德堕落之病者，乃径以老官僚老名士为其圣药，而此辈亦几居之不疑。"① 但是，即令传统士大夫果然担当着道德领袖的角色，民初社会的士绅阶层亦已不足以当之。梁直斥清末民初的士绅阶层为社会风气败坏的罪魁祸首："盖今日风气之坏，其孽因实造自二十年以来，彼居津要之人，常利用人类之弱点，以势利富贵奔走天下，务斫丧人之廉耻，使就我范围，社会本已不尚气节，遭此诱胁，益从风而靡。……故一般农工商社会，其良窳无以大异于前，而独所谓士大夫者，日日夷于妾妇而沦于禽兽。……夫假自由平等诸名以败德者，不过少数血气未定之青年，其力殊不足以左右社会。若乃所谓士大夫居高明之地者，开口孔子，闭口礼教，实则相率而为败坏风俗之源泉。"②

几年以后，在 1919 年的这场所谓"新旧思潮的冲突"中，新知识分子对于民初士绅阶层的道德信念的真诚性亦提出了同样严厉的质疑："他们开口是纲常名教、闭口又是纲常名教、试问他们自身是否守着纲常名教去做的？凡是破坏纲常名教的事、都是这辈自命为拥护纲常名教的人做的。这纲常名教里边、最重的自然是忠孝

---

① 梁启超：《复古思潮平议》，《饮冰室合集·文集之三十三》，上海中华书局 1936 年版，第 70 页。
② 同上书，第 71 页。

两字。这个忠字、他们能实行吗？如能实行、为什么亡清大夫又连翩的来做民国官僚呢？"①"彼日以保存国粹（若辈所谓国粹、非真国粹、乃糟粕耳、）自命之旧派、大半系冯道式的三朝元老。既不能效梁巨川先生之以身殉主义、又不能发挥真国粹。"②

显然，士绅群体已经从救世主的位置跌落下来，反而被当成了替罪羊。

必须承认，士绅群体的社会声望下降，与他们在中国现代化进程中所扮演的角色有着密切关系。士绅阶级在传统社会中的道德典范形象，在相当程度上是在一套相应的确保信念性知识转化为权力的科举（广义）制度的支持下才得以确立的，正是这套制度保证了传统士绅的"人"与传统政治治理制度的相互协合，而当制度层面已经发生了巨大的变革，再企望缺乏制度支持（或者协迫）的"人"仍然能作为一个群体独立地发挥功能，甚而转而支持新制度的良性运作，未免有些渺茫。更何况正是这个"人"——晚清士绅在推进与参与国家现代化的进程中瓦解了旧制度，并同时也消解了自身的社会声望的基石。

正如金观涛所指出的，"儒家意识形态在维系王权、绅士和家族三个层次整合中起着关键作用"③，传统的士绅阶层在传统社会中的权威既来自这一阶层与国家权力体制之间的联系（通过科举制度），亦来自他们所掌握的儒家意识形态知识，正是通过对这一知识的垄断，并身任对这一伦理信念与制度的守护神，士绅阶层获得了在传统社会中的政治、知识与道德的三重威信。而晚清新政直至辛亥革命造成的国家政治制度的变革则是"扩大的绅权颠覆王权

① 毋忘：《最近新旧思潮冲突之杂感》，《每周评论》1919 年 4 月 13 日第 17 号"特别附录"。
② 匡僧：《威武不能屈》，《每周评论》1919 年 4 月 13 日第 17 号"特别附录"。
③ 金观涛：《探索现代社会的起源》，社会科学文献出版社 2010 年版，第 102—103 页。

（中央政府）"①，而这一颠覆同时也颠覆了自身权力所赖以确立的伦理信念，使自己陷入了一种政治伦理的困境。

晚清以迄近代，在进化论的观念背景之下，西方民主政体在新派士人心目中逐渐成为挽救国家的最为有效的手段，而清王室对于立宪运动的压制，使得大批立宪派士绅认定清王朝已经不可能帮助自己实现其救国安民的理想，因而丧失了它的道德合法性，忠君与民主在君主立宪政体中共存不悖的理想已成为不可实现的幻想，于是在辛亥革命的风潮中，他们抛弃了清王朝，与革命派联手推翻了清王朝的政权。可以说，辛亥革命爆发之后，共和政体得到了相当一批原先支持立宪政治的士绅的支持与参与，即使像林纾这样几乎完全置身于整个革命风潮之外的人，但是共和政治的前景仍然使他对国家前途充满了兴奋与憧憬。他在给友人的信中写道："共和之局已成铁案，万无更翻之理，而恭、涛二卿，图死灰复燃，合蒙古诸王，咆勃于御前，以震慑孤儿寡母，滋可悲也。"② 而对于如何处理自己与新旧政体、新旧国家之间的关系，林纾也有了明确的方案："仆生平弗仕，不算满洲遗民，将来仍自食其力，扶杖为共和国老民足矣。"③ 他甚至在某种程度上接受了革命派的"排满"观念，将革命后旗人的"萧索"境况归诸满清入关后残杀汉人所致的天道报应。当然，严格地说，支持革命与共和只是林纾与其他立宪派人士被迫做出的第二选项，此时的林纾仍然认为，如果光绪皇帝未死，则"立宪早成，天下亦不糜烂至此"④。但是，共和政体的建立既已成为现实，林纾也就接受了这一现实的政治现代化图景。林纾以自己未仕清朝为由，认为自己不算满洲遗民，可以名正言顺地做共和国公民，显然是为了解决"忠"的传统伦理规范所可能带

---

① 金观涛：《探索现代社会的起源》，社会科学文献出版社 2010 年版，第 113 页。
② 林纾：《寄吴敬宸书》（一），载李家骥等整理《林纾诗文选》，商务印书馆 1993 年版，第 319 页。
③ 同上。
④ 同上。

来的问题。而对于其他卷入革命的立宪派士绅来说，这个问题则更为难解。例如，在辛亥革命爆发之前，雷奋就忠告张謇：切勿因为自己是清朝状元而死守君臣大义，须知皇帝与国家比较，国家重于皇帝①。显然，在这一系列的选择之中，士大夫们所信仰的传统道德系统内部固有的终极价值与行为规范之间的裂隙与"紧张"被放大了，最后，这些士大夫认为，为了天下国家，必须抛弃忠君的道德理念。然而，在付出这一代价之后，并未换来他们所珍视的最高价值的实现，民初政治与社会乱象，消解了当初他们为自己行为预支的道德正义性，于是在某种道德义愤与悔恨中，他们开始努力强调传统道德与伦理的永恒价值，将批判的矛头指向新的国家制度与反传统思潮，并企图重新拾回自己原先的道德领袖的地位，然而，他们有意无意地回避的是，即使是在自己身上，传统伦理价值与规范也已经丧失了整全性，在未完成其"现代性转化"之前，它成为一个既难以完全奉行，亦难以使提倡者为别人所相信的东西，于是在整个政治场域中，唯一通用的、并对于一切政治操作具有阐释力的因素就是利益，而一切道德的宣言与辩解都难以取信于人。

显然，对于民初社会来说，士绅阶层是一个悖论性的存在，作为传统社会的权力与知识精英，他们曾经掌握着社会的领导权，而现在这些权力已经逐渐让渡给新兴的权力集团，然而，他们又与新的上层权力集团之间有着千丝万缕的联系——例如林纾与北洋政府中的徐树铮有着私人交往，这很容易使人怀疑他与北洋政府之间有某种联系——从而似乎又有可能掌控着某种可疑的社会控制力量；他们曾经是一个社会的道德领袖，但是他们守护的道德信念的相当一部分已经受到质疑、甚至失效，他们现在力图重新强调这些道德信念的重要性，但是，就连他们自己实行这些信念的能力与真诚都令人怀疑。这个群体在民初社会所处的位置，是一个非常矛盾的位

---

① 侯宜杰：《二十世纪初中国政治改革风潮》，人民出版社1993年版，第478页。

置，正像勒内·吉拉尔所说的，既处于无权无势的"外边缘"，又处于有权有势的"内边缘"，正是为社会危机担责的"替罪羊"的理想人选。

但是为什么不是别的新派士绅，而偏偏是林纾被选中充当这一谣言故事的主角？林纾与《新青年》作者因为古文与白话问题而起的纠纷固然很可能是其中一个原因，但是，林纾自身的个性也是导致他被选为替罪羊的一个很重要的原因。

勒内·吉拉尔指出，一个社会选择替罪羊的标准，往往是"异常"与"极端"——一种对于作为社会平均数的"正常"的偏离，偏离越远，受迫害的危险越大。可以说，林纾在多个方面都属于严重的"异常"甚至"极端"。周作人在1924年发表的《林琴南与罗振玉》一文中对林纾的界定是："头脑陈旧，文笔古怪，又是不懂原文的"①，然而成果却相当可观的翻译家。显然，《新青年》作者们所建构的林纾形象是一个异常的形象。所谓"头脑陈旧"，所指的当然是林纾的保守的政治与文化立场。在民初，持保守立场的人并不在少数，以清室遗老自居者也大有人在，然而，林纾的表现在这其中仍称得上极端，他多次在文章中表示自己将以"大清举人"的身份与清室相终始，尤其是从1913年开始到1922年，十一次谒光绪皇帝的崇陵，表达他忠于清室的政治立场与情感倾向，这样的一种行为方式甚至连郑孝胥这样的清室铁杆忠臣都无法接受，以至于指责他好名作伪。可以说，即使是在清遗老群体中，林纾亦属于另类，他对清室的忠诚更多的是出于一种情感，对民初政治的失望而导致他将无法实现的君主立宪的政治理想的追怀之情寄托在已经逊位的清室之上，因而表现得极为纯粹而且强烈，这与那些孜孜追求复辟以谋取个人利禄的遗老判然有别。而这恰恰成为《新青年》作者的一个重要的攻击点。

---

① 开明：《林琴南与罗振玉》，《语丝》1924年12月1日第3期第5版。

林纾的另外两个重要身份是古文家与翻译家，显然，他在这两个领域都取得了很大的名声，然而，如果说前一个身份获得了桐城名宿的权威认证的话，后一个身份（恰恰是他赖以成名的身份）的合法性却相当的可疑与吊诡——一个不懂外语的大翻译家。可以说，不懂外语原文，是林纾最为《新青年》作者们诟病的重大能力缺陷，这一点，对林纾自己也是一个无法释怀的问题，正是因此，他必须经常明示自己"不解西文"，显然，这又是一个极端异常的特征。勒内·吉拉尔在指出，在社会选择迫害对象的时候，作为身体异常的残疾常常是一个首选的标准，而不懂外语几乎就可以视为翻译技能上的残疾。这也可以解释为什么同样以文言译述西学，严复并没有成为《新青年》集中攻击的对象，显然严复并没有这方面的能力残缺，因而，也就是"正常"的。

显然，即使是在新派士绅的群落中，林纾的个体人格也显得十分极端与异常，他最终被选为《新青年》乃至整个新文化界的对手与敌人，成为新知识分子宣泄对于社会政治环境的焦虑的出口与替罪羊，也许并不是完全偶然的。

第六节　走上十字架

相对于林纾，以殉清自杀而震动知识界的梁济也许算得上幸运。尽管他在遗书中揣测世人对他的评论，认为如陈独秀这样的"极端主新"者必定大骂[1]，但陈独秀还是对他表示了高度的敬意。而当《新青年》阵营批判士绅群体的道德虚伪性时，梁济也被当成了一个践行了自己的道德信念的标杆式人物，用以反证民初士绅群体的堕落。可以说，这种理解与认识在相当程度上确实符合梁的初衷。梁在解释他自尽的原因时说，辛亥革命之后，"自亲贵皇族八

---

① 梁济：《敬告世人书》（戊午九月二十七日），载梁济著，黄曙辉编校《梁巨川遗书》，华东师范大学出版社 2008 年版，第 57 页。

旗官员以至全国大官小官臣庶人等，无一人因清亡而死者，实为历史最奇特之事"①。也就是说，作为清王朝的支柱的官僚——士绅阶层，没有人遵循传统儒家道德要求的行为规范，这显示了中国传统社会中维系整个王朝国家与社会的整合性的传统道德伦理在这个国家的中坚力量——官僚与士绅阶层的心中已经失效，梁济认为这将使社会与国家陷入万劫不复的深渊，为了挽救已经堕落不堪的世道人心，梁济决定自己承担起践行传统政治伦理的责任，以期世人迷途知返。

梁济将自己的自杀定位为殉清，而吊诡的是，他自认做出这一殉清的行为却是为了唤起国人的"国性"，以为新建立的民国奠定立国之本，反过来说，对于清王室的最好的忠诚，就是确保民国共和制度的真正实现。于是，其作为手段的行为与目的之间构成了某种道德逻辑的悖论。正如林毓生所说的，梁济的自我解释中具有某种"含混"性，而这种含混显示了民初中国人的思想紧张与梁济式的道德保守主义的内在难局。林毓生认为，梁济企图将中国人的道德传统化约为一种普遍价值，并以此来保存儒家的道德价值，但是，由于他无法也没有想到为这些道德价值创造一种新的具体展现方式，因此他的道德保守主义便不能重新建立起来。但是，实际上，在相当程度上，梁济为之献身的终极价值乃是"安民"与"救国"的理想，儒家道德理想之所以有价值，乃是因为它为国家乃至天下安定与人民安泰贡献了精神根基，正如梁在他的上呈内务部的辞职信中写道："吾国之国粹莫大于伦常，非轻易所可改，欲求与伦常价值并重之物以相抵换，惟有全国人民真得出苦厄而就安舒，乃不惜牺牲伦常以行变通之策，故改组共和者以一姓君位之尊，与亿兆民生之安为交换条件，所以谓之民国也。若徒废伦常而

---

① 梁济：《敬告世人书》（甲寅五月稿未完成戊午九月补成），载梁济著，黄曙辉编校《梁巨川遗书》，华东师范大学出版社2008年版，第64页。

人民更受黑暗之苦，则不为值矣。"① 从这个角度说，"民生"是比
"伦常"更为根本的价值目标，由于在传统儒者的信仰中，"为生
民立命""为万世开太平"等等这一切终极价值理想最后都必须也
只有通过具体的伦理行为规范，即所谓"伦常"才能得以实现，正
是由于二者构成了一个体用不二的恒定结构，伦常与抽象的道德理
想都可以被视为普遍的绝对律令，因此，在中国人的道德观念中就
内在地蕴含了产生思想的紧张与冲突的可能性。在梁济这里，就出
现了忠于天下生民与忠君之间的裂隙与矛盾，为了弥合这二者之间
裂隙与矛盾，梁济不得不反复强调清帝逊位诏书中体恤民生的官样
文章，并努力表示相信清皇室对这一信念的真诚性。只有这样，才
能维持自己所信奉的传统伦理体系的整全性，并以此为自己行动的
指南与注解。即便如此，作为绝对律令的对于世道的最高责任与对
于君主的绝对忠诚之间仍然存在着不可调和的矛盾，而解决这一矛
盾的方式，几乎只有通过放弃个人生存权这样一条绝路，这就是为
什么梁济在辛亥革命之后，劝参与革命的张謇、汤寿潜等人在推翻
清朝，建立共和国体之后，应该自杀②。

梁济的自杀及其自白，揭示了接受西方现代价值理念洗礼的近
代士绅在辛亥革命之后所处的道德伦理困境，正是为了摆脱这一困
境，梁济将自己送上了十字架，希图以自己的殉道之死促成传统政
治伦理的凤凰从革命之后的灰烬中重生。

可以说，梁济之死及其对当时知识界产生的震动显示了民初社
会因道德卡理斯玛领袖的缺位而导致的焦虑情绪。实际上，在梁济
的自我认知中，自己的社会与文化地位不算崇高，并不是担当这一
道德救赎责任的当然人选。他在留给儿女的遗书中写道："若世事

---

① 梁济：《四上内务部恳请退职书》，载梁济著，黄曙辉编校《梁巨川遗书》，华
东师范大学出版社 2008 年版，第 200 页。

② 梁济：《告张季直、汤蛰仙》，载梁济著，黄曙辉编校《梁巨川遗书》，华东师
范大学出版社 2008 年版，第 205 页。

虽坏，而辛亥与丙辰或有耆儒，或有大老，表彰大节，使吾国历史旧彩不至断绝，我亦不必引为己责。抑或真正了解共和，不必拘拘志节。国中风俗尚不至于坏到极处，时常有人提倡正义，注重民生，渐渐向好处做去，则世道有人补救维持，不至于黑暗灭绝，我身可作隐沦，尚无须必出于死。换言之，即有人救世，尚用不着我救世也。"① 显然，在梁济的思想中，正是因为具有崇高地位的文化领袖没有站出来履行应该承担的道德责任，所以自己不得不挺身而出担当起这个沉重的责任。对于陈独秀来说，作为旧派人物的梁济显然让他感到了某种崇高道德境界的挑战与压力，他在评论梁济之死时说："梁先生自杀，总算是为救济社会而牺牲自己的生命，在旧历史上真是有数人物。新时代的人物，虽不必学他的自杀方法，也必须有他这样真诚纯洁的精神，才能够救济社会上种种黑暗堕落。"② 然而，梁济固然让"那班满嘴道德暮楚朝秦冯道式的元老"的虚伪显露无遗，但是"信心没有行为是死的"，如果没有经受过足够的外部压力的考验，新派也同样无法证明他们有践行自己的思想信念的决心与能力③。

　　然而，关于旧派企图借助政治势力迫害新派教授的谣言，却意外地提供了一个契机，使得陈独秀等《新青年》作者们被公众舆论塑造成为新思想受难的文化英雄。在当时全社会对于士绅、政客、官僚普遍心怀嫉恨的氛围下，被打压者无疑获得了普遍同情与极大的道德声望，在传统旧士绅与政治新贵的社会公信力都烟消云散的

---

　　① 梁济：《留示儿女书》，载梁济著，黄曙辉编校《梁巨川遗书》，华东师范大学出版社 2008 年版，第 101 页。
　　② 陈独秀：《对于梁巨川先生自杀之感想》，《新青年》第 6 卷第 1 号。
　　③ 当时新文化界，可以说，除了陈独秀，没有人真正触及梁济提出的沉重问题。最典型的莫过于陶孟和与胡适在启蒙理性的思想框架下对梁的自杀作出的否定性评价。陶认为自杀对于达成梁的救世目标来说是无效的，而胡适则认为梁的自杀是因为知识与思想落后，无法补助与协调他的精神，进而提出必须以梁济为戒，预备下"精神不老丹"，即对于新知识与新思想始终保持开放的接受的态度，以使自己的精神能时刻跟上时代的进步而不致落伍。

情况下，在流言中被描述为遭受前二者联手打压，正在与之奋战的《新青年》们则理所当然地被视为新的道德卡理斯玛领袖，而得到社会与舆论界的推崇：

> 吾国虚伪之毒、沦浃于人之心髓者几千年矣。方今之人、犹复假学问道德以猎取声利者、比比皆是也。彼顽固旧派、无论矣。即口唱新学新法者、亦往往因别有所图而为之。故其言不必顾行、主义时有变迁。……呜呼！新学之不昌、殆以此欤，今幸有陈先生辈甯牺牲权利不肯牺牲主义之主张、新学界之士风、当为一振。尤望陈先生实践前言、始终勿为威武所屈而为吾国一洗此虚伪欺诈之积习也。①

> 犹太人不以十字架钉耶稣、则基督教不能成立。（十字架为死犯人最重大耻辱之刑）俄罗斯不以无政府之恶名加诸党人头上、则无政府主义之名词不能成立、而亦不能有今日之成功。今北政府之教育部、亦将师犹太人与俄罗斯人之故智乎？则亦适足以成人之名、而自居于亡国□阶之□首而已。至少言之、我知从此以后之《新青年》杂志发行额必加起几倍或几十倍。②

显然，《新青年》作者们被塑造成为在十字架上为新文化而受难的救世主，从而被推上了新道德的卡理斯玛领袖的位置，获得了崇高的社会声望。而旧派则发现自己处于一种严重的道德困境之中。正如梁济所提示的，他们只有死去才能得到尊敬，活着却被剥夺了发言权。这真是一个悖论性的处境。而林纾同样感到了这样一种道德话语权的绝境，自己自认的卫道救时之言不但不被世人所认

---

① 匡僧：《威武不能屈》，《每周评论》1919 年 4 月 13 日第 17 号"特别附录"。
② 志拯：《谁的耻辱？》，《每周评论》1919 年 4 月 27 日第 19 号"特别附录"。

可，反而使自己成为众矢之的，这使他感到了极度的孤独与苦闷。然而，他并不因此而退缩，反而由此激起了一种"拼死卫道"的"死士"情怀。1919 年 4 月 5 日，林纾在《公言报》发表了《腐解》一文，这篇文章在很大程度上可以看作林纾在遭受新知识界舆论的批判后作出的一种激烈反弹。他在文中写道："予……无孟韩之道力，而甘为其难。名曰卫道，若蚊蚋之负泰山，固知其事之不我干也，憾吾者将争起而吾弹也。然万户皆鼾，而吾独作晨鸡焉；万夫皆屏，吾独悠悠当虎蹊焉！七十之年，去死已近。为牛则羸，胡角之砺？为马则驽，胡蹄之铁？然而哀哀父母，吾不尝为之子耶？巍巍圣言，吾不尝为之徒耶？苟能俯而听之，存此一线伦纪于宇宙之间，吾甘断吾头，而付诸樊于期之函；裂吾胸，为安金藏之剖其心肝。"① 林纾将自己塑造成为传统道德的"死士"或殉道者，以一种悲剧化的自我形象塑造来宣示这一立场——通过将自我塑造成顽梗迂腐、不合时宜的旧式人物，向整个新知识分子群体乃至整个社会公开对抗，从这个角度看，林纾的作为与梁济有着共同的思想与情感逻辑。

显然，林纾所塑造的这种自我形象颇为深入人心，他曾企图展示的相对温和的文化保守主义立场，没有人理解与注意，无论是新派的支持者还是旧派的支持者，都派定了林纾极端的"旧派"代表的位置。于是，林纾就这样以一个"封建复古派"的形象留在了世人的记忆中，成为反衬作为新卡理斯玛文化领袖的《新青年》辉煌崛起的黑色背景。而这一升一落，则标示出中国现代知识分子已经成功地取代了晚清以降的新派士人，掌握了文化的主导权。一个新的文化时代就此正式拉开了序幕。

---

① 林纾：《腐解》，《畏庐三集》第 1 页，见《林琴南文集》，北京中国书店 1985 年影印版。

第五章　胡适与"学衡派"：
现代性的两种范式

二十世纪的中国现代文艺批评在中国现代性的产生与演化过程中曾经扮演着相当重要的角色。作为一种社会文化征兆，也作为一种思想潮流的前锋甚至是社会变革的实践推手，中国现代文艺批评往往成为成长与演进之中的现代性的重要栖身之所，也成为不同现代性范式相互争辩的一个重要场地。

第一节　不同的"文艺复兴"

正如马歇尔·伯曼所言，"现代性已发展出了它自己的内容丰富的历史和传统。"① 从文艺复兴到 20 世纪初，西方的现代性相继产生了多种不同的范式，这些范式的产生和演化既标示了西方现代性历程的时间断裂，同时也指明了现代性与西方文化传统的某种连续性关系。而对于后起的被迫走上现代化道路的中国来说，它的现代性，很大程度上是通过移植西方现代性成分而产生的，而这些移植的现代性成分——无论是赫勒所说的现代性思想动力还是现代性社会格局——其所面临的文化与社会语境与西方迥乎不同，因而所展现的问题焦点与实践策略以及社会文化意义也往往与西方颇不相同。

---

① ［美］马歇尔·伯曼：《一切坚固的东西都烟消云散了》，徐大建、张辑译，商务印书馆 2003 年版，第 16 页。

　　胡适的《文学改良刍议》（以下简称《刍议》）一向被公推为中国现代文艺批评的发轫之作，这篇文章揭开了以白话文运动为战略重点的文学革命的序幕，也展开了中国文艺批评的现代性历程。如果我们承认哈贝马斯与姚斯所提示的，现代性标示了"古今之间的断裂"，一种时间的断裂，一种新的时间的展开，或者说，一种与此前"刚刚成为过去的时代"完全不同的新的时代、新的文化格局的出现①，那么，胡适此文的大部分观点似乎都难以承载这样一种期待，事实上《刍议》中的大多数观点都并不出奇，诸如"言之有物""不做无病之呻吟"一类训导，即便是对于中国历代传统文人来说，恐怕也不过是老生常谈而已，真正激起新旧两派争论的重点，主要集中在"不用典"与用"白话"作文、提倡白话文学这些观点上面。事实上，胡适在此前投书陈独秀，第一次提出自己的文学革新主张的时候，主要攻击的就是传统诗歌中的"用典"习气，而在这封信中，"八事"之第一，乃是"不用典"。而作为胡适的激进支持者，钱玄同的评价与观感可以说是抓住了其中的要害。钱玄同在《寄陈独秀》中写道："胡先生'不用典'之论最精，实足祛千年来腐臭文学之积弊。"②"胡先生主张采用白话，不特以今人操今语，于理为顺，即为驱除用典计，亦以用白话为宜。"③ 因此，先是"不用典"，而后是"用白话"成为胡适文学革命的具有战略意义的重点，之所以如此，是因为典故之中凝聚与积淀了民族生存的历史性经验，而对典故的使用正是对于这种经验有效性的不断地重新体认并使得写作者的当下时空不断地整合到这一经验以及这一经验所属的整个文化世界之中去，而文言文体作为一种从简策时代一直传承下来

---

　　① ［德］哈贝马斯：《现代性的概念——两条传统的回顾》，载汪民安、陈永国、张云鹏主编《现代性基本读本》，河南大学出版社 2005 年版，第 120 页。

　　② 钱玄同：《寄陈独秀》，《胡适文集》第二册，北京大学出版社 1998 年版，第 19 页。

　　③ 同上书，第 20 页。

的表达模式，更是中国古代文化世界所通用的一种编码系统，构成了一种文化经验的召唤结构，使用这一文体，就是对于这一文化经验世界的认可与服从，正是因为这个原因，胡先骕批评胡适"不用典"的主张是"弃遗产而不顾，徒手起家"①，确实多少点中了问题的要害。因此，胡适等人对于传统写作技巧以及写作语体的攻击与变革，虽然是一种形式主义的、技术性的手段，但却是一种极具战略意义的战术手段，而陈独秀的《文学革命论》对之的提升与阐发，又使得这一战术攻击的战略意义得到了更为充分的昭示，从而使得这场文学革命的现代性意义显露无遗。

陈独秀正是从"精神界革命"的高度上来定义这一文学形式革新的文化战略意义，他的"三大主义"更是将胡适"八事"所指向的写作形式技术层面的改变与整个文化格局的变革挂起钩来，而他将古代文学定义为"贵族文学""古典文学"以及"山林文学"，则显然将传统精英士大夫文化作为一个政治—文化—文体三位一体的整体性文化价值系统树立为现代文化的对立面，从而使得这一场"文学革命"与历代文学变革运动判然有别的现代性面目得以清晰的确立。

很显然，胡、陈等人的"文学革命论"有一个包括了政治原则、文化精神与文体模式在内的整体性的现代性文化模型，这一模型中的各种构成因素很大程度上来源于西方现代文化观念与文学范式，这当然是人们判定这一运动的现代性属性的依据。但是尤其重要的是，胡、陈的这些观念并不仅仅是对于西方文化现代性成分的零售式借取，可以说，在构思自己的现代性蓝图的中国版本的时候，西方现代文化史始终是他们的参照系，因此，他们相当有意识地将自己的这一运动比照甚而归整于西方现代性时间历程的整体链条之中，正是因此，这一运动才真正属于现代性全球扩张的一个部

---

① 胡先骕：《评〈尝试集〉》，《胡先骕文存》上卷，江西高校出版社1995年版，第38页。

分，然而，也正是在这个程序上，这一运动显示出了与西方现代性
的某种差异。

　　无论是胡适还是陈独秀，他们都对西方现代性发生的初始阶
段——欧洲的文艺复兴时期怀着相当的好感与向往，也将自己所发
起与领导的这场文化变革运动与西方的文艺复兴相比附，可以说，
文艺复兴是他们心向往之的目标与典范，造就"中国的文艺复
兴"，是他们对自己的这场运动的期许。陈独秀在《文学革命论》
中很明确地将欧洲"庄严灿烂"的社会现实归因于"自文艺复兴
以来"革命进化的结果，胡适在《刍议》以及此后的多篇文章中
一直声称文艺复兴时期但丁等文学巨匠以俚语写作以代替拉丁语文
学，造就了言文合一的现代欧洲民族国家的国语，并以此作为参照
系，作为论证自己倡言白话文运动的合理性的重要依据。到了
1933 年，他在芝加哥大学比较宗教学系"哈斯克讲座"所作的讲
演中，更明确地宣称："其时由一群北大教授领导的新运动，与欧
洲的文艺复兴有惊人的相似之处。该运动有三个突出特征，使人想
起欧洲的文艺复兴。首先，它是一场自觉的、提倡用民众使用的活
的语言创作的新文学取代用旧语言创作的古文学的运动。其次，它
是一场自觉地反对传统文化中诸多观念、制度的运动，是一场自觉
地把个人从传统力量的束缚中解放出来的运动。它是一场理性对传
统，自由对权威，张扬生命和人的价值对压制生命和人的价值的运
动。最后，很奇怪，这场运动是由既了解他们自己的文化遗产，又
力图用现代新的、历史地批判与探索方法去研究他们的文化遗产的
人领导的。在这个意义上，它又是一场人文主义的运动。"① 这样
就明确地将文学革命以及新文化运动界定为"文艺复兴""人文主
义运动"。

　　然而这样一种自我期许似乎并未得到所有人的认同。"学衡派"

---

　　① 胡适著，欧阳哲生、刘红中编：《中国的文艺复兴》，外语教学与研究出版社
2001 年版，第181 页。

的胡先骕在《评〈尝试集〉》一文中明确地认为："胡君之诗所代表与胡君论诗之学说所主张者，为绝对自由主义，而所反对者为制裁主义、规律主义，以世界潮流观之，则浪漫主义、卢骚主义之流亚，而所反对者古学主义（Classicism）也。"① 在西方人的历史叙述中，"文艺复兴"是对于中世纪之前的古希腊罗马文化的复兴，尽管在学衡派诸人以及他们的老师白璧德的一些论述中，文艺复兴有时亦被认为是对于传统的否弃，是个人主义的兴起，胡先骕在《说今日教育之危机》一文中，转述白璧德的观点说："欧洲文艺复兴运动之鄙弃古学，不免有倾水弃儿之病。"② 李思纯也在《论文化》一文中认为："此文艺复兴云者，论者谓为希腊精神之复兴，由此以蔚为近世文明，然吾人试就希腊精神之完全质素察之，则近世文明所得，惟有入世之思、爱美之念两者。而其他若中和之德、节制之行、神人合一之教，则不具焉。"③ 但是胡先骕在《评胡适〈五十年来中国之文学〉》一文中又称"文化史中最有价值者，厥为欧洲之文艺复兴运动"④，对这一西方文化的这一时段可谓推崇备至。而白璧德在《文学与美国的大学》一书中则指出，文艺复兴的第一个时期，占据主流的是作为解放运动的"自由扩张"的人文主义，而文艺复兴后期则转向了"具有最高程度的规束与选择的人文主义"⑤。可以说，在白璧德及其弟子们的心目中，真正的人文主义，应该是构成文艺复兴的主流文化精神的那种，以崇尚希腊古典文化、强调节制、和谐、平衡为特征的人文主义思想与文

---

① 胡先骕：《评〈尝试集〉》，《胡先骕文存》上卷，江西高校出版社 1995 年版，第 49 页。

② 胡先骕：《说今日教育之危机》，《胡先骕文存》上卷，江西高校出版社 1995 年版，第 83 页。

③ 李思纯：《论文化》，《国故新知论——学衡派文化论著辑要》，中国广播电视出版社 1995 年版，第 104 页。

④ 胡先骕：《评胡适〈五十年来中国之文学〉》，《胡先骕文存》上卷，江西高校出版社 1995 年版，第 191 页。

⑤ ［美］欧文·白璧德：《文学与美国的大学》，张沛、张源译，北京大学出版社 2004 年版，第 12 页。

化——这可能也是相当一部分西方知识分子的共识——18 世纪的启蒙主义以及卢梭开启的浪漫主义潮流恰恰是对这一文艺复兴以来的古典人文主义传统的颠覆。根据这样的观点，胡适等人的文学革命，就算不上他们自己所标榜的所谓"人文主义运动"，甚至也称不上什么"文艺复兴"。

显然，关于什么是文艺复兴与人文主义的基本精神的认识分歧，透露出来的正是胡适等人与学衡派对于西方现代文化精神的不同理解，应该说，这两种不同的理解（包括其他理解），都有其西方思想的底本与依据，甚至在文艺复兴时期的文化史事实中都可以找到自己的依据。正如阿伦·布洛克在《西方人文主义传统》中所说的："文艺复兴已被用来作为欧洲现代史初期阶段，也就是从1350 年到 1600 年这么一个广阔而又多样化的历史时期的标签，因此无法赋予它一个单一的特征。"① 实际上，白璧德也同样认为："在文艺复兴这样一个复杂的时期，我们必须允许有众多思想潮流和反对意见出现，也必须允许几乎任何一种个人例外的出现。"② 可以说，文艺复兴时期的文化中所存在的复杂状况以及对这一时期文化的不同理解，在一定程度上，正反映了西方现代文化发展过程中所存在的各种不同的现代性范式。

第二节　语体的承载

"文言与白话"是胡适等人与学衡派争论最为激烈的焦点之一，可以说，这个论题涉及并集纳了双方对于西方现代性与中国现代性的重要理解，因而成为双方论战的主战场，从而使得这一中国现代

① ［英］阿伦·布洛克：《西方人文主义传统》，董乐山译，三联书店 1997 年版，第 7 页。
② ［美］欧文·白璧德：《文学与美国的大学》，张沛、张源译，北京大学出版社 2004 年版，第 12 页。

文艺批评史上的重要论争在实际上也成为两种不同的现代性范式争辩的场地。

胡适的白话文运动，其主要诉求目标就是对于语言表达与传播效率的追求。他在 1916 年投书陈独秀时，就明确地提出："综观文学堕落之因，盖可以'文胜质'一语包之。……欲救此文胜质之弊，当注重言中之意，文中之质，躯壳内之精神。古人曰'言之不文，行之不远。'应之曰：若言之无物，又何用文为乎？"① 在《刍议》中又将"言之有物"排在"八事"之首。可以说，对"言"中之"物"，即意义的重视，几乎贯穿了胡适等人的整个文学观念。胡适非常简洁明了地认为："一切语言文字的作用在于达意表情；达意达得妙，表情表得好，便是文学。"② 可以说，语言文字，以及使用语言文字作为手段的文学，就只是传达的工具，作为工具，评判的标准当然是其实用效率——快捷性、有效性、广泛适用性以及工具本身的易用性。正是在这些标准上，白话成为胡适心目中最适用的文学语言。胡适在《刍议》一文中将"须讲求文法"作为"八事"之一："今之作文作诗者，每不讲求文法之结构。其例至繁，不便举之，尤以作骈文律诗者为尤甚。夫不讲文法，是谓'不通'。此理至明，无待详论。"③ 显然，"通"，即符合语法结构与逻辑是胡适对文学的最基本的要求。如果以俄国形式主义等学派关于诗歌语言的观点来看，胡适的这个观点显然忽略了文学语言与日常语言之间的差异，但是对于胡适来说，这个观点是个基本前题，他可能从来没有想过这其中可能存在有值得讨论的问题。他所关注的问题重点，仍然在白话语体作为语言表达与传播工具的广泛

---

① 胡适：《寄陈独秀》，《胡适文集》第二册，北京大学出版社 1998 年版，第 4 页。

② 胡适：《建设的文学革命论》，《胡适文集》第二册，北京大学出版社 1998 年版，第 46 页。

③ 胡适：《文学改良刍议》，《胡适文集》第二册，北京大学出版社 1998 年版，第 8 页。

性与易用性。因此他很明确地提出："与其用三千年前之死字……不如用二十世纪之活字。与其作不能行远不能普及之秦、汉、六朝之文字，不如作家喻户晓之《水浒》《西游》文字也。"① 而对于白话文体在易用性方面相对于文言文体的优势，钱玄同则说得更为明确："吾国文言之不合一，致令青年学子不能以三五年之岁月通顺其文理以适于应用。"② 正是从这样一种实用性、工具性的角度出发，胡适才会将当时仍然使用的文言文体判定为"死文字"。甚至当有人提出《左传》《史记》在文学史上仍然"长生不死"，并据此质疑他"死活文字"之辨时，他仍然争辩说："我也承认《左传》《史记》在文学史上，有'长生不死'的位置。但这种文学是少数懂得文言的人的私有物，对于一般通俗社会便同'死'的一样。"③ 因此，"死"与"不死"，并不取决于文学水平，而取决于受众面的广狭，准确地说，是占人口最大多数的"一般通俗社会"是否能够接受。

胡适后来曾将自己白话诗的风格特点概括为"明白清楚"，与此相仿，他在 1917 年 11 月 20 日的《答钱玄同书》中称，自己对"白话"的理解是：

（一）白话的"白"，是戏台上"说白"的白，是俗语"土白"的白。故白话即是俗话。

（二）白话的"白"是"清白"的白，是"明白"的白。白话但须要"明白如话"，不妨夹几个文言的字眼。

（三）白话的"白"是"黑白"的白，白话便是干干净净

---

① 胡适：《文学改良刍议》，《胡适文集》第二册，北京大学出版社 1998 年版，第 15 页。

② 钱玄同致胡适，《新青年》1917 年第 3 卷第 6 号。

③ 胡适：《答朱经农》，《胡适文集》第二册，北京大学出版社 1998 年版，第 70 页。

没有堆砌涂饰的话，也不妨夹入几个明白易晓的文言字眼。①

显然，这里所说的"白话"之"白"，强调的完全是"白话"作为一种意义传播手段的工具性特征。因而，作为一种文学运动的白话文运动，却表现出一种诗学语言与日常语言同质化的倾向：

> 我们做白话诗的大宗旨，在于提倡"诗体的解放"。有什么材料，做什么诗；有什么话，说什么话；把从前一切束缚诗神的自由的枷锁镣铐，拢统推翻：这便是"诗体的解放"。②

胡适的这种"解放"，恰恰是离弃诗歌语言的特殊要求，而使得诗歌的表达方式与日常语言的表达方式趋同，而这恰恰是学衡派诸人极端反对的。胡先骕痛诋法国浪漫派文学破坏古典主义文学法则，说："今人不知文体中形之要素，务求恣意解放者，皆此类也。而吾国所谓新文学家则尤甚，彼辈先中主张语体文之说之毒，以推翻一切古昔为文之规律为解放，遂全忘艺术以训练剪裁为原则，创'要这么说就这么说'之论，遂忘'言有序'与'较其离合而量剂其轻重多寡'为文学家所必具之能事，于是文体乃泛滥芜杂不可收拾。"③

在胡先骕看来，诗歌所用的语言，有其自身的要求与限制，并不是所有的语言都可以入诗，"盖诗之功用在表现美感与情韵，能表现美感与情韵，即俗话俗字亦在所不避，否则文言亦在所不许

---

① 胡适：《答钱玄同书》，《胡适文集》第二册，北京大学出版社 1998 年版，第 35 页。
② 胡适：《答朱经农》，《胡适文集》第二册，北京大学出版社 1998 年版，第 72 页。
③ 胡先骕：《文学之标准》，《胡先骕文存》上卷，江西高校出版社 1995 年版，第 252 页。

也"①。针对胡适引证中国古代诗人白话入诗作为自己提倡白话诗的支持论据，胡先骕指出，古代诗人引白话入诗，并不是无条件无限制的，"必宜于诗或并宜于诗文者方能用之，彼不宜于诗或竟不宜于文者必不能用"，不仅如此，"即用白话，其用之之法必大有异于寻常日用之语言"②。学衡派的另一个重要成员吴宓对这个问题的论述更为理论化。他指出：凡艺术都要构造人生之"幻境"（Illusion），而"幻境之造成，必有其媒质以为接引之具。幻境只能在此媒质中出现，不能舍此而独存"③。因而艺术世界与艺术作品所藉以存在的媒介是融合为一、无法分开的。具体到文学，尤其是诗，其媒介是语言文字，因而文学的艺术形象与境界，是通过作品的语言构造才能存在，并与语言融合为一，不能分离的。"诗附丽于文字，每种文字之形声规律，皆足以定诗之性质。故诗不可译，以此国文字与彼国文字为异种之媒质也。"④

因此，诗歌语言的问题，并不仅仅是一个表达工具的问题，语言是作品艺术世界的构成物，甚至从某种意义上说，语言构造就是艺术世界本身，这就难怪学衡派对于文学所使用的语言体式如此在意。特定的语言使用方式往往是特定社会文化的一种表征，体现的是特定社会群体的文化习尚，因此，胡适与学衡诸人关于文言存废的争论，透露的其实是对于文言语体所体现的传统文化风尚与审美观念的不同态度。这一点在吴宓的相关阐述中很清楚地透露出来：

　　　至若并思想感情亦不讲求，专以粗浅卑劣之思，激躁刻薄

---

① 胡先骕：《评〈尝试集〉》，《胡先骕文存》上卷，江西高校出版社 1995 年版，第 41 页。

② 同上书，第 40 页。

③ 吴宓：《诗学总论》，载徐葆耕编选《会通派如是说——吴宓集》，上海文艺出版社 1998 年版，第 226 页。

④ 同上书，第 227 页。

之情，毫无学问书卷之益，绝少温柔敦厚之气，此则既无外形之美，而亦何尝有内质之美哉！甚矣其惑也！故今之作粗劣之白话诗，而以改良中国诗自命，举国风从，滔滔皆是者，推其原本，实由于不知形与质不可分离之理，应并重而互成其美，不应痛攻而同归消灭。①

在吴宓等人看来，诗歌不仅文体有精粗之别，即使是思想感情，也有高下之分——或者，形与质在他们眼中也许根本就是一回事，白话诗无论在形式还是在内容上，都与他所欣赏的"学问书卷之益""温柔敦厚之气"这些古典诗学风貌相去甚远，自然难以入他们的法眼了。

然而，"言文合一"的诉求对于胡适来说却极具合理性，在他看来，这是文学与语言发展的必然规律，西方现代史也为他的观点提供了某种有力的参照与佐证。这就是他在《文学改良刍议》中所叙述的，文艺复兴时期欧洲各国作家以方言俗语代替拉丁文写作，最终促成了各国民族语言即所谓"国语"的形成，因此"今日欧洲诸国之文学，在当日皆为俚语。迨诸文豪兴，始以'活文学'代拉丁之死文学；有活文学而后有言文合一之国语也"②。基于这样一种认识，胡适提出"国语的文学、文学的国语"的口号。声称："我们所提倡的文学革命，只是要替中国创造一种国语的文学。有了国语的文学，方才可有文学的国语。有了文学的国语，我们的国语才可算得真正的国语。国语没有文学，便没有生命，便没有价值，便不能成立，便不能发达。"③

---

① 吴宓：《诗学总论》，载徐葆耕编选《会通派如是说——吴宓集》，上海文艺出版社 1998 年版，第 222 页。
② 胡适：《文学改良刍议》，《胡适文集》第二册，北京大学出版社 1998 年版，第 14 页。
③ 胡适：《建设的文学革命论》，《胡适文集》第二册，北京大学出版社 1998 年版，第 45 页。

也就是说，胡适等人的文学革命运动，其目标是要锻造一个全民通用的、书面语与口语相统一的民族语言系统。那么，这个"国语"所承载的是什么样的一种诉求，使得胡适等人如此孜孜以求呢？我们可以感觉得到，"国语"在胡适们的心目中，似乎是现代民族国家的标志与指标，也是推动国家现代化的重要工具。正如盖尔纳在《民族与民族主义》一书中所指出的，现代工业社会的成员流动性大，而在个人与整个社会之间又缺乏任何有效的和有约束力的组织，因而只有民族认同才可以将整个工业化的国家整合起来，而在这个过程中，共同的文化与语言显然是促成国民间民族认同的重要因素，因此，"国语"就成为凝聚民族意识与国家认同的重要工具。不仅如此，工业社会总的主要特点在于："识字的普及，计算、技术和各种技巧所达到的高水平，是它发挥功能的必要条件之一。它的成员是而且必须是流动的，时刻准备从一项活动转到另一项活动，必须接受使他们能够遵循新的活动或者职业说明书和指令书的一般性教育。在工作中，他们必须不断地与许许多多以前大都没有接触过的人进行交流，因此和这些人的交流必须直截了当，而不是依赖某种语境。他们还必须能够通过使用不带个人感情的不依赖于语境的、就事论事的书面信息进行交流。因此，这些交流必须使用共通的、标准的语言媒介和书写体。保证实现这一社会成就的教育体系变得庞大而必不可少，但它同时不再垄断接近书面文字的权力：它的顾客遍及整个社会。"① 因此，白话文——或者说"国语"，是现代化的重要指标，也是现代化的重要推力。可以说，"国语"成为胡适们推动国家现代化的一种战略手段。因而，胡适的"白话文运动"与"文学革命"，正是一种现代性范式的体现，这种现代性范式，以启蒙理性为准则，信奉普世性的进步观念，并将西方的现代工业社会格局作为最终的目标与基本参照系。

---

① ［英］厄内斯特·盖尔纳：《民族与民族主义》，韩红译，中央编译出版社 2002 年版，第 47 页。

第三节　现代性：断裂与连续

　　相形之下，学衡派似乎就是一群仍然停留在前现代时期的古典化石。无论是在当时，还是在以后相当长的一段时期内，人们都视之为反对"五四"新文化运动的保守派，他们主张的影响似乎也非常有限。尽管近几年来，对于这一群学者的评价有了根本性的改变，人们将他们定位为一群文化保守主义者，承认他们的许多主张都有其合理性与学术价值，或者也认为他们对白话文运动的批评体现了一种"审美现代性"的向度。但是，他们对于西方现代文学——"审美现代性"的典范形态——却抱有强烈的贬斥态度，不仅如此，他们对于文言的痴恋恐怕也不是仅仅用"审美现代性"就可以描述与解释清楚的。关于农业社会或前现代社会中的语言分层问题，盖尔纳在《民族与民族主义》中写道："在农业识字社会的上层，强调、加强和突出特权群体不同于其他群体的和为他们独有的那些特性显然是有利的。礼拜仪式语言变得与白话泾渭分明，仿佛识文断字本身还不足以在僧人和俗人之间形成障碍，仿佛他们之间的隔阂还需要加深。而这样做的手段就是不仅用无法理解的文字去记载，而且文字读起来也晦涩难懂。"① 如果我们将这段论述比照于中国传统社会，这些描述也基本适用——只需将僧人的礼拜语言与俗人的白话之间的分立改成士人的文言与普通民众的白话的分立就可以了。而学衡派对于文言的维护似乎在很大程度上是在维持或者部分地维持这种前现代社会的文化格局，而这恰恰是胡适们所企图瓦解与拆毁的东西。在这种情况下，要论证学衡派相关主张的现代性属性，确实是一件比较困难的事情。

---

　　① ［英］厄内斯特·盖尔纳：《民族与民族主义》，韩红译，中央编译出版社 2002 年版，第 15 页。

学衡派的老师——白璧德及其新人文主义思想显然具有无可置疑的现代性特质。作为对于启蒙理性与卢梭以来的浪漫主义极端扩张的反动，新人文主义者高扬文艺复兴以来的人文主义精神传统，再次将古希腊罗马的古典文化奉为人类文化的不朽典范，可以认为，作为一种文化现代性范式的白璧德新人文主义，直承了西方现代性谱系中的第一代范式，当然，作为"新"人文主义，与文艺复兴时期的人文主义所不同的是，前者所阻击的是 18 世纪启蒙运动以来的"物的规则"统治一切的现代化潮流，而作为祖辈的后者，则主要是力图与中世纪笼罩一切的基督教神学文化拉开距离，正是为了达到这个目的，他们去拥抱相对于他们当时的古代——古希腊罗马世界，因此，可以说，文艺复兴的人文主义，作为西方现代性的早期范式，是以复兴古代的面目出现的，因而，古希腊罗马的文化精神——至少是它的某种现代阐释——也就成了西方现代性的重要成分，因而，西方现代性的产生与演进在相当程度上，仍然保持着与西方文化的整体的连续性关系，白璧德的新人文主义所强调的也正是努力保持与西方文化的古典传统的连续性关系。而作为白氏弟子的学衡派，也正是出于对于本民族文化传统的这种连续性的强调，而极力反对胡适等人的"文学革命"运动。吴宓在《论新文化运动》中认为："今欲造成中国之新文化，自当兼取中西文明之精华，而镕铸之，贯通之。吾国古今之学术、德教、文艺、典章，皆当研究之，保存之，昌明之，发挥而光大之。而西洋古今之学术、德教、文艺、典章，亦当研究之，吸取之，译述之，了解而受用之。……中国之文化，以孔教为中枢，以佛教为辅翼。西洋之文化，以希腊罗马之文章哲理与耶教融合孕育而成。今欲造成新文化，则当先通知旧有之文化。……乃事之大不幸者，今新文化运动，于中西文化所必当推为精华者，皆排斥而轻鄙之，但采一派一家之说，一时一类之文，以风靡一世，教导全国，不能自解，但以新称，此外则皆加以陈旧二字，一笔抹杀。……此于造成新文化，融合东西文明之本旨，实南辕而北辙。"① 因而，当胡适在他的文章中称文艺复兴时期的欧洲作家以俚语取代拉丁文写作，并最终促成了英法德等民族语言的崛起，并以这一叙述作为自己"白话代文言"主张的合法性依据时，以人文主义者自居的学衡派们自然要极力反驳，但是，他们反驳的言路却耐人寻味。

事实上，胡适关于"俚语代拉丁"的历史叙述显然不完全吻合文艺复兴时期的相关历史状况，甚至在相当程度上违背了这一段文化史的主流状况。正如雅各布·布克哈特在《意大利文艺复兴时期的文化》中所指出的，"在整整两个世纪里边，人文主义者所做的就象是说，拉丁文是，而且必须一直是惟一值得用来写作的语言"。即使是但丁，"如大家所熟知的，也确曾试图用拉丁文来写作，《地狱》的开头部分最初就是以六音步诗写成的"②。甚至意大利文艺复兴时期的另一个文学巨匠彼特拉克则显然重视拉丁诗歌远甚于意大利文诗歌。而导致这一状况的原因也是非常明显的——"当时世界上存在的一个最有天才和高度发展的民族并不是由于纯粹的愚蠢和盲干而拒绝使用象意大利语这样一种语言。导使他们这样做的一定有一个重大的原因。这个原因就是对于古典文化的崇奉"③。不仅如此，正如本尼迪克特·安德森所指出的，文艺复兴时期的人文主义者不但推崇拉丁文，而且努力追摹最为精致与繁复的古典拉丁文文体，富有反讽意味的是，正是这种文体复古运动使得拉丁文神秘化，远离了日常生活领域，从而导致了拉丁文逐渐退出历史舞台并使得俗语方言作为书写语言崛起并取而代之④（但是这一过程

---

① 吴宓：《论新文化运动》，载徐葆耕编选《会通派如是说——吴宓集》，上海文艺出版社 1998 年版，第 15 页。

② ［瑞士］雅各布·布克哈特：《意大利文艺复兴时期的文化》，何新译，商务印书馆 1979 年版，第 248 页。

③ 同上书，第 253 页。

④ ［美］本尼迪克特·安德森：《想象的共同体：民族主义的起源与散布》，吴叡人译，上海人民出版社 2003 年版，第 47 页。

却经历了漫长的时间，至少在相当长的时期内，拉丁文仍然是欧洲知识分子的通用学术语言，与各民族国家的"国语"并立通行），从这个意义上说，胡适的叙述也是正确的，但是他却没有意识到，很大程度上正是他所推崇的"人文主义运动"对拉丁文的追摹才把拉丁文变成了"死文字"，而自己所做的一些，与当时的人文主义者所做的恰恰相反。

胡先骕对胡适相关论述的反驳，经历了两个阶段。在《评〈尝试集〉》一文中，他强调的是，胡适"以希腊拉丁文以比中国古文，以英德法文以比中国白话"乃是"以不相类之事，相提并论"。他认为："希腊拉丁文之于英德法，外国文也。"因此，"希腊拉丁文之于英德法文，恰如汉文与日本文之关系"，"乔（叟）、路（德）、但（丁）时之英德意文，与今日之英德意文较，则与中国之周秦古文，与今日之文字较相若，而非希腊拉丁文与英德意文较之比也"，"苟非国家完全为人所克服，人民完全与他人同化，自无不用本国文字以作文学之理"①。显然，胡先骕的这些观点显示出，他对于欧洲语言历史关系的认识仍然比较模糊甚至有些混乱，因为英德法语与拉丁语的关系并不一样，英语与德语属于日耳曼语系，而法语却属于拉丁语系，古拉丁语恰恰是现代法语的祖先。不仅如此，他将英德法语代替拉丁语成为现代民族国家的文学语言的过程解释为"本国文"代替"外国文"，与胡适一样地忽略了人文主义者崇奉古典拉丁语的历史，因而将拉丁语衰落与各民族语言的崛起理解为一个直线式的单向演进的历史过程，从而似乎也忽略了在"拉丁与俗语"之争中所蕴含的复杂矛盾的现代性信息：即一种复兴古典的运动有意无意地开启了一个新的文化与时代。不仅如此，他虽然反对胡适将这一段历史解释成"白话代替文言""今人胜古人"，但是将这一过程理解为"本国文战胜外国文"，却

---

　　①　胡先骕：《评〈尝试集〉》，《胡先骕文存》上卷，江西高校出版社1995年版，第39页。

仍然默认了胡适"国语文学"口号所蕴含的强化民族国家认同的战略目标。

到了《评胡适〈五十年来中国之文学〉》一文中，胡先骕对于欧洲语言历史变迁的认识显然更为精细准确，也许正是因为这个原因，他对胡适的反驳不再以"本国文"与"外国文"作为立论的主轴，而是以雅俗之辨与中西文字特点为立论的基点。而且，在这篇文章中，对于但丁采用意大利塔司干方言写作的问题成为他讨论的重点——在《评〈尝试集〉》中，他实际上是回避了。他提出了三点解释：第一，欧洲文字由于是表音体系文字，故而必须随口语而变迁，六七百年间拉丁语变为意大利语，较中国语言文字在同等时间内变迁更大；第二，意大利为异族征服，罗马文化灭亡，教会势力弥漫全欧，原先的罗马文化与意大利人已有隔膜；因此，第三，意大利诗人竞用异国语言或不通行而驳杂不纯之方言作诗。而但丁选择佛罗伦萨方言写诗，其原因正在于"佛罗伦斯城在当时以文物称盛，为塔司干尼诸城之冠，加以佛罗伦斯方言为最纯洁最近古拉丁者"[1]。也就是说，在胡先骕看来，但丁用方言俗语写诗，并不是如胡适所认为的，是弃古就新，而是恰恰相反，乃是努力接续古典拉丁语的传统。不仅如此，胡先骕极力强调，但丁将俗语分为上、中、下三等，将诗体也分为庄重、诙谐、哀挽三种，并认为作庄重诗应用上等俗语，作后两种诗体则用中、下等俗语，而佛罗伦萨方言尚只宜于写《神曲》这样的诙谐诗而不足以作庄重诗——胡先骕指出《神曲》本名为 Cemmedia（意大利语意为"喜剧"——笔者注），后人始冠以 Divina（意大利语意为"神圣的"——笔者注）一词——在作哲学与科学之文时，更是使用拉丁文。显然，胡先骕对于意大利文艺复兴时期的文化尤其是文学语言的普遍状况的叙述与当时人文主义者们纷纷追慕古典拉丁文体的状

---

[1] 胡先骕：《评胡适〈五十年来中国之文学〉》，《胡先骕文存》上卷，江西高校出版社1995年版，第209页。

况有着某种出入，有趣的是，虽然他的评价与胡适完全相反，但是他所建构的文艺复兴时期文学语言状况的历史想象却与胡适所建构与叙述的几乎完全一致，搁置这其间的价值争议，胡先骕可能也会同意胡适所认为的，但丁所处的时代正在兴起一场"用民众使用的活的语言创作的新文学取代用旧语言创作的古文学的运动"①，只是对于胡适来说，但丁正是这一弃旧图新的历史潮流中的杰出代表，而对于胡先骕来说，但丁却是力挽这一文化沦落狂澜的中流砥柱。

据此，胡先骕认为，胡适"白话代文言"的论点，并不能从西方文化史的事实中得到论据支持。不仅如此，按照他对意大利文艺复兴文学语言史的理解，他显然认为，无论拉丁文还是中国文言语体，都代表了一种古典的精英文化传统，不仅不应该遭到否弃，更应该维持其连续性，由于中国书写文字系统自身的以形表意的优势，因而中国的书面语言系统不必随着口语语音的变化而变迁，因而作为书面语言系统的文言文具有更强的稳定性与连续性，这种书面语言的稳定性与连续性正是中国文化能够保持其连续传承的重要原因，因此，文言文比拉丁语更具备历久不衰的生命力。这一点他在写于1942年的《建立三民主义文学刍议》中有更加集中的论述：

> 吾国之文字衍形而不衍音，故只有蜕嬗而无绝对之死亡。周秦之文距今已二三千年而尚易诵习；至于唐宋之文，则无异时人所作；此正吾国所以能保数千年而不绝之故也。胡氏每以拉丁文况吾国文言，而以意大利法兰西文况吾国语体，其为诡辩，吾久斥之。盖拉丁与意法均为衍音之文字，故方言异，则文字随之而异。拉丁语死亡之原因，半由于衍音文字内在之变易性，亦半由于罗马帝国倾覆后各地民族之分化。迨至查勒曼

---

① 胡适著，欧阳哲生、刘红中编：《中国的文艺复兴》，外语教学与研究出版社2001年版，第181页。

大帝死后，日尔曼帝国分裂为三。国家民族之分化益形剧烈。通俗之拉丁语，已逐渐蜕变为意法西葡诸语文，而庙堂所公用之拉丁语，亦不能通用，故拉丁文遂变为死文字矣。清丽流畅之文言文，固犹今日通用之文字也。①

然而，正是在这个地方，胡先骕的论说出现了一个裂隙，应该说，"文字"的概念在胡适那里与胡先骕在此所言是有所不同的，作为一种表意体系的文字，汉字确实在巨大的时空范围内超越了纷繁的方言分歧维系了中国文化共同体成员的认同感。然而，胡适所说的"文字"却并不指作为文字符号的汉字系统，而是指书面语言系统，而作为书面语系统的文言文，既与口语系统保持一定的距离，从而避免了随同口语发生空间与时间的分化与变易，保持着相对稳定性，因而也就保持了文化（至少是书面的、典籍的文化）的连续性与稳定性。但文字的优势特征未必可以完全等同于书面语体的优势，如果说，汉字因为与口语声音保持距离，反而可以超然于语音的时空变易而获得广泛的通用性，那么，文言语体却因为与口语的距离，构成了一种较为森严的文化壁垒，即使能够识字也仍然未必能够使用这一文言语体，因此，可以说文言语体的使用能力是一种相对难以获得的文化资本，也正是因为这个原因，这一语体以及它所含有的文化资本在相当长的时间内为中国社会中的小部分人所垄断，因而不适宜作为工业社会的普遍交流工具，也不适宜作为训练工业社会的产业人员的工具。这正是胡适企图用另一个进入门槛更低的书写语言系统即白话文来取代它的原因。

不仅如此，胡先骕也得不承认，作为书面语言系统的拉丁文最终变成"死文字"，是由于它与从拉丁俗语演化而成的欧洲各民族语言距离越来越大，以致最终"不能通用"，虽然他将之归因于

---

① 胡先骕：《建立三民主义文学刍议》，《胡先骕文存》上卷，江西高校出版社1995年版，第377页。

"半由于衍音文字内在之变易性，亦半由于罗马帝国倾覆后各地民族之分化"①，但这仍然支持了胡适提出的理路：即一种与日常口语系统距离甚远、不仅在语汇方面而且在语法方面都与后者有着相当的差异的书面语系统，确实无法适应工业化社会对于语言的要求，即作为一种普遍的大规模的教育与交流的工具的要求。无论这种书面语与通行的口语是否同属于一种民族语言，这都是言文分离的书面语系统的现代性宿命。虽然胡先骕力图提出"吾国文法又极简单"，因此"亦少文法上之变迁"② 来论证汉语文言语体可以免于拉丁文的命运，然而，即便他对文言语体自身特点的看法是对的，却仍然不能抹杀这样一个事实：文言语体与日常口语语体之间确实存在着相当大的距离，因此，胡先骕的"汉语文言独特论"要驳倒胡适们恐怕存在相当的困难。

虽然汉字系统与文言语体的独特性是胡先骕坚持存留文言语体的一个理由，但是，他立论的真正基础仍然是这样一种信念：中国传统文化与西方文化一样，都发展出了一系列共同的典范文化要素，这些要素符合人类共同的健全人性，并得到人类几个主要文化共同体千百年的实践经验的确证，构成了人类文化的典范与精髓。他在《文学之标准》一文中说：

> 孔子苏格拉底，已得人生哲学之精髓，吾人之天性不变，则亦不能舍其人生哲学而另创一健全之人生哲学，诗歌之体裁，既经古人之研几，而穷其正变之理，则亦惟有追随其后，而享受其工作之遗产，不必务求花样翻新也。幸也宇宙间事理无穷，人类天性之蕴畜亦无穷，即不创矜奇立异之说，文学之

① 胡先骕：《建立三民主义文学刍议》，《胡先骕文存》上卷，江西高校出版社1995年版，第377页。
② 胡先骕：《评胡适〈五十年来中国之文学〉》，《胡先骕文存》上卷，江西高校出版社1995年版，第208页。

材料，亦不至缺乏，而尚能图有超越时代之成就。①

在他看来，胡适等人与西方的浪漫主义文学潮流，错误之处正在于
违背了这种普适典范与共同标准：

> 自浪漫派兴，绝对以推翻标准为能事，表现自我，遂不惜
> 违人类之共我，逐其偏而违其全，矜其变而厌其常，文学于是
> 不日进而日退，故当世之务最急者，莫如本人类固有之天性与
> 数千百年之经验而详细讨论文学之标准也。②

显然，这些思想来源于白璧德的新人文主义，可以说，学衡派与他
们的西方人文主义老师们都坚定地相信人性、理性等等范畴是一种
普适标准，可以作为裁断人类文化的通用标准。可以说，在学衡派
们对本土文化传统的坚守的背后，支持他们的正是这一来自西方的
普适文化信念，正是这一信念确立了他们的"文化保守主义"作为
一种现代性范式的品格，从而使得他们的"守旧"与真正的守旧派
文人判然有别。

可以说，胡适与学衡派在论争中虽然显示出两种完全不同的立
场，但是富有意味的是，他们所依恃的背景知识却往往是相似的，
即都将西方现代文化史的某些典范时段的情状作为支持自己立论的
重要根据，不仅如此，尽管对这一相关参照图景的理解与评价往往
大相径庭，但是，他们都有意无意地将西方历史图景作为论证自己
立场与观点合法性的基准。可以说，产生于这一历史图景之中的西
方现代性范式已经成为他们审断中国现代性道路的标尺，由于西方

---

① 胡先骕：《文学之标准》，《胡先骕文存》上卷，江西高校出版社1995年版，第
277页。
② 同上书，第250页。

现代性演进过程中产生了多元化的范式类型，也由于这一演进过程与西方文化传统之间存在着一种既断裂又连续的悖论性关系，从而使得移植自西方的中国现代性也展现出两种完全不同的范式类型，这两种类型的差异集中地体现于它们各自与中国本土文化传统的关系上，即一种是胡适式的通过与中国传统断裂而确立自身，另一种则是学衡式的努力维系与中国传统的连续性关系，而它们都宣称自己的道路具有普适意义。可以说，这两种以西方范式为始源的现代性范式之间的纠缠斗争断断续续持续至今，并将一直持续下去，从而构成了中国文化现代性格局自身的紧张状态。

第六章　国民党官方的文化保守主义政策与知识分子

马克思指出："一个阶级是社会上占统治地位的物质力量，同时也是社会上占统治地位的精神力量。"构成统治阶级的各个个人，一方面作为一个阶级进行统治，同时"还作为思维着的人，作为思想的生产者而进行统治"①。很显然的是，实际掌握与控制国家政治权力的只能是具体的个人或者群体组成的政党与官方机构，因此，在社会思潮的形成与塑造的过程中，掌握国家政治权力的政党、官方机构乃至政府领导人的作用与影响无疑是不容忽视的。在中国现代史上，文化保守主义思潮的形成与发展过程中，掌握政权的国民党的官方权力无疑起着推波助澜的重要作用。

第一节　"新生活运动"："规矩"之求

1928 年 2 月，南京国民政府成立不久，担任大学院院长的蔡元培发出大学院令，称"孔子生于周代，布衣讲学，其人格学问，自为后世所推崇。惟因尊王忠君一点，历代专制帝王，资为师表，祀以太牢，用以牢笼士子，实与现代思想自由原则及本党主义，大相悖谬。若不亟行废止，何足以昭示国民。为此，令仰该厅、校、局

---

① 见马克思、恩格斯《德意志意识形态》，《马克思恩格斯全集》第三卷，人民出版社 1960 年版，第 52 页。

长，转饬所属，着将春秋祀孔旧典，一律废止"①。训令发出之后，遭到了来自社会各界的反对，表示反对意见的信函像雪片似的飞往南京行政院和大学院。据说当时还有儒生为表抗议而跳水自杀。而在这时，时任国民革命军总司令的蒋介石的态度耐人寻味。1928年4月，蒋介石率部"二次北伐"，途经曲阜，特颁令保护孔庙，并前往拜谒，向孔子像行三鞠躬礼。6月，蒋介石再次颁令保护孔庙。作为在相当长的一段时期内掌握中国最高统治权力的政治人物，蒋介石对于儒家与孔子的态度显然具有极为重要的意义。可以说，由蒋介石及其统治集团发起的国民党官方的具有浓厚文化保守倾向的社会运动在相当程度上推动并助长了中国现代社会的文化保守主义氛围，不仅如此，这种官方保守主义思想话语成为当时中国知识分子不得不面对的一个重要的社会文化语境因素，无论认同还是反对，这个因素都对他们的思考与发言施加了重要的影响。

1934年年初，蒋介石在南昌发起"新生活运动"。按照蒋介石的论述，这个运动是要以"礼义廉耻"的传统思想为出发点，以"生产化""艺术化"与"军事化"为目标，要在全国范围内推行一场"改造国民生活形态以及行为模式"的教育运动。1934年2月，蒋在当时的南昌行营作的题为《新生活运动之要义》的演讲中以一战后德国的复兴为例，认为德国之所以能重新崛起，获得西方各国的平等待遇，"就是因为他们一般国民的智识道德能和各国国民平等，或许比人家还要好些"，因而他宣称："要一个国家和民族复兴不是有怎样大的武力就行，完全在乎一般国民有高尚的智识道德。所以今后我们要求平等，要想复兴我们的国家和民族，一定要根本上先从提高国民的智识道德这一点来做。"② 而要提高国民

① 蔡元培：《在大学院所发废止春秋祀孔旧典的通令》，《蔡元培全集》第五卷，中华书局1988年版，207页。
② 蒋介石：《新生活运动之要义》，《蒋委员长新生活运动讲演集》，新生活运动促进总会1937年编印，第8页。

的智识道德，蒋介石认为，就要从食、衣、住、行这些日常生活样式入手，对国民进行教育改造，而改造的原则，蒋介石宣称，就是所谓"礼义廉耻"："现在我主张无论家庭教育学校教育军队教育和社会教育，都要从食衣住行开始，都要使受教的人一切生活合乎礼义廉耻，然后才能使全国国民表现出高尚的道德和智识来，使人家不得不敬畏我们，不敢不承认我们平等，……我不过从各方面经过长期体认而知道现代各国教育的精神所在，再证以我们中国传统的精神，觉得合乎礼义廉耻适于现代生存的新生活运动是目前救国建国与复兴民族一个最基本亦最有效的革命运动。"[①]

而这种所谓合乎礼义廉耻的生活，按照蒋介石最早提出来的标准来说，就是"整齐、清洁、简单、朴素"——后来又加上"迅速、确实"——也即是他所谓的"军事化"。显然，虽然使用了一系列的传统伦理概念进行包装，但是很显然的是，在蒋的心目中，这一运动所要达成的目标其实是全体国民对于政府的完全服从，尤其是面对日本侵略战车的步步紧逼，蒋必须为未来可以预见的中日之间的全面战争做准备，他的这个运动就有着潜在的国防意义。正如他所在演讲中所宣称的："我现在所提倡的新生活运动是什么？简单的讲，就是使全国国民的生活能够澈底军事化！能够养成勇敢迅速，刻苦耐劳，尤其是共同一致的习性和本能。能随时为国牺牲！……要养成这种随时可以与敌人拼命为国牺牲的国民，就要使全国国民的生活军事化，所谓军事化，就是要整齐，清洁，简单，朴素，也必须如此，才能合乎礼义廉耻，适于现代生存，配做一个现代的国民！"[②]"新生活运动最后的目的，就是要使全国国民的生活，行动能够整齐划一四个字，这整齐划一四个字的内容，是什么

---

① 蒋介石：《新生活运动之要义》，《蒋委员长新生活运动讲演集》，新生活运动促进总会 1937 年编印，第 16 页。

② 同上书，第 18 页。

呢？亦就是现在普通一般人所说的'军事化'"①，"新生活运动就是军事化运动，军事化运动，就是要从日常生活所做起，一步一步地确实做到'全国总动员的程度'"②。

可以说，尽管蒋一直在宣扬所谓"礼义廉耻"的道德概念，但是将这些道德概念与他所说的"军事化"勾连在一起，总让人觉得有些牵强。实际上，蒋所重视的往往在于"整齐划一"与"规矩节度"，因此在他所谓的"国之四维"之中，他最重视的其实是体现规矩与秩序的"礼"：

> 这礼义廉耻中，那一件事情最紧要呢？我们看这四个字排列的次序那就可以知道，第一要紧的就是"礼"。……"礼"既是四维和六艺的首要，所以我们要造成一个文明进步，安固发展的国家，社会，家庭，或是一个机关，就先要有"礼"。③

而这个"礼"，在蒋的理解中，就是所谓"规矩"：

> 实行新生活，应首先由"礼"字做起。所谓"礼"者，非谓三跪九叩首或鞠躬举手等敬礼，乃泛指一切"规规矩矩的态度"，亦即持躬律己，待人接物一切合理的举措。就社会国家而言，即一切秩序与法纪之谓。④

> 大家应当知道的，就是所谓"礼"一定要有节，没有节便

---

① 蒋介石：《新生活运动的意义和目的》，《蒋委员长新生活运动讲演集》，新生活运动促进总会 1937 年编印，第 53—54 页。
② 同上书，第 55 页。
③ 蒋介石：《新生活运动之中心准则》，《蒋委员长新生活运动讲演集》，新生活运动促进总会 1937 年编印，第 25—26 页。
④ 蒋介石：《新运的意义与推行之方法》，《蒋委员长新生活运动讲演集》，新生活运动促进总会 1937 年编印，第 165 页。

> 不成礼，节是什么？就是最合理的规矩节度。如果没有规矩节
> 度那便是乱，不能叫礼。①

> 正因为礼一定要有节，所以礼和乐有不可分的关系。乐是
> 什么？乐就是节。唯其节奏和谐，乃成其音调高美，而乐之节
> 奏，与礼之节度，就其意义与作用而言实在是一个东西。所以
> 我们要知礼一定要知乐，要尚礼一定要重乐！②

而这种所谓的"节"，在蒋的理解中，仍然不过是"整齐划一"。他在有关新生活运动的演讲中有几次提到所谓艺术，其实所指的也不过是军乐的演奏，所强调的仍然是"整齐划一"："你看在南昌的几个音乐队，就各个不同，无论服装，态度，精神以及音调节奏，都不整齐划一。"③ 而他所谓的"生活艺术化"，也不过是"使一般国民能尚整齐，爱清洁，一切事物由整洁而自在美观④"。在这其中受到重视的仍然是"整齐"。

显然，蒋介石的这些观点与标准与他在日本军校预科的学习经历有着密切的关联。可以说这些观点与标准很大程度上来自于蒋心目中的榜样兼对手——日本。但是，在蒋的论说中，他努力将这一切与中国传统道德即所谓"礼义廉耻"捆绑在一起，利用传统的权威来强化他发起的这一社会运动的合法性：

> 本来我们所谓新生活目的就是要使全国国民凡日常生活食

---

① 蒋介石：《新生活运动之中心准则》，《蒋委员长新生活运动讲演集》，新生活运动促进总会 1937 年编印，第 29 页。
② 同上书，第 31—32 页。
③ 蒋介石：《再解释新生活运动》，《蒋委员长新生活运动讲演集》，新生活运动促进总会 1937 年编印，第 69 页。
④ 蒋介石：《新运的意义与推行之方法》，《蒋委员长新生活运动讲演集》，新生活运动促进总会 1937 年编印，第 166 页。

衣住行，统统要照到我们中国固有的"礼义廉耻"道德的习惯
来做人，简言之，就是根据中国固有道德的习惯，来决定人人
所必须日常的行动，这就是新生活运动的内容，并没有旁的新
花样……这种文明做人的生活，本来是我们祖先向来所过的，
不过最近因为社会的堕落，教育的腐败，一般国民将他固有的
礼义廉耻忘掉了！不去用他，连得食衣住行也不会了。①

显然，"新生活运动"以民族复兴与复归传统为号召，为蒋介
石及其统治集团对国民的生活行为进行"军事化"规训提供了正当
性支持。必须承认，在蒋的所谓"新生活运动"的诸多条规中，包
含着推动与促进国民素质与生活形态的现代化的意图，也包含着对
国民进行准军事性训练，提高国民国防素质以应对未来的对外（具
体来说，就是对日本）战争的意图——蒋 1935 年在峨眉军训团演
讲时明确提出：

　　无论是军，民，政，教，团，警，农，工，商，那一界，
一切的工作，有一个最后的总目标：就是要完成"全国总动
员"！我们所要教导的事情，是为着"全国总动员"！……将
来一旦到了山裂海震天翻地覆的时候，全国国民在政府一个号
令之下，共同一致分工合作，来保护我们的国家，竭尽我们的
责任，然后我们的国家，才可以图存，我们的民族，才可以
复兴！②

但是，将这些日常生活行为的规范与训练作为实现民族复兴的宏伟

---

　　① 蒋介石：《新生活运动的意义和目的》，《蒋委员长新生活运动讲演集》，新生活
运动促进总会 1937 年编印，第 52 页。
　　② 蒋介石：《现代国家的生命力》，《蒋委员长新生活运动讲演集》，新生活运动促
进总会 1937 年编印，第 309 页。

目标的充分条件，显然有将复杂问题简单化、甚至避重就轻、倒果为因的嫌疑——国民生活形态的现代化，应该是整个国家与社会现代化发展的一个结果，而不是相反。事实上，蒋介石也未必不知道这个道理。他于1935年5月13日出席云南省党部扩大纪念周上时发表的演讲中就讲道："现在一个国家，要在世界上独立生存，能与各国并驾齐驱，获得自由平等的地位，第一重要的条件，就是要工业发达。所以我们中国要能和人家讲平等，争自由，第一件的重要事情就是要使我们中国能由农业国家进为工业国家！如果这一点不能做到，无论怎样和人家讲平等，争自由，都无益处!"① 同年9月8日出席峨眉军训团总理纪念周训词中又说："现代国家的生命力是什么？第一就是教育，第二就是经济，第三就是武力。"②

但是，在他大多数有关新生活运动的演讲中，仍然将国民的日常生活习惯的训练与改造标定为民族复兴的必由之路甚而捷径，这种似乎是明知故犯的低级错误使人完全有理由怀疑他是借着"民族复兴"这面大旗而行其巩固政府乃至个人统治权力之实。

第二节　作为权威资源的"三民主义"

在蒋介石以及其他国民党官方人士有关提倡传统道德的论述中，孙中山的三民主义思想中的相关论述是常常为他们所援引与借重的权威性理论资源。事实上，从1924年国民党的一届三中全会通过了《接受总理的遗嘱宣言》与《关于接受遗嘱之训令》之后，孙中山的思想论述就被确立为国民党官方的正统思想。蒋介石及其统治集团亦一直将孙中山的著作（即所谓"总理遗教"）奉为他们

---

① 蒋介石：《建设新云南与复兴民族》，《蒋委员长新生活运动讲演集》，新生活运动促进总会1937年编印，第186页。

② 蒋介石：《现代国家的生命力》，《蒋委员长新生活运动讲演集》，新生活运动促进总会1937年编印，第291页。

的官方意识形态的经典文本。尤其到 1929 年，国民党的第三次全国代表大会宣布全国进入训政时期，并宣称以孙中山所著《三民主义》《五权宪法》《建国方略》《建国大纲》及《地方自治开始实行法》"为训政时期中华民国最高之根本法。举凡国家建设之规模，人权、民权之根本原则与分际，政府权力与其组织之纲要，及行使政权之方法，皆须以总理遗教为依归"。"凡党员之一切思想、言论、行动及实际政治工作"，均应以"总理之全部教义"为规范①。作为当时经由官方广为传播的权威思想论述，孙中山对于中国传统的认识以及对于中国现代化道路设计不但成为国民党官方应对这些问题的权威性方案，也成为当时社会广为接受的普遍常识。

因而蒋介石在宣扬他的"新生活运动"的时候，他也同样要借重孙中山的旗号来强化他的主张的权威性。例如，1934 年 3 月，他在题为《新生活运动之中心准则》的演讲中说："总理平生所著第一本书，就是民权初步，讲社团的组织，会议的法式，都是团体活动或公共生活的基本规则，也就是广义的最粗浅的礼的典范。总理讲三民主义讲了几十年，何以他不先著一本三民主义，而要最先著民权初步呢？就是看了中国人一点不懂团体生活的秩序，不懂礼节，所以要最先著这本民权初步，拿社会上一切礼的基本来教导一般国民。民权初步，包含了一切礼的精神，实在是最完善切用之'礼'的实习。"②

显然，将孙中山的《民权初步》与所谓"礼"相联系，说成是教导国民遵守所谓"礼"的教科书，这是对于孙中山原意的曲解。实际上，《民权初步》初名《会议通则》，是孙中山在《罗伯特议事规则》的基础上编译而成的，孙中山编写此书的动机，是为

---

① 见荣孟源主编《中国国民党历次代表大会及中央全会资料》上册，光明日报出版社 1985 年版，第 654 页。

② 蒋介石：《新生活运动之中心准则》，《蒋委员长新生活运动讲演集》，新生活运动促进总会 1937 年编印，第 27 页。

了向中国人介绍西方民主政治的议事规则，其目的是使中国民众学会运用行使民主权利的规则。正如孙中山先生在序言中所说的："民权何由而发达？则从固结人心、纠合群力始。而欲固结人心、纠合群力，又非从集会不为功。是集会者，实为民权发达之第一步。然中国人受集会之厉禁，数百年于兹，合群之天性殆失，是以集会之原则、集会之条理、集会之习惯、集会之经验，皆阙然无有。以一盘散沙之民众，忽而登彼于民国主人之位，宜乎其手足无措，不知所从。所谓集会则乌合而已。"① 而这些内容，孙中山很明确地指出，是来自"西学"："自西学之东来也，玄妙如宗教、哲学，奥衍如天、算、理、化，资治如政治、经济，实用如农、工、商、兵，博雅如历史、文艺，无不各有专书，而独于浅近需要之议学，则尚阙如，诚为吾国人群社会之一大缺憾也。夫议事之学，西人童子而习之，至中学程度，则已成为第二之天性矣，所以西人合群团体之力，常超吾人之上也。"② 蒋介石想将这些与自己宣扬的以"整齐划一"为目标的所谓的"礼"相等同，这显然是一种六经注我式的曲解。

但是，应该说，孙中山的思想中，确实有可为蒋介石与国民党人利用的传统主义的一面。甚至蒋介石以恢复国民的"智识道德"以求民族复兴的说法也可以在孙中山的相关论述中找到根据与来源。孙中山在《三民主义》一书中确实强调过民族复兴与恢复固有道德之间的关系："大凡一个国家所以能够强盛的缘故，起初的时候都是由武力发展，继之以种种文化的发扬，便能成功；但是要维持民族和国家的长久地位，还有道德问题，有了很好的道德，国家才能长治久安。……所以穷本极源，我们现在要恢复民族的地位，除了大家联合起来做成一个国族团体以外；就要把固有的旧道德先

---

① 孙中山：《民权初步》，孙中山《建国方略》，中州古籍出版社 1998 年版，第332 页。
② 同上书，第 333 页。

恢复起来。有了固有的道德，然后固有的民族地位，才可以图恢复。"① 而中国固有的旧道德，孙中山将之归纳为"忠孝仁爱信义和平"。与"五四"新文化全盘反传统的观念不同，孙中山并不认为中国传统的旧道德应该被抛弃。他指出："现在受外来民族的压迫，侵入了新文化，那些新文化的势力，此刻横行中国，一般醉心新文化的人，便排斥旧道德，以为有了新文化，便可以不要旧道德；不知道我们固有的东西，如果是好的，当然是要保存，不好的才可以放弃。……中国从前的忠孝仁爱信义的种种旧道德，固然是驾乎外国人，说到和平的好道德，更是驾乎外国人。这种特别的好道德，便是我们民族的精神；我们以后对于这种精神，不但是要保存，并且要发扬光大，然后我们民族的地位才可以恢复。"② 孙中山认为，中国传统道德不仅是中华民族复兴的根基，而且，由于拥有这些传统道德观念，中国对于整个世界与人类的前途负有重大的责任："中国如果强盛起来，我们不但是要恢复民族的地位，还要对于世界负一个大责任，如果中国不能够负担这个责任，那么中国强盛了，对于世界没有大利，便有大害。中国对于世界究竟要负什么责任呢？现在世界列强所走的路是灭人国家的，如果中国强盛起来，也要去灭人国家，也去学列强的帝国主义，走相同的路，便是蹈他们的覆辙；所以我们要先决定一种政策，要济弱扶倾，才是尽我们民族的天职。……那才算是治国平天下。我们要将来能够治国平天下，便先要恢复民族主义和民族地位，用固有的和平道德做基础，去统一世界，成一个大同之治，这便是我们四万万人的大责任。……这便是我们民族主义的真精神！"③

当然，孙中山并不是一个国粹主义者，面对来自西方列强的实实在在的强势压迫，孙中山和近代以来大多数谋求民族复兴之道的

---

① 孙文：《三民主义》，正中书局 1938 年版，第 100—101 页。
② 同上书，第 102—108 页。
③ 同上书，第 119 页。

中国人一样，非常明了学习西方先进文化的重要性。他明确地指出："恢复了我们固有的道德智识和能力以外，在今日的时代，还未能进中国于世界上的第一等地位，像我们祖宗在从前是世界上独强一样。要想恢复到那样的地位，除了恢复一切国粹之后，还要学欧美的长处，然后才可以和欧美并驾齐驱；如果不学外国的长处，我们还是要退后。"① 而在孙中山看来，欧美的长处就在于科学："外国人的长处是科学，用了两三百年的工夫，去研究发明，到了近五十年来，才算是十分进步；因为这种科学进步，所以人力巧夺天工，天然所有的物力，人工都可以做得到。"② 而孙中山关于学习科学的观点，则是后来一直被政、学各界反复提及的"迎头赶上"论："我们要学外国，是要迎头赶上去，不要向后跟着他，譬如学科学，迎头赶上去，便可以减少两百多年的光阴。"③

应该说，孙中山确实力图从中国传统文化中寻找中华民族走向复兴的精神资源，他在强调向西方学习、推动中国现代化的同时，也认识到了西方现代资本主义文化的负面意义，并从中国传统道德文化中发现了可以纠正这些偏弊的资源，但就其一生的奋斗目标而言，主要的仍然是要实现中国从政治制度到产业技术的现代化。但是，在孙中山逝世之后，蒋介石与国民党的官僚政客们在将他偶像化的同时，也将他的形象几乎改造成了一个文化上的传统主义者。《接受总理的遗嘱宣言》的作者戴季陶在同年推出的《孙文主义之哲学的基础》中声称："在思想方面，先生是最热烈的主张中国文化复兴的人，先生认为中国古代的伦理哲学和政治哲学，是全世界文明史上最有价值的人类精神文明的结晶！要求全人类的真正解放，必须要以中国固有仁爱思想为道德基础，把一切科学的文化，都建设在这一种仁爱的道德基础上面，然后世界人类才能得真正的

---

① 孙文：《三民主义》，正中书局 1938 年版，第 115 页。
② 同上书，第 116 页。
③ 同上书，第 117 页。

平和，而文明的进化也才有真实的意义。"① 戴季陶最终断言："中山先生的思想，完全是中国的正统思想，就是继承尧舜以至孔孟而中绝的仁义道德的思想。在这一点，我们可以承认中山先生是二千年以来中绝的中国道德文化的复活。"②

尽管从蒋介石在各次演讲中反复强调、孜孜以求的日常生活细节的"整齐划一"与"军事化"中实在看不出与"忠孝仁爱信义和平"这些孙中山所归纳的传统道德有什么确实的关系，但蒋介石在鼓吹"新生活运动"时仍然极力攀附孙中山关于中国传统道德的现代价值的论述："我们今后要建设国家复兴民族，在物质方面固然要使一切产生近代化，以谋经济的独立；但是如果不同时在精神方面，注意发扬民族的精神提高民族的道德，则国家的产业和经济，以现在所处的环境而论，一定是很难进步；即算可能，也将成为畸形的发展，前途非常危险，终久不能救国救世！现在有许多国家，他们的科学很进步，工业很发达，忘了人类是应当互助共存的道理，没有仁爱，信义，和平，这些伟大的精神和基本的道德，所以成为一个侵略者，不但不能救世界救人类，而且反要危害人类和世界！……所以我们要复兴民族，首先必须恢复我们固有民族精神；……有了精神的基础，然后一切物质的建设，才能稳健确实，才能对于国家民族发生良好的效果！我们要倡导新生活运动，要提倡'礼义廉耻'四维，要发扬'忠孝仁爱信义和平'八德，其目的就是在此！"③

第三节　新版"中体西用"

蒋的这些号召与向儒家传统回归的言行很快引起了知识界与舆

---

① 戴季陶：《孙文主义之哲学的基础》，民智书局 1925 年版，第 28—29 页。
② 同上书，第 36 页。
③ 蒋介石：《建设新云南与复兴民族》，《蒋委员长新生活运动讲演集》，新生活运动促进总会 1937 年编印，第 188—189 页。

论界的质疑。1934 年 2 月 26 日，北平《晨报》发文表示："自革命军兴，'打倒孔家店'之呼声，传遍全国，国民政府成立，且明令废止祀孔。曾几何时，向之主张废孔者，今又厉行尊孔。抚今追昔，真令人百感丛生，觉人事变幻，殆有非白云苍狗所能喻者，孔氏有知，度与吾人有同感矣。"①

　　一个多月之后，胡适在《大公报》发表《为新生活运动进一解》一文（后又刊于《独立评论》），对蒋介石的"新生活运动"提出质疑与批评。胡适指出，"我们不可太夸张这种新生活的效能"，因为这"不过是一个文明人最低限度的常识生活，这里面并没有什么救国灵方，也不会有什么复兴民族的奇迹"。尤其是，"生活的基础是经济的，物质的。许多坏习惯都是贫穷的陋巷里的产物。人民的一般经济生活太低了，决不会有良好的生活习惯"。因此，政府的第一责任，是让老百姓能够生活下去；第二责任，是要提高他们的生活能力；最后一步，才是教他们如何去过所谓的新生活。②

　　另有一些学者则对"新生活运动"中的文化保守倾向表示警惕。同年 9 月，著名学者吴泽霖在《东方杂志》发表文章指出："中国的文化确有种种的特长，惟与西方各国来周旋，那根本无法可以抵抗他们的强力。所以民族复兴的文化条件，并不在什么保存国粹，而在怎样吸收一种文化使我们能抵抗他们的武力和经济侵略。"③

　　尽管受到了胡适这些"五四"新文化知识分子的批评，但是，蒋介石的"新生活运动"仍然开启了国民党官方保守主义文化政策的大幕。配合蒋介石的"新运"，蒋介石统治集团各级成员争相创办了一系列刊物，发起了一系列的文化运动，在这一过程中，官方

---

① 《由废孔又到尊孔》，《晨报》1934 年 8 月 26 日。
② 胡适：《为新生活运动进一解》，《独立评论》1934 年第 95 号。
③ 吴泽霖：《民族复兴的几个条件》，《东方杂志》1935 年第 31 卷第 18 号。

与非官方身份的知识分子或主动或被动地与这些官方的文化运动或文化思想进行互动、辩论，从而形成了三四十年代中国文化界的文化保守主义氛围。

可以说，蒋介石与国民党官方人士借着孙中山"民族主义"思想中的相关论述，推出了一个新版的"中体西用"式的文化建设方案——一方面恢复传统的固有道德，以此为基本立国精神，另一方面则"迎头赶上"西方的物质科学，以实现国家的工业化。1934年3月，作为对蒋的"新生活运动"的一种呼应，国民党CC系在上海成立了蒋介石任名誉会长、陈立夫任理事长的中国文化建设协会，同年10月10日，该协会主办的《文化建设》创刊号出版，为"中国文化检讨专号"，陈立夫在当期杂志发表题为《中国文化建设论》的文章，非常典型地阐述了这一极具官方色彩的文化方案。文中宣称："要复兴民族，必先恢复民族的自信力并促进物质的创造力。要恢复民族的自信力，必先检讨中国固有的文化以认识民族之光荣的过去；要促进物质的创造力，必先吸收西洋的文化以认识物质科学之创造的力量。但此二者，皆为文化建设的工作。申言之，要复兴中华民族，必先复兴中华民族的文化。故今日我们所谓建设民族新文化，即在依照总理之指示，一面将西洋文明迎头赶上去，一面把自己固有的文明从根救起。""以后我们要建设文化，须先恢复固有的至大至刚至中至正的民族特性，再加以礼义廉耻的精神，以形成坚强的组织和纪律，再尽量利用科学的发展，以创造人民所必需关于衣食住行之资料，则民族之复兴，当在最近的将来。"①

陈立夫的观点并不新鲜，事实上，他对中西文化的认识仍然不脱近代以来的"中国文明为精神文明，西方文明为物质文明"的老调。他在文中宣称："西洋文化，偏重于物质方面之发展；中国文

---

① 陈立夫：《中国文化建设论》，《文化建设》1934年第1卷第1期。

化，则偏重于精神方面之发展。各有其重心、动力、原理、内容之发明，各有其精神和物质资料之创造，一方以热为造物的动力，一方以诚为行道的动力，各自畸形底发展不已。""由宋而来，中国的文化更是偏重精神的发展，而忽略了物质的创造，离去物质则精神无所附丽；愈谈愈玄远，愈进愈空虚；结果所谓精神文明，仅存了一种习尚空谈而不务实利之现象，强者形成骄奢淫佚，弱者日趋颓废苟且，结果自然弄到'有人无物'大贫小贫的境地，渐由衣食不足而废弃礼义，互相争夺残杀，趋于毁灭，连精神都不能维持。至于他们西洋人的文明，偏重物质的发展，也不免忽略了精神的条件，使人生反为物质所役使，而物质愈进步，人类愈感时间之多作，欲望之不能满足，于是人类因争夺物质而以物为互相残杀之工具，弄到'用物灭人'的境地，其文明亦渐趋于毁灭。结果都等于零。可知偏重于精神或偏重于物质，都非文化之正轨，精神与物质两大条件之合理的（中）配合（和），才是文化之常轨而合乎生的要求。"[1]

可以说，陈立夫的这种思想模式是当时中国人谈中西文化时颇为流行的一种思想模式，我们从三四十年代文化界对于相关问题的讨论中经常可以看到这一思维方式的影子。1934 年，在陈立夫发表《中国文化建设论》之前，《独立评论》上就已经就如何建立民族的自信心问题展开了一场小规模的论争，针对胡适对于中国传统文化的全面否定，读者子固在《怎样才能建立起民族的信心》一文中提出："要建立一个民族的信心，决不能从骂我们的祖宗中得来的！我们必须用过去的文化伟迹，人格典型来鼓励我们向前，来领导我们奋斗！"[2] 在这个时候，孙中山又成为一个典范："中山先生在当时一班知识阶级盲目崇拜欧美文化的狂流中，巍然不动地指示

---

① 陈立夫：《中国文化建设论》，《文化建设》1934 年第 1 卷第 1 期。
② 子固：《怎样才能建立民族的信心》，《独立评论》1934 年第 105 期。

我们救国必须恢复我们固有文化，同时学习欧美科学。"① 这位署名子固的读者的观点正体现了当时国民党官方观点的影响力："忠孝仁爱信义和平是维系并且引导我们民族更向上的固有文化，科学是外来文化中能够帮助我们民族更为强盛的一部分。"② 针对这一论调，胡适毫不客气地指出："他的方案，一面学科学，一面恢复我们固有的文化，还只是张之洞一辈人说的'中学为体，西学为用'的方案。"③ 但是，尽管从晚清以来这一思维模式与文化方案屡遭从严复到胡适几代学人的批判，但是这一方案及其变体在中国文化人中始终都能得到相当程度的信奉与认可。甚至一直到40年代，宗白华在谈论中西文化的差异时，仍然沿袭了这一思维模式：

> 东西古代哲人都曾仰观俯察探求宇宙的秘密。但希腊及西洋近代哲人倾向于拿逻辑的推理、数学的演绎、物理学的考察去把握宇宙间质力推移的规律，一方面满足我们理智了解的需要，一方面导引西洋人，去控制物力，发明机械，利用厚生。西洋思想最后所获得的是科学权力的秘密。
>
> 中国古代哲人却是拿"默而识之"的观照态度去体验宇宙间生生不已的节奏，太戈尔所谓旋律的秘密。……四时的运行，生育万物，对我们展示着天地创造性的旋律的秘密。一切在此中生长流动，具有节奏与和谐。古人拿音乐里的五声配合四时五行，拿十二律分配于十二月，使我们一岁中的生活融化在音乐的节奏中，从容不迫而感到内部有意义有价值，充实而美。④

---

① 子固：《怎样才能建立民族的信心》，《独立评论》1934 年第 105 期。
② 同上。
③ 胡适：《再论信心与反省》，《独立评论》1934 年第 105 期。
④ 宗白华：《中国文化的美丽精神往哪里去?》，《宗白华全集》第二卷，安徽教育出版社 1994 年版，第 400—401 页。

虽然在宗白华的理解中，中国文化精神的实质是对于宇宙之美的体悟，这与近代以来的许多中国人以伦理内容来理解中国文化的本质显然有很大的不同，但是仍然将之界定为一种所谓"精神文明"，同时亦仍然将西方文化界定为一种以科学技术为其主要内容的"物质文明"，大体上仍不出近代以来中国人理解中的中西文化界分的理解模式。

同样，宗白华也认为中国因为在科学技术领域的落后，导致了国家贫弱，进而导致了传统文化精神的失落：

> 中国民族很早发现了宇宙旋律及生命节奏的秘密，以和平的音乐的心境爱护现实，美化现实，因而轻视了科学工艺征服自然的权力。这使我们不能解救贫弱的地位，在生存竞争剧烈的时代，受人侵略，受人欺侮。……文化的美丽精神也不能长保了，灵魂里粗野了，卑鄙了，怯懦了，我们也现实得不近情理了。我们丧失了生活里旋律的美（盲动而无秩序）、音乐的境界（人与人之间充满猜忌、斗争）。一个最尊重乐教、最了解音乐价值的民族没有了音乐。这就是说没有了国魂，没有了构成生命意义、文化意义的高等价值。中国精神应该往哪里去？①

这样的思维模式显然是把中、西两方的文化都简单化处理了：似乎西方文化是缺乏精神层面追求的文化，这种观点完全忽略了对于西方文化与社会至关重要的基督教文化，在这样的思维方式之下，想要对西方文化有完整清晰的认识显然是很困难的，另一方面，说中国人因为重视精神文明或者宇宙之美而忽略了物质文明与科技发展，这又如何解释中国在相当长的一段历史时期中领先于世的科技

---

① 宗白华：《中国文化的美丽精神往哪里去？》，《宗白华全集》第二卷，安徽教育出版社 1994 年版，第 403 页。

成就呢？以这样的思维来寻求中华民族的复兴之道，自然也就会把问题简单化，自然就无法摆脱"中体西用"式的幼稚粗糙的模式。当然，这种思想指出的由于技术与产业的落后最终导致伦理精神与审美情趣的失落，却是确有见地。至于提出的"中体西用"式的问题方案却显然过于简单与粗糙了。在这方面，宗白华的思考显然比陈立夫之辈要更为深入，这种深入并不是体现在他提出了什么更加切实可行的解决方案，而恰恰是体现在他仅仅提出了问题，却并没有给出答案，更没有像陈立夫那样乐观地认为可以迅速轻易地解决这个问题，也许正是因为他意识到这个问题的复杂性。

可以说，陈立夫在《文化建设》上发表的这篇具有纲领性意义的文章在相当程度上代表了具有鲜明保守主义倾向的国民党官方的文化政策。而《文化建设》期刊也吸引与聚集了一批与这一官方文化政策倾向较为一致的文化艺术界人士撰文发言，成为国民党官方宣扬其保守主义文化思想的一个重要阵地。

《文化建设》创刊号被定为"中国文化检讨专号"，刊载的都是对于中国文化及其各个领域的专论，其中为关于各类中国艺术的研究论文提供了专门的版面。这其中有滕白也的《中国的美术》、郑午昌的《中国的绘画》、范文照的《中国的建筑》、徐慕云的《中国的戏剧》等文章。

在这些文章中，作者都将中国艺术视为保证中华民族永久生存的民族精神的载体。而中国艺术在西方文化与经济的冲击下日渐凋敝，也就削弱了中华民族的精神力量，从而危及了中华民族的生存根基。这就是滕白也在《中国的美术》一文中所认为的："今日中国之美术，危机日迫。看今日中国百业凋蔽，洋货充斥在市场，国人又不知提倡中国固有工业美术，将来国粹亡后就是有所谓国者存在，不过一个躯壳，空做个活鬼。"[1] 而现在中国人在心理上只知

---

① 滕白也：《中国的美术》，《文化建设》1934 年第 1 卷第 1 期。

道外国的制造能力与文化侵略力量的强大，却不知道自己的民族性中固有之文化力量。滕将中国的美术视为这种民族性中固有之文化力量的寄托，正是这种力量使得国家能够拥有保证其生存的自己的精神与灵魂。郑午昌在《中国的绘画》中也认为：中国绘画作为民族文化的结晶，"永远寄托着我民族不死的精神，而继续维系我民族于一致。故欲维系我伟大中国民族的精神则于此全民族精神所寄托的绘画，自当有以发扬光大之"①。而针对当时西方绘画已经逐渐占据中国艺术教育领域的主导地位的状况，郑午昌认为这是西方帝国主义文化侵略的一部分，他指出："外国艺术自有供吾人讲究之价值，但'艺术无国界'一语，实为彼帝国主义者所以行施文化侵略之口号，凡我陷于文化侵略的重围中的中国人，决不信以为真言，是犹政治上的世界主义，决非弱小民族所能轻信侈谈也。盖实行文化侵略者，尝利用'艺术是人类的艺术'的原则，冲破国界，而吸集各民族之精神及信仰，使自弃其固有之艺术；被侵略者若不之疑，即与同化。"② 他认为在武力与经济激烈竞争的当今世界，内里的文化竞争会更趋激烈，因此艺术研究者作为中华民族的一分子，应该明了中国民族生存于世界的最大能力在于文化，在研究外国艺术的同时，应该注意本民族艺术的研究。很显然，郑午昌从一个弱势民族的角度出发，意识到所谓"人类艺术"的普遍主义话语中所含有的西方文化霸权的因素，这一认识显然受到孙中山关于民族主义与世界主义问题的论述的影响。

中国绘画寄托了民族的文化精神，故而对于中国绘画艺术的特征的认识就是对于民族精神的认识。我们可以看到，郑午昌对中国绘画艺术特征及其社会价值的认识正与孙中山对于中国文化现代价值的论述颇为吻合。郑午昌认为，中华民族在文化上养成了一种"和平淡泊之精神"，而这种精神尤其在中国绘画上得到

---

① 郑午昌：《中国的绘画》，《文化建设》1934 年第 1 卷第 1 期。
② 同上。

了体现："我国画派别之多，随其历史之久远愈演愈杂，其以轻描淡写之方法，传和平淡泊的精神，使见者怡然神往，或忘其身者，则为我国画一般之妙用。"郑午昌认为，这种和平淡泊的绘画艺术"足以使纵欲昧理，贪利忘义之万恶人类，有所感觉而改悔"①。郑午昌更提出这样的设想：如果蔡元培的美育代宗教的命题可以成立，那么，如果具有和平淡泊之精神中国绘画传播于世界，将重建人类的心理世界，而真正的世界和平将得以实现。针对当时战云密布，日趋紧张的国际局势，郑午昌提出："现在各帝国主义者，无不尔诈我虞，磨拳擦掌，跃跃欲动，人类的恐惧，无异在大战之前夜。厌乱之心，所渴望者平和，其需要具有缔造世界和平的感化力如我国画者，亦犹我五代乱世之需要佛教之传入无异。吾人善自传播其具有和平淡泊精神的国画，则世界厌乱惧祸之人类，必能认识我国画精神之伟大而尊奉之。是实吾人对于世界人类精神上之救济，所当负责者也。"② 可以说，这几乎就是孙中山有关中国人的和平道德对于现代世界的价值的论述在艺术领域的具体化。

显然，对于这些认同官方文化思想的知识分子来说，传统的中国艺术就是必须要"从根救起"的"固有文明"的一部分，而这部分恰恰因其保存着中国文化的特殊精神而对于全人类的前途与未来都具有重要的意义和价值。这些文艺知识分子对于自己操持的专门领域的论述无疑有助于原本贫乏而又论证粗疏的官方观点在内容上更加具体，逻辑上也更详密。也许正是出于这方面的原因，蒋介石及其国民党官方机构对于能为己所用或者合作的知识分子极尽笼络之能事，而这些知识分子也自觉或不自觉地在自己的专业领域为当时的政府官方文化观点进行更详密的论证或者辩护，尤其是在抗战爆发以后，对国家的责任感更驱动这些知识分子自觉地与政府合

---

① 郑午昌：《中国的绘画》，《文化建设》1934年第1卷第1期。
② 同上。

作，以自己的专业性的论述来辅助与强化官方文化思想的权威性与
正当性。

第四节 "中国本位文化"的官方背景

1935 年 1 月 10 日，《文化建设》第 1 卷第 4 期上刊登了 10 个
作者共同署名的《中国本位的文化建设宣言》，这篇后来被称为
"十教授宣言"的文章激起了当时中国社会各界的强烈反响，各大
报刊纷纷发表各方人士撰写的针对"中国本位文化"论的讨论文
章，一场有关现代中国文化建设道路的大讨论就此拉开大幕。当代
不少研究者将"十教授宣言"界定为文化保守主义的一次发声，但
是细加考察，就这篇宣言所具体表述的立场与观点确实很难说就是
文化保守主义的。

尽管《宣言》以此类文章特有的耸人听闻的修辞宣称："在文
化的领域中，我们看不见中国了。"认为"中国在文化的领域中是
消失了；中国政治的形态、社会的组织、和思想的内容与形式，已
经失去它的特征。由这没有特征的政治、社会、和思想所化育的人
民，也渐渐的不能算得中国人。所以我们可以肯定的说：从文化的
领域去展望，现代世界里面固然已经没有了中国，中国的领土里面
也几乎已经没有了中国人"①。但是，文中并没有具体指明究竟什
么才是"中国的政治、社会、和思想"都必须具有的"中国的特
征"，因此，究竟"中国本位"的具体内涵是什么，也仍然是付之
阙如。不仅如此，文章还特别强调："中国是中国，不是任何一个
地域，因而有它自己的特殊性。同时，中国是现在的中国，不是过
去的中国，自有其一定的时代性。所以我们特别注意于此时此地的
需要。此时此地的需要，就是中国本位的基础。"② 也就是说，"此

---

① 《中国本位的文化建设宣言》，《文化建设》1935 年第 1 卷第 4 期。

② 同上。

时此地的需要"才是现代中国文化建设的出发点，这点说起来无论
如何都是不会错的，虽然深究起来，也可以说几乎等于没有说，因
为无论持什么立场与观点，任何一个对于中国社会与文化建设有设
计与理想的个人与团体都会认为自己的要求与理想就是中国"此时
此地的需要"。有论者指出："既然'本位'的解释，是此时此地
的需要，那么这个'本位'的确立，全要看评价人估出此时此地的
需要是什么而定。……如果有人指出中国此时此地的需要，要全盘
西化，那么全盘西化，也就是中国本位文化了。"① 这就是当时许
多论者认为此文空洞无物、大而无当的原因。而文中对于文化建设
的两个重要方面的论述，也同样是正确到让人无法反对，同时又空
洞到让人无话可说——对于传统，"必需把过去的一切，加以检讨，
存其所当存，去其所当去；其可赞美的良好制度伟大思想，当竭力
为之发扬光大，以贡献于全世界；而可诅咒的不良制度卑劣思想，
则当淘汰务尽，无所吝惜"。对于西方文化，"吸收欧、美的文化
是必要而且应该的，但须吸收其所当吸收，而不应以全盘承受的态
度，连渣滓都吸收过来。吸收的标准，当决定于现代中国的需
要"② 。"取其精华，弃其糟粕"的主张自然永远都是对的——没有
人会主张弃精华取糟粕，问题仍然是如何界定什么是精华、什么是
糟粕。

但是这并不意味着《宣言》的作者完全没有较为具体的立场与
倾向。实际上，无论是这篇宣言的策划与发表，还是后来围绕这篇
宣言发生的大讨论，都可以隐约看到国民党官方势力与观点的影
子。实际上，十教授中的大多数先后都与国民党官方尤其是 CC 系
有着或深或浅的关系，且不说其中的陶希圣后来成为蒋介石的四大
"文胆"之一，其他人也不仅仅是单纯的教授，《宣言》的起草人
王新命时任 CC 系控制的《晨报》的总撰述与主笔，并被指定为中

---

① 区少幹：《我们此时此地的需要是什么？》，《独立评论》1935 年第 163 号。
② 《中国本位的文化建设宣言》，《文化建设》1935 年第 1 卷第 4 期。

国文化建设协会的候补理事，樊仲云则是中国文化建设协会主办的《文化建设》月刊的主编，萨孟武曾主编反对共产主义的杂志《孤军》（后改名《独立青年》），同人中有周佛海、陶希圣等，1927年萨孟武与《孤军》社同人全体加入国民党政治部宣传处，任编辑科科长，1928年在南京中央军校任编辑部主任，上校衔，而周佛海任政治部主任，陶希圣任总教官。1935年，萨正担任着南京中国国民党中央执行委员会直属中央政治学校行政系教授。其余各人亦多在大学中担任系主任、教务长一类的行政职务，正如当时有人所认为的，"十教授""大都是曾经致力于党务的人"①，他们的身份绝非单纯的教授。而宣言的推广与宣传，则更可见到以 CC 系与中国文化建设协会为主要角色的国民党官方势力的操纵与参与。叶青回忆，宣言发表后，起草者们又聚会讨论如何推动本位文化建设运动的问题，"结果，决定了访问上海名流，请其对宣言发表意见，在报上刊载；举行座谈会，邀请各大学校长等人参加，在报上刊载消息；邀请各报写社论，对宣言表示态度；邀请人写文章，在各报刊发表等等"②。仅就在上海、南京、北平、济南、武昌等地的座谈会出席的人员情况来看，官方的色彩也颇为浓厚：

上海座谈会，十教授方面有何炳松、陈高佣、孙寒冰、樊仲云、章益、王新命到会，来宾有：沪江大学校长刘湛恩（常务理事）、中华书局编辑室主任舒新城、大夏大学副校长欧元怀（常务理事）、教育学院院长邰爽秋（候补理事）、中法文化交换委员会出版主任沈尹默、交通大学校长黎照寰（常务理事）、复旦大学秘书长金通尹、辛垦书店总编辑叶青、《文学》杂志主编傅东《世界文学》主编伍蠡甫、《新闻报》总编辑李浩然、主笔朱羲农、《新中华》主编倪文宙、《晨报》总主笔陶百川、《申报月刊》主编俞

---

① 王西徵：《中国本位文化要义》，天津《大公报》1935 年 5 月 25 日。
② 叶青：《〈中国本位的文化宣言〉发表经过》，转引自宋小庆、梁丽萍著《关于中国本位文化问题的讨论》，百花洲文艺出版社 2004 年版，第 22—23 页。

颂华、暨南大学银行系主任张素民、复旦大学教授吴子敬、交通大学教授陈柱尊、职教社黄任之（炎培）等，共约 30 人。

南京座谈会，会议由曾任安徽省政府代主席、国民党中宣部副部长的 CC 系骨干程天放主持，何炳松作主题报告。参加会议的有中央大学教授方东美、孙本文、缪凤林、中央政治学校教授阮毅成、中央政治大学教授吴南轩、程瑞霖、中央军官学校教授谭振民、柳克述、金陵大学副校长黄建中、总务司司长雷震、国立中央图书馆馆长蒋复璁、《时代公论》主编松公达、国立编译馆专任编辑刘英士，以及王世杰、罗家伦、高一涵、马寅初、萧一山等 35 人。

北平座谈会，则由北京大学校长、时任中国文化建设协会北平分会评议长蒋梦麟、干事长徐诵明具名发起，蒋梦麟为主席，陶希圣作简要报告。参会者有：清华大学教授张崧年、浦薛凤、燕京大学副校长刘廷芳、北平大学农学院院长刘运筹、北京大学法律系主任戴修瓒、北平大学法商学院院长白鹏飞、中国画研究会会长周肇祥、北平《进展》月刊社总编辑王南屏、戏剧研究家徐慕云、中国文化建设协会理事陈石泉、陈访先，以及冯友兰、周炳琳、萧一山、陈豹隐、杨立奎、黎锦熙等 35 人。

济南座谈会，由中国文化建设协支山东分会干事长、省教育厅厅长何思源发起并主持，陶希圣作主题演讲。梁漱溟等 30 余人参加座谈。

何炳松在武昌主持中华学艺社年会期间，先后应邀在学艺社武昌分社、中国文化建设协会武昌分会联合召集的座谈会及国民党湖北省党部、省政府的联合纪念周上讲述了中国本位文化建设问题，并为此与省主席张群详谈了一个多小时。宣言的部分签名者还赴杭州演讲中国本位文化，并应国民党中央航空学校校长周至柔、政治部主任蒋坚忍邀请参观该校，合影留念。

在此期间，《文化建设》月刊又发起题为《怎样建设中国本位的文化》的征文，聘请王世杰、王云五、朱家骅、陈立夫、陈布雷、郭任远、张寿镛、蔡元培、蒋梦麟担任评委。①

这些情况至少可以说明，这是国民党官方与文化界名流的一次合作，说这个《宣言》完全是出自民间立场，未免有点掩人耳目的意思。

而《宣言》及其作者们的论述，也显示出它与国民党官方意识形态之间的微妙关系。《宣言》在回顾近代以来的中国文化历程时，非常认同于孙中山的"把中国固有的'从根救起来'，把人家现有的'迎头赶上去'"的主张，而《宣言》作者们在随后不久在上海召开的"中国本位文化建设座谈会"中又再次更为明确地表示了对于当时国民党官方意识形态话语的认同，在上海座谈会上，担任会议主席的何炳松在开会辞里提到"孙中山先生的三民主义，是值得做我们最高的指导"，在闭会辞中又宣称："孙中山先生的三民主义，确是兼采东西文化之长而参以特殊心得的一种东西，我想我或者可以代表十位朋友表示诚意的接受，当做我们建设中国本位文化运动上一种最高的标准。至于新生活运动亦可说是孙先生在民族主义中主张的一种，当然可以包括在三民主义中。"② 也就是说，不仅是孙中山的三民主义，也包括蒋介石的"新生活运动"实际上都是所谓"本位文化"的题中应有之义。

看似大而无当的《宣言》实际上主要针对的是当时在知识界颇有影响的"全盘西化"论与"以俄为师"的共产主义运动。樊仲云后来在《中国本位文化建设讨论集》的序言中说："这是一个冬天的晚上，几个朋友于吃完了饭之后，从各方面的闲谈，慨叹地讲到中国的沦亡——不仅是在政治经济方面，泱泱大国成了帝国主义

---

① 有关这《宣言》的传播、讨论与宣传情况，载宋小庆、梁丽萍著《关于中国本位文化问题的讨论》第一章"中国本位文化问题的缘起与过程"（百花洲文艺出版社2004年版）言之甚详，此处所引资料全部引自该书第25—27页。
② 《中国本位文化建设座谈会》，《文化建设》1935年第1卷第5期。

者的次殖民地，即在文化思想方面，也自失其安身立命的根据，成
为人云亦云，毫无主张。从英美国来的学生，觉得英美的民主政治
是我们的理想，而从苏联回国的，则以为中国也应该有苏维埃制
度；最近，由德意两国法西斯主义势力的兴起，于是有的人主张中
国也当来效法一下。……这是民族自信力的丧失！为了恢复中华民
族的自信力，于是我们提出建设中国本位的文化的主张。"① 而
《宣言》发表后，立刻有读者意识到这个运动的发起与推广和国民
党的企图统一思想文化的政策有密切关系："最近一两年来，党政
当局颇有感于国民意志的不统一，无法集中民族斗争的力量，因此
对于支配国民思想的文化界，认为有加以统制的趋向。这个工作在
新闻纸方面是各地新闻检查所的设立，在图书杂志方面，是图书杂
志委员会的组织。但是实行的结果，不但各种纷乱的思想纷乱如
故，抑且招致各方更深的反感。同时偏激一点的思想得不到发表的
方便，无形中更促成了年来整理国故的复古运动的抬头。……这种
思想的发展可以证明中国民族思想的衰落。所以文化统制工作的成
绩，或竟背于原来的希望。其实问题很简单，文化统制的工作，除
了拒斥一切有碍国家发展的观念以外，最重要的是在主观认识的理
论的充实，拿出大家信得过的货色，来树立共同的信仰。……于是
有十教授们的宣言发表，希望全国知识分子的共同努力。"这个读
者又认为，何炳松以三民主义为"本位文化运动"的最高标准的宣
示，"引起党内有力分子的同情。这样看来，这个以三民主义为最
高标准的文化运动，虽由十教授以在野的地位来发起，用虚心的态
度征求全国人的同情，而在党政方面自然渴望其成功，以补救目前
中国文化界纷乱无序的缺憾，这是无庸加以怀疑的。因其如此，这
一个运动很有与现实政治相配合的可能，而发生伟大的实力。其所

---

① 樊仲云：《编者序言》，《中国本位文化建设讨论集》，文化建设月刊社 1936 年
版，前言第 1 页。

以值得大家重视，原因无非在这个地方"①。另一个读者亦指出："本来这个运动，与政府所标榜的三民主义，不但没有冲突，而有很为适合。并且这个运动的发起人，对于政府的文化政策，负有相当的使命，而参加的人，也多是政府党中人。同时，此运动发起了之后，政府人员与机关刊物，极力表示赞成。"②

可以说，当时的人们往往从两个方面来解读《宣言》以及"中国本位文化运动"，一是认识到它与国民党官方势力以及官方文化政策与意识形态观点的微妙关系，二是将它的论说归入保守主义文化阵营。而后者显然更为重要。在当时，持不同政治立场的各方面人士都不约而同地从《宣言》中解读出一种保守主义的文化倾向。如胡适在《试评所谓"中国本位的文化建设"》一文中认为：

> 十教授在他们的宣言里，曾表示他们不满意于"洋务"、"维新"时期的"中学为体西学为用"的见解。这是很可惊异的！因为他们的"中国本位的文化建设"正是"中学为体西学为用"的最新式的化装出现。说话上全变了，精神还是那位《劝学篇》的作者的精神。"根据中国本位"，不正是"中学为体"吗？"采取批评态度，吸收其所当吸收"，不正是"西学为用"吗？
>
> 十教授口口声声舍不得那个"中国本位"，他们笔下尽管宣言"不守旧"，其实还是他们的保守心理在那里作怪。他们的宣言也正是今日一般反动空气的一种最时髦的表现。时髦的人当然不肯老老实实的主张复古，所以他们的保守心理都托庇于折衷调和的烟幕弹之下。③

---

① 陈柏心：《各方舆论之反响：中国本位文化建设运动的展望》，《文化建设》1935 年第 1 卷第 7 期。

② 焰生：《各方舆论之反响·中国本位的文化建设之商讨》，《文化建设》第 1 卷第 8 期。

③ 胡适：《试评所谓"中国本位的文化建设"》，《独立评论》1935 年第 145 号。

　　而中共方面对之的解读也与胡适相去不远。1940 年 1 月，张闻天在陕甘宁边区文化界救亡协会第一代表大会上所作的报告中称："中华民族的新文化，也决不像以'中学为体，西学为用'的'中国本位文化'论者那样，只吸收外国的自然科学的技术，来发展中国的物质文明。它要吸收外国文化的一切优良成果，不论是自然科学的、社会科学的、哲学的、文艺的。而'中国本位文化'论者，却正在以中国的陈旧的、保守的、落后的思想，反对外国的先进的、革命的思想。"①

　　与"中国本位"派关系密切的托派分子李麦麦居然也持类似的观感：

　　　　这"中国本位"四字，就很容易使人联想"中学为体"思想上去。……除了作合乎中国需要解释外，它还有第二种绝然不同的解释。这就是中国文化为"本"和"中国的政治社会和思想都具有中国特征"（的）解释。也就是我所谓宣言的"基本"精神"二律相背"的地方。②

　　显然，无论十教授如何强调"不守旧"，当时的人们仍然视其为保守主义的代表。而"中国本位文化建设"运动在时人心目中的这种文化保守主义的形象与其官方背景结合在一起，形成了一种极为强势的社会影响力与感召力，这无疑为当时中国社会的文化保守主义思潮与论说注入了新信心，并提供了新的正当性来源。一些保守主义人士在阐述自己观点的时候，往往也借重"本位文化"论与官方的"三民主义"等名词来证明与加强自己立场的正当性。

----

　　① 洛甫：《抗战以来中华民族的新文化运动与今后任务》，《六大以来》，人民出版社 1981 年版，第 792 页。
　　② 李麦麦：《评〈中国本位的文化建设宣言〉》，《文化建设》1935 年第 1 卷第 5 期。

例如"学衡派"健将胡先骕在《朴学之精神》中写道："幸今日秉国钧者，知欲挽救国难，首在正人心，求实是，而认浮嚣激烈适足以亡国灭种而有余。于是一方提创本位文化，一方努力于建设事业。南雍师生二十年来力抗狂潮勤求朴学之精神，亦渐为国人所重视。"①

读经运动支持者们亦利用"本位文化"论话语来阐述自己的立场。陈柱尊认为"读经问题，关系于吾国本位文化，实至关重大"。江亢虎亦宣称："为保持与发展国家本位民族特性，不可不读经。"钱基博在表示自己对于读经运动的支持时，更是将"三民主义""本位文化"与读经捆绑在一起："三民主义，揭民族主义以开宗明义，即以中国文化为本位；易言之，即以读经文化为本位。"②

可以说，"中国本位文化建设"的讨论无疑强化了中国20世纪30年代的文化保守主义氛围。相对于20年代的反传统潮流，30年代的知识界显然更乐于表达自己对于传统的亲和感，在日本的侵略战车步步紧逼，中华民族面临空前严重的生存危机的情况下，大量知识分子迫切感到需要重新树立足以支持全民抗敌的民族自信心，因此，尽管胡适仍然继续自己一贯的"清算祖宗罪孽"、全面否定传统文化的思路，但是这种一味崇尚西方文化，将民族传统贬得一无是处的观点已经为许多知识分子所不满，"中国本位文化论"无疑进一步推动了这种反思的进行。萨孟武在《论中国本位文化建设答胡适先生》一文指出："我们不但要知道中国现在的屈辱，我们还要记忆中国过去的光荣。我们不知道中国现在的屈辱，我们将苟且偷安，不知振作；我们不记忆中国过去的光荣，我们将丧失民族

---

① 胡先骕：《朴学之精神》，《国风》1935年第8卷第1期。
② 见《全国专家对于读经问题的意见》，《教育杂志》1935年第25卷第5号。

的自信力，而不能振作。"①

　　萨孟武的这个观点显然会得到不少知识分子的认同。作为"西化"派的张熙若也认为："我们今日再不如人，我们还应该使大家明白这不过是一个时代陡变的暂时现象。我们若急起直追，是不难于相当时期后恢复我们旧日的地位的。在大体上讲，今日中国与西洋所有的区别都是科学和思想的区别，而科学和思想的区别也不过是一二百年或二三百年以来的事。在这个时期以前，我们是同他们一样的，或者比他们还要高明点。……但是我们如果要坚强中国人这种自信心，我们就不可以把他比得鹿豕一般，或说人家什么都好，他什么都要不得，因为那样一来恐怕他连学人家的勇气都没有了。何况在实际上他也并不是什么都要不得呢。说到这里，我们就更可以明白天坛、太和殿，以及万里长城、《四库全书》一类的东西在今日的重要作用和神圣意义了。自大心是不可有的，自尊心和自信心却是绝对离了不可的。盲目的保守固然危险，随便乱化也是笑话。"②

　　而作为胡适的忠实学生与朋友的傅斯年也在《文化建设》第1卷第8期上发表文章，对《宣言》作出了正面呼应。傅斯年指出，近代以来，中国人"渐渐由物质文明的崇拜，进而主张全盘西化。中国至此，遂不止政治经济上为西洋的殖民地，在思想上也失其独立的存在，而为西人的附庸了"。傅斯年甚至对于自己一直奉为导师的胡适都提出了尖锐的批评："总之时至今日，凡是中国的，都该屏弃，凡是西洋的，外国的，都当崇拜信从。社会上的流行，原来早已盲目的以西洋为标准了，学者如胡适等，既为西洋归来的学生，其主全盘西化，是无怪其然的。"在他看来，无论是胡适还是当时的中国共产党人，都是盲目崇拜外国与妄自菲薄，丧失了民族

---

　　① 萨孟武：《论中国本位文化建设答胡适先生》，《文化建设》1935年第1卷第8期。

　　② 张熙若：《全盘西化与中国本位》，《国闻周报》第12卷第23期。

的独立与自尊意识，结果"中国在今日，不仅在客观上丧失了独立自尊的地位，且在主观上亦自己蔑视，以为'中国不亡，是无天理'，中华民族是不可救药的民族。结果像共产党那样，希望第三国际来领导中国革命，使中国成为一个苏维埃，而如一般崇拜英美的，则希望中国的一切，都能如英国或美国那样。这是一种奴隶的心理。而我国今日的所谓名流学者以及高等华人，却多是这种洋奴崇拜者，在这种情形中，要使每个人都有独立自尊的意识，担负起民族复兴的重任，那当然是不可能了"。傅斯年也认为："中国本位的文化建设，本意亦在促进中国民族意识的觉醒，倘能从此蔚为风气，似足为中国最近的历史，打开一个新时期，即觉醒期，或复兴期。"而要达到这个目标，则不仅要肃清复古的残余势力，"盲从的奴隶意识，尤须与以矫正"①。

1938年，张申府在全面抗战的烽火中又重提"中国本位"：

> 我相信中国。我相信这个信念，在对敌抗战的时候，是极其必要的。这些年来中国有一个要不得的风气，便是己国的轻视。至少有一部分知识分子总把中国的文明看得一钱不值。只一提起"中国的"来，他便表示出不屑的样子。好像中国的东西都是要不得的。好像任什么外国的（至少是西洋的）都比中国的好。任什么外国人都比中国强。其实，这种人对于中国并不了解，也不求了解。一切知识依样葫芦地祖述他人，依傍他人。就如三年前的中国本位文化运动，不论是怎样发动的，用意究不能说差。但在北平方面有一些知识分子，竟也无的放矢起来。直到那个运动消散之后，他们还每每以本位文化为讥笑之词。其实在运动者本说的是中国本位文化。他们乃截去其头，使成不辞，以资笑谈！照这种人这种把本土的一切都蔑弃

---

① 孟真：《三个时期》，《文化建设》第1卷1935年第8期。

的办法，中国何用待人来亡，中国早已自亡了！①

可以说，作为一种"文化的民族主义"（叶青语），"中国本位文化建设"运动取得了部分的成功。至少，这个运动在一定程度上削弱了自由主义在知识界的影响力，并促成了民族主义在文化界的崛起，就连胡适也不得不承认："像我们这样的自由主义者已经成了少数。……民族主义已经获得压倒的势力，国家这个东西成了第一线，在现下的中国里是没有一种力量能够阻止这种大势的。"②并且，这个运动也为官方的保守主义文化观点争取了更多的支持者，使得知识分子在民族主义的前提下认同于官方的文化保守主义倾向，并在一定程度上乐于与之进行合作。

第五节　"政""学"互动：知识界的支持

1938年4月，中国国民党临时全国代表大会通过了《抗战建国纲领》，5月，贺麟在《云南日报》上发表《抗战建国与学术建国》一文，在对"抗战建国"纲领表示拥护的同时，提出"学术建国"的观点以对官方的"抗战建国"政策进行补充。贺麟提出："以军备薄弱的中国，对军力雄厚、世界第一等强国的日本抗战，若果中国能获最后胜利的话，那必因除以军事的抗战，经济的抗战，有以制胜外，又能于精神的抗战，道德的抗战，文化学术的抗战各方面，我们都有以胜过日本的地方。"③ 文中尤其强调，"我们抗战的真正最后胜利，必是文化学术的胜利。我们真正完成的建国，必是建筑在对于新文化、新学术各方面各部门的研究、把握、

---

① 张申府：《我相信中国》，上海杂志公司1938年4月汉初版，第54页。
② 室伏高信：《胡适再见记》，《独立评论》1936年第213号。
③ 贺麟：《文化与人生》，世纪出版集团、上海人民出版社2011年版，第25页。

创造、发展、应用上"①。贺麟在文中提出了"学治"的说法,并提出要用"学治"补充传统的德治主义。"德治是中国几千年来的基本政治观念。……最近孙中山先生所提出来以与帝国主义的霸道对立的王道,也就是近代化的德治主义。但须知苏格拉底所昭示的'道德即知识'之说,乃是在西洋思想史上使道德与学术携手并进的指针。孙中山先生知难行易之说,其实亦包含有学术上的知识较困难,道德上的实行较容易的意思。故道德基于学术,真道德基于真学术。道德必赖学术去培养,行为必须以真理为指导。所以德治必须以学治为基础。德治与学治的相辅关系,有似孙中山先生所分别的权与能的相辅关系。德治者有权,学治者有能。"② 很显然,贺麟在此非常灵活地运用了国民党官方意识形态话语中的某些论述,使得自己的"学治"与官方有关复兴传统道德的话语产生一种微妙的关联与某种一致性,从而使得自己作为专业知识分子的"学术建国"理念在理论逻辑上实现了对于官方话语的补充或者渗入。

如果"学术建国"论是利用官方话语来支持自己的论说,那么同年发表的《物质建设与培养工商人才》则确实是为官方复兴传统道德的论说提供了更加详密的论证与辩护。贺麟同意时人普遍的观点,即工业化是建国大业的首要目标,但是,他更愿意用更加内涵更加丰富宽广的"物质建设"的概念来代替抽象狭隘的"工业化"的概念,——实际上,这一概念恰恰是当时官方的提法,因为孙中山在《建国方略》中以及蒋介石在演讲中经常使用的都是"物质建设"的概念——贺麟指出工业文明要在中国生根滋长,必须要具备相应的精神基础与社会条件,因此知识分子的职责就不仅是片面地鼓吹工业化,而必须思考如何为物质建设奠定良好的心理基础的问题。贺麟认为,作为当时国民党官方意识形态的孙中山三民主义

---

① 贺麟:《文化与人生》,世纪出版集团、上海人民出版社 2011 年版,第 26—27 页。

② 同上书,第 28 页。

思想是解决这个问题的正确方案。他在文中写道："物质建设乃是实行民生主义的具体方案，假如离开民生主义的理想，而单谈工业化，恐怕不走向资本主义的旧路，也难免不成为贪官污吏侵吞的工具。且民生主义又是三民主义之一环。不能离开求民族复兴和民族文化复兴的民族主义，及求人民的自由平等的民权主义而谈民生主义，当然也不能离开民族主义及民权主义的根本原则，而谈工业化。一般人只知谈工业化以顺应西洋近代产业革命的大潮流，而忽略了我们中国人须要进一步在孙中山建国方略的理想下，在心理建设、社会建设的配合下来作物质建设的工作，根基才稳固，理想才高远，目的才正大，方法才切实妥当。譬如，不注重民族文化的背景，没有心理建设的精神基础，而提倡工业化，那就会使将来中国工业化的新都市都充满了市侩流氓，粗鄙丑俗，及城市文明之罪恶，而寻找不出丝毫中国文化的美德。"① 如前所述，蒋介石也曾经谈到过国家的工业化或者所谓的"物质建设"需要相应的精神与心理建设为基础，但是，二者之前的因果逻辑却语焉不详，尤其是，工业化所需的精神基础与固有的民族精神之间是什么关系，更是完全没有论及，贺麟在文章中则有了更清晰的论述。

　　贺麟指出，"处在产业革命以后的工商业大竞争时代，农业社会不工业化、商业化即不能立脚。过去农业社会的人生观、道德观念、生活方式非加以改革亦不能适存。"② 中国传统的轻视工商业的心理，使得中国人往往认为工商业的发达，将会使得世风日下，人心道德日趋败坏。针对这一点，贺麟指出，"这就忘记了工业化社会中亦有其新道德、新礼法、新纪纲以维系人心风俗、社会秩序的事实了"。实际上，"现代化的工商业化社会，较之农村社会生活更复杂，组织更严密，实需要更高尚的道德、更良好的

---

① 贺麟：《文化与人生》，世纪出版集团、上海人民出版社 2011 年版，第 39 页。
② 同上书，第 40 页。

法律、更开明的政治、更伟大的理智以适应之、指导之、推动
之"①。近代工业化社会中，从事工商业的人大都是受过教育的，
其中亦有有学问、有修养、有名望的人士。"维持社会上淳良的风
纪，不仅须有旧日的儒医、儒将、儒农，而且须有多数有学问修
养的'儒工'、'儒商'，出来作支持社会的柱石。有教育有学养
的近代工人及商人，亦大都有人格的自觉，知道尊重自己的人格
兼知尊重他人的人格，亦大都有廉耻观念和信义观念，除了凭借
其才能和努力外，且复知将其工商业的成功建筑在信义和廉耻的
基础上。"② 这样，贺麟就将现代工商业社会的所需的伦理规范与
传统甚至是儒家的道德观念联系在一起，认为二者不但不相排斥，
而且完全就是一回事。

可以说，贺麟的"儒家"概念在某种程度上是被泛化了的，正
如他在1941年的《儒家思想的新开展》一文中所宣称的："何谓
'儒者'，何谓'儒者气象'？……凡有学问技能而又具有道德修养
的人，即是儒者。儒者就是品学兼优的人。"③ 贺麟希望构成工商
业社会支柱的工人与商人都应是这种"儒者"，也即品学兼优之
士，才可能建成现代化、工业化的新的文明社会。而就行事的态度
而言，贺麟认为，儒家的态度就是凡事"皆须求其合理性、合时
代、合人情"④。所谓"合人情"就是"反诸吾心而安"，"合理
性"就是"揆诸天理而顺"，合时代就是审时度势、因应得宜。照
此衡量，"儒家气象"就不是中国人所专有的，贺麟认为，"外国
人可以有儒者气象，一如中国人可以有耶稣式的品格"⑤。于是美
国政治家如华盛顿、富兰克林、林肯都被他称为"皆有儒者气

① 贺麟：《文化与人生》，世纪出版集团、上海人民出版社2011年版，第41页。
② 同上书，第42页。
③ 同上书，第18页。
④ 同上书，第19页。
⑤ 同上书，第21页。

象"，美国政治因其特别注重道德理想则"最契合儒家所谓王
道"①。当然，贺麟的重点还是要推出中国现代的儒者典范——这
就是孙中山："至于在中国，孙中山先生则无疑是有儒者气象而又
具耶稣式品格的先行者。今后新儒家思想的发挥，自必尊仰之为理
想人格，一如孔子之推崇周公。"②贺麟认为，孙中山的革命事业，
就完全吻合于儒家的行事态度：

> 他在创立主义、实行革命原则中，亦以合理性、合人情、
> 合时代为标准，处处皆代表典型中国人的精神，符合儒家的规
> 范。在《孙文学说》"有志竟成"一章，他说："夫事有顺乎
> 天理，应乎人情，适乎世界潮流，合乎人群之需要，而先知先
> 觉者所决志行之，则断无不成者也。此古今之革命维新，兴邦
> 建国之事业是也。""顺乎天理"即是合理性，"应乎人情"即
> 是合人情，"适乎世界潮流，合乎人群需要"即是合时代。足
> 见他革命建国的事业，是符合儒家合理、合情、合时的态度
> 的。而他所创立的主义亦是能站在儒家的立场而作出的能应付
> 民族需要和世界局势的新解答。③

这种将孙中山作为儒者典范来赞颂的理路与戴季陶在《孙文主
义之哲学的基础》的观点可谓是如出一辙（除了为孙中山又加上一
顶"耶稣式品格"的桂冠，这大概是因为考虑到孙中山基督徒的身
份）。这些都足以说明，被人们视为新儒家代表人物的贺麟与国民
党官方思想的关系是多么接近。

但是如果就此认为贺麟就是国民党官方思想的代言人，那显然

---

① 贺麟：《文化与人生》，世纪出版集团、上海人民出版社 2011 年版，第 21—22
页。
② 同上书，第 22 页。
③ 同上。

也是不对的。作为学者与知识分子，贺麟与国民党官方的立场仍然保持着一种批判的距离，可以说贺麟所持的仍然是中国传统儒家士大夫的"为帝王师"的政治理想，力图与官方权力维持一种谏诤的关系。这种立场在 1938 年发表的《法治的类型》一文中得到了充分的表达。文中提倡一种"道德的法治"，也即所谓"开明的专制"，其理想典型就是三国时诸葛亮的治蜀方略：

> 近世西洋政治思想家有倡仁惠的干涉或开明的专制之说者，其意亦在以人民公意或共善为准，去干涉甚或强制人民的行为，目的在加速社会进步，"强迫人民自由"。他们指出"人民公意"与"人民全体的意志"的不同。所谓全体意志，乃全体人民意见之杂凑体，重量不重质，往往意见浮嚣，矛盾错误，拘近习，无远图。而人民公意则就意志之质言，而不就量言，乃为人民真幸福打算应当如此的理想意志。亦即人民的真正意志，出于先知先觉的大政治家的远见与卓识，而非出于全体人民的意见。我认为这种强迫人民自由的法治，亦应属于诸葛式的法治一类型。此类型的法治亦可称为道德的法治。其实行须具下列二条件：一，人民知识程度尚低，不能实行普遍民主。二，政府贤明，有德高望重、识远谋深的政治领袖，以执行教育、训练、组织民众之责。①

这篇文章的相当一部分写作动机是对国民党所谓"训政"的执政理念提出一种谏诤式的要求：

> 现时中国对法治所应取的途径，可不烦言而决：第一，训政时期应该施行诸葛式的法治，政府应当负起教育、训练、组

---

① 贺麟：《文化与人生》，世纪出版集团、上海人民出版社 2011 年版，第 53 页。

织人民的责任，强迫人民自由。如是，庶第二到了宪政时期，我们即可达到基于学术的近代民主式的法治。或人人皆应切实了悉诸葛式的基于道德的法治，与申韩式的法治，或法西斯的独裁，有截然不同的界限。人民不可因政府之权力集中，而误会政府为法西斯化，独裁化，而妄加反抗。政府亦应自觉其促进人民自由，实现宪政，达到近民主式的法治的神圣使命，不可滥用职权，不必模仿法西斯的独裁。①

这些观点可以说体现了贺麟这样的知识分子在政治上的天真。他没有想过，在中国的政治传统与当时的政治形势下，向国民党政权提出这种要求，即使不说是与虎谋皮，也接近于缘木求鱼。

但是，在当时的情形下，无论是自己的主观思想还是抗战的客观形势，都使得贺麟坚持自己对于官方的这种亦诤亦友的关系，并致力于为政府官方的保守主义文化论说提供更为精致的理论辩护。这其中就包括他为官方一直提倡的中国传统道德观念进行现代化的阐释。1940 年，贺麟在《五伦观念的新检讨》中指出："五伦的观念是几千年来支配了我们中国人的道德生活的最有力量的传统观念之一。它是我们礼教的核心，它是维系中华民族的群体的纲纪。我们要从检讨这旧的传统观念里，去发现最新的近代精神。"② 显然，对于一直在"新生活运动"中强调"礼"的蒋介石等人来说，这样的观点是颇为入耳的。

中国传统的"三纲"都是对于人的单方面的强制性要求，从"五四"以来一直是现代知识分子批判的重点。但是贺麟却认为：

我在这中国特有的最陈腐、最为世所诟病的旧礼教核心三纲说中，发现了与西洋正宗的高深的伦理思想和与西洋向前进

---

① 贺麟：《文化与人生》，世纪出版集团、上海人民出版社 2011 年版，第 55 页。
② 同上书，第 56 页。

展向外扩充的近代精神相符合的地方。就三纲说之注重实践个人单方面的纯道德义务，不顾经验中的偶然情景言，包含有康德的道德思想……三纲就是把"道德本身就是目的而不是手段""道德即道德自身的报酬"等伦理识度，加以权威化、制度化，而成为礼教的信条。……总之，我认为要人尽单方面的爱，尽单方面的纯义务，是三纲说的本质。①

经过这样的阐释，传统的伦理观念在现代世界重新获得了充分的合理性与存在依据。从这个意义上说，贺麟确实为蒋介石与国民党官方的复兴传统道德的运动提供了强有力的理论辩护。

贺麟作为国民党官方思想的净友的理论姿态终于得到了对方相应的回应。从 1938 年 10 月至 1939 年 10 月，北大法学院院长兼中央政治学校教务长周炳琳邀请他去重庆中央政治学校教哲学，尽管在中央政校教书期间他与教育长陈果夫之间关系并不佳，并在一年期满后谢绝了陈果夫的挽留，返回昆明教书，但是，在这期间蒋介石曾临时起意到学校接见贺麟，因贺麟当时因事外出，未能见面，之后，贺麟将自己出版的《黑格尔学述》一书与个人简历、讲稿等托陈果夫转交"蒋委员长"。1940 年年底，蒋介石让秘书拍电报到昆明，约见贺麟，1941 年年初贺麟如约飞往重庆，与蒋会面，期间"贺对蒋讲到了他要介绍西方古典哲学、贯通中西思想、发扬孙中山三民主义精神的想法"。蒋则同意由政府出资，建立"外国哲学编译委员会"②，这就是 1941 年成立的由贺麟主持的"西洋哲学名著编译委员会"，不仅如此，后来冯友兰亦通过贺麟与蒋联系，希望在中国哲学史研究方面得到资助，不久蒋即授意冯在中国哲学

---

① 贺麟：《文化与人生》，世纪出版集团、上海人民出版社 2011 年版，第 65—66 页。

② 见张祥龙《贺麟传略》，宋祖良、范进编《会通集——贺麟生平与学术》，三联书店 1993 年版，第 70 页。

会设立中国哲学研究委员会，两委员会均由蒋介石侍从室提供经费。①

　　当然，像贺麟这样与蒋介石与国民党官方合作，并受到官方重视与利用的人文学者并不在少数。而双方合作的一个重要方式，就是国民党的官方机构与个人邀请这些学者为国民党党政机构所办的各类学校与培训机构授课，授课内容则往往为这些学者所专力研究的中国传统文化。贺麟、冯友兰、钱穆都曾多次受邀为当时由蒋介石任团长、为国民党当局培训基层党政官员的重庆中央训练团党政高级训练班授课。以冯友兰 1943 年 2 月至 6 月休假期间赴重庆、成都讲学为例，在此期间，冯友兰接连现身于官方机构提供的讲坛上，并受到了官方机构与人士高度的礼遇。他到重庆时，陈立夫所办刊物《文化先锋》主编李辰冬在机场迎接，下榻于文化会堂，在文化会堂讲演三次，题为"不变的道德与可变的道德""人生的四种境界""一元多元、唯心唯物问题"，讲稿均在《文化先锋》发表。离开文化会堂后，又往复兴关中央训练团讲"中国固有道德"两周。讲演前蒋介石约请吃饭……离中央训练团，往南温泉中央政治学校讲演四周，期间陈立夫宴请，演讲稿《儒家哲学之精神》《先秦儒家哲学述评》《宋明儒家哲学述评》刊于《中央周刊》第 5 卷第 41、43、45 期。离中央政治学校，又顺道在五云山教育部所办训练班（该班专收"不守规矩"之高中学生）讲"不变的道德与可变的道德"。耐人寻味的是，在此期间，孔祥熙办孔教会，拟请冯友兰出任会长，冯以此会无办的必要、自己亦办不了为由婉言谢绝。在此期间，赵纪彬曾多次来访，并曾说《新华日报》有人拟请冯去谈谈新理学问题，冯认为彼此无共同语言，亦未去②。如果说冯友兰拒绝《新华日报》方面的邀请，是因为不想与共产党扯

---

　　①　见《三松堂全集附录·冯友兰先生年谱初编》，河南人民出版社 1994 年版，第237 页。

　　②　同上书，第 260—261 页。

上什么关系——多年前被作为通共分子逮捕的经历对他肯定是一大阴影，如此小心地划清界限自然是可以理解的。而拒绝与孔祥熙及其孔教会搅在一起，既有在孔教问题上的观点与对方截然相异的原因，很可能也因为孔的人品与官声都让冯看不上眼。很显然，冯与官方机构及人士的合作仍然是有选择性与原则的，至少必须保持自己作为学者与知识分子的相对独立性，虽然他愿意以一个学者的身份与官方进行一定程度的合作，甚至也希望官方能对自己的学术研究给予支持，但是，学术的独立与知识分子的人格与道义上的独立仍然是他不愿放弃的东西。这也是他拒绝担任国民党的中央委员的重要原因。

另一个由蒋介石资助、亦与贺麟等人有关的重要文化事业，则是《思想与时代》期刊。这个刊物由张其昀、张荫麟、贺麟、谢幼伟、钱穆、冯友兰、朱光潜等人为主要撰稿人，出刊后产生了比较大的影响，而几方面人物的阅读感受颇为耐人寻味。当时负责蒋介石侍从室文宣工作的陈布雷读后誉之曰"篇篇精湛，甚为可喜"[1]；贺麟的恩师、"学衡派"主将吴宓读了第 1 期后，觉得"甚欣佩，且感奋"[2]，而胡适在 1943 年读了《思想与时代》第 1 期至第 20 期后在日记中写道："此中很少好文字。如第一期竺可桢兄的《科学之方法与精神》，真是绝无仅有的了。（张荫麟的几篇'宋史'文字很好。不幸他去年死了。）……他们的见解多带反动意味，保守的趋势甚明，而拥护集权的态度亦颇明显。"[3] 显然，这个刊物得到了官方与保守主义知识分子的共同的好评，而胡适这样的主张西化论的自由派知识分子则对之不以为然。除去个人的褒贬色彩，胡适的对之的评价在某种程度上却颇为到位——《思想与时代》的

---

① 黄克武：《蒋介石与贺麟》，《近代中国的思想与人物》，九州出版社 2013 年版，第 426 页。

② 《吴宓日记》第 8 册，三联书店 1998 年版，第 175 页。

③ 曹伯言整理：《胡适日记全编》第七册，安徽教育出版社 2001 年版，第 539—540 页。

思想倾向显然比较倾向于保守，亦较为接近国民党官方的立场。

正是在《思想与时代》创刊号上，贺麟发表了《儒家思想的新开展》一文，此文可以视为他关于中国文化建设方案的纲领性的表述。在文中，贺麟认为中国社会正处于一个儒家思想传统全面复兴与发展的时期：

> 根据对于中国现代的文化动向和思想趋势的观察，我敢断言，广义的新儒家思想的发展或儒家思想的新开展，就是中国现代思潮的主潮。我确切看到，无论政治、社会、学术、文化各方面的努力，大家都在那里争取建设新儒家思想，争取发挥新儒家思想。在生活方面，为人处世的态度，立身行己的准则，大家也莫不在那里争取完成一个新儒者的人格。……自觉地、正式地发挥新儒家思想，蔚成新儒学运动，只是时间早迟、学力充分不充分的问题。①

贺麟对于儒家思想正在复兴的评判很可能是言过其实的，与大多数人对于传统思想在中国现代社会的处境的判断并不吻合，贺麟的这种判断很可能是以国民党官方发起的以"新生活运动"为中心的复兴传统道德的运动为依据。从某种意义上说，贺麟的这篇文章是对国民党官方的保守主义的文化导向的一种呼应，是从文化的民族主义与保守主义的立场出发，对于中国文化的现代命运与前途的一种思考与设计。贺麟在文中写道："儒家思想是否能够有新开展的问题，就成为儒家思想是否能够翻身，能够复兴的问题，也就是中国文化能否翻身、能否复兴的问题。儒家思想是否复兴的问题，亦即儒化西洋文化是否可能，以儒家思想为体、以西洋文化为用是否可能的问题。中国文化能否复兴的问题，亦即华化、中国化西洋

---

① 贺麟：《文化与人生》，世纪出版集团、上海人民出版社 2011 年版，第 11—12 页。

文化是否可能，以民族精神为体、西洋文化为用是否可能的问题。"① 可以说，这几句话包含了贺麟以及他的同道们对于中国文化前途的某种预期与设计，这就是通过以儒家文化为主体来汲取、同化西方文化，以此推动儒家文化的现代发展，进而达到儒家文化——也即中国文化的复兴。从这个角度看来，贺麟并不是一个严格意义上的保守派，在他的观念中，西方文化的大规模输入，既使儒家文化面临危机，但同时也是儒家文化发展的契机，他认为："一如印度文化的输入，在历史上曾展开了一个新儒家运动一样，西洋文化的输入，无疑将大大地促进儒家思想的新开展。西洋文化的输入，给了儒家思想一个考验，一个生死存亡的大考验、大关头。假如儒家思想能够把握、吸收、融会、转化西洋文化，以充实自身、发展自身，儒家思想则生存、复活而有新的发展。如不能经过此考验，度过此关头，它就会消亡、沉沦而永不能翻身。"② 而如果中华民族不能以自己的儒家传统去"儒化"或"华化"西方文化，那么中国将失去自己的文化自主权，而成为文化的殖民地，成为各国各民族文化的倾销地，"五花八门的思想，不同国别、不同民族的文化，漫无标准地输入到中国，各自寻找其倾销场，各自施展其征服力，而我们却不归本于儒家思想而对各种外来思想加以陶熔统贯，我们又如何能对治这些纷歧庞杂的思想，而达到殊途同归、共同合作以担负建设新国家新文化的责任呢？"③ 也就是说，这是一个事关民族的文化自我与文化认同，事关中国人能否在文化意识上成为一个"想象的共同体"，进而在行动上为这个民族国家的共同体承担责任的问题。

那么，儒家文化是否有可能"儒化"或"华化"西方文化呢？贺麟说："这个问题的关键，在于中国人是否能够真正彻底、原原

---

① 贺麟：《文化与人生》，世纪出版集团、上海人民出版社2011年版，第13页。
② 同上书，第14页。
③ 同上。

本本地了解并把握西洋文化。因为认识就是超越，理解就是征服。真正认识了西洋文化便能超越西洋文化。能够理解西洋文化，自能吸收、转化、利用、陶熔西洋文化以形成新的儒家思想、新的民族文化。儒家思想的新开展，不是建立在排斥西洋文化上面，而是建立在彻底把握西洋文化上面。"① 实际上，贺麟没有明确提到的另一方面，是现代中国人如何全面深刻地理解与把握儒家文化的内涵与结构。可以说正是在这两个方面，作为一个学有专长的知识分子，贺麟显示出了与国民党官方论述的差异。

与蒋介石及大多数国民党官方人士将大部分注意力放在"礼义廉耻"或者"忠孝仁爱信义和平"这些传统的道德信念上不同，贺麟心目中的儒家思想是一个三维结构："儒学是合诗教、礼教、理学三者为一体的学养，也即艺术、宗教、哲学三者的谐合体。因此，新儒家思想的开展，大约也将循艺术化、宗教化、哲学化的途径迈进。"② 在贺麟看来，儒家思想要在现代社会重获生机，必须吸收与利用西方文化的相应的优长，然而，由于"科学"已经成为中国现代思想文化领域最有影响力的神话与符号，包括蒋介石在内的不少国民党官方人士都企图将儒家思想攀附科学，以使之在现代社会也能获得有效性与权威性。贺麟对这种做法不以为然："我们不必采取时髦的办法去科学化儒家思想。欲充实并发挥儒家思想，似须另辟途径。"③ 贺麟认为，发展儒家思想要从哲学、宗教、艺术三个方面去借鉴西方文化。"因儒家思想本来包含有三方面：有理学以格物穷理，寻求智慧。有礼教以磨炼意志，规范行为。有诗教以陶养性灵，美化生活。"④ 因此，要发展儒家思想，首先，必须以西方哲学来阐释与发挥儒家的理学。贺麟特别强调，因为儒家

---

① 贺麟：《文化与人生》，世纪出版集团、上海人民出版社 2011 年版，第 14 页。
② 同上书，第 16 页。
③ 同上书，第 15 页。
④ 同上。

的理学是"中国的正宗的哲学",所以也应该以"西洋的正宗哲学"来发挥之。他似乎对于中西方的思想主流的契合与兼容抱有颇大的信心——"因东圣西圣,心同理同"①。因此,作为西方哲学主流的苏格拉底、柏拉图、亚里士多德、康德、黑格尔的哲学与作为中国哲学主流的孔孟、老庄、程朱、陆王的哲学融会贯通,"使儒家的哲学内容更为丰富,体系更为严谨,条理更为清楚,不仅可作道德可能的理论基础,且可奠定科学可能的理论基础"②。

其次,贺麟认为,"须吸收基督教的精华以充实儒家的礼教"③。正是在这一点上,贺麟的观点与陈立夫等国民党官方人士以及近代以来相当一部分中国人以西方文明为"物质文明"、中国文明为"精神文明"的看法不同。他指出:"基督教文明实为西方文明的骨干。其支配西洋人的精神生活,实深刻而周至,但每为浅见者所忽视。若非宗教的知'天'与科学的知'物'合力并进,若非宗教精神为体,物质文明为用,绝不会产生如此伟大灿烂的近代西洋文化。"④ 到了 1947 年,他更明确地提出:"西洋文明,不仅是物质文明,而在物质文明的背后,有很深的精神文明的基础,我们不但物质文明不及人家,我们的精神文明亦还是不及人家,须得向人家学习。"⑤ 贺麟认为,儒家的礼教是以人伦道德为中心,而宗教则为道德注入了热情与勇气,宗教所独有的坚定的信仰,博爱的精神,超脱尘世的精神,都将对儒家的礼教有所助力,他断言:"如中国人不能接受基督教的精华而去其糟粕,则决不会有强有力的新儒家思想产生出来。"⑥

---

① 贺麟:《文化与人生》,世纪出版集团、上海人民出版社 2011 年版,第 15 页。
② 同上。
③ 同上。
④ 同上。
⑤ 同上书,第 300 页。
⑥ 同上书,第 15 页。

再次，"须领略西洋的艺术以发扬儒家的诗教"①。传统儒家重视诗教与乐教，但是，现代各类艺术，都具有美的价值，与诗歌、音乐一样都是民族精神与时代精神的表现，因此，新儒家的兴起，应该伴随着新诗教、新乐教以及新艺术的兴起。

而在儒家的这个三维结构之中，最重要的内核是什么呢？与蒋介石重视"礼"不同，贺麟认为"仁"才是儒家思想的中心概念。在宗教方面，仁是救世济物、民胞物与的宗教热诚，从哲学上看，可以有仁的本体论，贺麟尤其强调，从诗教方面看，"仁即温柔敦厚的诗教，仁亦诗三百篇之宗旨"②。贺麟认为，仁就是天真纯朴之情，自然流露之情，这就是"思无邪"或"无邪思"，乃诗教的泉源。"纯爱真情，天真无邪之思，如受桎梏不得自由发抒，则诗教扫地，而艺术亦丧失其精髓。"③ 在贺麟所理解的儒家文化构成中，"诗"与"礼"构成了最重要的两个层面。在他的心目中，儒家所提倡的生活方式，就是有诗意美感、有秩序的生活方式，这就是所谓有"诗礼意味"，就是有"儒者气象"。相反地，"凡趣味低下，志在名利肉欲，不知美的欣赏，即是缺乏诗意。凡粗暴鲁莽，扰乱秩序，内无和悦的心情，外无整齐的品节，即是缺乏礼意。无诗意是丑俗，无礼意是暴乱"④。正是从这种普泛化的标准出发，他同意泰戈尔痛斥上海为"丑俗之大魔"，因为"上海为工商业化的东方大都市，充斥了流氓、市侩、买办以及一切殖民地城市的罪恶，不唯无东方静穆纯朴之诗味，亦绝无儒家诗教礼教之遗风"⑤。但是他却不同意辜鸿铭以儒家诗礼标准攻击西洋近代文明"丑俗暴乱，无诗之美，无礼之和"⑥，因为在贺麟看来，近代英美民主政

---

① 贺麟：《文化与人生》，世纪出版集团、上海人民出版社 2011 年版，第 16 页。
② 同上。
③ 同上书，第 17 页。
④ 同上书，第 19 页。
⑤ 同上。
⑥ 同上。

治的规则，莫不有礼；数百万人聚居的城市，交通集会莫不有序。工人、商人工作之暇，有音乐、戏剧可赏，有公园、博物馆、礼拜堂等设施可资其度过闲暇时光，其生活亦可谓相当美化而富于诗意，"如谓工商化、民主化的近代社会缺乏诗礼意味，无有儒者气象，则未免把儒家的诗教礼教看得太呆板、太狭隘了"①。可以说，贺麟的这种"新儒家思想"扩大与泛化了儒家文化，将所谓"诗礼意味"阐释成一般性普遍性的社会秩序与审美生活，在某种程度上使得儒家思想可以契合于现代社会，但另一方面这种普泛化也有导致儒家思想丧失民族文化的独特性的嫌疑。

与贺麟相类似的，朱光潜也同样在强调礼的精神与乐的精神的平衡。1942 年 2 月，《思想与时代》第 7 期上刊登了朱光潜的《乐的精神与礼的精神》一文，文中认为礼与乐是儒家思想的两个基本观念，并且概括曰："'和'是乐的精神，'序'是礼的精神。"对于二者的区别，朱光潜进一步作了详尽的论述：

> 礼乐本是内外相应，但就另一观点说，也可以说是相反相成，其义有三。第一，乐是情感的流露，意志的表现，用处在发扬宣泄，使人尽量地任生气洋溢；礼是行为仪表的纪律，制度为人文的条理，用处在调整节制，使人于发扬生气之中不至泛滥横流。乐使人活跃，礼使人敛肃；乐使人任其自然，礼使人控制自然；乐是浪漫的精神，礼是古典的精神；……其次乐是在冲突中求和谐，礼是混乱中求秩序；论功用，乐易起同情共鸣，礼易显出等差分际；乐使异者趋于同，礼使同者现其异；乐者综合，礼者分析；乐之用在"化"，礼之用在"别"。……第三，乐的精神是和，乐，仁，爱，是自然，或是修养成自然；礼的精神是序，节，文，制，是人为，是修养所

---

① 贺麟：《文化与人生》，世纪出版集团、上海人民出版社 2011 年版，第 19 页。

下的功夫。乐本乎情，而礼则求情当于理。①

也就是说，乐所追求的是情感的自由，礼体现的则是秩序与规则。但是他同时又强调二者之间的相互协调与支持。朱光潜指出：

> "和"是个人修养与社会生展的一种胜境，而达到这个胜境的路径是"序"。和的意义原于音乐，就拿音乐来说，"声成文，谓之音"，一曲乐调本是许多不同的甚至相反的声音配合起来的，音乐和谐不和谐，就看这配合有无条理秩序。音乐是一种最高的艺术，像其他艺术一样，他的成就在形式，而形式之所以为形式，可因其具有条理秩序，即中国语所谓"文"。就一个人的内心说，思想要成一个融贯的系统，他必定有条理秩序，人格要成一个完美的有机体，知情意各种活动必须各安其位，各守其分。就一个社会说，分子与分子要和而无争，他也必有制度法律，使每个人都遵照。世间决没有一个无"序"而能"和"的现象。

因此，"'序'是'和'的条件，所以乐之中有礼"②，同时，"礼之中也必有乐"③：

> 乐是情之不可变。礼是理之不可易，合乎情然后当于理。乐是内涵，礼是外现，和顺积中，而英华发外，"乐不可以为伪"，礼也不可以为伪。内不和而外敬，其敬为乡愿；内不合乎情而外求当于理，其礼为残酷寡恩；内无乐而外守礼，其礼必为拘板的仪式，枯渴而无生命。礼不可以无乐，犹如人体躯

---

① 朱光潜：《乐的精神与礼的精神》，《思想与时代》1942 年第 7 期。
② 同上。
③ 同上。

壳不可无灵魂，艺术形式不可无实质。①

因此，可以说，礼乐相须为用，相反相成，"一个理想的人，或是一个理想的社会，必须具备乐的精神和礼的精神，才算完美。"② 但是，朱光潜在文中最后指出："礼乐兼备是理想，实际上无论个人与国家，礼胜乐胜以至于礼失乐失的现象都尝发现。我们可以用这个标准评论一个人的修养，一派学术的成就，一种艺术的风格，以至一个文化的类型，但是这里不能详说，读者可以举一反三。"③ 最后这句话颇有意味，联系当时国民党官方对于"礼"的倍加重视，隐隐可以感觉到朱光潜对于国民党官方文化思想的某种批评态度。

第六节 新版"中体西用"的可能性辩护

无论是贺麟还是朱光潜，他们都是通过以现代（西方）的观念来阐释中国传统文化的概念与思想，使得中国传统文化思想展现出了现代价值，从而获得了现代社会的准入资格，在这样的阐释与论证过程中，这些知识分子经常明确地表达对于为国民党官方简化重构后奉为纲领的孙中山的带有保守主义色彩的民族主义文化方案的认同与推崇。在这一点上，张其昀在他发表于《思想与时代》第2、3期的《论现代精神》一文正是一个非常典型的例子。

张其昀认为，20世纪的两次世界大战已经引发了人们对于物质文明以及西方文化价值的质疑，而这两次世界大战对于社会与文化的破坏已经证明了"西洋现代文化显有缺点，建国之道决非

① 朱光潜：《乐的精神与礼的精神》，《思想与时代》1942年第7期。
② 同上。
③ 同上。

完全师法外国所能为功”①。他援引罗素在《中国问题》一书中的观点——“西方文化显著之优点是为科学方法，中国文化显著之优点是一种合理之生活观念”②，从而认为“真正的现代精神”，也许就在于西方的科学方法与中国的“合理之生活观念”的结合，而这些恰恰和孙中山的民族主义思想中的有关观点相一致——即西方领先中国的原因在于科学，而非政治哲学，因此中国应该恢复自己固有的道德智识与能力，并学习西方的科学以补己之短。在此文中，张其昀概述了西方科学思想与哲学思想的前沿进展，并以阳明心学与孔孟儒学与之相比较，从而发现中国传统儒学与西方现代“人本主义”思想的契合之处，并认为“若以和平二字为现代文化命脉所托，则中国文化显然可为现代精神之前驱”③，最终得出中国现代新文化的建设应该循着孙中山的设计与道路前行的结论：“一面继承本国之政治哲学，一面努力吸收西洋之科学，谋中西文化之统一，以从事于真正之创造，深信必能于世界和平有所贡献。”④

　　恢复中国传统道德与政治哲学，迎头赶上西方的科学，国民党官方推崇与标举的这一新版的“中体西用”论的文化建设方案得到了相当一部分具有文化保守主义倾向的知识分子的认同，但是，细究起来，这个“中体”与“西用”之间是否果然可以兼容合一，西方的科学之花是否可能在中国传统的政治哲学和伦理规范的社会土壤里生根发芽开花结果，却未必是不证自明的真理。事实上，晚清时期的严复就已经断然否定了这种体用可以分离嫁接的理路，而认为中学与西学都有各自之“体”“用”，按照这个逻辑，引进了“用”，就必然连带地要引入“体”，最终结果就是要移植整个西方

---

①　张其昀：《论现代精神》，《思想与时代》1941 年第 3 期。
②　同上。
③　同上。
④　同上。

文化系统。到了"五四"时期，这一逻辑思路的充分展开就成为以《新青年》作者群为代表的新文化知识分子认为要引进"科学""民主"，就必须全盘地否定传统的文化激进主义思路，总之，在这个新的思想传统中，科学与中国传统是水火不相容的，保存传统与引进科学完全是南辕北辙的两个方向。

钱穆显然意识到了这派反对意见的重要性。他要从学理上证明这个新版的"中体西用"论是合理可行的。钱穆相当明确地对看似已成明日黄花的"中体西用"的文化方案表示了某种程度的认同。但是他从一个新的角度来阐释与论证这个方案。钱穆将人生观分为两种，一种偏于以渺小的人生为核心，另一种则偏于以宇宙之伟大为核心，前者是现实的，以自我为中心的，后者是理想的，以宇宙为归宿的。这两种人生观意味着一系列截然相反的价值倾向："现实的常有偏肉体的倾向，理想的常有偏心灵的倾向。从偏肉体的方面来认识宇宙，则常主张亲验与实证；从偏心灵的方面来认识宇宙，则常从事玄想与推理。主张亲验与实证，常易走向物质自然环境，为科学与艺术之起源。从事玄想与推理则走向精神文化环境，为宗教与历史之前导。第一派喜欢自我的智识与自由，第二派著重对宇宙之信仰与崇拜。""喜欢自我智识与自由，故主张小我独立；对宇宙发生信仰与崇拜，故偏于想望大群之团圆。前派可称为自依的，后派可称为依他的。因此两派人生对社群的态度亦自不同。第一派往往被目为俗的，即入世者。第二派则被目为道的，即出世者。"[1] 钱穆认为，古希腊文明的人生观就属于第一派，而希伯来文明则属于第二派，而西方文化的历史则是这两派人生观交替占据主导地位的历史。近代中国人追求西化与现代化，其实是刻意要走现实享乐小我自由的道路。所谓的"现代化"包含着"反宗教迷信，反历史崇拜，提倡科学精神与个人自由"[2] 的要求，但是钱穆

---

[1] 钱穆：《两种人生观之交替与中和》，《思想与时代》1941 年第 1 期。
[2] 同上。

认为，这里面有几个困难：首先，科学精神与个人自由的发生是有其历史环境条件的，古希腊得天独厚的良好的自然环境使得他们奉行第一种人生观，追求现实生活的享受，并产生了科学与艺术，而中国人自清以来先是受到满清部族的压迫，后又始终处于内乱外侮的痛苦之下，救死争存之不暇，怎么可能谈得上科学精神！因此，"近代中国人追慕现实享乐小我自由，并不能像一少壮青年在生力充沛醉睡初醒开眼起身时的情态，转而似于日暮途穷倒行逆施，否则是信陵君醇酒妇人，不啻一种间接的自杀。貌是神非，绝不见其为一种科学精神下之现实与自由"①。其次，钱穆认为，西方社会的不同时期，艺术与宗教对科学起到了一种平衡与纠偏的作用，而中国人所关注的只是科学，又不注重其科学精神的源头，而只重视西方科学的方法应用以及所带来的享受，结果科学精神尚未入门，却先导致了人欲横流的恶果。第三，现实享乐小我自由的人生观，使得中国人向往于西方先进国家的富裕，但中国既无力向外扩张，只能向内相互压榨，这三点便导致了近代中国社会的痛苦。显然，钱穆认为，即使是在西方社会，也存在着由两种人生观构成的平衡，正是这种平衡维持着西方社会相对的健康状态。因此，西方的科学并不是一切，钱穆认为，如果要全盘西化的话，也必须引入这个平衡结构："我们若要全盘西化，我们应该在希腊现实人生外再体认一些耶苏教的严肃性。我们应该在英法海洋商业自由竞争的方面，再顾及新兴德苏诸国的姿态。我们固要科学，同时亦该要宗教。我们固要小我，同时亦该要大群。我们若要全盘西化，便该执其两端，不应偏走一极。"② 但是钱穆认为，这两个极端在西方社会自身那里就不断地冲突与交替，中国如果全盘西化，又如何把这不相容的两个极端融合为一呢？对此，钱穆提出的方案是所谓"执两用中"，而中国文化精神本身，就是这两个极端的中和，所以完

---

① 钱穆：《两种人生观之交替与中和》，《思想与时代》1941 年第 1 期。
② 同上。

全可以在充分认识与保留中国的固有文化的前提下，吸收新质，扩大旧局面。从这个角度看，钱穆认为晚清"中体西用"的文化方案仍然具有值得现代中国人重新考量的价值。

但是，钱穆的以上论证只是证明了这种"中体西用"的目标作为文化理想之可欲，却未必能代替对于这一目标的可能性与现实性的论证。因此，钱穆不得不继续提出这些问题："即是在中国传统文化机构里，为何没有科学的地位呢？中国传统文化机构里倘无科学的地位，中国要学习西方科学是否可能呢？中国学得科学而把新中国科学化了，那时是否将把中国固有文化机构损伤或折毁呢？"①

在钱穆看来，中国文化与西方文化的形态与价值观完全不同，西方文化是"科学性"的，而中国文化是"艺术性"的。艺术在中国文化当中具有极为重要的地位，中国人在这其中寄托着自己的人生目的与价值。钱穆认为，中国人的文学艺术具有代替宗教的功能。"在中国人的文化传统下，道德观念一向很看重。它要负修身、齐家、治国、平天下一番大责任，它要讲忠孝、仁义、廉耻、节操一番大道理。这好像一条条的道德绳子，把每个人缚得紧紧，转身不得似的。在西方则并没有这么多的一大套。他们只说自由、平等、独立，何等干脆痛快。中国人则像被种种道德观念重重束缚了。中国人生可说是道德的人生。……正因中国社会偏重这一面，因此不得不有另一面来期求其平衡。中国人的诗文字画，一般文学艺术，则正尽了此职能，使你能暂时抛开一切责任，重回到幽闲的心情、自然的欣赏上。……中国的艺术文学，和中国的道德人生调和起来，便代替了宗教的作用。"相较之下，西方的艺术是鼓励与引人入世的，"你若感觉到生活烦闷不舒服，试去看一场外国电影吧。你的目的本在消遣解闷，可是结果反而会更增加了你的烦闷和

---

① 钱穆：《中国文化史导论》，《钱宾四先生全集》第二十九卷，台北联经出版事业公司1998年版，第221页。

不舒服。因为西方文学与艺术，都是富刺激性的，都像是在鞭策你向前走，指示你一个该向前争取的目标：在批评你的当下生活，批驳得你体无完肤。……等你碰到壁，闯到了一鼻子灰，那你只有进教堂，哀告上帝，上帝会安慰你。这是中西双方文学艺术内在性格与其社会使命之不同"①。钱穆认为，中国传统文化中并不是没有科学，实际上，在天文、历法、算数、医药、水利工程、工艺制造各方面，中国古代达到了很高的成就，但是，在艺术化的中国文化传统中，科学的地位确实并不高，甚至连中国的科学似乎也有偏向艺术性的倾向。"即如数学与医学，中国皆远古即有传统。惟中国医学亦偏艺术性，乃从人身生理学发明演进。而西方医学，则从人体物理学上发明演进。彼此大不同，但究竟同是一科学。又如枪炮火药，亦最先发明于中国。但中国人不愿在此上继续有发展，乃改为爆竹与烟火；而枪炮则由西方人传去，不断继续发明，以有今日之核子武器。"② 钱穆认为，中国文化中的科学因子将是中国人学习西方现代科学的基础，但是，中国学习西方现代科学，并不是简单地添加西方科学，而是要在学习过程中继续保持艺术化的中国传统，从而复兴中国原有的科学传统。

更加重要的是，在钱穆看来，中国传统文化特有的"中和"性格，使之具有很强的吸收与融和外来文化的能力，这是中国有可能在接纳西方现代科学的同时又保存自己固有的文化传统的关键所在。

钱穆认为，科学与宗教在西方是互相排斥的，相信科学就不能再信仰宗教，双方势同水火，但是中国传统思想却可以同时容纳科学与宗教。西方的科学思想所针对的是西方宗教教义，与中国传统

① 钱穆：《中国文化史导论》，《钱宾四先生全集》第二十九卷，台北联经出版事业公司 1998 年版，第 260—261 页。
② 同上书，第 255 页。

思想并不冲突，在中国传统文化中加入现代科学，是有益无损的①。儒家经典《中庸》中说："能尽己性，则能尽人之性，能尽人之性，则能尽物之性。能尽物之性，则可以赞天地之化育。"钱穆阐释道：

> 承认有"天地之化育"是宗教精神，要求"尽物之性"是科学精神，而归本在"尽己之性"与"尽人之性"两项下面，则是儒家精神了。儒家承认有天地之化育，但必需用"己"和"人"去赞助他。宋儒说"为天地立心"便是此旨，如此则便非纯宗教的了。儒家说要尽物之性，但必著重在尽人性上下手，则便非偏科学的了。因此西方人的科学与宗教之相互敌对，一到儒家的思想范围里，便须失其壁垒。宗教与科学，在中国传统文化的意义下，都可有他们的地位，只不是互相敌对，也不是各霸一方，他们将融和一气而以儒家思想为中心。②

钱穆更进一步指出，中国人向来主张"天人合一""心物合一"，中国人常认为"物性"与"人性"都是一种"天地之性"，二者之间有某处共通之处，应该不相违异。中国人这种对物的态度，"与其说是'科学的'，毋宁说是'艺术的'"，在这种观念之下，中国人并不将科学、艺术、宗教、哲学划分成各自独立的学科领域，而

---

① 可以说，钱穆认为中国文化"天人合一""心物合一"的精神使得中国文化在接纳科学的同时不会损及儒家思想原有的宗教情怀，这种想法体现了钱穆对于中国文化传统的自信，而这种自信建立在他对于西方文化结构中科学与宗教关系的理解基础之上的，在钱穆看来，科学的兴起，对于西方传统的宗教信仰形成了冲击与瓦解，但是这种理解很难说是完全正确的，至少在早期，科学家们探索自然，往往有着宗教方面的动机，这就是所谓"我解剖跳蚤，向你证明上帝的存在"。甚至直到现在，仍有不少科学家在研究科学的同时仍然信仰宗教。

② 钱穆：《中国文化史导论》，《钱宾四先生全集》第二十九卷，台北联经出版事业公司 1998 年版，第 232 页。

是将这些领域融和一气，不加区分。中国人所说的"技而进乎道"
"形而上者谓之道，形而下者谓之器"，而这其中"技"与"器"
是属于艺术还是属于科学，是分辨不清的，"道"是属宗教还是属
哲学，也是分辨不清的，"形上""形下"一气贯注，才是中国人
的理想。对于这种"一气贯注"的传统文化理想，钱穆显然是极度
推崇并对其在现实世界中的修身处世以建立事功的效应充满信心。
1944 年，他在为国民党的重庆中央训练团党政高级训练班讲授
《中国固有哲学与革命哲学》课程时宣称：

> 中国固有哲学长于"融通"，切于"实际"，决非仅仅为
> 一种抽象的纯思辨的理论。因此真有得于中国固有哲学之传统
> 精神者，同时必具有"宗教精神"与"科学精神"，又同时必
> 具有"文学气味"与"艺术气味"。彼必能到达一种"天人合
> 一"与"人己合一"的境界。必能以心性与道命合一，必能
> 以义理与事功合一。必能以修己与淑人合一，必能以为政与设
> 教合一。①

　　显然，钱穆认识到，中国文化是一种混融性的形态，其中科
学、艺术、哲学、宗教各个领域并不截然独立分离，而是互相包含
渗透，混融为一，钱穆认为，这种混融的形态中，也包含了对于
"物"的研究与理解，因而也为科学留有余地。

　　尤其是，钱穆也意识到，即使是从科学的层面看，中国的科学
思想与西方现代科学方法也有很大的差别。尽管中国人也主张"尽
物之性"，但是"物之性太杂碎，天之性太渺茫，莫切于先瞭解人
之性人之性。要瞭解人之性，自然莫切于从己之性推去。因为己亦
是一人，人亦是一物"。因此，中国在思考与体察世界的时候，是

---

　　①　钱穆：《中国固有哲学与革命哲学》，《钱宾四先生全集》第四十一卷，台北联
经出版事业公司 1998 年版，第 127 页。

推己及人，由人及物，进而达于"天"，"天、地、人、物"都被放在同一个框架与宇宙图式中来理解，形成了一个"共同生息的宇宙"。钱穆指出，中国的科学思想与艺术、宗教是同根共源的，都偏长于"对有机完整的全体，作一种直透内部心物共鸣的体察"，与西方科学重"区分"不同，中国科学则重"融通"，往往"以完整的全体的情味来体会外物"①。这就是中国科学思想的"艺术化"。钱穆认为，这种艺术化的文化、艺术化的科学虽不同于西方科学文化，但有其宝贵的价值，"若使科学在中国获得长足进展，一定在这一方面有他惊人的异采"②。

可以说，钱穆对于中国文化与中国科学思想的理解是颇有见地的，他对于艺术对于中国人与中国文化的价值与意义的认识也不无见地，但是，由此来论证中国人可以在引进西方科学的同时保存其固有的文化传统，却嫌有些不够有力。最大的矛盾之处在于，既然中国文化是一种"一气贯注"的混融的形态，宗教、哲学、科学、艺术融和一气，并不区分，而西方科学与西方文化正是以各自独立、分别发展而获得其空前的现代成就，这两者是显然有矛盾的，那么，对于这种"区分"性的科学文化的引入，又如何能维持原先"一气贯注"的文化世界不被动摇与瓦解呢？

而且，钱穆也许并未意识到的是，尽管中国古代的整体性思维"把着眼点放在事物系统与环境的相互作用上，把事物当作一个整体来对待，力图对事物系统整体功能有总体上的把握，十分强调事物系统诸要素的协调配合对实现系统整体性功能的决定作用"③，非常符合现代科学的系统论思想，然而，中国人在认知事物的时候往往采用钱穆所说的由己及人，由人及物的直观类推的思维方式，

① 钱穆：《中国文化史导论》，《钱宾四先生全集》第二十九卷，台北联经出版事业公司 1998 年版，第 234—235 页。
② 同上书，第 235 页。
③ 周济：《识同辨异探源汇流：中西科学思想比较研究》，厦门大学出版社 2010 年版，第 160 页。

但是，虽说己、人、物都处于一个宇宙大系统之中，但毕竟仍然分属不同的子系统，各自有着不同的结构与规律，而且我们所身处其中的这个自然与社会系统的复杂性与差异性远非以这种简单的模型可以描述与划分，由己及物的体验与思维方式确实可以说是颇具情味与艺术气质的，但却很难说是科学的，更不能保证得出符合事物客观规律的认知结论。尤其是，现代科学的发展是基于重视对事物系统内部结构进行定量考察与分析，强调精确性与逻辑性，正如一些西方科学史学者所指出的，"通常意义上的科学所特有的方法论体系的逐步发展与建立起来构成了科学革命。这个科学的方法有两个主要的内容，一是运用数学和计量以精确测度世界及其各个部分是怎样运作的，二是运用观察、经验以及人为控制的实验来理解自然"①。中国古代的整体性思维正是在这方面有其缺陷，才使得中国在近代科学发展阶段落后于西方。虽然现代科学的进一步发展，走向了中国思维所偏重的整体化，但是这是在原先重分析、强调精确的数学计量的经典科学方法基础上的进一步发展，并非对原先的现代科学方法与工具的否定与抛弃，更不是中国古代科学思维方式的简单重复。从这个意义上说，现代科学的新发展未必证明了中国古代思想的先进性，而是意味着中国人在科学上必须加倍努力地追赶。

可以说，钱穆对"中体西用"的可行性辩护虽然在价值观念层面看来是顺畅的，但是在思维与认知方式层面却遇到了瓶颈。显然，他所设想的在艺术化的中国认知方式中容纳甚至从中生长出现代科学文化的思路，如果不说是不切实际的话，至少也可以说是把问题看得太简单了。而造成这种情况的原因，除了现代科学素养不够之外，相当程度上在于他所持的信念偏见，由于他坚持中国文化优位论，坚持要以中国文化思维来"中和"西方文化的价值观冲

---

① ［英］约翰·亨利：《科学革命与现代科学的起源》（第 3 版），杨俊杰译，北京大学出版社 2013 年版，第 32 页。

突，从而对西方现代文化里头中国文化无法"中和"的因素视而不见。这种对本土文化潜能的过度自信与对西方现代文化中与中国文化不兼容因素的选择性失明，可以说是在中国现代文化保守主义者身上的一种常见的思想症候。

第七章　目的价值的美学重建

——中国文化传统的美学化阐释

第一节　传统之"用"

1912 年 5 月 22 日，武昌起义的枪声初歇，正当民国肇建，百废待兴之时，黄兴给袁世凯与各省都督发去电文，文中主旨却是呼吁提倡传统道德伦理。黄兴在文中称："民国初建，首重纪纲。我中华开化最古，孝弟忠信，礼义廉耻，夙为立国根本，即为法治精神。以忠言之，乃尽职之意。古人所称上思利民，以死报国之类是也。以孝言之，亲亲而外，立身为要。昔贤遗训，如好货财，私妻子，纵耳目之欲，以为父母戮，推而至于战阵无勇，举为炯戒是也。盖忠孝二字，实包己身与国家社会而言。于个人则为道德，于人群则为秩序，东西各国，礼治法治虽有不同，而大本大原终未尝相背。"[1] 显然，黄兴努力对传统的伦理规范，作出合乎新政治制度与时代精神的解释，尤其是对于作为传统政治伦理的核心规范的"忠"，更是下了很大的力气进行重新阐释，并认为秦汉以来"忠君"伦理与专制政治制度的合谋关系，"非误于国民之崇尚忠孝，实误于国民不知忠孝"[2]。

黄兴的这些言论显示了一个时代的文化症候，辛亥革命不仅瓦

---

[1]　黄兴：《致各都督电》，《黄兴集》，中华书局 1981 年版，第 194 页。
[2]　同上。

解了一套传统的政治制度，同时也使得与这一政治制度相配套的一个伦理文化体系丧失了立足根基，然而，与新的政治制度相配套的新的政治伦理文化却并不是那么容易就发展完备的，在王朝废墟上建立起来的新的国家政治生活同样需要稳定的秩序，显然，即使是黄兴这样的"革命领袖"，也仍然感到传统的社会政治伦理文化对他的亲和力并本能地希望投入自己的信赖。然而，旧的伦理文化传统与新的政体之间的错位，却是无法视而不见的，黄兴显然企图努力摆脱这一困境，他力图通过对传统伦理话语进行重新阐释，弭平这一旧伦理话语体系与新政治制度之间的裂隙。

正如一些论者所指出的，近代以来，中国思想文化走向了结构性的崩溃，但是，这并不意味着中国传统文化内的所有因素都在这一崩溃过程中全然死灭，相反，其中仍然有大量因素生存下来，甚至继续发展①。可以说，这就是中国文化传统有可能实现现代性转化的前提条件，事实上，无论是由于知识资源层面上的熟悉还是出于精神上无法割断的心理眷恋，也无论是出于自觉或是不自觉，中国近现代知识分子对中国传统文化中的因素进行现代性转化的尝试就始终没有间断。黄兴的这些论调，只是这些不断涌起的潮流中之一滴而已。

黄兴所面临的，是一个延续了半个多世纪的文化危机。他所寄予厚望的纲常伦理，在原有的文化传统中，是一个合目的价值与工具价值为一体的伦理规范体系，而这一所谓"体用不二"的价值系统，在 1860 年之后，发生了结构性裂变。

在第二次鸦片战争之后，总理衙门计划在同文馆内设算学天文馆，聘请西洋教师，招五品以下科甲出身的官员入馆学习，此举招到了大学士倭仁等人的极力反对，由此引发了奕䜣等洋务派官僚与前者的激烈争论。这场争论清晰地标示出了传统文化价值系统在外

---

① 林毓生：《中国意识的危机》（增订再版本），贵州人民出版社 1988 年版，第 322 页。

来力量的冲击与挑战下出现了极具深远意义的裂缝。

保守派方面首先发难的张盛藻在奏折中称："朝廷命官必用科甲正途者，为其读孔、孟之书，学尧、舜之道，明体达用，规模弘远也，何必令其习为机巧专用制造轮船洋枪之理乎？"① 显然，在张盛藻辈看来，在传统的儒家思想文化系统中，作为目的价值的"体"是与作为工具价值的"用"融为一体的，只要能够牢牢掌握孔孟之道这个"体"，自然能够实现治国平天下这个"用"，这就是为什么倭仁随后会在奏折中提出"立国之道，尚礼义不尚权谋；根本之图，在人心不在技艺"② 这样的高论。显然，面对来自西方的现代化力量的冲击，倭仁等人仍然沉浸在传统的道德中心主义的文化信仰世界之中，礼义廉耻、士习人心，乃是根本，是道，即构成了根基，也是终极性的追求，而在这个信仰世界中，伦理信念与道德操守与社会国家的治理成效是可以互为换算的："夫欲求制胜必求之忠信之人，欲谋自强必谋之礼义之士，固不待智者而后知矣。"③

然而，对于奕䜣等洋务派人士来说，传统伦理道德体系已经无法承担他们所企求的工具价值。奕䜣等人的表述非常清晰地展示了这一文化信仰裂解的状况："如别无良策，仅以忠信为甲胄，礼义为干橹等词，谓可折冲樽俎，足以制敌之命，臣等实未敢信。"④

"体"与"用"可以分而为二，目的价值与工具价值并非一体两面——在这样的观念背景下，"中体西用"的提法才成为可能。尽管在这个口号中，"中学"仍然维持着"体"的地位，但在洋务

---

① 《奏同文馆学天文算术不必用科甲正途官员折》，《筹办夷务始末·同治朝》第五册，中华书局 2008 年版，第 2001 页。
② 《倭仁奏正途学习天文算学为益甚微所损甚大请立罢前议折》，《筹办夷务始末·同治朝》第五册，中华书局 2008 年版，第 2009 页。
③ 同上。
④ 《奕䜣等奏议覆倭仁请罢正途学天文算学折》，《筹办夷务始末·同治朝》第五册，中华书局 2008 年版，第 2021 页。

派心里，西学之"用"才是首要急务。而传统思想世界中重视"体""道"这些形而上范畴的思维习惯显然又使他们感受到了不小的压力，于是，为了抬升"西学"（其实在洋务派心目中主要是枪炮等军事技术）的价值，不仅要以实效证明其工具价值，更必须为之向上打通与传统之"体"相通的话语路径。奕䜣等显然在准备办天文算学馆之时就已经预料到了可能来自传统文化价值思维方面的非难，因而在奏折中特意辩解道："匠人习其事，儒者明其理，理明而用弘焉。今日之学，学其理也，乃儒者格物致知之事。"①李鸿章更是辩称曰："洋人视火器为身心性命之学者已数百年，一旦豁然贯通，参阴阳而配造化，实有指挥如意从心所欲之快。"②这样的出于抬高西学的身价而刻意进行的辩护自然是极其粗糙而幼稚的，但是说火器可以"为身心性命之学"，亦有所谓"参阴阳""配造化"这等玄奥的形而上层次的内涵，这几乎就等于认为西学亦有其"体"，因而就可能具有与中学平起平坐甚而取而代之的资格。

当然，这类一厢情愿的粗陋解释并不足以证明西学可以为"体"，但是，在轮船枪炮所代表的"西学"之"用"如此强势的压力下，作为"体"的"中学"反而要努力阐明自己有"用"——具有工具价值。可以说，晚清以降，对儒学以及传统文化体系进行符合近代化的阐释，确实蔚为潮流，而在这其中，往往不是将之作为目的价值体系，而是强调其工具性价值。正是在一种工具价值的比拼中，被视为中国文化的正统的儒家之学被降格为一种维持国家政治制度与社会治理的工具体系。这种倾向即使是力倡"中体西用"的张之洞，亦在所难免。尽管正如列文森所指出的，

---

① 《奕䜣等奏酌拟学习天文算学章程呈览折》，《筹办夷务始末·同治朝》第五册，中华书局2008年版，第1984页。

② 《李鸿章函·答制火器》，《筹办夷务始末·同治朝》第三册，中华书局2008年版，第1088页。

"中体西用"的口号所强调的是"西方科学在价值上不如中国的道德和美学，这种不如正由于它的有用性。如果某种东西有用，那它只能是手段，而手段在价值上不如目的"①。然而，张之洞对于儒学在工具价值层面所受到的挑战仍然无法视而不见："今日无志之士本不悦学，离经畔道者尤不悦中学，因倡为中学繁难无用之说，设淫辞而助之攻，于是乐其便而和之者益众，殆欲立废中学而后快。"② 为了应对这一局面，他提出的策略是"守约"——将传统学术知识体系简化，这种简化的标准，则是"以致用当务为贵，不以殚见洽闻为贤"③。对于传统的经史子集四大部类知识系统，张之洞的基本取舍标准亦是其实用性与有效性。而对作为儒学根本的经学，他的要求是"通大义"，而所谓"大义"，则是"切于治身心治天下者"④。显然，如果作为目的价值体系的儒学自身在工具价值层面的效力不能得到强化与证明，它的"体"的地位就会受到威胁。

而民初社会关于立孔教为国教的论争，仍然是这一课题的延续，康有为等人立孔教为国教的努力，实际上是企图使儒家文化与新的现代国家政治生活与社会生活之间重新建立制度性的联系，从而使这个文化体系像在过去那样对这个民族在现代世界的生存与发展继续发挥其积极作用。在论争过程中，双方反复争辩的焦点问题，除了儒家文化是否是一种宗教之外，就是孔教是否应该成为国教。

对于康有为与陈焕章等孔教会成员来说，将孔教立为中国的国教具有充足的理由与必要性。他们反复强调，是儒家思想文化构成了"中国之魂"，是中华民族的民族/国家认同的基础，是国家得以

---

① ［美］约瑟夫·列文森：《儒教中国及其现代命运》，郑大华、任菁译，广西师范大学出版社 2009 年版，第 48 页。
② 张之洞：《劝学篇》，中州古籍出版社 1998 年版，第 92—93 页。
③ 同上书，第 93 页。
④ 同上。

生存的根基，一旦离弃，"恐教亡而国从之"①。不仅如此，在他们看来，儒家的道德信念与伦理文化在国家与社会治理方面具有普遍的有效性："学校遍都邑，教化入妇孺，人识孝弟忠信之风，家知礼义廉耻之化，故不立辩护士，法律虚设而不下逮，但道以德、齐以礼，而中国能晏然一统，致治二千年者何哉？诚以半部《论语》治之也。"②"非惟中国也，凡人之为人，有生我者，有与我并生而配合同游者，有同职事而上下者，则因而立孝慈友弟义顺忠信笃敬之伦行。苟非生于空桑，长于孤岛无人之地，则是道也，凡普大地万国之人，虽欲离孔教须臾而不能也。"③ 然而，要使这一工具真正能够发挥作用，则必须确立儒家思想的绝对真理性与权威性，而不是仅仅将之视为一个学派的思想，正是出于这一原因，康有为等人才努力要将孔教论证成为一个宗教："不认孔教为教，则孔道虽存，不过空文之理论，孔学虽存不过私家之学说。即使六经不废，世之读者，不过视如诸子百家之书耳。既无尊信之诚心，必无奉行之实事。而世道人心，将无所维系。"④

当然，他们也意识到了国家政体的巨变对儒家社会伦理设计所构成的挑战，因此他们努力论证孔子之道与现代民主精神的一致性："大哉孔子之道，配天地，本神明，育万物，四通六辟，其道无乎不在，故在中古，改制立法，而为教主，其所为经传，立于学官，国民诵之，以为率由，朝廷奉之，以为宪法，省刑罚，薄税敛，废封建，罢世及，国人免奴而可仕宦，贵贱同罪而法平等，集会言论出版皆自由，及好释、道之说者，皆听其信教自由。凡法国革命所争之大者，吾中国皆以孔子之经说先得之二千年矣。"⑤

必须指出的是，这种将孔子思想中的某些因素与现代民主精神

---

① 康有为：《孔教会序一》，《康有为政论集》，中华书局1981年版，第733页。
② 同上书，第732页。
③ 康有为：《孔教会序二》，《康有为政论集》，中华书局1981年版，第736页。
④ 陈焕章：《孔教会序》，《孔教论》，商务印书馆1913年版，第95页。
⑤ 康有为：《孔教会序一》，《康有为政论集》，中华书局1981年版，第732页。

相比附，声称二者之间具有同一性的论述并不仅仅由孔教会或其同道者（如黄兴）所专有，事实上，他们的反对派中秉持相似的观点与思路的也大有人在——比如，力主废除学校的祀孔与读经的蔡元培，一方面认为"忠君与共和政体不合，尊孔与信教自由相违"①，但另一方面，又认为儒家的义、恕、仁等道德观念可以对应于自由、平等、博爱（蔡称为亲爱），认为"三者诚一切道德之根源，而公民道德教育之所有事也"②。

事实上，相当一部分孔教运动的反对者所针对的往往并不是孔教的具体价值信念，而是使孔教与国家政治实现制度化联结，并以国教的形式"定于一尊"的企图，所持原因则往往是中国是一个民族与宗教信仰多元共存的社会，立国教的举措反而有可能加剧中国社会内外的矛盾与离心力，从而不利国家与社会的安定，因此，即令孔子儒学可以作为社会治理的有效工具，也会因其被立为国教而适得其反——实际上，反对者真正反对的是国教制度，至于这个将被立为国教的是孔教还是其他什么宗教，他们未必十分关心。而对孔子儒学本身在道德教化乃至社会治理方面的有效性，这些反对者似乎也持相当认可的态度，不仅蔡元培在主张学校不拜孔的同时，又认为儒家的道德信念可以作为公民道德，许世英在反对立孔教为国教的同时，更明确提出"以孔道孔学，编入于伦理教科书，定为强迫教育中必授之课，自能发挥礼教，立国之道，胥在乎此"③。1916 年与 1917 年两次国会就孔教问题进行表决时的结果亦颇可说明问题，1916 年国会宪法审议会就"国民教育以孔子之道为修身大本"一案进行表决，结果为 377 票赞成，220 票反对，1917 年国会讨论定孔教为国教，表决结果是 255 票赞成，264 票反对，尽管

---

① 蔡元培：《对于新教育之意见》，《蔡元培全集》第二卷，中华书局 1984 年版，第 136 页。

② 同上书，第 132 页。

③ 许世英：《反对孔教为国教呈》，《民国经世文编》（内政·外交），文海出版社 1973 年版，第 5142 页。

两次表决，双方都不足 2/3 的法定人数，但显见的是，对于"定孔教为国教"，反对者略多于赞成者，而对于"以孔子之道为修身大本"，则赞成者显然多于反对者，尽管这些赞成者似乎没有意识到通过国家宪法的形式规定"修身大本"，有以国家权力干涉公民道德生活的嫌疑，在某种程度上是在制定一个缩减版（也即是世俗版）的国教。但是，这种缩减也说明，传统儒家文化已经丧失其作为目的价值体系的整体性，人们以现实的工具性价值来衡量与要求这一传统，以其不利于国家与社会治理而否弃其中的某些因素，又以其对国家与社会治理具有效力而肯定另一些因素。列文森在《儒教中国及其现代命运》中认为："对于现代民族主义来说，传统主义在最基本的目的意义上，即作为一则公理已不再需要，但在手段的意义上还有其存在的价值。"① 可以说，这一论断对于论争的双方都是适用的。虽然，双方对于传统的有效是整体性的还是局部性的，意见并不一致，但是对于传统的价值乃是来自其工具性在相当程度上并无异议。

　　然而，尽管对于孔子与儒学存有难以割舍的怀恋之情者大有人在，但是另一个思想文化群落正在崛起，另一种完全不同的文化思路已经悄然展开。1915 年 9 月 15 日，《青年杂志》创刊号上刊载了汪叔潜的《新旧问题》一文，文中提出：在法国大革命之前，西方国家的君权政治与特权社会与中国无异，"乃自法兰西革命以还，人权之说大唱，于是对于人生之观念为之大变；人生之观念既变，于是对于国家之观念亦不得不变；人生之观念变，于是乎尊重自由，而人类之理性始得完全发展；国家之观念变，于是铲除专制，而宪政之精神始得圆满表现。是谓之西洋文化，而为吾中国前此所未有，故字之曰'新'。反乎此者则字之曰'旧'"②。这种对于新

---

　　① ［美］约瑟夫·列文森：《儒教中国的现代命运》，郑大华、任菁译，广西师范大学出版社 2009 年版，第 88 页。
　　② 汪叔潜：《新旧问题》，《青年杂志》1915 年第 1 卷第 1 号。

旧的划分在当时并不算稀奇，但是，汪叔潜观点的独特之处在于，他认为"新"与"旧"，西方现代与中国传统之间冰炭不能相容，旧的文化不根本打破，新的就无法产生，这种中国传统与西方现代在文化精神上的绝对不可兼容的观点，必然彻底摆脱"中体西用"的文化改革方案，导向全盘的反传统主义。发表于《青年杂志》创刊号上的陈独秀的《敬告青年》一文全面赞同西方现代功利主义与实证主义思想，认为西方现代社会"举凡政治之所营，教育之所期，文学技术之所风尚，万马奔驰，无不齐集于厚生利用之一途。一切虚文空想之无裨于现实生活者，吐弃殆尽"[1]。而中国传统思想则因其缺乏这种工具价值受到全面否定："夫利用厚生，崇实际而薄虚玄，本吾国初民之俗；而今日之社会制度，人心思想，悉自周汉两代而来，周礼崇尚虚文，汉则罢黜百家而尊儒重道，名教之所昭垂，人心之所祈向，无一不与社会现实生活背道而驰。倘不改弦而更张之，则国力将莫由昭苏，社会永无宁日。"[2] 而在《孔子之道与现代生活》一文中则更具体明确地认为，"现代生活，以经济为之命脉，而个人独立主义，乃为经济学生产之大则，其影响遂及于伦理学"。正是因为个人人格的独立与个人财产权利的相互支持，才造就了西方现代文明，而儒家文化，以纲常立教，"甚非个人独立之道"，因此，孔子之道无法适用于现代社会[3]。

正如钱智修 1918 年在《功利主义与学术》一文中所指出的："吾国自与西洋文明相触接，其最占势力者，厥维功利主义。功利主义之评判美恶，以适于实用与否为标准。故国人于一切有形无形之事物，亦以适于实用与否为弃取。"[4] 钱智修指出，中国人接受西方文化的某些因素，其动机与西方人未必一致。即如作为西方现

---

① 陈独秀：《敬告青年》，《青年杂志》1915 年第 1 卷第 1 号。
② 同上。
③ 陈独秀：《孔子之道与现代生活》，《新青年》1916 年第 2 卷第 4 号
④ 钱智修：《功利主义与学术》，《东方杂志》1918 年第 15 卷第 6 号。

代政治观念与制度的民权自由与立宪共和，"在欧美人为之，或用以去其封建神权之旧制，或借以实现人道正义之理想，宜若非功利主义所能赅括矣。而吾国人不然，其有取乎此者，亦以以盛强著称于世之欧美人尝经过此阶级，吾欲比隆欧美而享盛强之幸福，不可不步趋其轨辙耳"①。正是本着这样的思路，启蒙与救亡实际上在相当一段时期内是一体两面、携手并行的。可以说，在这样的大潮流之下，将中国文化传统的主要成分——儒家思想系统视为一套伦理规范体系，将之作为国家与社会治理的工具性手段，并以工具价值的尺度对之进行衡量，已经成为近代以降中国知识界与思想界的主流思维方式，无论是传统主义者还是反传统主义者，都被笼罩在追求工具价值的思想框架之下，虽然他们的评估结论可能截然相反，但所使用的价值衡量系统却并无二致，前者强调其作为工具体系的有效性从而维护之，后者则以这套规则缺乏所需的工具价值而企图摧毁之。

第二节　走向目的价值

反传统主义者对传统的批判激起了保守主义者的程度不同的反弹。但是这些保守主义者企图为本土文化传统辩护的时候，却面临着一个理论的难局。他们不能，亦无力拒绝对手高扬的工具价值，而在论证传统的有效性与合法性方面，又显得缺乏充足的理据，如杜亚泉在1917年宣称："吾人当确信吾社会中固有之道德观念，为最纯粹最中正者。"② 章士钊亦于1919年在演说中称："今世文明，科学奋进，吾国暗陋，当然衰多益寡，以求自存。然固有之道德学

---

① 钱智修：《功利主义与学术》，《东方杂志》1918年第15卷第6号。
② 杜亚泉：《战后东西文明之调和》，《东方杂志》1917年第14卷第4号。

问，可资为本原者，不知所以保存而疏导之，是忘本也。"① 这种论断往往沦于自我信念的宣示，但在西方文化观念挟其政治经济与军事优势汹涌而来的 19 世纪与 20 世纪之交，尤其在中国传统的社会政治结构瓦解，与之相耦合的传统的儒家意识形态已经失去其制度依托，因而其工具价值亦在很大程度上失去了展现的平台的时候，这种宣示自然很难显示出以理服人的力量。当反传统主义者们以现代社会伦理价值质疑传统儒家三纲五常的道德伦理规范的时候，传统主义者常常显得左支右绌，难以招架。

正是这种理论困局迫使保守主义者另辟蹊径，从目的价值的层面来体认与阐释本土文化传统，企图以此绕开这一伦理实践陷阱，从而彰显传统文化的价值。而正是在这个地方，反传统主义者的论说暴露出了某种严重的理论缺陷。

1915 年 10 月，《青年杂志》第 1 卷第 2 号刊载了李亦民的《人生唯一之目的》一文，明确地将追求个人的幸福，"宅此身于安乐之乡"定为"人生唯一之天职"，作者认为："人生大地间，乃自然之事实，非有为而生也。既非有为而生，则除维持此自然身体之生活及适意外，不能发见第二之目的。"因此，"为我"乃天经地义，"去苦就乐"，乃"人性之自然，天赋之权利"②。当然，这种以人的自然生命存在为依据的极度个人主义与快乐主义的人生观，很容易走向对所有崇高精神价值的否认，极易招致批评与攻击，也与人类的伦理与道德实践体验存在着严重的冲突。作者对此也心知肚明，故而努力辩称这种快乐主义人生观同样可能产生崇高的精神追求：

　　盖人类以教育及生活经验之结果，感情跻于高尚。渐认抛

---

① 章士钊：《新时代之青年》，《章士钊全集》第四卷，文汇出版社 2000 年版，第 116 页。

② 李亦民：《人生唯一之目的》，《青年杂志》1915 年第 1 卷第 2 号。

弃一时之快乐，以图永久幸福，为人生之必要。故牺牲逸暇之
愉快，以事劳作、受训育，为将来之幸福也。制肉体过分之享
乐，为防将来之害毒也。其进步之迹，初由肉体感情，进于美
的感情，再进于智的感情，更进于道德感情。至是不能以肉体
之快感为满足，必于社交、家族、智术、技能各方面，寻永久
不变之快乐。快、苦感情，既为种种之结合，其决定意志，指
导行为之方向，不能出于一途。如为家族及同胞而战死沙场，
亦出于幸福感情之一念，固已超出生理快感之上也。①

因此，"快乐主义，一方面仍具有牺牲之精神。特其牺牲也，
仍以自我快乐为动机，非于自身快乐以外别有被动之义务也。为快
乐而牺牲，肉体方面虽不无苦楚，精神上尽有无限愉快。以其牺牲
也，固出于自动的自由意志也。"②

显然，将来之幸福、永久之幸福以及自由意志而导向的精神快
乐，是这种个人主义与快乐主义人生观弥补其理论缺陷的基本理
路，然而，从这样的逻辑出发，个人主义论说企图瓦解传统的道德
目的论这一真正目标同样有可能被消解。因为反传统主义者极力攻
击的三纲五常忠孝节义也完全可以由这些理由得到辩护。因此，这
种对个人主义的幸福观的辩护，最终不得不认可自己所反对或批判
的道德伦理与价值观念，甚至可能从根本上完全取消任何道德价值
评判的可能。

如果说李亦民是在消解了绝对目的论之后，将人生的价值与目
的落实于个人当下的快乐，胡适1919年发表于《新青年》的《不
朽》一文则企图将永恒存在的人类社会视为人生的最终意义归宿所
在。胡适在有机社会观的基础上提出了所谓"社会的不朽论"，由
于个人"小我"与人类社会"大我"从时间与空间两个维度上都

---

① 李亦民：《人生唯一之目的》，《青年杂志》1915年第1卷第2号。
② 同上。

构成了相互依存与相互影响的关系，"小我"有死，"大我"永存，而"小我"的一切作为，无论善恶，亦无论大小，都对整个社会以及未来的人类有着影响，因而通过"大我"的永恒存在，"小我"也实现了不朽。因此，"小我"对于"大我"的过去与未来都负有重大责任，人生在世，必须时时想着的就是，此生如何才能为社会留下正面的价值与积极的影响①。陈独秀在《人生真义》一文中也表达了近乎相同的观点："个人生存的时候，当努力造成幸福，享受幸福；并且留在社会上，后来的个人也能够享受，递相授受以至无穷。"②

这种放逐一切超验性存在，建立在经验实证思维基础上的人生观看起来非常切实可靠，然而，实际上，正所谓"祸兮福之所倚，福兮祸之所伏"（《老子·五十八章》），由于个人的有限性与人类生存时间的无限性之间的巨大落差，个体仍然缺乏可靠的标准来判断什么样的行为能够为人类的未来带来真正的幸福。正如胡适在文中举的例子：印度的一个穷人死了，曝尸道旁，却导致一个王子抛弃尘世的富贵，去寻求解脱人生痛苦的方法，最终创立了一种宗教，影响广大。而这却不是那个死于道旁的穷人所能梦想的。陈独秀亦说："要享幸福，莫怕痛苦。现在个人的痛苦，有时可以造成未来个人的幸福。"例如战争却可能"洗去人类或民族的污点"，"极大的瘟疫，往往促成科学的发达"③。显然，按照这一逻辑推演下去，最终很可能就使得对个体当下行为的价值判断成为不可能，这种以个人与社会的未来幸福为旨归的人生观最终同样取消了价值评判的可能。于是，正如康德所认为的："人类所理解的幸福及事实上成为他特有的最后自然目的（而非自由目的）的东西却永远不

---

① 胡适：《不朽——我的宗教》，《新青年》1919 年第 6 卷第 2 号。
② 陈独秀：《人生真义》，《新青年》1918 年第 4 卷第 2 号。
③ 同上。

会被他达到。"① 陈、胡这种建立在无限进步论基础上的难以真正兑现的幸福观正是这一人类困境的一种表现。

1920 年，梁漱溟在他的《东西文化及其哲学》一书中企图以另外一种思路来确立人生目的与儒家传统的价值。梁漱溟认为，孔子的人生哲学出于以"宇宙之生"为根本观念的形而上学，"孔家没有别的，就是要顺着自然道理，顶活泼顶流畅的去生发。他以为宇宙总是向前生发的，万物欲生，即任其生，不加造作必能与宇宙契合，使全宇宙充满了生意春气"②。因此，梁漱溟认为儒家礼乐的根本精神就是一任直觉，所谓"天命之谓性，率性之谓道"，"天理不是认定的一个客观道理，如臣当忠，子当孝之类；是我自己生命自然变化流行之理，私心人欲不一定是声、色、名、利的欲望之类，是理智的一切打量、计较、安排，不由直觉去随感而应。"③ 梁漱溟将孔子与儒家的核心理念——"仁"解释为"本能、情感、直觉"："儒家完全要听凭直觉，所以唯一重要的就在直觉敏锐明利；而唯一怕的就在直觉迟钝麻痹。所有的恶，都由于直觉麻痹，更无别的原故，所以孔子教人就是'求仁'。人类所有的一切诸德，本无不出自此直觉，即无不出自孔子所谓'仁'，所以一个'仁'就将种种美德都可代表了。"④ 理智与功利的计算与这种任直觉而率性的生活态度正相对立，其结果是将人的生活趣味淹没在功利主义的冰水之中。"所谓不仁的人，不是别的，就是算帐的人。仁只是生趣盎然，才一算帐则生趣丧矣！"⑤ 梁漱溟正是从这一立场出发对先秦儒家的论敌墨家进行批评："墨子事事都问一个'为什么'，事事都求其用处。其理智计较算帐用到极处；就把葬也节了，因为他没用处；把丧也短了，因为他有害处；把乐也不要

---

① 康德：《判断力批判》，邓晓芒译，人民出版社 2002 年版，第 286 页。
② 梁漱溟：《东西文化及其哲学》，商务印书馆 1999 年版，第 127 页。
③ 同上书，第 133 页。
④ 同上书，第 132 页。
⑤ 同上书，第 139 页。

了，因为他不知其何所为。这彻底的理智把直觉、情趣斩杀得干干净净；其实我们生活中处处受直觉的支配，实在说不上来'为什么'的。……我们人的行为动作实在多无所为，而且最好是无所为，'无所为而为'是儒家最注重用力去主张去教人的。"①

这种反理智，反功利，而崇直觉，尚情感的态度，与康德所说的审美态度极为相似，实际上，梁漱溟自己似乎也认为孔子的生活态度与艺术颇为接近，他批评墨子崇尚功利时提到："西洋虽以功利为尚，与墨子为一态度，而同时又尚艺术，其态度适得一调剂，故墨子之道不数十年而绝，而西洋终有今日。（附注，艺术用直觉而富情趣，其态度为不计较的。）"② 显然，如果说艺术不能完全等同于孔学，至少也在某些层面与功能上相当接近了。

可以说，在梁漱溟看来，崇尚直觉的审美化态度渗透了孔子的整个人生，甚至是道德实践领域。梁漱溟反对胡适关于孔子的人生哲学就是"注重道德习惯"的观点，而认为所谓习惯恰恰是对直觉的破坏，"所以最好始终不失其本然，最怕是成了习惯——不论大家所谓好习惯坏习惯，一有习惯就偏，固所排斥，而尤怕一有习惯就成了定型，直觉全钝了……美德要真自内发的直觉而来才算。非完全自由活动则直觉不能敏锐而强有力，故一入习惯就呆定麻痹，而根本把道德摧残了"③。因此，道德也同样是源自于内心的敏锐直觉，而不是外在的伦理条规，"一个是活动自如，日新不已；一个是拘碍流行，淹滞生机"④。即使是在道德领域，也秉持着这种追求敏锐新鲜感受的态度，可以让人想起俄国形式主义者以"陌生化"对抗"自动化"的努力———一种典型的审美态度。

然而，梁漱溟坚持认为直觉可以引导人践行道德，显然是基于

---

① 梁漱溟：《东西文化及其哲学》，商务印书馆 1999 年版，第 139 页。
② 同上书，第 140 页。
③ 同上书，第 136 页。
④ 同上。

某种形而上学信念，这就是传统儒家所说的"性善论"。所谓"性相近，习相远"，人的心理原本是相同的，都是善的，后来习惯渐偏，这才支离杂乱，不得其正。所以只要听从人内在的本性，自然就可成就美德。"人自然会走对的路，原不须你操心打量的。遇事他便当下随感而应，这随感而应，通是对的，要于外求，是没有的。我们人的生活便是流行之体，他自然走他那最对，最妥帖最适当的路。"① 但是，梁漱溟所崇尚的"本能、情感、直觉"并不是个体的感性的激情与欲望，他强调"要晓得感觉与我们内里的生命是无干的，相干的是附于感觉的直觉；理智与我们内里的生命是无干的，相干的是附于理智的直觉。我们内里的生命与外面通气的，只是这直觉的窗户"②。他所说的直觉，来自宇宙与生命的本原深处，在这其中，恰恰完全消弭了个体感性的冲动，只有在这个层次，人的生命与宇宙才能相互感通，同步共振："世人有一种俗见，以为仁就是慈惠；这固然不能说不是仁，但仁之重要意味则为宋明家所最喜说而我们所最难懂的'无欲'。从前我总觉以此为仁，似不合理，是宋儒偏处。其实或者有弊，即不尽错，是有所得的。其意即以欲念兴，直觉即钝，无欲非以枯寂为事，还是求感通，要感通就先须平静。平静是体，感通是用，用在体上。欲念多动一分，直觉就多钝一分；乱动的时候，直觉就钝得到了极点，这个人就要不得了。"③

因此，正所谓"静故了群动，空故纳万境"，只有完全消弭人的私欲，在心灵的平静中才能与宇宙大化流行相感应，在这种状态下，一举一动皆合于天理流行，同时亦生趣盎然，从心所欲而又无不中节，这是人与宇宙的本相，是真，亦是善，也是美，是一切价值的归宿。

---

① 梁漱溟：《东西文化及其哲学》，商务印书馆1999年版，第130页。
② 同上书，第146页。
③ 同上书，第135页。

　　显然，梁漱溟是将儒家文化与中国文化作了一种美学化的阐释。在当时，李石岑对梁著的评析亦指出了这一点：

　　　　梁君最推崇孔子的礼乐，把礼乐的精神，说得极其广大。……我以为与其把孔子的礼乐搬出来，引起许多人不是好动机的承受，倒不如索性提倡"艺术"的精神好。梁君所提出的那种广大意味的礼乐，实在和艺术没有多大的区别。①

　　但是，这种美学化阐释与所谓"艺术的精神"仍然有些区别。这就是梁氏对孔子哲学所作的美学阐释，是建立在一种形而上意味的宇宙观与人性论的基础上，正是因此，这种所谓"艺术化的生活"就不仅仅是一种乌托邦式的心理安慰，而是一种基于终极性目的价值的信仰。正是通过重新建立起中国文化的目的价值系统，梁漱溟重新发现了近代与"五四"以来一直受到质疑与抨击的传统中国人的人生观与生活态度的价值。

　　梁漱溟认为，西方近百年来的社会经济变革，虽然带来了表面上的繁荣，但人的内心却遭受着深重的痛苦，而中国人的物质享受与技术虽然都不如西方人发达，但是"中国人以其与自然融洽游乐的态度，有一点就享受一点，而西洋人风驰电掣地向前追求，以致精神沦丧苦闷，所得虽多，实在未曾从容享受"②。也就是说，西方人以当下生活为手段，于是目的就在这种一环接一环的工具化的过程中永远不会真正在场，于是西方现代生活态度导致的就是永远处于追求之中而不得究竟的痛苦。对中国人而言，当下的生活本身就是涵容一切价值的目的，而非达到其他目标的工具与手段，因而中国人善于在无所为而为的直觉体验中享受当下生活本身，从中体

　　① 李石岑：《评〈东西文化及其哲学〉》，载陈崧编《"五四"前后东西文化问题论战文选》，中国社会科学出版社1989年版，第532页。
　　② 梁漱溟：《东西文化及其哲学》，商务印书馆1999年版，第156页。

会到丰富的生机与情趣。梁漱溟认为，这正是中国文化与重工具理性的西方现代文明的差异，正是这一差异，使得传统中国人的生活比现代西方人更有"情趣"。

当然，梁漱溟并不是第一个通过强调儒家文化传统的目的价值内涵来实现儒家文化的现代化重生的论者，甚至他也并不是第一个对儒家文化精神作出美学化阐释的人。实际上，早在 20 世纪初，王国维就已经以现代理论语言阐述儒家伦理信念的目的价值内涵。对于儒家伦理，王国维着重强调的并不是其作为社会治理手段的有效性，而是其合于自然与人性本然秩序的"自然正当性"。王国维指出，孔子的伦理思想的根基乃其形而上学的信念，即传统中国人所信仰的"天""天道"或者"天命"的观念。王国维认为，这种观念所涉及的就是所谓"自然之理法""宇宙之本原"。而儒家相信人的道德信念与宇宙本体是统一的：

> 吾人之道德性自先天有之，决非后天者也。故宇宙之根本原理之纯［绝］对的"诚"，能合天人为一。天道流行而成人性，人性生仁义。仁义在客观则为法则，在主观则为吾性情。故性归于天，与理相合。天道即诚，生生不息，宇宙之本体也。至此儒教之天人合一观始大成。①

正是因为具有这种"天人合一"的形而上学信仰的根基，孔子等儒家圣贤才有那样坚定的道德信念与人格操守：

> 故孔子既合理与情，即知道，知体道，又信之以刚健之意志，保持行动之，是以于人间之运命，死生穷达吉凶祸福等，漠然视之，无忧无惧，悠然安之，唯道是从，利害得丧，不能

① 王国维：《孔子之学说》，《王国维文集》第三卷，中国文史出版社 1997 年版，第 122 页。

攫其心，不能夺其志。是即儒教之观念所以高洁远大，东洋之
伦理之所以美备也。①

可以说，在王国维看来，道德人格的圆满本身已足以构成儒家道德
学说与实践的目的。"人间究竟之目的，在据纯正之道理，而修德
以为一完全之人。既为完全之人，则又当己立立人，己达达人，人
己并立，而求圆满之幸福。所谓人生之目的不过如是而已。"② 而
儒家的道德理想是"仁"，也就是普遍于万物的"生生之德"，真
正能够体悟与践行这一道德理想的人，则能"顺应自然之理法，笃
信天命，不为利害所乱，无窒无碍，绰绰裕裕，浑然圆满，其言如
春风和气"③。正是在摆脱利害之心这一点上，王国维将孔子的儒
学与现代美育理论实现了汇合。

王国维秉承了康德与叔本华的美学观念，将审美与生命的目的
价值相联系。"人之所以朝夕营营者，安归乎？归于一己之利害而
已。人有生矣，则不能无欲；有欲矣，则不能无求；有求矣，不能
无生得失；得则淫，失则戚：此人人之所同也。……于是，内之发
于人心也，则为苦痛；外之见于社会也，则为罪恶。然世终无可以
除此利害之念，而泯人己之别者欤？将社会之罪恶固不可以稍减，
而人心之苦痛遂长此终古欤？曰：有，所谓'美'者是已。"④

因此，无功利的审美，成为王国维心目中的人生的理想境界与
最终归宿，而在他的理解中，这也正是儒家的人生理想。王国维指
出，孔子的教育思想，始于美育，终于美育。孔子的理想人格培养
中，审美情操的培养占据了重要地位。王国维这样描述孔子美育所

---

① 王国维：《孔子之学说》，《王国维文集》第三卷，中国文史出版社 1997 年版，
第 117 页。
② 同上书，第 124 页。
③ 同上书，第 123 页。
④ 王国维：《孔子之美育主义》，《王国维文集》第三卷，中国文史出版社 1997 年
版，第 155 页。

塑造的理想人格：

> 之人也，之境也，固将磅礴万物以为一，我即宇宙，宇宙
> 即我也。光风霁月不足以喻其明，泰山华岳不足以语其高，南
> 溟渤澥不足以比其大。……此时之境界：无希望，无恐怖，无
> 内界之争斗，无利无害，无人无我，不随绳墨而自合于道德之
> 法则。①

可以说，将儒家文化理解为一个审美化的目的价值系统，就这
一点而言，王国维与后来的梁漱溟走到了一起。尽管如此，我们仍
然可以发现，对于审美，王国维所强调的，是"无欲""无利害"，
而梁漱溟所重视的，则是"直觉""反理智"。正是通过"无欲"
"无利害"，王国维的审美走向了道德，道德境界就是审美境界，
道德修养之路，就是美育之路。可以说，王国维的审美仍然具有工
具价值的一面，正如他在《论教育之宗旨》一文所说的，"美育者
一面使人之感情发达，以达完美之域；一面又为德育与智育之手
段"②。正是通过审美对于欲望与功利的克制与消解，从而达到个
人自我实现与社会治理的目标，这就是所谓"无用之用，有胜于有
用之用"③。审美可以实现工具价值与目的价值的合一。

但是对于王国维来说，审美的意义与价值更多的是在于消解与
安慰由无尽的人生欲望而导致的痛苦。众所周知，叔本华关于人生
与世界的本质乃是欲望的思想对王国维有深刻的影响，根据这一观
点，由欲望而导致的痛苦是人生的常态，而审美则可以使这种痛苦

---

① 王国维：《孔子之美育主义》，《王国维文集》第三卷，中国文史出版社 1997 年
版，第 157 页。
② 王国维：《论教育之宗旨》，《王国维文集》第三卷，中国文史出版社 1997 年
版，第 58 页。
③ 王国维：《孔子之美育主义》，《王国维文集》第三卷，中国文史出版社 1997 年
版，第 158 页。

得到慰藉。正是从这一点开始，王国维所理解的儒家文化与西方美学（主要是叔本华式的美学）分道扬镳，由于形而上学本体论的歧异，儒家的道德理想正是宇宙与人性的实现，而叔本华式的美学，则是对于以永恒的欲望与痛苦为本质的人生与人性的否弃。正是因此，王国维认为，对于下层社会而言，安慰痛苦心灵与情感的，是宗教，而对于上层社会，承担这一功能的则是美术——"美术者，上流社会之宗教也"①。显然，王国维认为，宗教将人生的意义、目的与希望安放在彼岸世界，对于下层贫苦百姓的情感足以起到慰藉的作用，而上层社会人士，因为知识较广，希望更多，人生的痛苦与空虚情感只能通过现实的艺术才能得到安慰。艺术是理智发达、无法以超验宗教来安置人生意义与消解人生痛苦的人的安慰剂。显然，王国维的这些观点在相当程度上根植于自己的体验。正如韦伯所指出的，宗教信仰需要"理智的牺牲"，而王国维恐怕很难做到这一点，正如他自己在1907年所说的："伟大之形而上学，高严之伦理学，与纯粹之美学，此吾人所酷嗜也。然求其可信者，则宁在知识论上之实证论，伦理学上之快乐论，与美学上之经验论。知其可信而不能爱，觉其可爱而不能信，此近二三年中最大烦闷。"② 因此，不但他的理智使他无法信仰任何一种既有的宗教，即使是儒家的带有宗教色彩的天道观，恐怕也属于"可爱而不能信"的"伟大之形而上学"之列，倒是叔本华关于人生本质乃是欲望与痛苦的观点，对于"体素羸弱，性复忧郁"的王国维来说恰恰是能以切身体验相印证的。所以，他只能走一条心理主义的道路，以"既适用于动物性的，但却有理性的存在物"③ 的艺术审美来慰藉人生痛苦，但是，显而易见的是，人生不可能完全在艺术创

---

① 王国维：《去毒篇》，《王国维文集》第三卷，中国文史出版社1997年版，第25页。

② 王国维：《自序》，《王国维文集》第三卷，中国文史出版社1997年版，第473页。

③ ［德］康德：《判断力批判》，邓晓芒译，人民出版社2002年版，第44页。

造与审美中度过，——事实上，王国维在《去毒篇》中比较各种艺术与文学在慰藉人生方面的效用时，就曾指出，相对于雕刻、绘画在物质与技术上的限制，文学的普遍与便利是其他艺术形式所不及的，这说明他多少意识到艺术审美在安慰人生痛苦方面的限度——正是因此，艺术与美的安慰功能只能是短暂的，间断性的，从某种意义上说，亦是虚幻的，在艺术之外的现实人生，痛苦依然是永恒的真相。也许王国维最终的自沉正从某种意义上暗示了这种审美安慰的不可靠。

如果说王国维是企图以艺术建构人生痛苦的避难所，梁漱溟则是力图将整个人生艺术化与审美化，而儒家对于天道与人性本然贯通一致的信念使得这种人生审美化成为可能。正是这种形而上学信念使得梁漱溟相信人的生命冲动本然的正当性与合目的性，于是生活本身就构成了目的，因此梁漱溟极为重视生活本身所含有的感性（审美）情趣，并极力拒斥理智化的生活态度，认为儒家的仁就是一种充满生趣的生活状态，不仁就是以理智进行功利计算，从而丧失了人生的趣味。显然，梁漱溟以审美化的儒家礼乐文化对抗的是现代社会的理智化倾向。康德将人的愉悦分为快适、善与美，其中对快适的愉悦是与利害结合着的，同时又是在那感觉中使感官感到喜欢的东西。而"善是借助于理性由单纯概念而使人喜欢的"①。与此二者相对，审美是无利害的，同时又是感性的。显然，在王国维那里，审美所对抗的，更多的是人的感性的欲望，至于理性的善，相当程度上，不但不是美所抗击的敌对力量，还是美所要达到的目标。而梁漱溟以审美化的生活态度对抗的，在相当程度上是作为工具的理性——哪怕是理性的善（尽管康德将善分为"作为手段"的善与"本身是好的"善，但是这两种情况"都包含有理性对（至少是可能的）意愿的关系，所以包含对一个客体或一个行动

---

① ［德］康德：《判断力批判》，邓晓芒译，人民出版社 2002 年版，第 42 页。

的存有的愉悦，也就是某种兴趣［利害］"①。可以说这种理性对意愿的利害关系，就是梁漱溟所说的"算帐"）。因为这这种理性使得当下的生活成为手段，从而使得人的每时每刻的生活本身失去了作为目的的价值。"我们作生活的中间，常常分一个目的手段……这是我们生活中的工具——理智——为其分配、打量之便利，而假为分别的……若处处持这样的态度，那么就把时时的生活都化成手段……不以生活之意味在生活，而把生活算做为别的事而生活了。……以致生活趣味枯干。"②

第三节　放逐目的论

梁漱溟的立场在 20 世纪 20 年代显然具有鲜明的非主流性。事实上，在清末民初，肯定传统文化的价值，并通过审美将传统文化体系的意义与终极性的目的价值层面相联系的也并不乏人，但是这种思想，在"五四"启蒙理性大潮的冲击下很快就被放弃了。蔡元培就是一个显著的例子。如前所述，与黄兴在新政权建立之后乞灵于传统道德伦理体系的现代化解释以恢复与维持社会秩序相类似，蔡元培亦将义、恕、仁等传统道德信念转化为"自由、平等、博爱"这样的具有普世意义的现代道德价值理念，并认为这些是"一切道德之根原"，并认为属于公民道德教育的范畴。③ 但是蔡元培并不以此为满足，在他看来，无论是富国强兵之术还是公民道德，都不过是实现人的"现实幸福"之工具，而现实幸福，并不构成终极的目的价值："人不能有生而无死。现世之幸福，临死而消灭。人而仅仅以临死消灭之幸福为鹄的，则所谓人生者有何等价值乎？

---

① ［德］康德：《判断力批判》，邓晓芒译，人民出版社 2002 年版，第 42 页。
② 梁漱溟：《东西文化及其哲学》，商务印书馆 1999 年版，第 138—139 页。
③ 蔡元培：《对于新教育之意见》，《蔡元培全集》第二卷，中华书局 1984 年版，第 132 页。

国不能有存而无亡，世界不能有成而无毁，全国人民，全世界之人类，世世相传，以此不能不消灭之幸福为鹄的，则所谓国民若人类者，有何等价值乎？且如是，则就人人而言之，杀身成仁也，舍生取义也，舍己而为群也，有何等意义乎？就一社会而言之，与我以自由乎，否则与我以死。争一民族之自由，不至沥全民族最后一滴血不已，不至全国为一大塚不已，有何等意义乎？"① 而这些终极性问题的答案，并不在于他称为"现象世界"的此岸世界，而在于所谓"实体世界"的彼岸世界：

> 盖世界有二方面，如一纸之有表里：一为现象，一为实体。现象世界之事为政治，故以造成现世幸福为鹄的；实体世界之事为宗教，故以摆脱现世幸福为作用。而教育者，则立于现象世界，而有事于实体世界者也。故以实体世界之观念为其究竟之大目的，而以现象世界之幸福为其达于实体观念之作用。②

而所谓"实体世界"的概念，在蔡元培看来，似乎在全世界各民族的文化中都有所体现：

> 实体世界者，不可名言者也。然而既以是为观念之一种矣，则不得不强为之名，是以或谓之道，或谓之太极，或谓之神，或谓之黑暗之意识，或谓之无识之意志。其名可以万殊，而观念则一。③

---

① 蔡元培：《对于新教育之意见》，《蔡元培全集》第二卷，中华书局 1984 年版，第 132 页。

② 同上书，第 133 页。

③ 同上。

而能够导人到达所谓"实体世界"的，则非以超越现实功利价值为目标的美育莫属。

> 人既脱离一切现象世界相对之感情，而为浑然之美感，则即所谓与造物为友，而已接触于实体世界之观念矣。故教育家欲由现象世界而引以到达于实体世界之观念，不可不用美感之教育。①

于是，与王国维相似，蔡元培也认为儒家的文化系统中至少有相当一部分可以归为美育，也就是说，是导人到达"实体世界"的教育。

> 以中国古代之教育证之，虞之时，夔典乐而教胄子以九德，德育与美育之教育也。周官以卿三物教万民，六德六行，德育也。六艺之射御，军国民主义也。书、数，实利主义也。礼为德育，而乐为美育。②

显然，在 1912 年，形而上学观念在蔡元培的美育思想中占据着重要的地位，但大约五年之后，当他正式提出"以美育代宗教说"之时，这一层面的观念在他的美育理论系统中几乎消失了。显然，在这个有明显的科学主义倾向的理论系统中，美育不再是通向彼岸世界的门径，而是塑造与驾驭人的心理机能、养成人的道德行为习惯的工具。蔡元培认为，宗教源于人的"知识""意志"与"感情"方面的需求，而在现代社会，由于科学与理性的兴起，知识与意志的需要都不必再依靠宗教来获得满足，只有情感与美感的满足仍然

---

① 蔡元培：《对于新教育之意见》，《蔡元培全集》第二卷，中华书局 1984 年版，第 134 页。

② 同上书，第 135 页。

与宗教维持着密切的关系，但是，现代美术也逐渐获得了相对于宗教的独立地位，而且宗教又很容易发生刺激信徒情感而挑起宗教争端的弊端，因此，蔡元培认为，应该以纯粹的美育代替宗教。

> 专尚陶养感情之术，则莫如舍宗教而易以纯粹之美育。纯粹之美育，所以陶养吾人之感情，使有高尚纯洁之习惯，而使人我之见，利己损人之思念，以渐消沮者也。盖以美为普遍性，决无人我差别之见能参入其中。①

蔡元培美育理论的微妙转变，体现了思想与文化的工具价值对"五四"前后中国思想界的巨大吸引力，可以说，这种对工具价值的追求在很大程度上构成了中国近现代知识分子学习西方文化、追求现代文明、并全面反传统的主要动因，也正是对于工具价值的追求使得启蒙理性大行其道，从而对于无论是美学还是传统文化体系中的形而上层面理解都进行了放逐。因此，当张君劢在 1923 年发表那篇实际上具有相当随意性的《人生观》演讲后，就在当时的思想界激起了轩然大波，而从丁文江撰文反驳开始，大多数参与论争者，都注目于科学是否万能、是否能够支配人生观、人生观是否有统一的标准等问题之上，究其实，大多数论者孜孜以求的，乃在于维护科学在人类生活中的普遍有效性与绝对权威性地位。

然而，对于张君劢发言的真正出发点，则无论丁文江还是其他的论者，似乎都没有给予太多的关注。正如罗志田所指出的，张所针对的听众，正是学习各门现代科学并将要出国留学的清华学生，他希望提醒这些深受现代科学文化浸染并在相当意义上将执掌中国文化未来的学生们注意的，是对于西方文化如何选择的问题，而在

---

① 蔡元培：《以美育代宗教说》，《蔡元培全集》第三卷，中华书局 1984 年版，第 33 页。

他看来，人生观乃"文化转移之枢纽"①。正是基于这一心中主题，他才和这些学生们大谈其人生观与科学的区别。

张所担忧的，是中国人在学习西方现代文化的过程中，滑向"物质文明"的歧途。在张君劢看来，西方三百年来的现代化，造就的是一种"物质文明"，这种文明的特征是：以机械主义的观点解释一切现象（包括人生），重视有形的技术发明，工商主义，国家以领地扩张与追求财富为唯一政策。于是，"一若人生为物质为金钱而存在，非物质金钱为人生而存在。其所以称为物质文明者在此"②。而他之所以对科学提出批评与质疑，并不针对科学本身，而是针对科学在现代西方社会造成的结果——现代西方社会"利用科学之智识，专为营利计，国家大政策，以拓地致富为目的"③，张批评欧洲国家的富强政策："以富为目标，除富以外，则无第二义；以强为目标，除强以外，则无第二义。国家之声势赫赫，而于人类本身之价值如何，初不计焉。"④ 他与晚年的严复一样，认为这种文明模式正是导致一战的根源。而对于处处在努力学习与赶上西方列强的后发国家中国来说，如何避免重蹈这一文明的覆辙，正是中国知识界必须关注与思考的重要课题。

张君劢针对欧洲模式的"物质文明"困境开出的药方是回归"寡均贫安"的中国传统社会模式，他显然也估计到了自己的观点不但有悖时代潮流，亦是冒当时知识界天下之大不韪："循欧洲之道而不变，必蹈欧洲败亡之覆辙；不循欧洲之道，而采所谓寡均贫安政策，恐不特大势所不许，抑亦目眩于欧美物质文明之成功者所

---

① 张君劢：《人生观》，《科学与人生观》，山东人民出版社1997年版，第40页。

② 张君劢：《再论人生观与科学并答丁在君》，《科学与人生观》，山东人民出版社1997年版，第109页。

③ 张君劢：《科学之评价》，《科学与人生观》，山东人民出版社1997年版，第225页。

④ 张君劢：《再论人生观与科学并答丁在君》，《科学与人生观》，山东人民出版社1997年版，第110页。

不甘。"① 对于这些可以想见的阻力，张君劢提出的解决之道是："吾以为苟明人生之意义，此种急功之念自可削除。"② 而追求这种"人生意义"的具体道路，则是以宋明理学为代表的中国传统心性之学。他认为，无论是肉体衣履，都属于"外"，真正的"足乎己而无待于外者"的所谓"内"，就是儒家所说的"心"，张君劢认为，这就是"实在"，"本此义以言修身，则功利之念在所必摈，而惟行己心之所安可矣。以言治国，则富国强兵之念在所必摈，而惟求一国之均而安可矣"③。

显然，张君劢的反科学主义立场具有鲜明的反现代化的文化保守主义倾向。应和西方社会一战后的文明反思潮流，张君劢认为西方现代文明是一种一味追求工具价值而失落目的价值维度的已经没落的文明，中国如果盲目地追随这一文明模式，必将造成灾难性的后果，因此他企图通过复兴中国传统中将道德人格作为形而上的目的价值来追求的宋明儒学以达到对现代中国文化发展模式改弦更张的目的。为实现这一目标，张君劢将着力点放在教育方针的改革上——这才是他心中的真正主题。在张君劢看来，现代教育在科学教育方面确实有相当成绩，但这是远远不够的，还必须增加"形上""美术"与"意志"方面的教育，尤其是所谓"形上"："人类在世，若但计官觉界所及之得失，而不计内界之心安理得；以言乎个人，则好为功名富贵之争，而忘君子为己之学；以言乎国家，则好为开疆拓土之谋，而忘民胞物与之义。欲矫此习，惟有将天地博厚高明悠久之理教学生，是谓形上"④。

显然，在张君劢看来，科学已经成为现代人满足自己的物质欲

---

① 张君劢：《再论人生观与科学并答丁在君》，《科学与人生观》，山东人民出版社1997 年版，第 112 页。

② 同上。

③ 同上书，第 112—113 页。

④ 张君劢：《科学之评价》，《科学与人生观》，山东人民出版社 1997 年版，第 226页。

望的工具，成为现代人所追求的工具价值的支柱，但是却无法使人找到人生的目的和意义。而这种目的价值的建立，必须以宇宙与人性的本体论信仰为根基，而宋明理学所建构的以"天理人欲"为核心的"心性本体论"（李泽厚语）恰恰可以提供这根基，从而使得道德人格的完善成为源于生命本原的绝对律令，成为可超越启蒙理性所追求的功利目标的目的价值。

可以说，张君劢提出的"人生观"问题构成了对于"五四"启蒙思想界的一种挑战。面对这一挑战，当时的知识界几乎是一边倒地群起而攻之。但是，正如胡适所说的，在论争中，真正以"科学的人生观"对这一挑战作出正面回应的几乎只有吴稚晖一人而已。但是也正是吴稚晖的这一正面回应，显示了启蒙思想在这方面的严重缺陷。

吴稚晖以一种滑稽玩世的反讽态度将自己所表述的宇宙观与人生观称为"漆黑一团的宇宙观"与"人欲横流的人生观"，可以说，这是一种建立在机械唯物主义基础上的世界观与人生观。在吴稚晖看来，世界与生命不过是由物质运动而产生的现象，其中并无超乎物质世界之上的神秘与特殊的价值："我以为动植物且本无感觉，皆只有其质力交推，有其辐射反应，如是而已。譬之于人，其质构而为如是之神经系，即其力生如是之反应。所谓情感、思想、意志等等，就种种反应而强为之名，美其名曰心理，神其事曰灵魂，质直言之曰感觉，其实统不过质力之相应。"[1] 从这个立场出发，人和玫瑰花、苍蝇乃至"毛厕里的石头"都可以等量齐观，即使号称"万物之灵"的人，也不过是"外面只剩两只脚，却得到了两只手，内面有三斤二两脑髓，五千零四十八根脑筋，比较占有多额神经系质的动物"[2] 而已。照此逻辑，尽管吴稚晖也认为整个

---

[1] 吴稚晖：《一个新信仰的宇宙观及人生观》，《科学与人生观》，山东人民出版社1997年版，第345页。

[2] 同上书，第354页。

宇宙从"漆黑一团"的混沌而不断演化,目的是朝向所谓"真美善",但是由于这种纯粹的原子论的机械唯物论世界观,实际上从根本上取消了价值判断的可能,这一作为终极目的的"真美善"之出现如同从天外飞来一般的突兀。因此,吴稚晖一方面宣称所谓人生,便是"两手动物唱戏",生生死死,便是人类在宇宙这个大戏台上你方唱罢我登台,同时又认为这幕人生大戏,是为自己而唱,应该努力"唱得精彩"。然而,由于从根本上取消了价值判断的标准,这个"精彩"与否自然成为空言。在吴稚晖的观念中,只有不断的变化,才是宇宙唯一的现实与真相,因此,对于梁漱溟所言的人生的三个路向,他只赞赏"不断向前""不断进步"(实际上,以彻底的吴氏宇宙观论,这个"进步"也难以确认,唯一能认定的只有"变化"),甚至"向后要求","反到漆黑一团",也不无可以,唯一不能接受的,就是梁漱溟所主张的"持中"——"固定了,停滞了,变成死板板的,也就无味极了"①。

可以说,吴稚晖的宇宙观与人生观,恰恰反映出近代至"五四"前后中国思想界在进化论与科学主义的联手作用下,一味求"新"、求"变"的共同心态。这恰恰从反面映现了张君劢提出的命题的正当性:由于目的论与本体论信仰的失落,中国知识界已经丧失了价值判断的标尺,在一个无限的科学宇宙中间,唯一能够确定与追求的,只有"变化",只有"新"。

无论当时与后来的人们对这场论争有多少不满,"科玄论战"对中国思想界显然具有潜在的深远影响。事实上,论辩双方提出的问题一直成为当时与以后的不少中国知识人思考相关问题时必须顾及与回应的重要背景与前提。(在这其中,冯友兰与方东美可以说是显著的例子。)

---

① 吴稚晖:《一个新信仰的宇宙观及人生观》,《科学与人生观》,山东人民出版社1997年版,第359页。

第四节　走向心理主义美学

1923 年冬，冯友兰在曹州山东省立第六中学演讲，演讲的内容随后整理成《一种人生观》一书，1924 年 10 月由商务印书馆出版。可以说，此书与 1926 年 9 月出版的《人生哲学》一书（据冯友兰所言，此书部分内容是其完成于 1922 年夏季的博士论文《人生理想比较研究》的中文本，都可以视为是对于有关梁漱溟的东西方文化问题以及"科玄论战"的某种回应与重审。

冯友兰对于这场"人生观之论战"的成果显然是不满意的。他指出，这次"论战"虽然涉及的问题很多，实际上却没有解决一个问题。他显然也同意胡适的判断——力挺科学的一派，除了吴稚晖，没有人具体说明科学的人生是什么，而主张"玄学"的一派也同样没有具体说明的非科学的人生观是什么。因此，冯友兰的目标正是力图具体地说出"一种人生观"，至于这种人生观是科学的还是所谓"直觉的"，他似乎不想——或者是难以——遽下定论，故而交由读者自行去判断。

但是，虽同为讨论人生观问题，冯友兰的关切与吴稚晖显然不同。吴稚晖提出并企图回答的问题是"人生是什么？"，于是在一种机械唯物论的宇宙观之下，吴推出的答案浅白得接近于惊世骇俗——人生就是"吃饭、生小孩，招呼朋友"。至于"清风明月的嗜好"也罢，"鬼斧神工的创作"也好，乃至"覆天载地的仁爱"，究其实不过是这三种人生内容的文饰与扩展而已。①

而冯友兰对于吴稚晖的问题却无甚兴趣。冯友兰所关注的，是建立一个价值判断系统。他指出，人生的要素就是人的活动，而推动人去活动的原动力，则是"欲"。与梁漱溟设定人生的动力为宇

---

① 吴稚晖：《一个新信仰的宇宙观及人生观》，《科学与人生观》，山东人民出版社 1997 年版，第 360—363 页。

宙的意志不同，冯友兰显然走了一条经验性的理路，他所说的
"欲"，就是心理学意义上的冲动与欲望。根据这样的观点，可以
说，人生的目的就是在各种"欲"的推动下进行活动，以满足人的
各种"欲"。根据这一目的或者标准，能满足人之"欲"者，就可
谓之"好"（即英文 good 之意，通常所称"善"，冯友兰认为
"善"字道德意义过重，显得过于狭隘，故称为"好"）。冯友兰认
为，哲学的功用与目的就是在诸"好"之中，求最大最后的
"好"，并以此作为批评人生及其行为的标准。因此可以认为，冯
友兰的哲学思考，就是力图建立一个终极性的价值判断系统，属于
价值论范畴。正是在这一建构过程中，冯努力以现代哲学思维来阐
释与接驳传统尤其是儒学的思想范畴与命题，这就是他后来在《新
理学》中提出来的"'接着'宋明以来底理学讲"的思路。

然而，这一所谓"接着讲"的方式，却显示出与传统儒学判然
有别的理性化倾向。

冯友兰清醒地意识到，人之欲望是彼此冲突的——不仅不同人
的欲望常彼此冲突，同一人的各种不同欲望也可能彼此冲突，因
此，如果要使个人人格不分裂，社会亦能维持，则必须于各种互相
冲突之"欲"内，求一个"和"。因此，这个"和之目的，就是要
叫可能的最多数之欲，皆得满足"①。各种道德系统及种种社会政
治制度，皆是求和之法。于是，冯友兰得出了判断一个社会制度或
者道德系统好坏的标准，就是看这个制度能够满足人之欲望的多
少。不仅如此，冯友兰还将这个"和"与社会的善恶标准联系起
来，并以此阐释传统理学中的"天理""人欲"等重要范畴。——
"因为欲之冲突而求和，所求之和，又不能尽包诸欲；于是被包之
欲，便幸而被名为善，而被遗落之欲，便不幸而被名为恶了。名为

---

① 冯友兰：《一种人生观》，《三松堂全集》第二卷，河南人民出版社 2001 年版，
第 11 页。

善的，便又被认为天理；名为恶的，又被认为人欲"①。显然，在冯友兰的阐释系统中，所谓的"和"就是各种欲的相互妥协统一而形成的价值系统，各种社会所构成与认可的人之欲的妥协关系系统是不同的，因此，善与恶并无绝对化的本质规定，一件事情是善是恶，必须根据具体社会情境而定，凡被某一社会所认可、纳入这个社会所求之"和"的欲望，即是这个社会的善，反之，即是恶，一种在此社会中不被容忍的恶，在另一社会中则完全有可能被认可为善。冯友兰认为，虽然社会有可能不断改善，使得所得之"和"逐渐扩大，但是要想完全消除所谓"恶"，只有期待将来社会能得到一大"和"，能将人之所欲皆包于内，"并育而不相害""并行而不相悖"，即达至善的人生境界。否则，便终有遗落于"和"外之欲，因之善与恶的对立便始终存在。②

正是由于人欲始终处于矛盾冲突之中，人的欲望无法完全满足乃是永恒的人生现实，美与艺术才有其用武之地。冯友兰在此引入精神分析学的观点，认为"人自己哄自己之事甚多，因人生不少不如意事，若再不自己哄自己，使不能满足之欲，得以发泄，则人生真要'凶多吉少'了"③。冯友兰认为，"诗（应该包括所有艺术——引者注）对于人生之功用——或其功用之一——便是助人自欺"④。诗即"作一自己哄自己之语，使万不能实现之希望，在幻想中可以实现。诗对于宇宙及其间各事物，皆可随时随地，依人之幻想，加以推测解释；亦可随时随地，依人之幻想，说自己哄自己之话"⑤。但是在弗洛伊德的理论中，被压抑欲望的象征性的满足，往往是在理智放松监控之时，最典型的情形就是梦，而艺术不过是

---

① 冯友兰：《一种人生观》，《三松堂全集》第二卷，河南人民出版社 2001 年版，第 14 页。
② 同上书，第 13—14 页。
③ 同上书，第 17 页。
④ 同上。
⑤ 同上。

一种白日梦的形式，而在冯友兰这里，不能满足之欲通过"自己哄自己"而得以发泄，在这个过程中，理智却并未缺席，"诗虽常说自己哄自己之话，而仍自认其为自己哄自己，故虽离开现实，凭依幻想，而仍与理智不相冲突。诗是最不科学的，而在人生，却与科学并行不悖，同有其价值"①。也就是说，艺术在幻想中使无法实现的愿望得以发泄，但同时仍然清醒地意识到这一切不过是幻想，并承认其虚幻性，其功能仅在于使人的情感得到释放与安慰。冯友兰举蔡元培祭蔡夫人文为例："死而有知耶？吾决不敢信。死而无知耶？吾为汝故而决不敢信。"对此，冯阐释说："因所爱者之故，而信死者之有知，而又自认其所以信死者之有知，乃为因所爱者之故。"② 冯指出，这是诗的态度，而不是宗教的态度。如果认为这是宗教的话，这是诗的宗教，是一种合理的宗教。而其典范，则是孔子的对于祭礼的态度："祭如在，祭神如神在。"冯友兰赞曰："'如'字最妙。"③ 宗教的仪式不过是一种幻想性的戏剧，一种真诚的表演。

　　冯友兰关于诗与宗教的观点很显然受到现代启蒙理性的深刻影响，正是在启蒙理性的光辉照耀之下，蔡元培提出以美育代宗教主张，而冯友兰则可以说是将宗教审美化，这种审美化的阐释与观照，虽然并不废弃宗教现象，但却已经使宗教似存实亡。正如韦伯所说，宗教的实践，必须以"理智的牺牲"为前提，而冯友兰所说的这种理性化的宗教已经完全失去了超验的维度，而为现世的实用理性所框范，其所能为人提供的精神安慰的效力恐怕也颇为有限。尤其是，由于冯友兰的整个价值论的基础与标准是心理学意义上的人之欲的存在与冲突，因此，可以说，他的价值哲学虽然声称要追

---

① 冯友兰:《一种人生观》,《三松堂全集》第二卷, 河南人民出版社 2001 年版, 第 17 页。
② 同上书, 第 19 页。
③ 同上。

求唯一的、最大最后的也即至善的"好",但是他的价值论最终走向了功利主义与相对主义——判断社会制度与道德的价值就在于人"欲"满足的多少:"就各种社会之理本身说,无所谓好坏;就人对于社会制度之愿望说,能使人之欲得到满足愈多者,即能使人愈快乐者,其制度即愈好;就一时一地之社会说,则合乎其时其地之某种势之社会制度是好底;否则是坏底。"① 而由于各个社会所追求的"欲"之"和"各不相同,因而也就没有了普遍的、实质的"好":"人在某种社会中,如有一某种事,须予处置,在某种情形下,依照某种社会之理所规定之规律,必有一种本然底,最合乎道德底,至当底,处置之办法;此办法我们称之曰道德底本然办法;此办法即是义。……在一种社会中,人遇某种事有某种当行之路,但在另一种社会中,人遇某种事,可有另一种当行之路。这些办法,这些路,俱是本然底;但可以各不相同。虽各不相同,但对于其社会中之人,俱是义。"② 显然,冯友兰在他的哲学体系中设定了社会之"理"作为一切普遍道德与价值的根据,但是这个"理"往往是抽象的,而具体到各个具体社会又有具体而各不相同的、却又"本然底"理,于是普遍与终极性的价值根据与目标已经在无形中被消解成为一个抽象空洞的概念形式。

可以说,无论是冯友兰对于诗的理性化理解还是他对于传统文化的理性化阐释,在相当程度上都与中国现代美学的主流思维模式极为一致。

20 世纪 20 年代以后的中国现代美学,走上了一条从王国维起就奠定了的心理主义的道路。美与艺术被视为一种心理现象,其效力仅仅存在于人的主观感受之中。不仅如此,当中国现代美学家们将传统文化内的大量要素作为可用资源频繁征用的时候,同样也以

① 冯友兰:《新理学》,《三松堂全集》第四卷,河南人民出版社 2001 年版,第128—129 页。

② 同上书,第115—116 页。

这种心理主义的模式对这个文化体系进行阐释。

20世纪30年代的朱光潜可以说是其中的代表。深受康德与克罗齐影响的朱光潜在描述美感经验时说：

> 意象的孤立绝缘是美感经验的特征。在观赏的一刹那中，观赏者的意识被一个完整而单纯的意象占住，微尘对于他便是大千；他忘记时光的飞驰，刹那对于他便是终古。①

在这段阐述之后，朱光潜接着说道：

> "用志不纷，乃凝于神。"美感经验就是凝神的境界。②

显然，通过这样的阐释，庄子的哲学命题被描述为一个审美心理学现象，进而庄子的相关哲学系统也有可能被现代化为一种审美心理学。朱光潜以移情来解释《庄子·秋水》中"濠梁观鱼"一段即是一个典型的例子：

> 鱼没有反省的意识，是否能够象人一样"乐"，这种问题大概在庄子时代的动物心理学也还没有解决，而庄子硬要拿"乐"字来形容鱼的心境，其实不过把他自己的"乐"的心境外射到鱼的身上罢了。③

朱光潜的美学建构显然不仅仅是一种纯粹的知识性活动。与蔡元培提倡美育一样，他对审美心理的阐述与推崇是与他对于中国社

---

① 朱光潜：《文艺心理学》，《朱光潜全集》（新编增订本）第三卷，中华书局2012年版，第122页。
② 同上。
③ 朱光潜：《谈美》，《朱光潜全集》（新编增订本）第三卷，中华书局2012年版，第22页。

会的道德救赎的目标相关的。他在《谈美》的"开场话"中写道："我坚信中国社会闹得如此之糟，不完全是制度的问题，是大半由于人心太坏。"① 而所谓"人心之坏"，在朱光潜看来，是由于"未能免俗"，就是但求温饱，而缺乏"美感的修养"因而不能以"无所为而为"的精神追求高尚纯洁的目的。因此，"要求人心净化，先要求人生美化"②。在艺术与自然的审美活动中体验了美感之后，然后再将这种美感的态度推广到整个人生。

然而，尽管有这样一个宏大的救世工程，但是朱光潜建构的心理学范式的美学理论却无形中消解了自己的救世目标。

可以说，在朱光潜的理论中，审美价值完全是在人的美感经验中才能实现的，因此，从理智的角度看，这些经验都是虚幻的。朱光潜在谈及庄子所论"鱼之乐"时说：

> 这种"推己及物"、"设身处地"的心理活动不尽是有意的，出于理智的，所以它往往发生幻觉。……庄子硬要拿"乐"字来形容鱼的心境，其实不过把他自己的"乐"的心境外射到鱼的身上罢了，他的话未必有科学的谨严与精确。③

由于审美心理学的科学性范式，使得美感经验成为一种理智分析的客体对象，于是，朱光潜在盛赞审美体验的价值的同时，又从理智的观点指认其为一种幻觉，甚至他心目中的由移情等心理现象而导致审美化的世界观——"宇宙的人情化"，亦是"一种错觉，一种迷信"，虽然他亦强调，如果没有这种"错觉"，就没有艺术，亦没有宗教，因为"艺术和宗教都是把宇宙加以生气化和人情化，

---

① 朱光潜：《谈美》，《朱光潜全集》（新编增订本）第三卷，中华书局 2012 年版，第 7 页。
② 同上。
③ 同上书，第 22 页。

把人和物的距离以及人和神的距离都缩小"①。

但是这种一方面被大力崇扬，另一方面又被界定为"幻觉"乃至"迷信"的美感经验是否真的能够承担起朱光潜们所期望的那样重大的救世责任？失去了终极目的价值体系支持的审美价值只是各种价值之一种，它充其量也只能与其他价值处于对等的地位，而且只能在一种被认为是幻觉的非理智的心理状态中才能得以显现，这就无怪乎审美作为一种工具价值系统的效力令人怀疑了，在日常生活中，它能够发挥的力量非常有限，其效力所能涵盖的人生时段亦甚为短暂，这无形中就宣告了作为工具体系的心理主义美学理路的救赎力量的虚幻。朱光潜们所认为的"心里印着美的意象，常受美的意象浸润，自然也可以少存些浊念"②的想法也许未免太过理想化，事实上，一方面有着高度的艺术修养，善于全身心地投入对于艺术的审美享受之中去，另一方面对实际利益亦趋之若鹜甚而人格与道德卑污低下的人并不鲜见。

也许，对于自己的救世方案，连朱光潜自己都未必能够完全自信。在他的思想中也许时时会冒出这样的困惑与疑虑：

> 我们通常以为我们自己所见到的世界才是真实的，而艺术家所见到的仅为幻象。其实究竟哪一个是真实，哪一个是幻象呢？一条路还是自有本来面目，还是只是到某银行或某商店去的指路标呢？这个世界还是有内在的价值，还是只是人的工具和障碍呢？③

---

① 朱光潜：《谈美》，《朱光潜全集》（新编增订本）第三卷，中华书局 2012 年版，第 25 页。

② 同上书，第 26 页。

③ 朱光潜：《文艺心理学》，《朱光潜全集》（新编增订本）第三卷，中华书局 2012 年版，第 130 页。

第五节　回归东方形而上学

可以说，分世界为事实与价值、客观存在与主观感受等一系列二元对立的范畴，并自觉不自觉地将前一个范畴置于后一个范畴之上，这种深刻影响着现代人的理性化的思维方式同样也潜在地制约着中国现代知识分子的文化选择与理论表述。但是仍然有一些人跳出了这一理性化的思维模式笼罩，并由此获得了一个全新的审视中西文化的立足点。宗白华与方东美就是其中代表。

宗白华在写于 1928 年至 1930 年的《形上学》笔记中比较了中西哲学思维的差异。他认为，古希腊哲学家企图以理智精神代替宗教为城邦立法，故而希腊哲学的起点是宗教与哲学的对立，从此西方哲学走上了"纯逻辑""纯数理""纯科学化"之路线。而"纯理"界与"道德"界、"美界"的鸿沟始终无法打通。[1] 从斯宾诺莎、莱布尼茨、笛卡尔直至休谟、康德、叔本华、黑格尔，西方哲学家始终在理性主义的笼罩之下，而无法将逻辑理性与生命价值统一起来。故而他们的哲学中一直"无音乐性之意境"。

而中国哲学家则未对宗教与哲学进行分裂，信仰与理性、价值与事实保持着统一，"对古宗教仪式，礼乐，欲阐发其'意'，于其中显示其形上（天地）之境界。于形下之器，体会其形上之关系密切。于'文章'显示'性与天道'。故哲学不欲与宗教艺术（六艺）分道破裂"。因而，以孔子为代表的中国传统形而上学，是"意义哲学"，是融合了生命与宇宙之美感的"音乐性的哲学"[2]。

于是，中国人所面对的世界不是一个与人的主体生命了不相涉的客观世界，而是人所借以支撑其生活之"器"系统——即人的整

---

① 宗白华：《形上学——中西哲学之比较》，《宗白华全集》第一卷，安徽教育出版社 1994 年版，第 585 页。

② 同上书，第 586 页。

个文化系统——与宇宙融会贯通的和谐的生命体系。宗白华指出，中国人可以"由生活之实用上达生活之宗教境界、道德境界及审美境界。于礼乐器象征天地之中和与序秩理数！使器不仅供生活之支配运用，尤须化'器'为生命意义之象征，以启示生命高境如美术，而生命乃益富有情趣。不似近代人与无情无表现，纯理数之机器漠然，惟有利害应用之关系，以致人为机器之奴。更进而人生生活机械化，为卓别林之《摩登时代》讥刺之对象！"①

尽管宗白华在他后来关于中国画的研究中是以道家文化为其理论关注的中心的，但是这种将中国文化视为与西方现代文明迥然异趣的"音乐性的哲学"的思路却始终一贯：

> 东西古代哲人都曾仰观俯察探求宇宙的秘密。但希腊及西洋近代哲人倾向于拿逻辑的推理、数学的演绎、物理学的考察去把握宇宙间质力推移的规律，一方面满足我们理智了解的需要，一方面导引西洋人，去控制物力，发明机械，利用厚生。西洋思想最后所获得的是科学权力的秘密。
>
> 中国古代哲人却是拿"默而识之"的观照态度去体验宇宙间生生不已的节奏，太戈尔所谓旋律的秘密。……四时的运行，生育万物，对我们展示着天地创造性的旋律的秘密。一切在此中生长流动，具有节奏与和谐。古人拿音乐里的五声配合四时五行，拿十二律分配于十二月，使我们一岁中的生活融化在音乐的节奏中，从容不迫而感到内部有意义有价值，充实而美。不象现在大都市中居民灵魂里，孤独空虚。英国诗人艾利略有"荒原"的慨叹。②

---

① 宗白华：《形上学——中西哲学之比较》，《宗白华全集》第一卷，安徽教育出版社 1994 年版，第 592 页。

② 宗白华：《中国文化的美丽精神往哪里去？》，《宗白华全集》第二卷，安徽教育出版社 1994 年版，第 400 页。

　　于是，中国文化被阐释为一个融汇了宇宙本体论与社会伦理学的美学系统，正是通过这个美学系统，宗白华重建了已经被启蒙理性的车轮所碾碎的目的价值体系，并使这些来自传统世界的价值观念焕发出现代性生机。

　　方东美对中国文化传统的理解与宗白华如出一辙。方东美认为，"中国人的宇宙不仅是机械物质活动的场合，而是普遍生命流行的境界"。方东美称之为"万物有生论"①，于是，与西方近代哲学家明晰地区分精神与物质不同，中国人认为"宇宙根本是普遍生命之变化流行，其中物质条件与精神现象融会贯通，而毫无隔绝"②。因此，"一切至善至美的价值理想，尽管可以随生命之流而得着实现，我们的宇宙是道德的园地，亦即是艺术的意境。"③

　　于是，尽管同样被视为现代新儒家的代表人物，方东美与冯友兰对于中国传统文化中的最高价值境界所抱的心态完全不同。在冯友兰看来，所谓的"和"就是各种可以得到认可与实现的"欲"的集合，都是有限度的，所谓"万物并育而不相害，道并行而不相悖"的至善境界，只能是一种虚幻的理想。但是方东美却热切地肯定与认同这一中国人传统的信仰："我们的宇宙是生生不已，新新相续的创造领域。任何生命的冲动，都无灭绝的危险；任何生命的希望，都有满足的可能；任何生命的理想，都有实现的必要。'保合大和，各正性（性训生）命'，真是我们宇宙的全体气象。"④"拿我们的学说来和希腊、欧洲的比较，我们不妨确实肯定地说：我们的宇宙是最好的宇宙，我们的生命是向善的生命。任何宗教的冥想，不能使我们舍弃宇宙的价值；任何科学的推论，也不能使我们否认人生的意义，我们自觉在宇宙中，脚跟站立得非常稳定，所

---

① 方东美：《中国人生哲学》，黎明文化事业股份有限公司2005年版，第55页。
② 同上书，第56页。
③ 同上书，第60—61页。
④ 同上书，第81页。

以我们的人生哲学的基础，也立得非常坚实。"① 中国人的宇宙观奠定了中国人的人生理想与目标："中国人做人，不仅仅从做人做起，而且要遵循道本，追原天命，尚同天志，仰观俯察，取象物宜，领略了宇宙间伟大的生物气象，得其大慈至仁兼爱之心，祛除偏私锢蔽别异之见，才能恢恢旷旷，显出博厚高明的真人来。中国的大人、圣人是与天地合德，与大道周行，与兼爱同施的理想人格。"②

这种人格境界，不仅是一种道德境界，也是一种审美境界。显然，与宗白华注目于中国人宇宙图景中的和谐的审美形式不同，令方东美心驰神往的是庄子所言的博大境界："天地有大美而不言……圣人者原天地之美而达万物之理。"（《庄子·知北游》）在方东美的理解中，"宇宙之美寄于生命，生命之美形于创造"③。宇宙生命的生生不息的创造与变化过程本身就是波澜壮阔的"天地之大美"，这种宇宙生命弥漫一切，创造万物，人类受此感召，更加奋发有为，激发生命的狂澜，化为外在形式，就是艺术。因此，宇宙生命本身就是美，亦是艺术之源。中国人所追求的天人合一的境界，就是与宇宙上下同流的壮美的生命境界，亦是艺术的境界。而艺术活动既是宇宙生命变化流行的一种表现，亦是参悟"天地之美"的途径。"只有游于艺而领悟其纯美者，才能体道修德而成为完人。"④"中国人在成思想家之前必先是艺术家，我们对事情的观察，往往是先直透美的本质。"⑤ 艺术成为中国人领悟终极真理、实现人生目的价值的天梯。因此，道即是艺，艺亦是道，道与艺，目的价值与工具价值在这其中融合无间，磅礴为一了。

方东美特别强调指出，中国哲人与中国艺术家对于宇宙生命的

---

① 方东美：《中国人生哲学》，黎明文化事业股份有限公司 2005 年版，第 81 页。
② 同上书，第 81—82 页。
③ 同上书，第 100 页。
④ 同上书，第 101 页。
⑤ 同上书，第 183 页。

感悟，并不是主观感受的移情投射。"那只能称为主观主义，反会产生心理与物理的二元论，在身与心之间恒有鸿沟存在，在主体与客体之间也会有隔阂。"① 显然，方东美认识到，中国哲学思维与现代西方思维完全不同，如果说后者的基本观念前提是心物二元对立，主观与客观之间有着无法弥合的鸿沟，那么前者的哲学根基则是天人合一，作为主体的人与宇宙有着共同的生命脉动，一方面，人作为创造的主体，是"生命创造的中心，足以臻入壮美意境"，另一方面，人亦可以"直指天地之心"，对于天地之和谐大美感同身受②。从后者的立场看，主体对于客体的感受只能理解为主观，为移情；从前者的观点看，天地与我并生，万物与我为一，却是真实不虚的生命境界，因而，人与天、心与物，可以弥合无间，生机同流，共谱华美的生命乐章。

可以说，在 20 世纪 30 年代和 40 年代，对传统文化的宇宙观与审美精神抱以这样热切的认同的学者绝不仅仅是宗白华与方东美二人而已。尤其是在外敌入侵，民族生存遭遇空前危机的时刻，弘扬民族传统文化精神就成为恢复民族的文化自信，激励全民抗敌士气的一种文化战略，在这种背景下，持有宗白华与方东美类似思路的文化人当不在少数。1934 年，时年 25 岁的唐君毅在《治中国学术应改变之几种态度》一文中，对近代以来中国学术界在西方文化的冲击与影响下所走的怀疑与批判中国传统学术的道路进行了反思，提出，"我们应该先对中国学术作同情的研究，我们应先用一副温暖柔嫩的心，来认识这莫有许多锋利的论辩武器底中国学术"③。

文学研究领域也出现了同样的迹象。1934 年，留法归来的诗

---

① 方东美：《中国人生哲学》，黎明文化事业股份有限公司 2005 年版，第 298 页。
② 同上书，第 304 页。
③ 唐君毅：《中华人文与当今世界补编》上册，台北学生书局 1988 年版，第 22 页。

人梁宗岱（时年33岁）发表了《象征主义》一文，在这篇以阐述象征主义诗学观念为主要目的文章在解释"象征"的内涵时说："所谓象征是藉有形寓无形，藉有限表无限，藉刹那抓住永恒，使我们只在梦中或出神底瞬间瞥见的遥遥的宇宙变成近在咫尺的现实世界。"① 值得注意的是，梁宗岱在此文中多处引证了中国古典诗歌，认为只有在陶醉的状态中，才能达到这种中国古代诗歌中所表现的与万化冥合的无我的境界，陶潜所说的"三杯通大道，一斗合自然""实在具有诗的修辞以上的真实的"②。

梁宗岱特别强调，"陶醉所以宜于领会'契合'或象征底灵境，并不完全像一般心理学家底解释，因为那时候最容易起幻觉或错觉"。梁宗岱认为，事实上，这是人"因为忘记了自我底存在而获得更真实的存在"③。他指出当人因为种种原因进入"形神两忘的无我底境界"时，"我们内在的真与外界底真调协了，混合了。我们消失，但是与万化冥合了。我们在宇宙里，宇宙也在我们里：宇宙和我们底自我只合成一体，反映着同一荫影和反应着同一的回声"④。显然，梁宗岱对象征主义诗学观念的阐释实际上已经远远超越了诗学技巧的层面，而进入了有关宇宙观与认识论的层次——实际上梁氏论诗，极重"宇宙意识"——正是在这个层面上，我们可以非常清晰地看到中国传统文化精神的闪光，可以说，梁宗岱借着西方象征主义诗学观念，使得中国传统的"天人合一"的哲学精神与美学精神重新焕发出夺目的光彩，成为一种具有现代意义与普遍价值的诗学、美学与哲学范式。

1940年，当时年仅三十岁的青年批评家李长之撰写了《释美育并论及中国美育之今昔及其未来》一文，这篇文章与李长之的许

---

① 梁宗岱：《象征主义》，《梁宗岱文集》第二卷，中央编译出版社2003年版，第66页。

② 同上书，第71—72页。

③ 同上书，第72页。

④ 同上书，第72—73页。

多其他论著一样，以一种充满激情的笔调表达了一种来自德国古典美学的对于审美作为人生目的价值的信仰与追求，但是更为重要的是，李长之强调美学必须有"形上学的基础"，而这恰恰是现代人思想观念中所缺乏的。李长之指出，教育的本质是"使人类全体或分子在精神上扩大而充实，其效力系永久而非一时者"①，但现代教育所重视的"知识的教育是偏枯的，道德的教育是空洞而薄弱的，技能的教育更根本与精神的扩大与充实不相干的"②。只有美育才是唯一真正符合教育之本义的教育，但是这种真正的教育与美育在现代社会却付诸阙如，只有在古代才存在，原因就在于古人有"健全的美学"，有"健全的美的概念"，而这一切又"正由于古人另有一种深厚雄健的形上学为之基础故"③。李长之对古人的这种"形上学"显然歆羡有加：

> 现代人的精神已浅薄脆弱到了极点，生活不过耳目声色之欲，所看宇宙自是干燥而枯窘的空气而已，石头而已，灰尘而已。古人不然，他觉得宇宙是一个伦理的间架，所有仁义礼智，都秩然地安排在那里。他俯仰呼吸之间，便有一个大我在与他息息相通着。宇宙是"为物不二，生物不测"的，在空间上"博也，厚也"，在时间上"悠也，久也"，在性质上"高也，明也"。这是何等壮阔的世界观！宇宙是动的，是生生不已的，生活于其间的人便也是"自强不息"的了。宇宙的创造，就是他的创造，所以说："赞天地之化育"，所以说："与天地参"。他自己生命的扩张，就是宇宙生命的扩张，所以说："上下与天地同流"（孟子），所以说"天地与我并生，万物与

---

① 李长之：《释美育并论及中国美育之今昔及其未来》，《李长之文集》第三卷，河北教育出版社 2006 年版，第 164 页。
② 同上书，第 164—165 页。
③ 同上书，第 165 页。

我为一"（庄子）。在这种世界观之下，所以他们见了"源流滚滚，不舍昼夜"的流水，就赞叹不止了，因为那同样是生命力的洋溢充盈呵！基于这种一贯的形上的世界观，如何不觉得"充实之为美"呢？①

显然，与宗白华和方东美几乎毫无二致，李长之也将中国传统文化精神理解为一种"天人合一"的宇宙观并从中读出了一种生意盎然的审美精神，相形之下，现代科学主义的世界观被斥为"浅薄"，这种看待传统文化的态度与"五四"的观点完全相反，亦与现代主流的科学主义与心理主义的美学观念迥然有别。

作为年青一代的学者的梁宗岱、李长之等人对于传统文化与传统美学精神的肯定，显示了后"五四"一代知识分子在相当程度上已经开始重新审视并摆脱"五四"的启蒙理性与反传统主义的影响。可以说，李长之的目标是超越"五四"的"理智主义"的局限，建立一种深厚博大的新形而上学与美学，因而对于传统的形而上学与美学表现出极度同情与欣赏的态度。而被视为现代新儒家代表的贺麟则企图在与"五四"新文化精神维持某种连续性的前提下来重新阐释与发展儒家思想。贺麟在《儒家思想的新开展》一文中写道："新文化运动的最大贡献在于破坏和扫除儒家的僵化部分的躯壳的形式末节，及束缚个性的传统腐化部分。它并没有打倒孔孟的真精神、真意思、真学术，反而因其洗刷扫除的工夫，使得孔孟程朱的真面目更是显露出来。"② 而在贺麟看来，所谓儒家的"真面目"就在于"儒学是合诗教、礼教、理学三者为一体的学养，也即艺术、宗教、哲学三者的谐合体"③。因此，他力主循艺术化、

①　李长之：《释美育并论及中国美育之今昔及其未来》，《李长之文集》第三卷，河北教育出版社 2006 年版，第 165 页。
②　贺麟：《文化与人生》，上海人民出版社 2011 年版，第 12 页。
③　同上书，第 16 页。

宗教化、哲学化的途径来发展新儒家思想。正是通过这一路径，他将儒学阐释成为一个综合了审美意义的目的价值体系。例如他解释"仁"时指出：从艺术或诗教方面看，"仁"即"温柔敦厚的诗教"，所谓"思无邪"是也，就是"纯爱真情"，这也是艺术的精髓。从宗教观点看，"仁即是救世济物、民胞物与的宗教热诚"。"上帝即是仁"，仁不仅是道德修养，也是"知天事天的宗教工夫"。而从哲学看来，"仁为天地之心，仁为天地生生不已之生机，仁为自然万物的本性"①。

显然，在贺麟的儒学体系中，"知天事天的宗教工夫"占据了重要的目的论地位。而这个"天"，则是具有审美意义的终极实在与人生的价值与意义之源。他在《人的使命》一文中强调，人生要有意义和价值，就必须要有使命，而要认识人的使命，就要知"天"、知"天道"，"使人生观建筑在宇宙观上"，那么"天"是什么呢？贺麟同样依照"艺术化、宗教化、哲学化的途径"认为，"天"有三义：

第一，天指美化的自然，亦即有精神意义的非科学研究的自然。如《易经》上说："天行健，君子以自强不息"。《论语》上说："天何言哉，四时行焉，百物生焉"。这种由花木山水而悟天道人生，乃是艺术家直觉的知天。

第二，天指天道，就是总天地万物之理，也就是宇宙之所以为宇宙，人生之所以为人生的基本法则，主宰宇宙人生之大经大法。这是哲学的理智的知天。

第三，天指有人格的神，亦即最圆满的理想的人格，也是人人所欲企求的最高模范的人格，最高的价值。这是人类情意所寄托的无上圆满的神，这是道德生活与宗教信仰的天。②

---

① 贺麟：《文化与人生》，上海人民出版社 2011 年版，第 16—17 页。
② 同上书，第 87—88 页。

因而，知天就是努力了解宇宙主宰的意旨，为天地立心，代天立言，最终与天为一，这就是庄子所谓的"与造物者游，与天地精神往来的工夫"①。这就是人生的使命。显然，在贺麟的思想中这个"天人合一"的境界，是一个综合审美价值、道德价值与真理意义为一体的终极目的体系。

贺麟的新儒学思想，显然含有一定的文化民族主义色彩，他在文章中提出："新儒家思想目的在于使每个中国人都具有典型的中国人气味，都能代表一点纯粹的中国文化，也就是希望每个人都有一点儒者气象。"② 那么，何谓"儒者气象"？贺麟认为："就意味或气象来讲，则凡具有诗礼风度者，皆可谓之有儒者气象。凡趣味低下，志在名利肉欲，不知美的欣赏，即是缺乏诗意。凡粗暴鲁莽，扰乱秩序，内无和悦的心情，外无整齐的品节，即是缺乏礼意。无诗意是丑俗，无礼意是暴乱。"③ 其实如果将"礼意"理解为"序"与"和"，那么可以认为"礼"与"美"亦有着相当的联系，因此，所谓"儒者气象"在相当程度上可以理解为一种中国传统的人格美。他在阐述自己的观点时引述了辜鸿铭和泰戈尔对现代文明的批判，辜曾站在儒家诗礼的立场，攻击西方现代文明的各种现象是丑俗暴乱，无诗之美，无礼之和；泰戈尔来中国时，也曾痛斥上海为"丑俗之大魔"。因为"上海为工商业化的东方大都市，充斥了流氓、市侩、买办以及一切殖民地城市的罪恶，不唯无东方静穆纯朴之诗味，亦绝无儒家诗教礼教之遗风"④。贺麟认为，"泰戈尔痛斥上海，实不为无因"，但"辜鸿铭指斥西洋近代工商业文明的民主政治，却陷于偏见与成见"⑤，因为西方现代民主政治的运作程序同样可以有礼有序，工商业城市的生活亦可以有相当

① 贺麟：《文化与人生》，上海人民出版社2011年版，第88页。
② 同上书，第18页。
③ 同上书，第19页。
④ 同上。
⑤ 同上。

的美化与诗意。显然，贺麟并不是一个反现代化者，他对传统的崇扬，并不是为了阻止中国步入现代化的轨道，而在于批判中国现代化过程的偏向——即仅仅注重工具性与物质性的技术与利益，而忽略与之相配套的作为目的价值系统的道德与审美精神，这一现代化过程中的偏弊，在贺麟看来，正需要通过弘扬与发展富于目的价值意义与审美精神的儒家文化传统来纠正。

与梁宗岱、李长之与贺麟不同，朱光潜的美学一直遵循着心理学路线，尽管以美的阐释者与守护者自居，但是朱光潜的美学一直保持着一种理智化与科学化的气质，对于审美心理始终保持着一种科学审视的"距离"，传统思想中的审美经验，往往被他描述为一种心理幻觉，但是，我们可以看到，在20世纪40年代，朱光潜的思想中出现了一些微妙转向，这一转向，让我们更清楚地看到在传统回归思潮的牵掣之下，主流现代美学范式所发生的偏移。

1942年，朱光潜在《乐的精神与礼的精神》一文中指出，儒家思想的基本观念是礼与乐，而乐的精神是和，礼的精神则是序。而这种文化观念则来自儒家对于宇宙的体悟，儒家所有的政治、伦理以及教育思想都以此为出发点。因此，礼乐的"和"与"序"乃是以终极性存在为依据的目的价值。尽管朱光潜宣称他的意旨重解说，不重评判，似乎力图维持科学主义的中立态度，但是，他还是情不自禁地赞叹"和"与"序"观念的"伟大"。

朱光潜从亚里士多德关于幸福的观点出发，指出亚氏认为人生最高目的是幸福，而幸福是"不受阻挠的活动"，而所谓"不受阻挠"，则可以解作"自由"，也可以解作"和谐"。朱光潜在此强调，西方人对于幸福的理解，向来偏重于"自由"，但是"其实与其说自由，不如说和谐，因为彼此自由可互相冲突，而和谐是化除冲突后的自由"。于是，朱光潜将自由的条件界定为"和谐"——"无论从心理卫生的观点看，或是从伦理学的观点看，一个人都需要内心和谐；内心和谐，他才可以是健康的人，才可以是善人，也才可以是幸福的人"。同样,"一个有幸福的社会必然是一个无争无怨相安和谐群策群力的社会,因为如此社会才有他的生存理由,才能有最合理的发展"①。

显然,"和"构成了人生的目的,而"序"则是达到这一目的的条件,因此,二者都与人生的目的价值有关。富有意味的是,朱光潜在此对人生目的的选择,如前所述,在和谐与自由之间,他选择了和谐,或者说,选择了肯定与认同中国传统的"礼乐"文化系统,这一选择很显然是在中西价值文化相互参照的背景下做出的。朱光潜在论述"礼"的内涵时认为,礼综合了科学、道德与艺术的精神,所以礼融贯真善美为一体,而不像在西方思想中成为三种若不相谋的事——事实上,朱光潜在他写于 20 世纪 30 年代的《谈美》一书中,就主张真、善、美是三种各自分立的不同的价值立场。综合起来,朱光潜评价说:"儒家的伦理思想是很健康的,平易近人的。他们只求调节情欲而达于中和,并不主张禁止或摧残。"② 这与西方文艺复兴之前的古代思想中将灵与肉,理智与情欲视为相互冲突敌对,于是以理智压制情欲的思想方式判然有别,显然,朱光潜认为前者优于后者。

但是真正使中国礼乐文化精神的价值得以确认的,是这一文化精神的形而上学依据。朱光潜指出,儒家的宇宙论认为,宇宙天地万物是有和有序的,而人应该"法天""与天地合德""人要有礼有乐,因为天地有和有序"③。对于这种"天人合一"的传统文化思维方式,朱光潜给予了极大的肯定甚至认同。他认为在"在宇宙中同时看到序与和,是思想与情感的一个极大的成就",因为"看到繁复中的'序'只有科学的精神就行;看到变动中的'和'却

---

① 朱光潜:《乐的精神与礼的精神》,《朱光潜全集》(新编增订本)第七卷,中华书局 2012 年版,第 171 页。
② 同上书,第 178 页。
③ 同上书,第 183 页。

不止是科学的事，必须有一番体验，或则说，有一股宗教的精神"①。此时，他不再从科学的立场认为这种"宗教的精神"是幻觉或者错觉了，而似乎是说，儒家的礼乐精神是合于科学而超越科学的，是一种类似于宗教性的信仰，可以为人在面对现实世界时提供强大而持久的精神支持，而不是如心理美学所描述的美感经验一样仅仅作为一种短暂的放弃理智的价值尺度以回避现实世界的避难所。

　　显然，中国现代美学家试图为中国文化传统的现代转化打通一条路径，就是将中国文化传统视为一个目的价值体系，并对这一体系进行审美化的阐释，从而在审美价值中实现真、善、美等多重价值的统一，以阐明中国文化传统相对于现代社会的工具价值体系的优越性。可以说，这一经过审美化阐释的中国文化传统经常被置于与西方现代工具价值体系的对立面，承担着一种批判与救赎的功能。就如唐君毅在《中国文化中之艺术精神》（1944）一文中所说的："我们将中国文化与西洋近代文化相比，便可以看出西洋近代文化中科学精神渗透到文化之各方面，而在中国文化中则艺术精神弥漫于中国文化之各方面。"② 而在完成这种比较之后，面对第二次世界大战的人类浩劫，中国文化精神在他们眼中常常不啻古代中国留给现代人的一艘精神方舟："当此世界沦于浩劫到处交响着的不是音乐而是炮弹的可怖声音的时候，使我们怀想着中国之伟大的政治理想，中国文化中的艺术精神，同时想到艺术精神本身之可贵，亦同时想到中国艺术家的责任之远大。③"

　　而正当日本军国主义的战争机器在中国大地上肆虐的 1937 年，方东美通过广播向全国青年发表《中国人生哲学》演讲，他在其中

① 朱光潜：《乐的精神与礼的精神》，《朱光潜全集》（新编增订本）第七卷，中华书局 2012 年版，第 182 页。
② 唐君毅：《中国文化中之艺术精神》，《中华人文与当今世界补编》上册，台北学生书局 1988 年版，第 47 页。
③ 同上书，第 49 页。

讲了这样一个寓言：小人国里的小人在一阵叫"藕风"和"梅雨"的狂风暴雨中取得了一些奇术异能，造成许多舴艋与风筝，乘此来到陆地上的一个大人国，大人先生们正在呼吸天地正气，在大地上酣睡，小人便通过大人肩上的一个伤痕钻进去，企图制其死命，将此地据为己有，有些小人更闯进大人的鼻孔，企图由此入侵心脏，不料大人梦中觉鼻孔奇痒，于是醒了过来，猛吸一口正气，把那些小人都连带吸入循环系统，顿时便得了防疫的抗毒素，从此，大人先生的身心便坚实如金刚，小人无法攻入。——任何一个中国人都能明白这个寓言所指为何。方东美在演讲中对中国传统文化精神所能予中华民族的生存能力寄予了极大的信心："我们民族的生命力和宇宙的生命力合体同流，转运不竭，创造无已。一切险恶的危机，一旦沾着我们，都可以化为起衰救敝的生机；一切致命的毒汁，一旦注入我们，都可以变作起死回生的金丹。……中国人独得生生之厚，处于不死之地，努力创造，展拓前途，他人环迫，怎奈我何！"① 显然，在这个刻意营构的寓言中，方东美也是以中国传统文化精神对抗西方现代工具价值体系——即所谓"藕风"（欧风）、"梅雨"（美雨）——以及倚仗现代化物质手段而肆虐东亚的日本军国主义侵略势力。在他的叙述中，似乎是只要这个伟大的传统精神发扬光大，就可以拯救民族于狂澜既倒的生存危境之中。

然而诗人的童话般的想象仍然无法掩去残酷的历史与现实。哪怕在现代学者们的阐释之中，传统形而上学与美学精神如古典乐章般完美动人，但是，对于中国现代知识人来说，他们却很难心安理得地完全栖身于这样一个看似完美的价值系统中，中华民族走向现代化的艰难历程，使得几乎任何中国知识人都难以轻易否定西方现代工具体系的价值，这些服膺中国文化传统的审美价值的美学家们自然也不例外。因此，中国文化传统如果要真正实现现代转化，继

---

① 方东美：《中国人生哲学》，黎明文化事业股份有限公司 2005 年版，第 83—84 页。

续在中国现代社会发挥其功能，就必须妥善处理其与源于西方的现代工具价值体系的关系。显然，在这样的关系架构中，中国文化传统不能简单地仅仅充当现代工具价值体系的对立面而抗拒或者制衡现代化的进程。

在 1946 年的宗白华看来，正是由于没能妥善协调目的价值与工具价值的关系，现代世界的中国人与西方人都陷入了某种困境与歧途。宗白华认为，"中国民族很早发现了宇宙旋律及生命节奏的秘密，以和平的音乐的心境爱护现实，美化现实，因而轻视了科学工艺征服自然的权力。这使我们不能解救贫弱的地位，在生存竞争剧烈的时代，受人侵略，受人欺侮"①。而这种在工具体系层面的弱势导致的现实生存困境，反过来也挤压了原先的目的价值："文化的美丽精神也不能长保了，灵魂里粗野了，卑鄙了，怯懦了，我们也现实得不近情理了。我们丧失了生活里旋律的美（盲动而无秩序）、音乐的境界（人与人之间充满猜忌、斗争）。一个最尊重乐教、最了解音乐价值的民族没有了音乐。这就是说没有了国魂，没有了构成生命意义、文化意义的高等价值。中国精神应该往哪里去？"②

另一方面，"近代西洋人把握科学权力的秘密……，但不肯体会人类全体共同生活的旋律美，不肯'参天地，赞化育'，提携全世界的生命，演奏壮丽的交响乐，感谢造化宣示给我们的创化机密，而以厮杀之声暴露人性的丑恶，西洋精神又要往哪里去？"③

显然，宗白华的这一思路不同于将科学等现代工具价值系统与审美价值或目的价值对立起来的观点，显然，在他看来，现代世界的罪恶并不能简单地归罪于科学，而是没有审美价值与目的价值引

---

① 宗白华：《中国文化的美丽精神往哪里去?》，《宗白华全集》第二卷，安徽教育出版社 1994 年版，第 403 页。
② 同上。
③ 同上。

导与制约的科学助长了人性本身的丑恶的力量。正如菲利普·尼摩所指出的："在西方，这种普遍而永久的人性恶意的效果恰好由于西方文明获得的科学和经济威力而增加了十倍；但是因而说西方人怀有十倍多的恶意，其理由并不充分。"① 同样地，因此而认为科学本身是恶的，必须由审美价值进行扼制，显然也缺乏说服力。宗白华非常清醒地指出，正是由于在现代科学技术方面的弱势，使得现代中国人失去了追求高远的目的价值与审美价值的心态与能力。从这个意义上说，现代工具体系亦有可能是保障中国文化传统所设定的目的价值的手段。

因此，如果中国文化传统所设定的目的价值对于现代世界是有意义的，那么这一意义的真正实现也必须在妥善处理好这一目的价值与西方现代工具体系的关系之后才有可能。如果说宗白华在这个问题上留下的更多的是尚未达成结论的困惑与思考，那么，以贺麟等人为主力的新儒家学派则力图为这一事关民族生存与民族文化前途的难题提出一个解决方案。

第六节　会通与开新

贺麟服膺黑格尔等欧洲唯心论哲学，对于绝对精神或者"道"对文化具有的普遍本质意义抱有极度的信心。因此，他在《文化的体与用》中宣称自己不赞成"中国本位文化"的说法，而主张一种普遍意义上的，能够体现永恒精神价值的人类文化，"因为文化乃人类的公产，为人人所取之不尽用之不竭的宝藏，不能以狭义的国家作本位，应该以道，以精神，或理性作本位。换言之，应该以文化之体作为文化的本位。不管时间之或古或今，不管地域之或中或西，只要一种文化能够启发我们的性灵，扩充人们的人格，发扬

① ［法］菲利普·尼摩：《什么是西方？》，阎雪梅译，广西师范大学出版社2009年版，第123页。

民族精神，就是我们所需要的文化"①。在这个思路下，中外古今一切的文化遗产都成为建构新文化的材料。但是，到了 1941 年，在《儒家思想的新开展》一文中，他却明确提出："民族复兴本质上应该是民族文化的复兴。民族文化的复兴，其主要的潮流、根本的成份就是儒家思想的复兴，儒家文化的复兴。假如儒家思想没有新的前途、新开展，则中华民族以及民族文化也就不会有新的前途、新的开展。"② 因此，在这时候，贺麟关于发展民族文化的思路，就转而成为如何在中西文化融合的前提下复兴儒家文化的问题，或者照贺麟的说法，就是"以儒家思想为体、以西洋文化为用"③，从而"儒化""中国化"西洋文化的问题。

当然，贺麟并不是重新捡回"中体西用"的老套子，这恰恰是他一直明确地反对的。他一直认为文化的"体"与"用"是不能分离的，"因中学西学各自成一整套，各自有其体用，不可生吞活剥，割裂零售"，因此，"中学为体、西学为用"的说法"不可通"④。1947 年，他在《认识西洋文化的新努力》一文中明确地指出，从"中体西用"的口号提出始，这第一步已经错了，从此开始，中国人认识与学习西方文化的过程中，一直忽略西方文化的内在精神，甚至"五四"虽觉得要认识西方文化的思想和精神，但"当时所注重的西洋思想，还只是实用主义；虽提倡民主与科学，但却认为不需要较高深较根本的纯正的古典哲学、艺术，特别是道德和宗教"。总之，仍然"还只是从用方面着手，没有了解西洋文化的体"，并未进入西洋文化的堂奥。⑤ 因此，贺麟提出的是另一种意义上的"全盘西化"，即所谓"在质、在体、在内容方面要彻底西化"，也就是说，对于西方文化，必须"有体有用"地整体性

---

① 贺麟：《近代唯心论简释》，上海人民出版社 2009 年版，第 201 页。
② 贺麟：《文化与人生》，上海人民出版社 2011 年版，第 12 页。
③ 同上书，第 13 页。
④ 见贺麟《近代唯心论简释》，上海人民出版社 2009 年版，第 200 页。
⑤ 见贺麟《文化与人生》，上海人民出版社 2011 年版，第 299—300 页。

地了解①。而他所说的"以儒家思想为体、以西洋文化为用"中的"体"与"用",只是"主"与"辅"之意而已,也就是以儒家文化为主体,去吸收与"儒化"西方文化,发展与扩充儒家思想,这就是所谓"儒家思想的新开展"。

而贺麟所重的西方文化之"体",首推基督教文化。他多次不厌其烦地指出:"西洋文化的一切特点,在基督教中均应有尽有",因而"欲了解西洋文化,如果只从外去了解其用,而不进入其堂奥去了解其体,或只片断地灌输西洋的科学、民主或工业化,而忽略了基督教,恐怕是不可能的"②(贺麟引述了韦伯关于新教伦理与资本主义精神关系的论述,进而认为,基督教文化精神恰恰促进了科学、民主与工业化,可以认为是科学、民主与工业化的"体")。因而,"要中国能赶上西洋,亦要提倡科学、民主、工业化,则当亦必同时采取西洋基督教的精神,以作科学、民主、工业化的精神基础,而补救我们原来宗教的消极空寂之弊"③。

正是在这一点上,基督教文化精神的引入成为贺麟心目中的"儒家思想的新开展"的契机与重点之一。在贺麟的设计中,正是通过将作为西方文化之"体"的基督教文化与儒家文化潜在的宗教精神相对接,从而使得儒家文化焕发出一种能够支持现代社会生成与发展的力量。在这个过程中,儒家文化所设定的目的价值与现代文明的工具价值体系,终于可能相辅相成,两翼齐飞,使中国文化与中华民族升上精神存在与物质生存的巅峰。从某种意义上说,这也是一种"中体西用",只是这个"中体"乃是吸收了基督教文化精神而重获新生的新"中体"。

在中西文化的融合与会通方面,唐君毅有着与贺麟非常相似的思路。唐君毅反思中国自近代,尤其是新文化运动以来学习西方文

---

① 见贺麟《文化与人生》,上海人民出版社 2011 年版,第 300 页。
② 同上书,第 305 页。
③ 同上。

化、追求科学与民主自由的道路，认为这一运动基本是失败的，数十年的追求与学习，并未使西方的科学与民主自由在中国生根。唐君毅认为，这一失败的根本原因，就在于，近代以来，中国人在接受西方文化的时候，是从功利动机出发，只是从工具价值的层面来理解与接受西方文化，"只想利用科学与民主，以为达实际民族国家之富强、政治之稳定、政权之维持等目标之工具"①。因而中国知识分子内心深处，对于科学与民主自由，实际上并不能真正热爱与尊敬，甚至"常潜存一加以轻鄙之心理"②，但是，唐君毅并不因此而导出要在中国真正培养科学民主的精神土壤，就必须彻底否定与摧毁中国文化传统的"五四"式结论，相反，他坚持认为，中国文化精神陶养下的中国人，之所以不能全身心地拥抱科学与民主，不但是由于中国文化的历史传统事实上无法截断，更由于中国的人文精神确实比单纯的科学精神与民主精神为高，有其更加高远的文化目标要实现。因此，唐君毅提出，"吾人今日必须一反此数十年以卑屈羡慕心与功利动机鼓吹西方科学与民主自由之态度，而直下返至中国文化精神本原上，立定脚跟。然后反省今日中国文化根本缺点在何处，西方文化之精神异于中国者，毕竟有何本身之价值，而自超功利之观点，对其价值加以肯定尊重，最后再看，中国文化精神自身之发展，是否能自补其不足，而兼具西方文化精神之长"③。只有这样，才谈得上将西方文化中的科学、民主、自由的精神纳入中国文化精神的未来发展之中。唐君毅极力强调，这种中西文化之融合，并非只是截西方文化之长补中国文化之短而已，而是要"完成中国文化自身当有之发展，实现中国文化之理念"④。也就是说，学习西方文化，不是要全盘西化，也不是要改变中国文

---

① 唐君毅：《中国文化之精神价值》，正中书局1953年版，第355页。
② 同上。
③ 同上书，第358页。
④ 同上书，自序第4—5页。

化精神本身的内涵，引入西方文化精神恰恰是要使中国文化几千年来固有的人文理想与文化目标得以真正实现，从某种意义上说，这正是中国文化精神的逻辑延伸与自我发展。

于是，在评判中西文化的时候，就必须以"中国思想的根本信念"为判断的标准与立场，这一根本信念，即"人之一切文化道德之活动，皆所以尽心尽性，而完成人之人格①"。也就是说，一切的文化观念与活动，都是为了实现人性与人自身的人格的完满，是人性与人格内在理念与价值的表现，而唐君毅又坚定地相信人的人格与心性，又与作为宇宙之本体的"天心"相贯通，人心即天心，因此，人的文化活动与文化观念就是这一作为宇宙终极本体的绝对精神即"天心"的感性呈现。于是一切文化活动的价值，"唯在其对人精神直接显示之本身价值，而不在于其工具价值、功利价值"②。因此，如果说科学、民主等这些来自西方的价值理念对中国人来说值得汲取与追求，其价值并不在于（至少不仅仅在于）它是为达到国家富强与社会进步而不得不采取的工具与手段，而是因其自身显示了一种符合于中国文化精神内涵的目的价值，是绝对精神（"天心"）与人的主观精神（人心）之一部在现实世界的客观显现。

但是，即便如此，中国文化与西方文化仍然是两个不同的文化体系，以中国文化精神本原为立足点也并不意味着中国文化系统自身就完美无缺而不需要任何的调整与变革。唐君毅将中国文化根本精神界定为"自觉地求实现的，而非自觉地求表现的"，相对地，西方文化根本精神，则是"能自觉地求表现的，而未能真成为自觉地求实现的"③，前者偏重于视人文为人之心性之实现或流露，人文唯在人整全之心性所包覆涵盖之下，直接为陶养人格精神之用。

---

① 唐君毅：《中国文化之精神价值》，正中书局1953年版，第359页。
② 同上。
③ 同上书，第363页。

对这样的文化系统而言，人的整全心性乃是一切的源头与目的，因而并不偏执于某一具体的文化理想，亦不重将人的精神客观化为"一分途发展之超个人的人文世界"①。唐君毅认为这是中国文化精神的长处，但同时也导致了中国文化的缺陷与不足。

唐君毅认为，正是只重视整全心性的实现，却忽略如何营造使这一精神客观化的途径，因此"中国圣贤之道，只有一自上而下之自觉地重实现的精神，而缺乏一如何使凡人之精神以次第上升之客观路道"。于是，中国文化在人格的养成上，只能是"圣贤自圣贤，而小人自小人""在中间一段，终少了一截"②。

唐君毅认为，西方文化"自觉地求表现"的精神，使得"内心理想之分别客观化而超越化，以成一超越而客观之理想；及自觉地使此理想，表现为客观存在的社会文化诸领域、各种社团之组织、科学知识、生产技术、工业机械文明、国家法律，及民主自由与宗教精神等"。这正是"使人的精神以次第上升之客观路道"③。因而引入西方文化，正可以为中国文化补上这原本缺少的一截，在中国文化精神中建立一条使一切"庸众"与"小人"也可以得到精神提升的道路，从而完成中国文化原本当有的发展。

至少在唐君毅看来，这种"引进西方文化以完成中国文化之本当有之发展"的思路，同近代风行一时的"中体西用"有着根本的不同，也与"全盘西化"迥然有别。与"中体西用"相比，唐君毅主张引入西方文化不是因其工具价值，而是因其乃是绝对精神的客观化，是实现目的价值的一种路径，而这种路径正是中国文化所需要的，因而，唐君毅所主张的，就不是仅仅从工具价值出发，零碎片面地引入西方文化的某些要素，而是如贺麟所主张的，是更彻底、更全面的深度的西化。而相较于"全盘西化"的方案，唐君

---

① 唐君毅：《中国文化之精神价值》，正中书局 1953 年版，第 379 页。
② 同上书，第 364—365 页。
③ 同上书，第 365 页。

毅力主在坚守中国文化精神的大前提下来引进西方文化，企图以中国文化的仁心仁道来制约与消除西方"社会文化多方分途发展"而带来的往而不返、偏执于某一文化类型与理想的弊端。例如，唐君毅认为，西方科学"重在用分析的理智，去研究人生以外之形数或自然对象"，因为"科学的态度是怀疑，是要问'为什么'。然'为的什么'复有他的'为什么'，可一直问到使人自认对于他所知的东西不知道为止"①。在这种"为什么"的追问下，科学的理智分析的思维，可以使一切传统、一切为人们奉为神圣的观念价值都被破解成没有价值的虚空。唐君毅认为，"中国传统文化下人民的日常生活中，无数的好的风习，好的思想观念，都是由于这一种科学的怀疑态度破坏的"②。

因而，唐君毅提出，为了平衡科学精神可能带来的弊端，科学必须"有所主"，这就是中国文化精神中的"仁心"，因为所谓"仁"，按照唐君毅的解释，即"对于宇宙人生之现实的或可能的全幅价值之肯定与赞叹，而求使之充量的被保存，或被实现而生发成就之精神"③。这种精神与科学的分析性思维不断否定与超越一切直接人生经验与人生价值的虚无主义与怀疑主义倾向恰好形成反对，因而"可制衡主宰人之纯理智的心，使不至往而不返，彷徨无归，得不坠入于怀疑主义与虚无主义"④。

以西方文化成就中国文化精神自身的目标，以中国文化精神制衡与消解西方文化的弊病，这种看似理想的设计实际上体现了唐君毅与现代新儒家学者们的矛盾心态。西方文化的大潮涌入中国并渐成气候已是不争的事实，对中国人来说，关键的问题早已不是要不要学习与汲取西方文化，而是能不能学好与如何学习的问题，另一

---

① 唐君毅：《中国人文精神之发展》，台北学生书局1989年版，第109页。
② 同上书，第110页。
③ 唐君毅：《人文精神之重建》，台北学生书局1974年版，第362页。
④ 唐君毅：《中国人文精神之发展》，台北学生书局1989年版，第128页。

方面，新儒家学者意识到，对于中国文化传统而言，问题的关键也不是要还是不要的问题，而是这个无法割断的精神传统将如何影响我们去学习西方文化、走向现代化的问题。正如唐君毅所言，"现在的问题，是在我们甘愿中国文化被破坏分解后，再来被动的接受。或我们还能从中国文化精神中，引发出自动自主的精神来接受。如果能够，则中国文化精神均可继续下去，已被破坏分解的东西，仍可恢复。如果不能，照我的看法，不仅中国文化精神要被毁灭，而且中国人对西方科学之接受，亦永不能成功。因中国文化精神经毁灭后之残余的一部分，仍可转而牵挂科学在中国之生根"①。

照此说法，这简直就是一场豪赌，赌的是中国文化与西方文化之间能否实现无缝对接或平稳转轨，而押上的赌注则是中国与中国文化甚至全人类的未来与前途。唐君毅所表达的可以说是新儒家学者的共同心愿："能在观念上先融合中国文化精神，与西方科学之精神如天衣之无缝，然后可使我们之接受西方科学，发扬中国科学之事；同时为中国文化精神自动自主的发展完成其自身之事；而使科学之发达，不特不致妨碍到中国文化精神之自身，而且可进一步制止住全人类对于科学之方法、科学知识技术之一切滥用。"② 然而，中西文化之间的巨大差异却是唐君毅等人不得不正视的："中国之社会人文世界，是着重在内部和融贯通的社会人文世界。而西方的社会人文世界，则是各种学术文化分途开展的社会人文世界。前者主要表现仁的性情，后者主要表现智的条理。故后者与科学精神相顺应，而前者则初不与科学精神相顺应。因而缺乏科学。现在我们的理想是要把此两个打成一个，但我们却须先承认在事实上原是两个。"③ 只是，这"事实上原是两个"的东西，如何"打成一个"，却必定是颇费周折。尽管唐君毅提出了一个以"仁心为科学

---

① 唐君毅：《中国人文精神之发展》，台北学生书局 1989 年版，第 112 页。
② 同上书，第 113 页。
③ 同上书，第 92 页。

之主"的方案，但是，两个完全相对相反的东西放在一起，如何才能达到相反相成，而不是两败俱伤，却不是一个容易解决的问题。

如果说，唐君毅以及 1958 年《为中国文化敬告世界人士宣言》（以下简称《宣言》）的主导思路是根据中国文化自身应当"伸展"出的文化理想，来接受科学民主等西方乃至世界文化，是"融二为一"，那么，牟宗三提出的以"良知坎陷"来"开出"科学与民主的"新外王"的设计，则是"执一生二"，也就是坚执中国文化传统主位之"一"，希图从作为"理性的运用表现"（或称"内容的表现"）的中国文化传统中开出西方式的"理性的架构表现"（或称"外延的表现"），从而成就科学民主，然后，"以内容的表现提撕并护住外延的表现，令其理性真实而不蹈空，常在而不走失；以外延的表现充实开扩并确定内容的表现，令其丰富而不枯窘，光畅而不萎缩"①。

牟宗三认为，所谓"运用表现"都是"摄所归能""摄物归心"，主体与对象并不对立，"它或者把对象收进自己的主体里面来，或者把自己投到对象里面去，成为彻上彻下的绝对。内收则全物在心，外投则全心在物，其实一也"②。牟宗三将这种关系称为"隶属关系"（sub‐ordination），我们从牟宗三的论述中可以看到，所谓"理性的运用表现"，与强调主客体融合为一的审美心理几可说是合若符契，正是基于这一点，林安梧指出包括牟宗三在内的新儒家所标举的心性之学，构成了一个"道德与美学融而为一、人与天地万物交融为一体"的人文世界③，而所谓"架构表现"，则与之截然不同，"它的底子是对待关系，由对待关系而成一'对列之局'（co‐ordination）"④，在这样的架构中，人与物之间、人与人

① 牟宗三：《政道与治道》，台北联经出版事业公司 2003 年版，第 175 页。
② 同上书，第 58 页。
③ 林安梧：《儒学革命：从"新儒学"到"后新儒学"》，商务印书馆 2011 年版，第 40 页。
④ 牟宗三：《政道与治道》，台北联经出版事业公司 2003 年版，第 58 页。

之间、主体与对象之间构成了截然的二元对立关系，正是在这样的关系中，产生了西方的政治、法律、国家制度与科学，而中国人要追求现代化，要实现民主与科学，就必须将"运用表现"转为"架构表现"，这其中的关键，就是必须完成"良知的自我坎陷"，由道德理性即实践理性自我否定，让开一步，转为"非道德的观解理性"或"理论理性"。按照《宣言》中的说法，就是说中国人不仅仅只追求成为道德主体，更应当追求成为纯粹认识之主体。而要成就这一认识主体，"此道德主体，须暂忘其为道德的主体。即此道德之主体，须暂退归于此认识之主体之后，成为认识主体的支持者。直俟此认识的主体，完成其认识之任务后，然后再施其价值判断，从事道德之实践，并引发其实用之活动"①。

显然，这种看似圆满精巧的"坎陷"论或者"暂退"论隐藏着某种内在的悖论。"自我坎陷"的提出正揭示了中西文化精神的迥然有别，因而中国文化要产生西方式的科学与民主，就必须实施向西方文化精神的转轨，但是，对新儒家来说，这种转轨又绝非全盘西化，从某种意义上说，只是"伸展中国文化理想"的一种权宜之计，最终，"自我坎陷"的良知仍然必须复归其位，中国文化精神仍然必须往而复返，占据支配性的主导地位。然而，正如蒋庆所忧虑的，良知岂是挥之即去、招之即来的东西，一旦"坎陷"，再欲其复位，岂是易事？

尤其是，这样由道德理性"坎陷"而成所谓"观解理性"是否果然可以在中国成就科学与民主？

新儒家学者在《宣言》中郑重强调："我们承认中国文化历史中，缺乏西方之近代民主制度之建立，与西方之科学，及现代之各种实用技术，致使中国未能真正的现代化工业化。但是我们不能承认中国之文化思想，没有民主思想之种子，其政治发展之内在要

---

① 唐君毅：《中华人文与当今世界》下册，台北学生书局1975年版，第899页。

求，不倾向于民主制度之建立。亦不能承认中国文化是反科学的，自来即轻视科学实用技术的。"① 相反，在科学技术方面，中国古代文化是极其重视实用技术的，而儒家亦重"正德""利用""厚生"之说，但是新儒家也认识到，西方的科学精神的根源乃是超越实用技术的为求知而求知的精神，而"此种科学之精神，毕竟为中国先哲之所缺，因而其理论科学不能继续发展。而实用技术之知识，亦不能继续扩充。遂使中国人之以实用技术，利用厚生之活动，亦不能尽量伸展"② 。而其根本症结乃在于中国思想之过重道德的实践，无法对客观世界持一种价值中立的态度，故而往往"由'正德'直接过渡至'利用厚生'。而正德与利用厚生之间，少了一个理论科学知识之扩充，以为其媒介，则正德之事，亦不能通到广大的利用厚生之事。或只退却为个人之内在的道德修养"③ 。

显然，尽管新儒家人士宣称要在传统的"道统"之外发展出新的独立的科学"学统"，但是，开出这一"学统"的根本动机并不同于古希腊人为求知而求知的科学精神，而是直承传统由"利用厚生"而来的对于实用性技术的重视，正是因为现代科技的发展已经证明了科学对于实用性技术的巨大的支持与推动，因此，发展出独立的现代科学系统，才能使得中国传统的"正德""利用""厚生"的文化目标得以充分实现。这一点在牟宗三的论述中也得到了充分的证明："儒家的内在的目的要求科学，这个要求是发自于其内在的目的。何以见得呢？讲良知，讲道德，乃重在存心、动机之善，然有一好的动机却无知识，则此道德上的好的动机亦无法表达出来。所以良知、道德的动机在本质上即要求知识作为传达的一种工具。例如见人重病哀号，有好心救之，然却束手无策，空有存心何

---

① 唐君毅：《中华人文与当今世界》下册，台北学生书局1975年版，第897页。
② 同上书，第898页。
③ 同上。

用？要有办法，就得有知识。"① 因此，虽然新儒家似乎也很明了科学精神的根本内涵，甚而宣称"科学亦为儒家的内在目的所要求"②，但是，追根究底地说，这"儒家的内在目的"与西方的科学文化精神并不一致，对于新儒家而言，现代科学仍然只是一套应付社会生活的实用工具，从这一点上说，新儒家所力图"开出"的科学与中国传统社会中的知识与技术并无根本的差异："儒家并不反对知识，在以前的社会中，那些老知识也就足够应付了，然而今天的社会进步、往前发展、要求新知，亦属应当的要求。"③ 很显然，新儒家始终不自觉地企图以中国文化的传统精神价值来涵盖、统摄甚而替代现代科学文明所赖以生成与发展的精神根基，正是因此，新儒家开出独立的科学"学统"的期望，很可能终归虚妄。事实上，当新儒家断定道德与良知需要知识作为"传达的工具"的时候，就已经为认知主体的认识活动预定了道德的价值前提，如此又谈何所谓"暂时忘却"道德主体的存在，而使主体完成"纯粹的认知活动"？即令有可能做到，这种退隐，究其实只不过是欲擒故纵、将欲取之必先予之的策略，已经明确地认定了科学这样的"纯粹认知活动"对于实现道德理性而言只具有工具性价值，而作为目的价值的道德理性始终是在场的存在，如此，又有何必要多此一举地在所谓认知任务完成之后"再施其价值判断，从事道德之实践，并引发其实用之活动"呢？

在牟宗三的理论体系中，由道德理性坎陷为理论理性不但可以在中国催生科学，也是使中国的传统政治形态转轨现代民主政治的关键所在。牟宗三认为，民主政体的出现，乃是道德理性所要求的，但是要实现这一最高的道德价值，道德理性也不能不自其"作用表现形态"中进行"自我坎陷"，转为"观解理性之架构表现"，

① 牟宗三：《政道与治道》，台北联经出版事业公司 2003 年版，新版序第 18 页。
② 同上。
③ 同上。

从而使得政治暂时脱离道德，成为独立的领域，由此而产生独立的政治科学，可以在纯粹理论理性的层面上讨论政体内的各种成分，牟宗三认为，将"自由"的概念转化为各种权利，而说"自由即人权"，就是一种纯粹理论理性意义上的政治学思维。对于这样的思维方式，牟宗三是不满意的，他称之为"政治学教授的立场"，而"不是为民主政治奋斗的实践者的立场"①，乃是"囿于实然境域而窒息文化生命、文化理想的泛政治主义"②。

　　显然，牟宗三将"权利"视为民主的制度化内容，这固然不错，但是他认为这是独立于道德价值的范畴，这恐怕就是对于西方人权观念的误解。事实上，正如一些学者所指出的："倘若个人利益丧失了在道德上的正当性和权威性，便不可能生发出现代意义的权利概念。"因此"西方权利学说，尽管纷繁杂乱，但似乎都是以承认正义与权利的同一性作为讨论问题的逻辑前提的"③。约翰·斯图亚特·密尔亦指出："我们称之为权利的东西，是与我们所采纳的正义理论明通暗合的。倘若要对权利的存在及权利冲突的实际解决最终作出系统的判断，必须以完满的正义理论为中介。"④ 而真正持"价值中立"立场来对待各种国家政治制度的，则是极力主张"法的科学"而拒绝用正义的概念对国家的实在法律秩序进行评价的实证主义法学，设若从这一立场出发，则"国家是一个法律秩序。……政府的两种基本形式，民主和专制，是创造法律秩序的不同模式"⑤，二者不分轩轾。显然，脱离了道德判断的理论理性未必是民主政治的充分条件，就此而言，牟宗三的道德理性坎陷为观解理性即可以转出民主制度的思路显然把问题简单化了。

---

① 牟宗三：《政道与治道》，台北联经出版事业公司 2003 年版，第 66 页。
② 同上书，第 68 页。
③ 夏勇：《人权概念起源》，中国政法大学出版社 1992 年版，第 30 页。
④ 同上。
⑤ ［奥］凯尔森：《法与国家的一般理论》，沈宗灵译，中国大百科全书出版社 1996 年版，第 335 页。

牟宗三在《历史哲学》中提出，中国的文化生命是"综和的尽理之精神"，而西方的文化则是"智的文化系统"，其基本精神是"分解的尽理之精神"。所谓"理性的作用表现"与"理性的架构表现"正是中西方这两种文化精神各自的表现形式。而牟宗三指出，所谓"分解的尽理之精神"所强调的，则是西方文化的"概念的心灵"。牟宗三认为，所谓"分解的尽理"包括两个方面的特征："一、外向的，与物为对；二、使用概念，抽象地、概念地思考对象。"① 尤其是所谓"分解"，牟宗三解释道：

> 这里"分解"一词，是由"智之观解"而规定。一、函有抽象义。一有抽象，便须将具体物打开而破裂之。二、函有偏至义。一有抽象，便有舍象。抽出那一面，舍去那一面，便须偏至那一面。三、函有使用"概念"，遵循概念之路以前进之义。一有抽象而偏至于那一面，则概念即形成确定，而且惟有遵循概念之路以前进，始彰分解之所以为分解。②

而"分解的尽理之精神"在民主政治方面则具体表现为阶级或集团对立；以及以集团为单位而争取各自的权利，力图订立一个政治、法律形态的客观制度。

然而，这种概念思维在政治实践上的运用是否一定会导向稳定健全的民主制度？从历史经验的角度看，这样的假设恐怕很成问题。按照牟宗三所说的，"西方历史的演进，在阶级对立的情形下，通过个性的自觉，通过'在上帝面前人人平等'这一个最根源而普遍的意识，遂使它向民主政治乃至近代化的国家、政治、法律之形态走"③。这后面起推动作用的基本精神，就是所谓"分解的尽理

---

① 牟宗三：《历史哲学》，台北联经出版事业公司2003年版，第199页。
② 同上书，第196页。
③ 同上书，第208页。

之精神"。事实上，1789 年的法国大革命在相当程度上恰恰是启蒙哲学的概念在政治实践中的直接运用。托克维尔指出：大革命时间的启蒙主义作家们的政治理论尽管千差万别，但是在一个问题上他们却有着高度的一致，即"他们都认为，应该用简单而基本的、从理性与自然法中汲取的法则来取代统治当代社会的复杂的传统习惯"①。因此，"人们研究法国革命史就会看到，大革命正是本着卷帙浩繁的评论治国的抽象著作的同一精神进行的：即本着对普遍理论，对完整的立法体系和精确对称的法律的同一爱好；对现存事物的同样蔑视；对理论的同样信任；对于政治机构中独特、精巧、新颖的东西的同一兴致；遵照逻辑法则，依据统一方案，一举彻底改革结构，而不在枝节上修修补补的同一愿望而进行的"②。尽管这些关于民主政治的观念在西方文化中已经存在了数千年之久，但在当时它们已经"不像往常那样只停留在几个哲学家头脑里，却一直深入到大众中，使他们政治热情经久不衰，以致关于社会性质的普遍而抽象的理论竟成了有闲者日常聊天的话题，连妇女与农民的想象力都被激发起来了"③。可以说，"概念的思维"、人民的政治自觉、甚至保护人权的宪法与法律的制定，牟宗三所说的形成民主政治的条件几乎一条都不缺，但是，事实上，正是在牟宗三最看重的"政制"层面上，法国大革命暴露出极大的缺陷。法律的制定与出台并不意味着法律得到有效的执行，更不意味着法治制度的真正建立。根据研究者的统计，法国的立法机构始终旋转在制宪的旋涡里，短短 26 年（1789—1815）中制定了 8 部宪法，平均每 3 年多就有一部宪法出台④。这一现象恰恰说明法国大革命期间的立宪努

---

① ［法］托克维尔：《旧制度与大革命》，冯棠译，商务印书馆 1997 年版，第 175 页。
② 同上书，第 182 页。
③ 同上书，第175 页。
④ 史彤彪：《法国大革命时期的宪政理论与实践研究（1789—1814）》，中国人民大学出版社 2004 年版，第 319 页。

力是失败的，正如托克维尔所指出的，"任何一个国家如果在短期内多次更换元首，必变舆论和法制，其人民终究要染上喜欢变动的爱好，并对暴力迅速进行的一切变动习以为常。于是，他们自然轻视每天都在表明并无作用的规章，只是出于无奈才忍受他们目睹常被人们违反的法规的约束"①。这种对法律的轻视，使得大革命期间暴力与恐怖成为政治家与各政治团体达到政治目的的常规手段，结果，无论政治家还是普通人，其生命与自由都在断头台的阴影下岌岌可危。因此，正如一些论者所指出的，法国大革命"始终没有在旧制度的废墟上建立起可以自我继续、并能保障启蒙哲学所向往之个人自由的新制度"②。

而且恰恰是因为极端的概念思维，导致以追求人权为出发点的法国大革命走向恐怖统治与民众的暴政——"对理性本身不加节制的唯理主义，轻易地就走到了它的反面"③。正如哈贝马斯所指出的："革命的实践可以被理解为一种受理论指导的实现人权的过程；革命本身似乎是从实践理性的原则中引申出来的。"④ 但是，"这种理智主义不仅仅引发了来自保守的反对派的怀疑。因为政治意志形成过程似乎可以直接受到理论影响、似乎可以追求一个事先达成共识的理性道德，这个假定所产生的后果对于民主理论是不幸的、对政治实践是灾难性的"⑤。

显然，法国大革命所意图实践的正是卢梭等启蒙思想家所极力宣扬的以自由、平等为基本理念的政治哲学。这一政治哲学将政治制度与政治权力的合法性奠基于所有人平等、自主参与的契约订

---

① ［法］托克维尔：《论美国的民主》，董果良译，商务印书馆1988年版，第878页。

② ［英］阿克顿：《法国大革命讲稿》，秋风译，贵州人民出版社2004年版，第453页。

③ 同上书，第444页。

④ ［德］哈贝马斯：《在事实与规范之间》，童世骏译，三联书店2003年版，第627页。

⑤ 同上书，第628页。

立，对于这一原则，被哈贝马斯称为"法国革命的哲学同时代人"的康德进行了这样的表述与论证："立法权力只能归于人民的联合起来的意志。因为，既然所有公正都应该是从这种权力中产生的，那么它就完全不可能通过自己的法律而对任何人不公。某人在规定别人做某事时，他借此而对后者施加不公总是可能的，但当他对自己做决定时，这却是绝对不可能的（因为同意者不可能受伤害）。因此，只有一切人的共同的联合起来的意志，只有——在每个人为一切人作同样的决定、一切人为每个人作同样的决定的意义上——普遍的联合起来的人民意志，才可能立法。"① 哈贝马斯指出，"这个考虑的关键在于把实践理性与主权意志统一起来、把人权和民主统一起来"②。正是基于这一理念，"人民"的概念被奉为至上全善的上帝，是所有政治与道德美德的化身，这就是罗伯斯庇尔所宣称的："只有人民是正确的、正义的、宽宏大量的。"③ 但是卢梭的雅各宾派门徒们基于这一人民主权思想的政治实践，却揭示了所谓"统一的人民主权"究其实只是一种虚构，"只能以隐藏或压制个别意志的异质性为代价才能实现"④。这就是圣鞠斯特所宣称的："每个人都必须忘记他自己的利益和自尊。私人幸福和利益是对社会秩序的强暴。……你的利益要求你忘记你的利益；唯一的拯救就是通过公众幸福得到实现。"⑤ 于是，我们可以看到，正是将启蒙主义的概念思维完全贯彻到政治实践中，将"一切人的共同意志"奉为至高无上的权威，这才导致了"多数人的暴政"，"在一个权威主义的、先于每个实际理解过程而存在的理性的名义之下，展开

---

① 见［德］哈贝马斯《在事实与规范之间》，童世骏译，三联书店 2003 年版，第631 页。
② 同上书，第 631 页。
③ 见［美］苏珊·邓恩《姊妹革命》，杨小刚译，上海文艺出版社 2003 年版，第147 页。
④ ［德］哈贝马斯：《在事实与规范之间》，童世骏译，三联书店 2003 年版，第631 页。
⑤ 转引自袁传旭《法国大革命琐谈》，《书屋》2006 年第 7 期。

了一种代言人的辩证法，它掩盖了道德和谋略之间的区别，最后导致对'德性的恐怖'的辩护"①。正是因此，托克维尔提示："当我看到任何一个权威被授以决定一切的权利和能力时，不管人们把这个权威称做人民还是国王，或者称做民主政府还是贵族政府，或者这个权威是在君主国行使还是在共和国行使，我都要说，这是给暴政播下了种子。"②

　　因此，要形成真正的自由民主的社会，恰恰必须对于这种唯理主义的概念思维进行限制，必须认识到由多数构成的所谓"公意"仍然是具有"可错性"③ 的，"试图用权威来压制的那个意见有可能是真的。想压制它的人们当然否认它的真理性；然而这些人并不是不会出错的。他们没有权力代表全体人类对此问题作决定，并把所有其他人都排除在判断的管道之外。如果因为他们确信一个意见为谬误而拒绝倾听该意见，那就是断定他们的确定性与绝对的确定性完全是一回事"④。苏珊·邓恩指出，美国革命与法国革命的领袖们存在一个巨大的差异："乔治·华盛顿谦虚地拒绝把'他的判断作为完美的标准'，确保了对政治对手的宽容，而激进的法国领袖却没有表达对自己全知全能地位的类似否定。……他们认为，就像善良的、无私的、爱国的人民会犯错误一样不可想象，从逻辑上看，深爱着人民并为他们的利益说话的领袖会误入歧途也是不可能的。"⑤ 正是这种差异使美国的民主进程始终保留着对于不同政见的容纳，而结出了健全的民主制度的硕果，而法国革命则以无政府

　　① ［德］哈贝马斯：《在事实与规范之间》，童世骏译，三联书店 2003 年版，第 628 页。
　　② ［法］托克维尔：《论美国的民主》，董果良译，商务印书馆 1988 年版，第 289 页。
　　③ ［德］哈贝马斯：《在事实与规范之间》，童世骏译，三联书店 2003 年版，第 632 页。
　　④ ［英］密尔：《论自由》，顾肃译，译林出版社 2010 年版，第 19 页。
　　⑤ ［美］苏珊·邓恩：《姊妹革命》，杨小刚译，上海文艺出版社 2003 年版，第 148 页。

的动荡与恐怖统治毁坏了自由的理想。对此苏珊·邓恩以爱德蒙·伯克的话总结道："放纵思想的人注定不能有自由。"①

实际上，牟宗三自己也意识到的，从概念思维出发，也可能形成政治神话，形成集团的专制或者希特勒那样的极权政治。就此，牟宗三不得不作出这样的分辨：

> 概念的恰当使用有虚与实两层。"实"用是经验的，需顺事，所谓"即事以穷理"，这里不能"立理以限事"。如果在这里，概念的机能是立理以限事，则即成极权专制与骚扰。②

> 主义概念亦好亦不好。好处是确定，有理则，坏处则是限定、不圆通，有虚幻，亦有骚扰。能正视概念，处于概念与非概念之间，则政治的理性与智慧出矣。……能正视概念而知概念之虚实与限度，而不为其所圈定，所胶著，则政治的理性与智慧亦于焉出现矣。此是政治由神话魔术转至智慧理性之重要关节。③

然而，这种模糊含混的"处于概念与非概念之间"的说法，实际上从相当程度上消解了牟宗三自己一直宣说的"由道德理性自我否定而成观解理性"从而开出民主制度的理路。几乎可以说，"良知坎陷"已经被牟自己判为"此路不通"。

显然，通过将中国文化与西方文化都归系于同一目的价值之源，即都是"理性"的表现，于是中西文化就成为根于同一"体"

---

① ［美］苏珊·邓恩：《姊妹革命》，杨小刚译，上海文艺出版社 2003 年版，第151 页。
② 牟宗三：《政道与治道》，台北联经出版事业公司 2003 年版，第 91 页。
③ 同上书，第 99—100 页。

的不同模式。二者的差异就只不过在具体实现与体现这个目的之"体"的方式各有不同。中国文化被认为是直接上通与表现了这一目的价值，而西方现代文明，则被认为是向下开出了有关这一目的价值的客观工具，因其工具性，故而可以使得目的价值得以充分、客观地实现，因而成为中国文化可欲的对象，亦因其工具性，故而其与目的仍然是相分为二，甚而可能与之相疏离、相悖反，因而需要目的价值体系的时刻引导与规制，在此，中国文化作为一种融合道德与审美的全价值维度追求的文化模式恰恰可能承担这一重任，以纠韦伯所言的现代社会理智化的偏弊。正是通过这一言路，新儒家为中国文化转轨现代（西方）文化提供了合理性与可能性的论证，同时也为中国文化在现代化过程中延续其精神存在并继续发挥其影响力提供了合理性与可能性论证。可以说，新儒家的"新外王"思路，对于宗白华20世纪40年代提出的"中国文化的美丽精神往哪里去?"的难题给出了一个解决方案。然而，也正如我们前面所分析的，这一解答未必尽如人意，对于中国人与中国文化的现代发展来说，困惑依然存在，探索仍将继续。

第八章 中国诗歌形式意识的重建与形式传统的再认识

——以梁宗岱为中心

　　五四文学革命以对内容的革命性诉求以及与此相应的对传统文学形式意识的破解拉开了中国现代文学的序幕，尤其在诗歌领域，以散文诗与自由诗的形式向早已烂熟的中国古典诗歌的格律规范展开的冲击，构成了新文学向旧文学进攻的主战场，但是，当新诗与新文学在文坛上确立其不可动摇的正统地位的时候，人们才开始认识到，在全部传统形式规范的大厦轰然倾颓的同时，中国现代诗歌也面临着一个无处安居的窘境。因此，在20世纪20年代末与30年代，一批诗人与理论家在尝试重建中国诗歌的形式意识的同时，也开始了对中国诗歌形式传统的再认识，梁宗岱就是其中的一个杰出代表。

第一节 "形式"的沉浮

　　1935年11月8日《大公报·文艺》的《诗特刊》创刊，梁宗岱在作为发刊词的《新诗底纷歧路口》一文中所说的一段话，朗然标示了以他为代表的一代作家与五四文学革命先驱们的区别："和一切历史上的文艺运动一样，我们新诗底提倡者把这运动看作一种革命，就是说，一种玉石俱焚的破坏，一种解体。所以新诗底发动和当时底理论或口号，——所谓'建设明了的通俗的社会文学'，所谓'有什么话说什么话'，——不仅是反旧诗的，简直是反诗的；不仅是对于旧诗和旧诗体底流弊之洗刷和革除，简直把一切纯粹永久的诗底真元全盘误解与抹煞了。"① 可以说，这篇具有某种宣言性质的文章几乎否定与颠覆了五四文学革命倡导者们所提出的全部命题。

梁宗岱一代与"五四"一代的一个重大分歧，在于如何评价中国的文化传统与诗歌传统，尤其是如何评介中国诗歌的形式传统。事实上，直到 20 世纪 30 年代中期，胡适等人在这个问题上仍然秉持着"五四"时期的全盘反传统的立场，1934 年，胡适在一篇文章中论及中国传统文化，仍然把骈文、律诗、八股与小脚、太监、姨太太、五世同居的大家庭、贞节牌坊、廷杖等相提并论，认定这些都是"使我们抬不起头来的文物制度"②，在随后发表的另一篇文章中又宣称："我们走遍世界，研究过初民社会，没有看见过一个文明的或野蛮的民族把他们的女人的脚裹小到三四寸，裹到骨节断折残废，而一千年公认为'美'的！也没有看见过一个文明的民族的智识阶级有话不肯老实的说，必须凑成对子，做成骈文律诗赋八股，历一千几百年之久，公认为'美'！"③

而梁宗岱早在 1931 年就已经在致徐志摩的信中表达了自己对于中国诗歌传统的钦慕与迷恋："我深信，而且肯定，中国底诗史之丰富，伟大，璀璨，实不让世界任何民族，任何国度。因为我五六年来，几乎无日不和欧洲底大诗人和思想家过活，可是每次回到中国诗来，总无异于回到风光明媚的故乡，岂止，简直如发现一个

---

① 梁宗岱：《新诗底纷歧路口》，《梁宗岱文集》第二卷，中央编译出版社 2003 年版，第 156 页。
② 胡适：《信心与反省》，《独立评论》1934 年第 103 号。
③ 胡适：《三论信心与反省》，《独立评论》1934 年第 107 号。

'芳草鲜美，落英缤纷'的桃源，一般地新鲜，一般地使你惊喜，使你销魂。"① 不仅如此，在梁宗岱心目中，中国古代诗歌甚至成为衡量现代诗歌创作的标杆："我们底诗要怎样才能够配得起，且慢说超过它底标准；换句话说，怎样才能够读了一首古诗后，读我们底诗不觉得肤浅，生涩和味同嚼蜡?"②

显然，相对于"五四"一代，梁宗岱的文化态度看来更倾向于传统甚至保守。他对于胡适等人的反传统主义姿态显示出了一种近乎情绪化的抗拒。他在《文坛往哪里去》一文中对胡适进行了尖刻的批评与嘲讽："当时底文学革命家底西洋文学智识是那么薄弱，因而所举出的榜样是那么幼稚和粗劣——譬如，一壁翻译一个无聊的美国女诗人底什么《关不住了》，一壁攻击我们底杜甫底《秋兴》八首，前者底幼稚粗劣正等于后者底深刻与典丽。"③ 梁宗岱认为，"五四"以来的反传统思潮源自西方的所谓"文化破坏主义"，西方现代文化史上也曾同样兴起过企图摧毁以往的文化巨人的思潮，于是"我国底文化领袖，不务本探源，但拾他人余唾，回来惊世骇俗：人家否认荷马，我们也来一个否认屈原；人家怀疑莎翁底作品，我们也来一个怀疑屈原底作品等等。亦步亦趋固不必说，所仿效的又只是第三四流甚至不入流的人物。如果长此下去，文化运动底结果焉得不等于零!"④

应该说，梁宗岱对于"五四"一代的文学观念与诗歌观念的拒斥，相当一部分与其在文化与文学上对于传统的亲和感有关，同时亦与其所秉持的诗歌形式观念有着直接关系。而这二者之间又有着牵扯不断的微妙联系。

梁宗岱最为关心的是新诗的形式问题。他显然意识到，文学革

---

① 梁宗岱：《论诗》，《梁宗岱文集》第二卷，中央编译出版社2003年版，第30页。
② 同上。
③ 梁宗岱：《文坛往那里去》，《梁宗岱文集》第二卷，中央编译出版社2003年版，第52页。
④ 梁宗岱：《谈诗》，《梁宗岱文集》第二卷，中央编译出版社2003年版，第91页。

命破除的不仅仅是旧诗的形式成规，而且瓦解了诗歌所必不可少的形式意识，他指出："如果我们不受严密的单调的诗律底束缚，我们也失掉一切可以帮助我们把捉和传造我们底情调和意境的凭藉；虽然新诗底工具，和旧诗底相反，极富于新鲜和活力，它底贫乏和粗糙之不宜于表达精微委婉的诗思却不亚于后者底腐滥和空洞。"①这就难怪现代诗坛上"充塞着浅薄的内容配上紊乱的形体（或者简直无形体）的自由诗"②。

显然，梁宗岱对诗歌形式怀有高度的重视与自觉意识，他甚至认为，"形式是一切文艺品永生的原理，只有形式能够保存精神底经营，因为只有形式能够抵抗时间底侵蚀"。他指出，节奏，韵律，意象，词藻等形式因素能够更直接地作用于读者的感官，因而能够更深入地植根于读者的记忆；而对于艺术家而言，形式确实对心灵与思想构成了束缚与限制，同时，这种限制也为艺术家提供了"一个增加那松散的文字底坚固和弹力的方法"，并且对作家提出了挑战，迫使作家竭尽全力，向艺术的高水准冲击——"正如无声的呼息必定要流过狭隘的箫管才能够奏出和谐的音乐，空灵的诗思亦只有凭附在最完美最坚固的形体才能达到最大的丰满和最高的强烈"③。

在 20 世纪 30 年代，这样重视诗歌形式独特性以及它在诗歌本体建构方面的重要意义的文学人并非唯独梁宗岱一家。实际上，当时的朱光潜显然会在很大程度上认同他的观点。1933 年，朱光潜在《替诗的音律辩护》一文中，针对胡适在《白话文学史》中表现出来的诗歌观念提出了批评。朱光潜指出，胡适在此书中所隐含的一个标准就是"作诗如说话"，他针锋相对地提出"作文可如说

---

① 梁宗岱：《新诗底纷歧路口》，《梁宗岱文集》第二卷，中央编译出版社 2003 年版，第 157—158 页。
② 同上书，第 158 页。
③ 同上书，第 159 页。

话，作诗决不能如说话，说话像法国喜剧家莫里哀所说的，就是'做散文'，它的用处在叙事说理，它的意义贵直截了当，一往无余，它的节奏贵直率流畅（胡先生的散文就是如此）。做诗却不然，它要有情趣，要有'一唱三叹之音'，低回往复，缠绵不尽"①。因此，"既可以用话说出来就不用再做诗。诗的情思是特殊的，所以诗的语言也是特殊的"②。朱光潜详细探讨了中国诗歌韵律形式形成的过程与机理，认为中国诗的韵律形式是基于中国语言特点而形成的"自然倾向"。

这种认识，与对内容投注了强烈的诉求愿望的五四作家们相比，显然有着巨大的差别。我们看到，胡适在《文学改良刍议》中就一直孜孜于"言之有物"，把文学革新的全部希望与热情都投注在"情与思"二者之上，而追求完全摆脱一切形式束缚的自由，"做诗如说话"正是其题中应有之义。而宗白华与郭沫若，可以说是当时不多的对诗歌本体问题进行过较深入的思考的人，他们也认为，诗包含两方面的因素，即所谓的"形"同"质"，前者即"适当的文字"，"就是诗中的音节和词句的构造"，后者"就是诗人的感想情绪"③，至于诗的本体当然在于后者："诗的本职专在抒情。抒情的文字便不采诗形，也不失其诗。""诗的文字便是情绪自身的表现。"他们推崇自由诗与散文诗，因为这"正是近代诗人不愿受一切的束缚，破除一切已成的形式，而专挹诗的神髓以便于其自然流露的一种表示"④。

当然，作为诗人的郭沫若也并非没有丝毫的形式意识，他对于

---

① 朱光潜：《替诗的音律辩护》，《朱光潜全集》（新编增订本）第五卷，中华书局2012年版，第220页。

② 同上书，第224页。

③ 宗白华：《新诗略谈》，《宗白华全集》第一卷，安徽教育出版社1994年版，第168页。

④ 郭沫若、宗白华、田汉：《三叶集》，《郭沫若全集》文学编第十五卷，人民文学出版社1990年版，第47页。

诗歌中的超乎内容之外的形式韵律的存在还是有所感受的，他在
《论诗三札》中写道：　"诗之精神在其内在的韵律（Intrinsic
Rhythm），内在的韵律（或曰无形律）并不是甚么平上去入，高下
抑扬，强弱长短，宫商徵羽；也并不是甚么双声叠韵，甚么押在句
中的韵文！这些都是外在的韵律或有形律（Extraneous Rhythm）。
内在的韵律便是'情绪的自然消涨'。……内在韵律诉诸心而不诉
诸耳。"① 在《论节奏》一文中又写道："抒情诗是情绪的直写。情
绪的进行自有它的一种波状的形式，或者先抑而后扬，或者先扬而
后抑，或者抑扬相间，这发现出来便成了诗的节奏。所以节奏之于
诗是它的外形，也是它的生命，我们可以说没有诗是没有节奏的，
没有节奏的便不是诗。"② 显然，在郭氏这里，除了表层的"适当
的文字"这一外在形式之外，还有一种深层的构成其诗意本质的内
在的形式，可以说，这是内容本身的形式存在方式。显然，他更重
视的是这种"内容本身的形式"："诗应该是纯粹的内在律，表示
它的工具用外在律也可，便不用外在律，也正是裸体的美人。散文
诗便正是这个。"③ 正是从这一认识出发，郭沫若才会宣称自己儿
子天真无邪的欢叫是比自己的诗更真切的诗。

　　郭氏重视诗歌的情绪本体自身的节律这种"内在"形式，而将
诗歌语言构造看成外在与装饰性因素。宗白华对语言似乎比郭氏更
重视些。他指出"诗的形式的凭借是文字"④，而文字的作用有二：
一是构成音乐式的节奏与谐和；二是表现空间的形象与色彩——也
就是构成音乐美和绘画美。如果说诗的内质——即情绪，是锦的

---

　　① 郭沫若：《论诗三札》，《郭沫若全集》文学编第十五卷，人民文学出版社 1990
年版，第 337 页。
　　② 郭沫若：《论节奏》，《郭沫若全集》文学编第十五卷，人民文学出版社 1990 年
版，第 353 页。
　　③ 郭沫若：《论诗三札》，《郭沫若全集》文学编第十五卷，人民文学出版社 1985
年版，第 338 页。
　　④ 宗白华：《新诗略谈》，《宗白华全集》第一卷，安徽教育出版社 1994 年版，第
169 页。

话，那么美的语言形式就是锦上的花。这种"花"当然是没有本体意义的，以致于这一种工具的使用居然要从别的东西上着手："我们要想在诗的形式方面有高等技艺，就不可不学习点音乐与图画（及一切造型艺术，如雕刻建筑），使诗中的词句能适合天然优美的音节，使诗中的文字能表现天然图画的境界。"①

形式的地位在闻一多与新月派那里得到了相当程度的提升。但是在他们那里，说到诗歌的形式主要意味着诗歌的格律。闻一多在《诗的格律》一文中明确提出"form 和节奏是一种东西"，因此，可以将 form 译作格律②，也就是说，在他们的理解中，形式与格律是等同的。闻一多认为，诗歌的格律就如同游戏的规则一样，是艺术存在的前提条件。但是，无论是对于精研唐诗格律的闻一多来说，还是对于叶公超等对于欧洲诗体颇有研究的其他新月同人们来说，他们心目中企图建设的新诗格律确实是一种具有相当普适性的诗歌音律的"格式"，也许正是因此，他们津津乐道的往往是平仄、音尺、音步这些构成格律的音节组件。当然，他们也并没有忘记文学革命对传统诗歌规则的批判，因此，他们也努力为自己重铸新规则的探索辩解："律诗的格律与内容不发生关系，新诗的格式是根据内容的精神制造成的，……律诗的格式是别人替我们定的，新诗的格式可以由我们自己的意匠来随时构造。"③ 但是，在他们的理论视野中，格律确是一种外在的附属于内容的东西，所以，可以与内容不发生关系，新诗的格式虽与内容有关，却仍是由内容决定、择定的外衣、规则或框子。正是因此，新月人有时还是这样认为："我们不怕格律。格律是圈，它使诗更显明、更美。形式是官感赏乐的外助。格律在不影响于内容的程度上，我们要它，如象画

① 宗白华：《新诗略谈》，《宗白华全集》第一卷，安徽教育出版社 1994 年版，第 169 页。

② 闻一多：《诗的格律》，《闻一多全集》第二卷，湖北人民出版社 1993 年版，第 137 页。

③ 同上书，第 142 页。

不拒绝合式的金框。金框也有它自己的美，格律便是在形式上给与欣赏者的贡献。但我们决不坚持非格律不可的论调，因为情绪的空气不容许格律来应用时，还是得听诗的意义不受拘束的自由发展。"① 在这里，形式格律仍然是内容的仆从，它的存在尽管必要，却仍然只是内容——情感与意义的外饰。

第二节 从二元到一元

无论是郭沫若还是新月派，他们都企图在"形式—内容"这个二元结构中作出自己的侧重或选择的话，梁宗岱则似乎超越了这种二元对立思维，在他那里，非此即彼的形式与内容的对立似乎并不存在，他显然对形式与内容不可分割的浑整性有着真切的感受。在此，象征主义大师瓦莱里等人向他展示了一种典范的诗歌形态。

梁宗岱钦服于瓦莱里的哲学玄思与感悟，然而，更敬服于他对这种哲思的诗性表述，梁宗岱指出："倘若他（指瓦莱里——引者）只安于发现而不求表现，或表现而不能以建筑家意匠的手腕，音乐家振荡的情绪，来建造一座能歌能泣的水晶宫殿，他还不过是哲学家而不是诗人。……夜草底潜生，泉心的霁月，死的飞禽，累累下坠的果，以至婴孩底悲啼，睡女胸间停匀的起伏……一般诗人所不胜眷恋萦回，叹息吟咏者，对于我们的诗人，却只是点缀到真底圣寺沿途底花草，虽然这一花一草都为他展示一个深沉的世界，却只是构成巍峨的圣寺的木石，虽然这一木一石都满载无声的音乐。"② 可以说，瓦莱里的诗充满了玄奥的哲理沉思，但是，他的诗并不是惯常意义上的"哲理诗"，在他的诗里，哲理的内容与诗

---

① 陈梦家：《〈新月诗选〉序言》，载杨匡汉、刘福春编《中国现代诗论》，花城出版社 1985 年版，第 149 页。
② 梁宗岱：《保罗·梵乐希先生》，《梁宗岱文集》第二卷，中央编译出版社 2003 年版，第 8 页。

意的形式是融为一体的，梁宗岱指出："与其说梵乐希以极端的忍耐去期待概念化成影像，毋宁说他底心眼内没有无声无色的思想，正如达文希底心眼内没有无肉体的灵魂一样。"① 或者说，瓦莱里的诗歌形式本身就是哲理的感性存在方式，就如卡西尔所说的："它是对实在的再解释，不过不是靠概念而是靠直观，不是以思想为媒介而是以感性形式为媒介。"② 对此，梁宗岱的描述则更加感性而富于诗意："它所宣示给我们的，不是一些积极或消极的哲学观念，而是引导我们达到这些观念的节奏；是充满了甘，芳，歌，舞的图画，不是徒具外表与粗形的照相。我们读他底诗时，我们应该准备我们底想象和情绪，由音响，由回声，由诗韵底浮沉，一句话说罢，由音乐与色彩底波澜吹送我们如一苇白帆在青山绿水中徐徐地前进，引导我们深入宇宙底隐秘，使我们感到我与宇宙间底脉搏之跳动——一种严静，深密，停匀的跳动。它不独引导我们去发现哲理，而且令我们重新创造那首诗。"③ 与郭沫若大谈"情绪的节奏"相似，梁宗岱也津津乐道于"智慧的节奏"："艺术底生命是节奏，正如脉搏是宇宙底生命一样。哲学诗底成功少而抒情诗底造就多者，正因为大多数哲学诗人不能像抒情诗人之捉住情绪底脉搏一般捉住智慧底节奏。"④

　　显然，梁宗岱对于"形式"的理解是颇为独特的，在他那里，形式与内容并不是可以截然二分的两个范畴，有时候，形式与内容也许根本就是同一个事物。他说过："在创作最高度的火候里，内容和形式是像光和热般不能分辨的。正如文字之于诗，声音之于

---

① 梁宗岱：《保罗·梵乐希先生》，《梁宗岱文集》第二卷，中央编译出版社 2003 年版，第 19 页。

② [德] 恩斯特·卡西尔：《人论》，甘阳译，上海译文出版社 1985 年版，第 187 页。

③ 梁宗岱：《保罗·梵乐希先生》，《梁宗岱文集》第二卷，中央编译出版社 2003 年版，第 22 页。

④ 同上。

乐，颜色线条之于画，土和石之于雕刻，不独是表现情意的工具，并且也是作品底本质；同样，情绪和观念——题材或内容——底修养，锻炼，选择和结构也就是艺术或形式底一个重要原素。"① 也就是说，正是人们惯常视为次要的形式的因素构成了作品的存在，同时，人们视为首要的内容因素却是构成艺术形式的材料。这种观念显然与梁宗岱从象征主义诗歌的阅读中得到的经验有某种密切关系。

例如，他讲到瓦莱里的名作《年轻的命运女神》时说："诗底内容，是写一个年轻的命运女神，或者不如说，一个韶华的少妇——在深沉幽邃的星空下，柔波如咽的海滨，梦中给一条蛇咬伤了，她回首往日底贞洁，想与肉底试诱作最后之抗拒，可是终于给荡人的春气所陶醉，在晨曦中礼叩光明与生命——的故事。它所象征的意义是很复杂的。"② 在此，诗的内容（题材与故事）显然只是一种表层的东西，作为一种符码系统，它又指涉或者暗示了更加复杂微妙的深层象征意义，这就使得诗歌的内容与形式不能进行简单的划分了。不仅如此，梁宗岱更认为："《年轻的命运女神》却是杰作中之杰作——它底深沉和伟大，不在于诗人对于生与死的观念，而在于茫漠的天海间，诗人心凝形释，与宇宙息息相通，那种沉静的深邃的起伏潆洄……从包含在《幻美》的三断片里，我们可以听到一种宁静，微妙，隽永的音浪：时而为诗人对其创造之沉吟歌咏，时而为哲士对其自我之低徊冥想。……"③ 显然，在故事、主题、象征意义之外，梁宗岱认为诗歌还有更加重要的本体——正是这个本体构成了诗美或诗意。

因此，梁宗岱认为："一切文艺底目的固不是纯粹外界的描写，

---

① 梁宗岱：《谈诗》，《梁宗岱文集》第二卷，中央编译出版社 2003 年版，第 85 页。

② 梁宗岱：《保罗·梵乐希先生》，《梁宗岱文集》第二卷，中央编译出版社 2003 年版，第 14 页。

③ 同上书，第 22—23 页。

也不是客观的情感底表现，而是无数景象和情思交融和提炼出来的一个更高的真实。"① 而这个所谓的"真实"是什么？梁宗岱似乎并不把它归结为人们惯常所理解的"内容"的范畴，因为内容与形式的切割显然已经破坏了艺术作品的整体性。在梁宗岱看来，诗歌阅读并不如水果榨汁一样，从作品中抽取出某种"内容"即为满足，相反，他似乎有意地对人们孜孜以求的"内容"不屑一顾："文艺底了解不只限于肤浅地抓住作品底命意——命意不过是作品底渣滓——而是深深地受它整体底感动与陶冶，或者更进而为对于作者匠心底参化与了悟。……真正的文艺欣赏原是作者与读者心灵间的默契，而文艺的微妙全在于说不出所以然的弦外之音。"② "诗底命题，在一意义上，只占次要的位置。一首最上乘的诗所传达的不是一些凝固的抽象观念，亦不是单纯的明确的情感，而是一些情与思未分化之前的复杂的经验或灵境"③。而构筑这些微妙诗境的，则是人们惯常不予重视的"形式"。于是我们看到，梁宗岱的价值天平经常向"形式"作明显的倾斜，同时也向中国诗歌的形式传统倾斜："在散文里，意义——字义，句法，文法和逻辑——可以说是唯我独尊，而声音是附庸。在诗里却相反。组成中国诗底形式的主要元素，我们知道，是平仄，双声，叠韵，节奏和韵，还有那由几个字底音色义组成的意象。意义对于诗的作用不过是给这些元素一个极表面的联贯而已。"④ "诗之所以为诗大部分是成立在字与字之间的新关系上。""诗人底妙技，便在于运用几个音义本不相属的字，造成一句富于暗示的音义凑泊的诗。马拉美所谓'一句诗是

---

① 梁宗岱：《试论直觉与表现》，《梁宗岱文集》第二卷，中央编译出版社 2003 年版，第 318 页。

② 梁宗岱：《文坛往那里去》，《梁宗岱文集》第二卷，中央编译出版社 2003 年版，第 56 页。

③ 梁宗岱：《试论直觉与表现》，《梁宗岱文集》第二卷，中央编译出版社 2003 年版，第 340 页。

④ 同上书，第 341 页。

由几个字组成的一个完全，簇新，与原来的语言陌生并具有符咒力量的字'，便是这意思。"① 也就是说，是形式因素——节奏、声韵、意象、文字——构成了诗，或者说，构成了诗之为诗的诗意或诗境。在梁宗岱这里，"形式"不是与"内容"，而是与"诗意"或者"诗境"构成了一个对立统一的范畴组合。

　　这一思想，即使在整个西方美学史上也是具有重大意义的。事实上，形式与内容的概念都源自西方。在古希腊时期，无论是柏拉图还是亚里士多德，都秉持一元论的"形式"观念，把美和艺术作为形式的统一体，形式是美和艺术的本质规定和现实存在，尤其是亚氏，把事物的存在归结为"质料因"与"形式因"两大要素，质料是构成事物的材料，而形式则是事物本身的现实存在。前者是事物的"潜能"，后者是事物的"现实"，事物的生成就是质料的形式化。到了古罗马的贺拉斯才产生了形式与内容的二元对立的观念，这种观念后经黑格尔的发扬光大，影响甚大，为人们所普遍接受，在文艺批评上形成了重内容轻形式，并以提取内容为目的的文艺批评观念②。而梁宗岱承自法国象征主义的诗学观念则显然恢复了古希腊时期的一元论"形式"观念，把形式视为艺术呈现给人们的第一现实，而为了打破"内容—形式"的二元论，他们有意鄙弃内容，突出形式因素的地位。我们看到，梁宗岱与马拉美一样，都在最基本的符号单位——"字"的层面上谈论诗歌，尽管从形式一元论的角度上看，主题、故事等因素也是构成诗歌形式的材料，但是这些特殊的材料很容易将人导向"内容"的追求，因此，回避这些综合性的层面，而着眼于"字"的层面，也许确是一种使自己和读者避免跌入"内容"陷阱的明智策略。

　　显然，对梁宗岱来说，"形式"的价值不仅不低于"内容"，

　　① 梁宗岱：《按语和跋·音节与意义》，《梁宗岱文集》第二卷，中央编译出版社2003年版，第169页。
　　② 参见赵宪章《西方形式美学》，上海人民出版社1996年版，第9—16页。

甚至常常还要高于"内容",因为在他的观念中,诗所要传达的不
是什么主题、思想、情感等等一类的"内容",而是诗意,形式也
不是内容的外衣、容器或者画框,而是召唤与凝定诗意的符咒:
"无论诗境是来自一股不可抑制的浓烈的情感,或一种不可抗拒的
迷人的节奏,想象底功能都是要找寻或经营一个为它底工具和方
法——声音及意象——所允许的与这诗境或灵感相仿佛的象征。"①
梁宗岱指出,瓦莱里"这样全副精神灌注在形式上面,自然与浪漫
主义以来盛行的'灵感'说相距甚远"。②显然,从"五四"文学
革命的倡导者们具有浓厚浪漫主义倾向的追求情感与思想的自由抒
发的文学观念的立场看来,这种诗歌观念与他们心目中的"进化"
的、"现代"的文学理想并不合拍,从这个意义上说,认为它是
"反现代"的恐怕也不为过。

第三节　纯诗观念与形式形而上学

　　梁宗岱并不是第一个在中国引进法国象征主义诗学观念及其纯
诗理论的人,实际上,穆木天与王独清1926年就在文章中表述过
一些纯诗理论的观念,但是梁宗岱对象征主义诗学与纯诗理论的介
绍无疑是最集中最成规模的,尤其是,他是第一个尝试在中国传统
诗歌的语境中系统细致地阐述这些诗学观念的理论家。他不但继周
作人之后再次提出"象征"与"兴"有某种相似之处,而且更进
一步用象征诗学的观念去解读中国传统诗歌的经典,从而使得象征
诗学与中国传统诗学进入了对话与互读的过程。正是在这个过程
中,象征诗学的形式观念得到了更加细致具体与中国化的阐解,而

---

①　梁宗岱:《试论直觉与表现》,《梁宗岱文集》第二卷,中央编译出版社2003年版,第342页。
②　梁宗岱:《保罗·梵乐希先生》,《梁宗岱文集》第二卷,中央编译出版社2003年版,第25页。

中国诗歌的形式传统也得到了具有现代性意义的再认识。

但是，真正体现梁宗岱形式观念的特色的，还是他的一系列有关"纯诗"理论的阐述。

"纯诗"与"伟大的诗"，是梁宗岱的诗歌批评中常见的两个具有价值意味的名词，它们显然标示了两个不同的诗学价值取向，在《屈原》中，梁宗岱就明确地认为，以纯诗的观点来看，《九歌》的造诣不独"超前绝后"，而且超过了《离骚》，但是，《离骚》却是中国诗史乃至世界诗史上最伟大的诗之一，"因为一首诗，要达到伟大的境界，不独要有最优美的情绪和最完美最纯粹的表现，还得要有更广博更繁复更深刻的内容。一首伟大的诗，换句话说，必定要印有作者对于人性的深澈的了解，对于人类景况的博大的同情，和一种要把这世界从万劫中救回来的浩荡的意志，或一种对于那可以坚定和提高我们和这溷浊的尘世底关系，抚慰或激励我们在里面生活的真理的启示，——并且，这一切，都得化炼到极纯和极精"①。所以，可以认为，梁宗岱一直叹赏有加的歌德的《浮士德》、陈子昂《登幽州台歌》等作品，虽属于"伟大的诗"，却不能算是纯诗。当然，按照梁宗岱的看法，他们的诗，与《九歌》《离骚》一样，都属于上乘之作，是"象征的诗"。

但是，"纯诗"与"象征主义"之间是什么关系？应该说，这是两个很容易混淆、纠缠不清的概念，事实上，作为象征主义诗人的诗学追求，这两个范畴之间本来就有千丝万缕的联系。

梁宗岱在《谈诗》一文中说："所谓纯诗，便是摒除一切客观的写景，叙事，说理以至感伤的情调，而纯粹凭借那构成它底形体的原素……以唤起我们感官与想象底感应，而超度我们底灵魂到一种神游物表的光明极乐的境域。像音乐一样，它自己成为一个绝对独立，绝对自由，比现世更纯粹，更不朽的宇宙；它本身底音韵和

---

① 梁宗岱：《屈原》，《梁宗岱文集》第二卷，中央编译出版社 2003 年版，第 232页。

色彩底密切混合便是它底固有的存在理由。"他又说："这并非说诗中没有情绪和观念；诗人在这方面的修养且得比平常深一层。因为它得化炼到与音韵色彩不能分辨的程度。"①

"暗示"、意义与"外形"的合一，乃至含蓄与无限等等所谓"纯诗"的特征或条件，都与"象征主义"几乎毫无二致。可以说"纯诗"概念几乎涵有了"象征主义"的所有内涵，所不同的是，"纯诗"的立足点主要是语言形式——音韵与色彩，或者说，是象征诗歌在语言形式层面上的一种追求与表现。梁宗岱自己的论断也透露出这点信息：他说过，"狭义的"象征"应用于作品底整体"，而"广义的象征连代表声音的字也包括在内"②。这不是说明"纯诗"正是"广义的象征"的一部分吗？——字与声音层面的那个部分。我们也许可以这样说："纯诗"的观念是一种减法，减去诗歌中构成内容层面的那些因素，而强调字与声音等纯形式层面的因素；而"伟大的诗"则是加法，它对于内容要素显然更为重视，但是这并不意味着梁宗岱又回到了"内容—形式"二元论上去了，因为，作为诗歌，伟大的内容要素仍然必须要"化炼"到诗的整体形式之中，从这个意义上说，对"伟大的诗"的形式锻造方面的要求是更高而不是降低了。正是因此，梁宗岱认为，作为屈原走向成熟的《离骚》的过渡，《九章》虽然已有了许多表现在《离骚》中的思想与内容，但却还不够成功，因为这时的屈原还缺乏把这些新材料熔铸为诗所需要的更加强大的想象力、组织力与建筑力。

至于"纯诗"的观念，反映的则是一种对于诗歌的音乐境界的追求——不是简单地追求诗歌的音律与节奏，而是企图"把诗提到音乐底纯粹境界"③，也就是说，仅凭最单纯的形式因素——声调

---

① 梁宗岱：《谈诗》，《梁宗岱文集》第二卷，中央编译出版社 2003 年版，第 87 页。

② 梁宗岱：《象征主义》，《梁宗岱文集》第二卷，中央编译出版社 2003 年版，第 62 页。

③ 梁宗岱：《保罗·梵乐希先生》，《梁宗岱文集》第二卷，中央编译出版社 2003 年版，第 20 页。

与音韵，就足以构成诗歌独立的艺术世界，而未必需要写景、说理、议论甚至感情的渲染等惯常被视为艺术作品不可缺少的内容因素的支持。

梁宗岱敢于如此持论，当然有其理论和艺术经验的依恃。其中最重要的应该是波德莱尔的"契合"论。从波德莱尔的名作《契合》（*Correspondances*）之中，梁宗岱悟出了宇宙生命的和谐统一："生存不过是一片大和谐""宇宙间一切事物和现象，……其实只是无限之生底链上的每个圈儿，同一的脉搏和血液在里面绵绵不绝地跳动和流通着。"①

而平常人蔽于一己的七情六欲，"忘记了我们只是无限之生底链上的一个圈儿，忘记了我们只是消逝的万有中的一个象征，只是大自然交响乐里的一管一弦，甚或一个音波"②。只有在醉、梦或出神的状态中，才能在形神两忘的无我境界中瞥见这种宇宙的大和谐的境界。而上乘诗歌正是诗人在这种境界中的创作，并且也能够使沉醉于它的人进入这种心凝神释，天人合一，与万化冥合的境界。

很显然，这种哲理为象征主义诗人、也为梁宗岱提供了一种艺术形而上学。在这种玄思之下，一个作品，一首诗，甚而一首诗的韵脚，都如同宇宙交响乐中的一个音符，它的奏响将使整个世界与之共鸣。在这一理解中，诗歌的形式因素就不再仅仅是作品内容的容器或画框，而是一种有着无限深度的象征符码，它联系着的，是整个浩瀚的宇宙。可以说，梁宗岱为中国现代诗歌观念引入了一种形式形而上学，它几乎全面改写了文学革命以来人们对于诗歌形式的理解。

于是一首诗的形成就具有了某种近乎宇宙事件的意义："一首

---

① 梁宗岱：《象征主义》，《梁宗岱文集》第二卷，中央编译出版社 2003 年版，第 70 页。

② 同上书，第 71 页。

好诗是种种精神和物质的景况和遭遇深切合作的结果。产生一首好诗的条件不仅是外物所给的题材与机缘，内心所起的感应和努力。山风与海涛，夜气与晨光，星座与读物，良友的低谈，路人的欢笑，以及一切至大与至微的动静和声息，无不冥冥中启发那凝神握管的诗人的沉思，指引和催促他的情绪和意境开到那美满圆融的微妙刹那；在那里诗像一滴凝重，晶莹，金色的蜜从笔端坠下来；在那里飞跃的诗思要求不朽的形体而俯就重浊的文字，重浊的文字受了心灵的点化而升向飞跃的诗思，在那不可避免的聚然接触处，迸出了灿烂的火花和铿锵的金声！"① 因此，一首好诗，既是诗人的整个人格的表现，也是整个宇宙奏出的音乐，或者说，是大宇宙的震颤经由诗人心灵的小宇宙发出的共鸣。

正是用这样的条件来衡量，梁宗岱发现，中国旧诗词中符合"纯诗"标准的作品并不少。他尤其推重为近人所贬抑的姜夔，指出"近人论词，每多扬北宋而抑南宋。掇拾一二肤浅美国人牙慧的稗贩博士固不必说；即高明如王静安先生，亦一再以白石词'如雾里看花'为憾。推其原因，不外囿于我国从前'诗言志'说，或欧洲近代随着浪漫派文学盛行的'感伤主义'等成见，而不能体会诗底绝对独立的世界——'纯诗'底存在"②。当然，王国维以"隔"来评价姜夔，倒未必与"诗言志"或者"感伤主义"有多大关系，但是无论是中国传统的"诗言志"还是西方浪漫主义诗歌观念，都更为看重诗歌的抒情功能，即重视诗歌表达的内容，从这样的诗学观念出发，确实会对姜夔重形式格律的凝练与提纯的一路诗学多有非议，而梁宗岱从"纯诗"的诗歌形式意识出发，恰恰发现了姜夔的价值：

---

① 梁宗岱：《〈一切的峰顶〉序》，《梁宗岱文集》第三卷，中央编译出版社 2003 年版，第 49 页。
② 梁宗岱：《谈诗》，《梁宗岱文集》第二卷，中央编译出版社 2003 年版，第 87 页。

马拉美酷似我国底姜白石。他们底诗学，同是趋难避易……他们底诗艺，同是注重格调和音乐；他们底诗境，同是空明澄澈，令人有高处不胜寒之感。①

我国旧诗词中纯诗并不少；……姜白石底词可算是最代表中的一个。不信，试问还有比《暗香》，《疏影》，"燕雁无心"，"五湖旧约"等更能引我们进一个冰清玉洁的世界，更能度给我们一种无名的美底颤栗的么？②

从纯诗的形式意识出发，梁宗岱对中国古代诗歌中的哲理诗亦有了新的认识。与一般论哲理诗者往往从诗作所表述的哲学意义入手不同，梁宗岱是从形式塑造的层面重新发现这些哲理诗的价值。他指出，成功的哲理诗是像抒情诗把握住了情绪的脉搏节奏一样把握住了"智慧的节奏"。"因为智慧底节奏不容易捉住，一不留神便流为干燥无味的教训诗了。所以成功的哲学诗人不独在中国难得，即在西洋也极少见。"③梁宗岱极为推崇陶渊明，称之为"中国唯一十全成功的哲学诗人"。梁宗岱不仅叹赏诸如"结庐在人境，而无车马喧""孟夏草木长，绕屋树扶疏"这些写景咏怀之作"诗意醇厚，元气浑成"，即如陶诗中的一些纯粹说理的诗句，诸如"人生归有道，衣食固其端""先师有遗训：忧道不忧贫"，这些"骤看来极枯燥，极迂腐，教训气味极重"的句子，梁宗岱也赞之曰"有色有声，不露一些儿痕迹"④，其原因显然不是因为它所表述的"理"，而是因为它捕捉住了所谓"智慧的节奏"。

①　梁宗岱：《谈诗》，《梁宗岱文集》第二卷，中央编译出版社2003年版，第85页。
②　同上书，第88页。
③　同上书，第94页。
④　同上。

第四节　体味"形式"

形式的概念在梁宗岱这里获得了某种深度。但是梁宗岱的形式深度并不完全依靠这些形而上学的玄思，在很大程度上，更有赖于艺术经验的佐证。

梁宗岱对诗歌的形式因素显然有着极其敏锐的艺术感觉。他的心灵似乎惯于捕捉诗人每一个音节与韵脚的弦外之音。如他说李商隐的诗句"芙蓉池外有轻雷"，"'外'字简直是'雷'字底先声，我仿佛听见雷声隐隐自远而近。"①；再如他说楚辞《远游》的开始："唯天地之无穷兮，哀人生之长勤；往者余弗及兮，来者余不闻……""带着一种振荡的强烈开始上升""我们仿佛听见一个大鸟开始飞翔时神秘的拍翼"②……，都显示出他对诗歌形式尤其是音律有着一种超乎常人的领会与感受。

这种艺术体验使他相信，上乘诗歌的音律形式不仅仅只是一种外饰，它同样也构成了一种深度的意义，或者说，它是某种比理智的意义更加复杂微妙的心理感受或境界之象征，梁宗岱感到，语言的声音与意义之间有着某种微妙的联系：像"淅沥""澎湃"一类象声词以及根据物声成立的名词如溪、河、江、海等，声音与意义间本来就有内在的联系。而大量语辞的字音本身与意义原不相联属，不过因为习用日久，人们就在心理感觉上将字音与意义连为一体，而这种基于心理的音义联系对于诗歌的理解和欣赏具有重要的意义。诗歌必须借这种音义联想功能激发人们的心境与感受，牵涉的联想愈丰富，唤起的感应愈繁复，含义也愈深湛而意味愈隽永。

基于这样的认识，梁宗岱相信，无论是中国古典的诗歌格律形式，还是西方诗歌的音律形式，都具有一种心灵的深度。瓦莱里与

---

① 梁宗岱：《论诗》，《梁宗岱文集》第二卷，中央编译出版社2003年版，第41页。
② 梁宗岱：《屈原》，《梁宗岱文集》第二卷，中央编译出版社2003年版，第246页。

他本人的创作经验似乎也证实了这一点："无论你所要写的是庄严的思想或轻倩的情绪，是欢乐的高歌或悲痛底沉默，第一步走近表现的关键就是找到一套恰当的韵。我曾经侥幸得窥见欧洲许多大诗人底稿本或未完稿，大抵先把韵脚排好，然后把整句底意思填上去。"① 而他自己依律填词创作《芦笛风》词集的经验也使他悟到，一直为"五四"新文学人所诟病的、在中国古代诗人那里常见的步韵诗或依律填词的创作并非完全是文字游戏，因为这些格律形式实际上构成了一种潜在的情调的模型，依照着它们的引导，诗人可以很方便地将自己的心灵生活内容塑造成为一个恰当的外在表现形式。

梁宗岱在 40 年代依照中国传统的词牌形式，填写创作了一组（三十八首）词，以《芦笛风》为名发表于《文化先锋》杂志上。一个长期致力于新诗创作与理论研究的诗人投身于最具传统意义的词的创作，从主流的现代诗歌观念的角度看来，这件事情本身就具有某种颠覆性的意味——朱光潜甚至在信中担心梁的这一行为会给新诗坛带来消极影响。而按照当时梁宗岱自己的所承认的，他在某种意义上已成为新诗坛的"逃兵"。但是，梁宗岱的这一颇有意味的行为背后，却有着深刻而微妙的诗歌艺术的体悟。梁宗岱一直坚持着"诗应该是音乐的"这样的诗歌观念，但是经过二十多年的探索与摸索以及他所认为的失败，他"模糊地意识到白话这生涩粗糙的工具和我底信条或许是不相容的"②，就在这样一种心态之下，在某次创作中，他试图"把握住这些内在的颤栗底节奏，试用一种删掉若干不和谐的虚字的白话去写一些与歌德雪莱或魏尔仑底有名的短歌相类似的短诗"③，结果写出了后来收入《芦笛风》集中的

---

① 梁宗岱：《试论直觉与表现》，《梁宗岱文集》第二卷，中央编译出版社 2003 年版，第 300 页。

② 同上书，第 297 页。

③ 同上。

第一首词的前四行。梁宗岱发现这四行诗非常符合自己反复翻阅的六一词里的《玉楼春》的前半片，"就是词又怎样呢，如果它能恰当地传达我心中的悸动与晕眩？"① 梁宗岱在这样一种意外与惊喜的心态下开始了他依律填词的创作之旅。在填词的创作过程中，梁宗岱悟到"词之具有这许多的小令和长调，正是它一个特长，因为我们可以任意选择那配合我们情意的形式"②。更值得注意的是，梁宗岱在给朱光潜的信中自述其填词体验，称"填词（虽然它底格律那么谨严）比较作商籁对于我是轻而易举的事。我过去所试作的商籁最快也要一周以上的苦思；词则长调如《金缕曲》《水调歌头》亦只需要半天，就是抽象如《芦笛风》底序曲也不过两天便完成——小令则至多两三小时而已。而且如果你知道写时的感觉是多么愉快而自然，真与春天的叶子在树上生长一样！"③ 对于这种体验，梁宗岱的解释是，这些词的形式正符合于他的个性，但是，这其中很可能还有另一重原因，即这种形式作为一种情感塑造的模型，积淀着中国人的千百年的文化与审美心理，梁宗岱的填词过程中愉快自由的体验很可能是由于这种艺术形式与民族文化心理的契合与共鸣。

这一切与梁宗岱对于诗歌形式的理解正相吻合，正如梁宗岱所认为的，无论是诗歌或者词的格律规范还是诗人在灵感中得到的一句或两句音义谐和的神来之笔，其功能都在于提供一种能够召唤整个艺术造型的形式胚胎，它们都"等于在琴键上弹出一个圆融的乐音在我们潜意识界所掀起的一句互相应和的音波或旋律，立刻在我们想像底眼前树立一个理想的潜在的和谐或模型。韵脚就是帮助我们把捉这些飘忽的音波底尖端的。为凝定或实现这潜在的和谐未实

---

① 梁宗岱：《试论直觉与表现》，《梁宗岱文集》第二卷，中央编译出版社 2003 年版，第 297 页。
② 同上书，第 298 页。
③ 同上。

现的宝贵部分，想象凭了它那塑造的意志将不惜上天下地去搜求……那长短，音节，色调和涵义都恰到好处，都凑泊无间的意象和字句。"① 可以说，诗人锻造的韵律形式，正对应于诗人灵魂深处的"韵律的潜在标本"，诗歌的写作，就是倾听并解放出人的灵魂里的音乐。一个民族的诗歌形式传统所铸就的正是这个民族共同的生命体验与审美情感的模型。

可以看到，形式在梁宗岱这里重新获得了一种深度，形式不再仅仅是用以装饰或容纳内容的外衣与容器，而是凝定诗意与审美情感的重要符码，即使在最简单的形式因素之后，也联结着人的情感与生命，联结着人对于历史与宇宙的感悟。通过这一诗歌形式意识的深度重建，梁宗岱一方面重新发现了中国诗歌形式传统的内在意义与价值；另一方面则力图使中国现代诗歌的创作从对诗的构成质料——内容的追求回到对诗歌本体的塑造上来，从而为中国现代诗歌的成熟奠定一个坚实的审美观念与诗歌观念的基础，由于历史的原因，时至今日，这仍然是中国现代诗歌尚未完成的工程，因而梁宗岱的开拓和建设对于我们就更显出了重要的启示意义。

---

① 梁宗岱：《试论直觉与表现》，《梁宗岱文集》第二卷，中央编译出版社 2003 年版，第 343 页。

第九章 网际人语：中西批评术语的会通

  语言是人们为自己编织的一张最大的网。人们只能透过这张网去触摸世界，理解心灵，从这个意义上说，每一种语言都既是家园又是牢笼。在文学批评中，语言之网更是弥缝一切，包容一切，无论是采用何种批评思维与方法，批评家的艺术体验最后都必须借助语言来呈现与凝聚，并由此得以进入交流与传播的过程，成为人们可能共同拥有的生命与艺术体验的一部分。在这其中，一个个批评术语更是一颗颗珍贵的思想结晶，每一颗这样的结晶，都历经提纯与浓缩，在一代代人的体验与思索中成为传递、凝聚与生产新的体验与意义的灵符，并构成了批评的语言之网上的一个个网结，使得这张捕捉与包裹艺术体验的语言之网坚牢而卓有成效。而对于中国现代文学批评家们，尤其对于从王国维开始到朱光潜、宗白华、梁宗岱、李长之这些深受中西两种文化与学术传统熏染的批评家们来说，他们更有一种难得的经验，即他们时时发现自己立在两张语言之网的边际之间，面对着两套艺术体验描述系统，他们感到的，可能已不常是语言之网家园般拥抱的坚实静谧，而是在多重网际之间感受着面对新天地的欣喜向往与无所适从的窘迫尴尬。东方还是西方，何去何从，是他们时时要面对的选择，而努力弥合网际缝隙，用一张新的大网来唤回曾经有过的家园之感，更是他们一直企图达成的目标。

第一节　欣喜与向往：面对另一张语言之网

近代以来的西学东渐，使中国人的知识世界面临改天换地般的变革，而这一变革最为直观的表征，则是汹涌而来的大量的所谓"新名词"，即源自西方的学术概念与话语系统。中国人在接触这些崭新的语辞巨浪的时候，展现出了两种完全不同的态度。一种以严复为代表，这位中国近代启蒙运动的先驱者在译介西方学术著作时，往往喜用中国古代典籍中的语辞来对译西方学术概念。严复的这种煞费苦心的努力，显然是有将西方学术思想归化入中国传统语言之网的意图，希望通过这种语言系统的连续性来弥缝中与西、新与旧两个知识世界之间的裂隙。

但是，严复的劳绩并未结出与之相称的硕果。当时的中国人更为愿意采纳的是另一种态度与范式，这就是梁启超以及王国维等人直接地从日语中大量搬用"新名词"或者"新学语"的做法。王国维在《论新学语之输入》中明确地提出："处今日而讲学，已有不能不增新语之势，而人既造之，我沿用之，其势无便于此者矣。"① 这种直接沿用别人的语言系统的做法显然是出于对新的知识世界的向往，与此相应的，则是传统的知识与话语系统受到冷落、忽视乃至否定。于是到了 1922 年，茅盾宣称："中国一向没有正式的什么文学批评论；有的几部古书如《诗品》、《文心雕龙》之类，其实不是文学批评论，只是诗赋、词赞……等等文体的主观的定义罢了。所以我们现在讲文学批评，无非是把西洋的学说搬过来，向民众宣传。"② 这"搬"过来的自然是一张来自于西方的语

---

① 王国维：《论新学语之输入》，《王国维文集》第三卷，中国文史出版社 1997 年版，第 42 页。

② 茅盾：《文学批评管见》，《茅盾全集》第十八卷，人民文学出版社 1989 年版，第 254 页。

言之网，中国既然"一向没有"，那就可以无所顾忌地直接用这张"搬"来的网去捕捉与网罗中国人的文学经验。

这种整体忽视与否定中国文学批评传统的价值的情况到了 20 世纪 30 年代开始有了改变。在当时渐趋浓厚的文化保守与文化复归思潮的影响下，新一代的文学理论家与批评家对于传统文化与传统文学批评的态度与"五四"一代有了相当大的差异。应该说，这一代批评家大多对于西方文艺理论与批评话语有着较为广泛的涉猎与浸染，来自西方的这张语言之网同样令他们心驰神往。尤其是，当这张网在他们的心目中笼罩着现代性、科学性等诸多光圈的时候，西方理论术语就几乎有着一种普遍性的价值。但是，他们同样难以忘怀中国传统的艺术体验及其描述系统。置身于传统与现代这两张语言之网之间，他们时常按捺不住将自己传统的家园搬迁到"现代"这张网内的冲动。

全面转换描述系统，在中国传统文学经验的地界上编织、甚而复制起一个西方文学理论与批评的语言之网，这也许是这种冲动的一种最直截了当的表现。必须指出的是，新一代批评家的这种冲动与"五四"人投身西方理论话语之网的狂热是不同的。最根本的差异就在于，这些年青一代的批评家们都极为珍视中国传统文化与艺术经验，他们要将这些祖先的珍宝接引到现代世界。李长之就是其中的一个典型。他在一篇文章中说："我们终有深厚的文化教养作传统，在那里是纯然有我们自己的面目的。现在的课题只是，那种灿烂光华的文化和近代欧洲的文化有着一种跳不过的空隙，我们则要如何踏实地弥补起来。这好像世界上已经通用纸币了，我们却有元宝藏在地下，并不是没有钱，却是有而不能马上用。我们有传统的人生观的呀，我们有传统的哲学的呀，我们也有我们的审美能力的呀，但那完全建筑在另一个世界里，现世界里所有的，我们却又急切不能取得，这便是现代中国人文化上的最大苦闷时期。"① 看

---

① 李长之：《现代美国的文艺批评》，《李长之文集》第三卷，河北教育出版社 2006 年版，第 43 页。

来，李长之已经意识到了两种文化、两种艺术体验的描述语言之间的巨大裂隙，如何填补这一裂隙——或者，借用他的另一个比喻，如何将这笔传统艺术经验的"元宝"兑换成为现代通用的话语货币，实在是一件让李长之们煞费心思的难事。

李长之提出的解决方案，是用现代语言、现代术语来描述与阐释中国传统的艺术经验，他对传统的中国式批评术语抱有一种明显的不信任态度，他认为，"通常那种可以意会，不可以言传的态度，我是不赞成的，因为，所谓不可以言传，是本没有可传呢？还是没有能力去传？本没有可传，就不必传；没有能力去传，那就须锻炼出传的能力。对于中国旧东西，我不赞成用原来的名词，囫囵吞枣的办法。我认为，凡是不能用语言表达的，就是根本没弄明白，凡是不能用现代语言表达的，就是没能运用现代人的眼光去弄明白。中国的佛学，画，文章，……我都希望其早能用现代人的语言明明白白说出来"①。

而他所说的"现代语言"，在很大程度上，指的就是西方的审美经验描述系统，或者是以这一描述系统的话语生产机制为基础生产出来的术语系统。

例如，他写的《中国画论体系及其批评》，就是一次将中国的传统艺术经验"用现代人的语言明明白白说出来"的尝试。在这本书中，他将中国画的审美特征归结为"壮美"，依据是："中国画在对主观的要求上，是三点：男性的，老年的，士大夫的。"② 即中国画是以男性与老年人的情感为基础的③，并且含有浓厚的士大夫意识。关于前两点，李长之根据康德的观点，认为男性与老年都

---

① 李长之：《中国画论体系及其批评》，独立出版社 1944 年版，第 3 页。
② 同上书，第 31 页。
③ 李长之认为，中国画是反女性的，如，中国画里"很少悲观色彩"，尤其是没有愁的感情，而愁是女性的；中国画反对琐屑，反对闺阁气，而照康德的意见，琐屑属于优美，而优美是关系于女性的。同时，中国画反对稚弱，要求苍劲，老到，这些都是老年的情感。（见《中国画论体系及其批评》第二章）

"是属于壮美的"，而关于第三点，李长之则认为，士大夫意识，"在中国画里便有了两种影响，一是把绘画认为是余事"；这又导致一个结果，即"把绘画的种种方面使其趋于单简"①。而"单简却又是壮美的一个条件，温克耳曼说：'由单纯与统一，一切优美性转而为壮美'，所以从士大夫的成分看来，也可以确定中国画之壮美的特点。"②。可以说，李长之的这些论述几乎都是以康德等人关于壮美（现通译为"崇高"）范畴的阐述为基础与标准的。可以看出，以西方批评术语的内涵与外延来衡量、比对、阐述与概括中国传统艺术经验，以实现传统艺术经验向西方、现代艺术经验描述系统的搬迁，这是李长之的主要思路。这种搬迁显然是一种大规模的、全面的理论行动，李长之对此雄心勃勃："在西洋文学史上许多公认的范畴，是要确切地在中国文学的领域内适用一下的。例如什么是文学，什么是文艺，什么是剧，什么是文，什么是抒情诗，什么是史诗，什么是古典主义，什么是古典精神，什么是古典，以及什么是浪漫，……都需要先把这些概念澄清，把这些成分把握，来看中国文学里是不是有这些东西。这样，我们才仿佛是把许多草药，经过分析提炼之后，就可以随便作为取用之资了。中国文学中无尽藏的宝库，便可以耀然生辉，不致荒芜了。"③

　　显然，通过这种描述系统的转换，他们希望将中国传统文化与文学的经验存在向另一个语言与经验系统——这个系统被视为更普遍因而也更现代——引渡，从而实现中国传统艺术世界向西方——也即现代——艺术经验视界的融入。

　　不但艺术经验可以向新的视界引渡，传统术语也可以经过翻译而脱胎换骨成为现代（西方）术语。李长之在这方面也显示出了相

---

① 李长之：《中国画论体系及其批评》，独立出版社 1944 年版，第 29 页。
② 同上书，第 31 页。
③ 李长之：《论研究中国文学者之路》，《李长之文集》第三卷，河北教育出版社 2006 年版，第 113 页。

当的兴趣和信心，他在评介王国维的时候就提出，要将王国维的术
语翻译成现代语言，作为一种尝试，他在《王国维文艺批评著作批
判》一文中真的对王国维的一些重要术语进行了解释与翻译，这其
中就有"境界"范畴。李长之认为："我们看从前人所谓的兴趣，
神韵，其中有一个相同的目的，便是要把文学作品中所感到的东西
扼要的说出来。但是终于没弄清楚，有意无意之间，那用语带了形
容的意味，兴趣啦，神韵啦，倒是有着形容那作品的成功而加上读
者的鉴赏的色彩了，王国维却更常识的，更具体的，换上了一个
'境界'，我们很可以知道，凡是不清楚而神秘的概念只是学术还
在粗糙的征验，所以王国维的用语，可说一大进步。"① 但是李长
之对此仍不满意，他又把"境界"解释、翻译为"作品的世
界"——"客观的存在之外再加上作者的主观，搅在一起，便变作
一个混同的有真景物有真感情的世界"②。对于这一解释与翻译，
李长之颇为自得，他自己说，"我认为是比王国维的用语还近于科
学的，还进步的，学王国维的话：王国维所谓境界，又不若鄙人拈
出作品的世界五字为更探其本也。"③ 在这之后，李长之又乘兴而
往，一口气解释、翻译了与"境界"有关的一系列传统范畴：如
"格"，"偏于在中国古代人心目中读书人所修养的雅俗的程度的意
味"；"情"，"即是感情"；"气"，"即贯串作品的力量"；"韵"，
"即是谐和的音乐性的美"；"性情"，"是指作者的个性"；"气
象"，"是指被那作者的个性所鼓荡的一篇作品中所给人的整个印
象"等等。④

　　李长之的这些尝试显得太过于轻易，恐怕反而更易于引起人们
的疑虑。至少，王国维的"境界"并不因此就被"作品的世界"

---

① 李长之：《王国维文艺批评著作批判》，《文学季刊》1934 年 1 月 1 日，创刊号。
② 同上。
③ 同上。
④ 同上。

或者其他相类似的清晰概念所取代，人们一边在许多场合下继续乐此不疲地使用着这一概念，一边在津津有味地不断咀嚼着这一术语所包含的诸多微妙意蕴。人们同样也会觉得"气""气象"等术语，也似乎在李长之的这一番脱胎换骨的翻译中流失了不少本有的弦外余响和不尽意味，王汎森先生指出，中国人在建立一系列近代学科的过程中产生了许多"创造性的转化"，即是将传统的学问与知识系统转化成符合现代西方学术规范的现代学科，但是，"原来人们以为很多传统学问在转化成现代学科的过程中功能会得到继承或改善，其实并不一定如此。有很多东西在转化的过程中被人们遗忘，或是变成低音。尽管学问转换得更科学、更现代，但也有些复杂细微的成分被摒去了"①。同样，当李长之企图用"壮美"的范畴将中国画"明明白白"地讲出来的时候，人们也会觉得，中国画还有更加丰富复杂甚而充满矛盾张力的内涵与韵味，是这些"明明白白"的西方术语所无力容纳的②。正是这些"执拗的低音"提示人们，相对于"明明白白"的西方术语，那些王国维式的传统概念具有某种与传统汉语言的优势俱来的难以忽略的优越之处。而这都使人们有理由怀疑，这种描述系统的简单转换是否会令我们本来数额巨大的体验资产无形中受到损耗。

李长之对于王国维的所谓"现代阐释"实际上暗含着一个颇有意味的问题，即王国维的"境界"概念的文化身份问题。与许多现代学者一样，李长之显然将"境界"与"神韵""气象"等一同归入了中国传统的批评范畴之列，等待着现代学者对之进行"现代转换"，以兑换成可在现代学术世界中通行的西式现代批评术语。但

---

① 王汎森：《执拗的低音：一些历史思考方式的反思》，三联书店 2014 年版，第23 页。

② 例如，以守柔、尚虚的道家哲理为形而上学基础的中国画其实也包含了优雅、明净等偏于女性的情感特质，尤其是，无论是在道家哲学还是在与此相关的中国画的审美理想中，对天真、童趣、赤子之心的推崇，恐怕也不是康德的所谓"壮美"或"崇高"可以一言以蔽之的。

是，近来一些学者对于这个问题提出了截然相反的看法，最具代表性的观点是罗钢先生提出的："意境说"是德国美学的中国变体。他指出，王国维的"境界"和"意境"乃是一个"衍指符号"，"它在语言的外观上仍然保持着中国古代诗学中既有的稳定的表象，但在这一表象背后，王国维却在其中寄植了一系列来自异域的、与中国古代诗学迥然不同的美学观念，使它的符号意义被'抛向了另一种语言'。"① 也就是说，王国维从中国传统诗学的库房里"拈出"了"境界"这把古琴，却用它奏出了德国美学的乐音。——如果是这样的话，是否就是说李长之的努力完全是多余的？

罗钢先生的"衍指符号"论来自刘禾《帝国的话语政治：从近代中西冲突看现代世界秩序的形成》一书的相关论述，刘禾在此书中以"夷"字在中国近代的命运为例，阐述了西方强势霸权通过构筑所谓"衍指符号"，从而不仅掌控了对于特定汉语符号的诠释权，而且规定了中西交往关系中的主从秩序。刘禾通过分析 1858 年《天津条约》第 51 条禁止中方在有关官方公文中使用"夷"字的规定，认为通过将"夷"诠释为"barbarian"，并加以禁用，从而使得衍指符号"夷/i/barbarian""不仅通过索绪尔所说的'所指'与'能指'关系的转变，来瓦解早期满文对'夷'字的解释，而且，还结束了'夷'字在汉语里面的生命，使其在条款 51 的禁令下销声匿迹。……当《天津条约》第 51 款要求汉字'夷'以'barbarian'（野蛮人）的词义出现的时候，它已经将这个汉字从其过去的和其他的表义位置上实行了驱逐。"② 这一驱逐行为，"确保了英文单词'barbarian'（野蛮人）在衍指符号中享有至高无上

---

① 罗钢：《传统的幻象：跨文化语境中的王国维诗学》，人民文学出版社 2015 年版，第 313 页。
② 刘禾：《帝国的话语政治：从近代中西冲突看现代世界秩序的形成》，杨立华等译，三联书店 2009 年版，第 49 页。

（即主权）的表义权"①。

可以说刘禾所举的有关"夷"的例子显然是一个很有意义的例子，但是正是这个例子恰恰能体现刘禾对于有关"衍指符号"的论述并不完全。事实上，尽管在《天津条约》内外的相关语境中，"夷/i/barbarian"确实显示了"衍指符号"中外来语对于本国语隐秘的宰制，但是，一旦越出这个语境，这种不动声色的控制力就显得难乎为继了。

事实上，"夷"字在汉语里面的生命并未随着第 51 条的禁令而被终止。实际上，在此后相当一段时间里，"夷"字虽然在对外文书中基本销声匿迹了，但是在清朝各级官员的内部公文中，仍然时有所见，如曾国藩等大臣在 19 世纪 60 年代的奏折中就时可见到"夷"字，而在同一文件中，这些"夷"字往往与"洋人""西人"等名词杂用，显然是可以等价的，至于坚持奉行"华夷之辨"的官员，下笔更是满篇皆"夷"，如在 1867 年的同文馆之争中，倭仁的奏折中就毫不避讳地大书特书"夷"字，而在洋洋大观的《筹办夷务始末》巨帙中，咸丰朝的资料编于 1867 年，同治朝的编于 1880 年，主编者仍然冠以"夷务"之名。

至于民间或者非官方语境中"夷"字的使用更是没有丝毫避忌可言。在这些语境中的"夷"的使用则更显示出西方强势所构筑的所谓"衍指符号"诠释权的无能为力。在冯桂芬的《校邠庐抗议》中，亦是"西""夷"同用，而且，冯桂芬在书中写出了这些在当时可称是惊世骇俗的句子："人无弃材不如夷，地无遗利不如夷，君民不隔不如夷，名实必符不如夷。"② 在这里，"夷"显然不被等同于"barbarian"，而成为中国人应该学习与追慕的榜样了。显然，左右冯桂芬对于"夷"的理解的，在相当程度上仍然是中国古代有

---

① 刘禾：《帝国的话语政治：从近代中西冲突看现代世界秩序的形成》，杨立华等译，三联书店 2009 年版，第 49 页。

② 冯桂芬：《校邠庐抗议》，中州古籍出版社 1998 年版，第 198 页。

关"夷夏之辨"的传统阐释语境，在这个语境中，"夷"的所指至少包含两个向度，一是空间地域性的，即用以指涉居住于华夏汉族所居地域周边地区的族群，这是一个相对中性的意义指向；二是与文化类型和价值层级有关，这个意义则与《天津条约》的阐释颇为接近，在这两重的阐释语境中，中国古代才既有"严夷夏之辨"的主张，又有"礼失而求诸野""夷狄入中国，则中国之，中国入夷狄，则夷狄之"这种比较开放的夷夏观念。在后一种观念中，居住于华夏中心地区之外的"夷"同样也可能拥有较高层次的文明与文化。

　　显然，在近代汉语语境中"夷"字的继续使用与消失的过程中，《天津条约》第51条所起的作用未必是决定性的。中国人放弃"夷"字而大量使用"洋"字来指称与西方有关的事物，更主要是由于中国人对于自己所面对的新的世界权力格局的认识——在这样的"千年未有之大变局"之下，要继续用"夷"这样一个事实上包含着轻蔑之意的贱称（正如方维规先生所指出的，西方人用"barbarian"来对译"夷"字，"确实是个不错的选择"，这两个词之间的相似性"并不是通过 barbarian 译词才被建构起来的"，照方先生的说法，刘禾对于所谓衍指符号"夷/barbarian"的论述实际上是缺乏根据的①。）来称呼眼前几乎在各个方面都占据优势地位的外来族群，显然是一种近于掩耳盗铃的举动。事实上，语言的使用始终是在一个多元开放复杂的语境中进行，尽管有西方强势诠释权构筑的"衍指符号"意图规范"夷"的合法意义指向及其合法使用方法（在此是禁用），但是这一"衍指符号"的功能往往只在特定的有限的语境范围内才能产生效果，而语言史自然构成的阐释语境——包括这个语辞的传统的语意史即使不发挥着主导性的作用，其效应至少也不逊于"衍指符号"意图产生的效果。

---

　　①　方维规：《"夷""洋""西""外"及其相关概念——论 19 世纪汉语涉外词汇和概念的演变》，《北京师范大学学报》（社会科学版）2013 年第 4 期。

　　"境界"概念也同样面临着这样的多重复合的阐释语境。罗钢先生在探寻"境界"说之源时，找到了王国维托名撰写的《人间词乙稿序》中的一句论述："原夫文学之所以有意境者，以其能观也。"也就是说，"观"是产生"意境"——也即《人间词话》中所说的"境界"——的条件。而这个"观"，罗钢先生认为，就是本于叔本华哲学的"直观"。他找到的证据是，《人间词话》第四十则"语语都在目前，便是不隔"，在原稿中本为"语语可以直观，便是不隔"。罗钢先生认为，王国维之所以做这种改动，很重要的一个方面是"使其对于不具备叔本华哲学背景的中国读者更加明白易解"①。但是这样就产生了一个问题，"不具备叔本华哲学背景的中国读者"又将凭借什么样的知识背景与阐释语境来解读这些暗含叔本华哲学观念的"境界"说呢？如果果真如罗钢先生所言，王国维的"境界"范畴只是从中国古代诗学体系中拿出的一个空洞的能指，它实际已经成为一个被植入了西方美学观念、指涉的是西方美学概念的所谓"衍指符号"，那王国维这样煞费苦心地用这些巧妙伪装的穿着中式长袍的西方概念向完全没有受过叔本华以及德国古典美学洗礼的中国读者（罗钢先生认为，《人间词话》预设读者是占据晚清词坛主流的常州词派的旧文人，这些人显然都是西方美学的槛外人。）来宣讲叔氏的"直观"论，其结果岂不如同聋子的对话？或者，这些西方美学的门外汉却很可能是中国传统诗学的内行，于是，这些读者完全可能把王国维构成的这个"衍指符号"读成中国符号。如果罗钢先生对王国维的写作动机的推断是正确的，那么，王国维就应该有这样的一种信心：中国古代诗学与西方美学之间存在着某种可通约性，在中国古代诗学中存在着某些与叔本华一致或者接近的概念与学说，正是凭着这些概念与学说，仅凭着固有的中国文化语境的支持，对叔本华也许闻所未闻的中国读者

---

　　① 罗钢：《传统的幻象：跨文化语境中的王国维诗学》，人民文学出版社 2015 年版，第 69 页。

才有可能读懂王国维的《人间词话》，而这很可能正是王国维的预期与希望。如果是这样的话，"境界"说就应该是一个中西融合的产物，在近现代中西混杂交错的双重文化语境中，通西学者固然可以看出其西方理论源头，仅通中学者也可以认出其中国诗学文化的承传。一个"境界"，各自表述，也许正是"境界"说在中国近现代左右逢源的原因。

对于"境界"来说，"观"当然是最重要的概念之一。罗钢先生指出，这个"观"就是叔本华的"直观"。但是，对于中国读者来说，"观"实在是一个太熟悉的概念。《周易·系辞传》中这几句话是大多数中国学者都非常熟悉的："古者包牺氏之王天下，仰则观象于天，俯则观法于地，观鸟兽之文与地之宜。近取诸身，远取诸物，于是始作八卦，以通神明之德，以类万物之情。"可以说，在中国人的观念中，"观"正是人理解世界的一种必要途径与方式。"观"并不仅仅是简单的"看"而已，《说文解字》云："观，谛视也。"显然，作为一种认知活动，这种"看"更加仔细，并且伴随着人的活跃的心灵活动。而中国古代各派思想家在说到"观"的时候，往往都强调主体处于冷静客观的认知状态。较早的有《老子》所言的："致虚极，守静笃。万物并作，吾以观复。"（《老子》第十六章）循着这一理路，道家的哲人一直强调"观"在心态上的冷静与价值上的中立，并认为只有这样才能认识世界本身："圣人者，原天地之美而达万物之理。是故至人无为，大圣不作，观于天地之谓也。"（《庄子·知北游》）可以说，这种心态确实非常接近叔本华的"直观"，与叔本华一样，中国哲人也一直在强调在这种"观"或者"直观"中的个体自我的"消失"即所谓"无我"的状态。《庄子》中所说的"今者吾丧我"，以及"心斋""坐忘"等都与叔本华的"直观"颇为相似。从这个意义上说，"观"与"直观"在相当程度上存在着通约性，王国维确实找到了中国传统思想与叔本华哲学对接与互释的一个很好的接合点。仅仅因为王国维在论述中使用了叔本华的思想，就认为"观"已经是被西方思想替换了中国内核的"衍指符号"，那无疑抹杀了中国思想家思考与提出和西方哲学家相同的哲学命题的可能性，即使是所谓"衍指符号"，如果本土符号中没有相应的意义所指，又如何通过将"另一种语言"的意义所指植入本土符号从而建构这样的"衍指符号"呢？——正如"夷"字中如果完全没有指涉"野蛮人"的意义层面，《天津条约》又怎么可能凭空建构出"夷 – i – barbarian"这样的衍指符号？难道中国人思想如此特殊，它与世界其他民族的思想之间就完全没有任何共通的因素吗？

但是，《人间词话》中的"观"与"直观"毕竟还是有所不同的。正如罗钢先生所指出的，王国维提出的"无我之境"可以在叔本华哲学中找到来源，但是与之对等的"有我之境"，却不是从叔本华的美学体系中产生的。在王国维的表述中，"无我之境"与"有我之境"都是"观"的结果，如果说，产生"无我之境"的"以物观物"之"观"尚可以和"直观"画上等号的话，产生"有我之境"的"以我观物"之"观"显然不能理解为直观。在叔本华哲学中，直观都是"无我"的，"有我"就不能直观，即使是"观我"，同样也是通过"纯粹认识主体"这个"无我"之"我"来观照的。叔本华认为，在抒情状态中，"充满歌唱者意识的是意志的主体，亦即他本人的欲求，……然而在此以外而又与此同时，歌唱者由于看到周围的自然景物又意识到自己是无意志的、纯粹的'认识'的主体，于是这个主体不可动摇的、无限愉快的安宁和还是被约束的如饥似渴的欲求就成为（鲜明的）对照了。感觉到这种对照，这种'静躁'的交替，才真正是整篇抒情诗所表现的东西"①。对于这种欲求之"我"与纯粹认识之"我"交替的关系，叔本华进一步描述道："在这种状态中好比是纯粹认识向我们走过

---

① 叔本华：《作为意志和表象的世界》，石冲白译，商务印书馆 1982 年版，第 346 页。

来，要把我们从欲求及其迫促中解脱出来；我们跟着［纯粹认识］走。可是又走不上几步，只在刹那间，欲求对于我们个人目的的怀念又重新夺走了我们宁静的观赏。"① 正是在这样的两种自我的混合状态中，"主观的心境，意志的感受把自己的色彩反映在直观看到的环境上，后者对于前者亦复如是"②。显然，在叔本华的哲学中，将"把自己的色彩反映在直观看到的环境上"的欲求与意志的自我，是不能直观的。然而，在王国维的"有我之境"却是"以我观物"的结果，正是"我"的这种"观"使得"物皆著我之色彩"，如果将这个"我"理解为"直观"的"纯粹的认识主体"，那"以物观物"与"以我观物"的区分就毫无必要亦毫无意义。用叔本华的概念说，王国维的这个"以我观物"之"我"，正是"意志的主体"。实际上，在《〈红楼梦〉评论》中，王国维用"观"的概念既指涉审美的"直观"，也指涉非审美的"观看"。他在此文中说："是故观物无方，因人而变：濠上之鱼，庄、惠之所乐也，而渔父袭之以网罟；舞雩之木，孔、曾之所憩也，而樵者继之以斤斧。"③ 他在论述"优美"范畴时又说："吾人之心中，无丝毫生活之欲存，而其观物也，不视为与我有关系之物，而但视为外物，而今之所观者，非昔之所观者也。此时吾心宁静之状态，名之曰优美之情，而谓此物曰优美。"④。显然，并不是一涉及"观"这个概念，便必定是"今之所观"的直观与审美，非审美的"昔之所观"的方式也同样可以概之为"观"。只有在特殊的"无欲"之"观"中，事物的"美"才能浮现出来。这就是他所说的："故美术之为物，欲者不观，观者不欲。"也即"欲者"是"观"不到

---

① 叔本华：《作为意志和表象的世界》，石冲白译，商务印书馆 1982 年版，第 346 页。

② 同上。

③ 王国维：《〈红楼梦〉评论》，《王国维文集》第一卷，中国文史出版社 1997 年版，第 3—4 页。

④ 同上书，第 4 页。

"美术之为物"的。据此，我们可以得出结论，王国维的"观"可以包含叔本华的"直观"，而并不能完全等同。

王国维的"以我观物"与"以物观物"的命题都来自邵雍的《观物篇》，在邵雍那里，这是两种完全相反的"观"法，而邵雍对这两种"观"法却有不同的偏向："以物观物，性也；以我观物，情也。性公而明，情偏而暗。"① 比照叔本华哲学，只有前者才是"直观"。而邵雍自己也偏好于"以物观物"，而对于"以我观物"则多所贬斥。就这一点来说，王国维选择邵雍的观点来与叔本华相对接，亦可以说是颇具只眼。可以说，邵雍所表述的正是中国古代思想的一个传统命题，在中国古代思想中，经常可以看见对于"以物观物"之"观"法的提倡与论述，但是，"以我观物"的"观"法在中国思想中并非完全没有地位。例如《老子》固然强调"虚静"之"观"，但是，在其第一章中则曰："常无欲，以观其妙；常有欲，以观其徼"，河上公章句注曰："人能常无欲，则可以观道之要""常有欲之人，可以观世俗之所归趣也"，显然，"有欲"也可以产生一种"观"法。至于在中国古代诗学中，固然也有许多论述强调"静"与"空"的认识论的"观"法，但也有标举主观情感的表现论的"观"法。如《文心雕龙·诠赋》曰："原夫登高之旨，盖睹物兴情。情以物兴，故义必明雅；物以情观，故词必巧丽。"旗帜鲜明地标举"以情观物"，《物色》篇中"目既往还，心亦吐纳"《神思》篇中"登山则情满于山，观海则意溢于海"等说法，可以说都是主张"以我观物"的表述。

显然，正如罗钢先生所意识到的，从叔本华的哲学体系中产生不出一个与"以物观物"的"无我之境"具有对等地位的"以我观物"的"有我之境"，这一对范畴组合是来源于邵雍，但是与邵雍扬此而抑彼的判断不同，王国维像刘勰一样极大地提高了"以我

---

① 邵雍：《观物外篇下之中》，《邵雍集》，中华书局 2010 年版，第 152 页。

（情）观物”的诗学价值，并将它与“以物观物”相并列而成为他的“境界”说的一组重要的子概念。如果要将“境界”说看成完全依据叔本华“直观”论美学而衍生出来的“变体”，那么就会正如罗钢先生所说的，“以我观物”以及“有我之境”的概念“面临着重重的矛盾”，一方面与这个概念内部残留的某些叔本华的美学遗产发生冲突；另一方面，又与从叔本华“纯粹无欲之我”发展出来的“无我之境”在深层的理论层面势如冰炭①。但是，王国维未必是叔本华的忠实的中国学生，他对于叔本华等西方美学思想的接受，实际上是受到中国传统思想与诗学思维的前理解结构的引导的。从中国传统的“观物”思想来看，以上所有的所谓“重重矛盾”实际上并不存在，“以我观物”与“以物观物”在中国传统思想与诗学系统中各自拥有自己应有的地位，在“观物”论中构成了一种对立统一的范畴。当然，从这个角度来看，叔本华以及其他西方美学思想在进入王国维的思想界域之后就未必能保存其理论体系的完整性与独立性，而很可能会成为充实与澄明中国传统诗学体系的零部件。而王国维在写作《人间词话》时采用的大量的中国传统式的诗学概念与传统的词话形式也使得“境界”说的理论形态避开了他在《红楼梦评论》等著作那样的论文形式对于清晰与整一的逻辑形式的要求，允许模糊甚至空白的存在，这也给了《人间词话》体系容纳与杂用这些很可能会互相冲突的西方理论构件提供了空间。从这个意义上说，“境界说”确实是中西诗学“相化”的产物，正是通过这种“化”，王国维使得传统的“境界”说的理论品格得到了一次新的提升与跳跃，但在这种提升与跳跃之后，这个概念仍然保留了相当的中国传统诗学的文化身份。基于这个原因，李长之以及现代中国学术界对王国维的“境界”术语的翻译与阐释工程才不是多此一举的无用功。

---

① 罗钢：《传统的幻象：跨文化语境中的王国维诗学》，人民文学出版社 2015 年版，第 111 页。

第二节　杂用、互释与黏合

与李长之相比，朱光潜显然对于中国传统文学批评术语的生命力持有更强烈的信心，尽管各种西方文艺理论的思路与术语的运用对他来说可称是驾轻就熟，人们仍然可以看到，在他的著作中时时夹杂着来自中国传统诗文论的概念与话语。如"境界"，这个取自王国维诗论的概念就构成了朱光潜诗论的重要范畴。他在《诗论》中说："一个境界如果不能在直觉中成为一个独立自足的意象，那就还没有完整的形象，就还不成为诗的境界。一首诗如果不能令人当作一个独立自足的意象看，那还有芜杂凑塞或空虚的毛病，不能算是好诗。古典派学者向来主张艺术须有'整一'（unity），实在有一个深理在里面，就是要使在读者心中能成为一种完整的独立自足的境界。"①，可以说，朱光潜所理解的"境界"，其内涵（"诗的这种独立自足的小天地"②）与李长之所表述的"作品的世界"似乎并没有本质的不同，但是，朱光潜显然对传统气息浓厚的"境界"一词情有独钟，并没有想到要用一个更西式的理论语汇取而代之，而是堂而皇之地让它与"直觉"等西方术语在自己的论著中比肩而行。

这种中西术语的杂用恐怕可以算是朱光潜理论著述的一大特点。尽管在王国维那里已经开始了这种中西术语杂用的理论表述方式，但是在这方面，朱光潜无疑有更为自觉的意识。面对中西两张语言之网，朱光潜不像李长之那样急于通过转换描述系统而达到体验与语言向西方语言之网的全面迁移，也许，对他来说，这两张语言之网共同构成了一个更加广阔的舞台，在这上面完成的阐释与论

---

① 朱光潜：《诗论》，《朱光潜全集》（新编增订版）第 5 卷，中华书局 2012 年版，第 49 页。

② 同上书，第 47 页。

说表演将会比在一张网上所可能产生的更自由更精彩。

朱光潜有关诗的境界的论述仍然是建立在他的文艺心理学的基础之上，这就是承自克罗齐的直觉论。用他的话来概括，即是"美感经验就是形象的直觉"①。值得注意的是，朱光潜在解说"直觉"概念的时候，就已经开始掺杂使用中国传统的哲学术语。

朱光潜在《文艺心理学》中强调作为"形象的直觉"的"美感经验"的心理学特征："美感经验是一种极端的聚精会神的心理状态。全部精神都聚会在一个对象上面，所以该意象就成为一个独立自足的世界。"② 正是在这个意义层面上，他引入了一个中国传统的庄子哲学的概念："'用志不纷，乃凝于神'，美感经验就是凝神的境界。"③ 显然，朱光潜在《庄子·达生》篇中痀偻丈人承蜩的论说中发现了与自己所理解的美感经验非常相似的描述："虽天地之大，万物之多，而唯蜩翼之知。吾不反不侧，不以万物易蜩之翼，何为而不得！"（《庄子·达生》）应该说，朱光潜在这里基本上只是使用了"凝神"的表层意义，也即寓言隐喻符号的能指层面的意义，只抓住了"凝神"的主体心理状态层面的内涵，而对于庄子构建这一隐喻符号真正企图表达的所指——"形全精复"的养生目的，则完全弃置不顾。当然，即使在中国文化语境中，这一类近似买椟还珠的对庄子或者其他经典文化符号的使用也并不少见，朱光潜的做法也未必标新立异。问题是，通过强调二者之间的心理体验层面的内涵的相似性，朱光潜把"直觉"的概念与"凝神"的概念相勾连，不仅如此，朱光潜还对这一传统概念进行心理学意义上的发挥："在凝神的境界中，我们不但忘去欣赏对象以外的世界，并且忘记我们自己的存在。纯粹的直觉中都没有自觉，自觉起于物

---

① 朱光潜：《文艺心理学》，《朱光潜全集》（新编增订本）第三卷，中华书局2012年版，第124页。
② 同上书，第121页。
③ 同上。

与我的区分，忘记这种区分才能达到凝神的境界。"① 由此，朱光潜引入与阐说了其他一系列在他的理论系统中占有重要地位的西方哲学与心理学话语——叔本华与尼采的解脱理论以及移情论与内摹仿。

正如有些论者指出，朱光潜一直有将一些势同水火的观念黏合在一起的习惯，但是，从构建自己的艺术体验描述系统的角度说，他的这些做法却也未必全无道理。我们看到，引入"凝神"概念之后，朱光潜就刻意强调这一概念的心理学内涵——聚精会神，在这之后，朱光潜的阐说言路开始分化，一路通过强调"凝神"心理状态的物我两忘的一面，将克罗齐的直觉概念的内涵向叔本华的直观概念的内涵移置，从而使这一美学阐述言路走向审美解脱论的目标，另一路，通过强调"凝神"心理状态的另一面——其实应该是另一种话语描述——物我同一，又使直觉与移情论、内摹仿论等心理学话语勾连起来，并由此推出直觉意象是审美主体情趣的返照，也即审美意象包含着主体的情趣，在后来的《诗论》中，这一言路终于延展为有关"诗的境界"阐述："每个诗的境界都必有'情趣'（feeling）和'意象'（image）两个要素。'情趣'简称'情'，'意象'即是'景'。"，"诗的境界是情景的契合"。②

这样，这里就不仅仅是中西术语的杂用，而是中西术语的互解互释，朱光潜的言路在两张语言之网间穿梭跳跃。正如一些论者所指出的，这其中显然包含着相当程度的误读的成分。例如："朱光潜在第一章中引用叔本华论述'纯粹直观'的一段话来阐释证明克罗齐直觉的意象，这就说明他完全没能弄清这两种'直观（觉）'在各自体系中的位置。在克罗齐体系中，直觉是认识过程的起点，

---

① 朱光潜：《文艺心理学》，《朱光潜全集》（新编增订本）第三卷，中华书局2012年版，第122—123页。

② 朱光潜：《诗论》，《朱光潜全集》（新编增订本）第五卷，中华书局2012年版，第54—55页。

和理性认识构成低高两度关系，而在叔本华体系中，'纯粹直观'是认识的最高境界，只有纯粹直观才能认识理念和世界本质，获得真理。叔氏的直观是脱离一切欲望情感后的静观的认识，而克罗齐的直觉则是心灵为情感创造出适于表现的意象，即抒情的表现。"①而且他对于尼采悲剧美学的理解也有偏差。但正是通过这样一种有意无意地误读，他实际上使得西方术语与中国传统术语在意蕴上互相映照并互相渗透，从而开始发生变形，开始讲述一种新的伽达默尔所谓的"共同意义"。

使得这些原来可能相互冲突的概念得以在同一意义场中黏合在一起的，应该是"凝神"概念。可以说，这一经过经验心理学解释的庄学范畴"凝神"成为一个中转站，"直觉"概念经此，一路向上，由"物我两忘"接上哲理维度的解脱论，一路向下，由"物我同一"而最终接上中国传统的"情景交融"的表现论诗学。

可以说，"凝神"概念自身的复合性意蕴也使这一概念非常适合承担这样一种黏合与中转的任务。在中国传统的庄禅思想中，"凝神""坐忘""止观"等都是一种由静观而得解脱的超越方法，是一种心理调控技术，因此，这些概念都具有"技"（心理调控与心理体验）与"道"（超越与解脱）两个层面的意义指涉功能。通过这种技术，可能见"象"，但其目的并不是"象"，而是堕肢体，黜聪明，同于大通的最终超脱，这种超越，与叔本华有些相似，但与其直观世界而见理念终至解脱不同，庄禅更重视的是自我内在的超越。这种心境与审美应该说颇有几分相似，但是作为审美的重要对象的"象"在其中是没有什么重要性的，道家主张"大象无形"，而禅家也认为"相"是一种执着，应予以破除。朱光潜通过"凝神"将克罗齐与庄禅相黏合，也就是说，使克罗齐向上提升，但在庄禅的超越之途中的"象"上止步，从而使"意象"成为承

---

①　王攸欣：《选择·接受与疏离》，三联书店 1999 年版，第 130 页。

载自我内在超越意图的救生艇。这样，克氏的"象"获得了庄禅一路的解脱意义，最终导向了他所理解的叔本华与尼采的"由形相而得解脱"的艺术终极目标论。

必须指出的是，"象"之所以能够承担这一重任，是因为这个概念在传统中也确曾有过这个功能，但是中国哲学话语中的所谓"观象""立象以尽意""恍兮惚兮，其中有象"之类的说法，实际上是与认识论密切相关的，它所导向的是对世界本质的把握，是由认识而获解脱与自由。这一点，确与叔本华的"直观"有相似之处。朱光潜则将这种认识论的"象"变成为审美解脱论的自我超越的避难所，这一点却是与传统的文学怡情养性论一脉相承的。

正如有些论者指出的，将"直觉"向叔本华的"纯粹直观"以及庄禅等的反映论一路移置，显然背离了克罗齐的原意。但是，经"凝神""物我同一"中转，向下接上移情说与内摹仿论，最终导向中国传统的意境论、表现论诗学，这条理解言路则与克罗齐颇为接近。但是由于移情论与内摹仿论的引入，使得这条言路弥漫着浓厚的心理学氛围，并且与向上一路的解脱论有渐趋远离的倾向，也许朱氏多少也觉察到这一矛盾，为了弥合上路的反映—解脱论与下路的抒情表现论的裂隙，他时常又强调有关"情趣意象化"的阐述，以便在上路与下路间筑起一条联系通道，以免上下两路的言路分道扬镳而导致整个阐述系统的瓦解。

但是，正如我们已经提示的，真正在这个系统中充当黏合剂的，还是经验心理学的背景，正是基于心理体验层面上的一些共同特征，这些有着相当差距的术语与解说才能够黏合成为一整个话语系统而不至于陷入不可理解的混乱与矛盾之中。

而朱光潜对于这种经验心理学的解释也显然颇为信任，在这些知识与理论的基础上对中、西术语或命题进行解说与阐述是他常用的方法。正是以这种方法，他对中国传统诗学中的大量重要范畴，如"气""气势""神韵""格调"等，进行了某种现代化的解释。

　　他在《从生理学观点谈诗的"气势"与"神韵"》中说："诗和其他艺术一样，是情趣的意象化。情趣最直接的表现是循环呼吸消化运动诸器官的生理变化。"① "诗所引起的生理变化不外三种，一属于节奏，二属于模仿运动，三属于适应运动。……究竟'气势''神韵'是什么一回事呢？概括地说，这种分别就是动与静，康德所说的雄伟与秀美，尼采所说的狄俄倪索斯艺术与阿波罗艺术，莱辛所说的'戏剧的'与'图画的'，以及姚姬传所说的阳刚与阴柔的分别。从科学观点说，这种分别即起于上文所说的三种生理变化。生理变化愈显著愈多愈速，我们愈觉得紧张亢奋激昂；生理变化愈不显著，愈少愈缓，我们愈觉得松懈静穆闲适。前者易生'气势'感觉，后者易生'神韵'感觉。"② 很显然，这又是朱光潜常用的方式，将中西两组概念摆在一起，互解互释，但是，这一理解过程，是在经验心理学的背景下才得以实现的。至于他对于"气"的解释，则更是直截了当地用生理心理学的理论去读解有关"气"的中国言说了：诗文都要有情感和思想。情感都见于筋肉的活动，而思想离不开语言，语言离不开喉舌的动作。而古人讲"气"往往与声调朗诵有关，声调又与喉舌运动有关。于是"可知从前人所谓'气'也就是一种筋肉技巧了"③。考虑到朱光潜将以上中国传统诗学范畴都看成"情趣—意象"（构成意境）这一对概念的分支与衍化，这种解释言路显然有其相当广泛的适用潜能。

　　可以说，朱光潜的阐述策略拥有巨大的优势，通过在经验心理学的理解平台上使中西两套描述系统互解互释，他确实比较成功地使西方理论话语在中国文化与艺术体验的语境中开始言说，同时也使中国传统的艺术经验描述语言在现代理论的语境下发出声音，朱

---

① 朱光潜：《从生理学观点谈诗的"气势"与"神韵"》，《朱光潜全集（新编增订本）》第6卷，中华书局2012年版，第40页。
② 同上书，第45页。
③ 朱光潜：《谈美》，《朱光潜全集》（新编增订本）第三卷，中华书局2012年版，第82页。

光潜犹如一个合唱队的指挥，努力使这两种来自两套语言之网的唱腔互相应和，甚至在同一个节拍下唱出相同的主题旋律来，而这时他手上挥舞的正是经验心理学的指挥棒。

第三节　网际缝隙

正是基于对这种经验心理学的包容能力的充分信心，朱光潜在这两张语言之网间穿梭跳跃的时候似乎并没有意识到网际间缝隙的存在。他十分放心地在一对对原本属于不同的语言描述系统的概念术语间画上一个又一个等号。他似乎没有想过，他的心理体验及其经验心理学是否有鞭长莫及之处，在这些地方，网际缝隙将呈现为令人困窘的阐释裂缝。

在《文艺心理学》第十五章中，朱光潜依据中国古代的阴阳哲学观念以及相应的美学观念，提出了所谓"刚性美"与"柔性美"（或称"阳刚之美"与阴柔之美"）的范畴，并企图使之与西方美学范畴实现内涵的沟通与对接：朱光潜认为，"阳刚之美"即西方所称的 sublime，朱光潜将之译为"雄伟"（现通译为"崇高"）；而"阴柔之美"则相当于 grace，译为秀美。

与西方学者相一致，朱光潜对 sublime（即他所称的"雄伟"）倾注了较多的关注。据其自述，他所推出的"阳刚（雄伟）—阴柔（秀美）/sublime—grace"这样一个沟通中西的审美范畴的配对，除去中国古代哲学与美学的理论背景之外，在很大程度上则是以西方美学——尤其是康德的有关美学理论为基础的。朱光潜在文中写道："康德早年曾作一文《论秀美与雄伟的感觉》，以为'秀美'使人欣喜，'雄伟'使人感动；对'秀美'者多欢笑，对'雄伟'者多严肃。花坞、日景、女子、拉丁民族都以'秀美'胜，高山、暴风雨、夜景、男子，条顿民族都以'雄伟'胜。在这篇论文里康德只列举事实，到后来写《审美判断的批判》时他才讨论学理。在这部书里他仍然把'雄伟'和'秀美'对举，关于'雄伟'的文字占了全书二分之一。"① 然而，有趣的是，无论是在朱光潜所提到的康德早年的这篇论文中还是在《判断力批判》中，康德所对举的概念是 beautiful（德文为 schonen）和 sublime（德文为 er-habenen），而不是朱光潜所说的 grace 与 sublime。很显然，为了支持自己实现中西批评术语范畴的内涵对接的意图，朱光潜对康德的理论表述进行了某种修改。

这种修改倒也并非全无根据。事实上，正如许多学者所指出的，将"美"与"崇高"对举确是 18 世纪启蒙运动时期的普遍观念，康德的观念正与此一脉相承。但是康德在《判断力批判》的"美的分析"中集中指出"美"主要在于对象的"形式性"，朱光潜在几十年后所写的《西方美学史》中也对这一观念作了分析："审美判断是对象的形式（不是存在）所引起的一种愉快的感觉。这种形式之所以引起快感，是由于它适应人的认识功能，即想象力和知解力，使这些功能可以自由活动并且和谐合作。"② 但是朱光潜似乎主要还不是从《判断力批判》有关美的先验性理论阐述中引出自己的理论基础的。他的论述似乎更多的是从康德早年题为《对于美感与崇高感的观察》的论文引出的，写这篇论文时的康德，正如一些西方学者所说，尚倾向于以经验主义的方法来处理美学问题。因此，在这篇论文中，康德并没有对于美与崇高的范畴作理论的分析，而只是就这两个论题列举了一些例子和感想，尤其是论文分别专章论述美感与崇高感在男人与女人、在不同民族之中的体现，经验与感悟的色彩极其浓厚。可以说，对于中国人来说，这种思维方式与理论方式似乎颇合口味。而其中不少的经验与例子——

---

① 朱光潜：《文艺心理学》，《朱光潜全集》（新编增订本）第三卷，中华书局2012 年版，第 326 页。

② 朱光潜：《西方美学史》，《朱光潜全集》第七卷，安徽教育出版社 1991 年版，第 20 页。

朱光潜在文中提到的应该是给他留下深刻印象的那些部分——都很可能让朱光潜不由自主地以之与自己原有的传统学术积累相印证，并以阴阳刚柔的理论框架进行整理——而这些无疑都基于传统中国人的心理体验。而进一步使他以秀美（grace，现通译为"优美"）而不是以 beauty 与 sublime 构成一对美学范畴的，可能是据推测对康德的这篇论文有重大影响的英国哲学家柏克的著作《关于崇高与美的观念的根源的哲学探讨》，无疑，对于留学英伦的朱光潜来说，对柏克著作的熟悉程度至少应该不亚于对康德的了解。而正是在这本书中，柏克专节论述了 grace——也即朱光潜所说的秀美，认为"优美（gracefulness）这个观念和美（beauty）没有多大区别，它包含在差不多相同的东西里"，即"姿势和动作的悠闲自若、圆满和娇柔"等阴性、女性的特征中①。可以说，美就是优美（即秀美）——beauty 即是 grace，这一源自柏克以及受柏克影响的早年康德的观念（或者，我们可以更谨慎地说，这是柏克与康德所接受与阐述的启蒙运动时期的一种观念，差不多与康德同时的席勒就有不同观点，对美和秀美有比较精细的区分，而朱光潜所理解与接受的就是前一种观念。），对朱光潜推出其对举范畴显然具有重要意义，正是据此，他敢于将康德（包括柏克）的 beautiful – sublime 概念匹配置换成 grace – sublime 的概念匹配，从而凸现原先 beauty 所指涉的"阴柔美"的内涵。

可以说，以"秀美"（grace）置换"美"（beautiful），虽然在术语词汇层面修改了康德的理论表述，却在相当程度上保留了康德的基本精神（当然主要是早年的康德）。而将 sublime 译成"雄伟"，则更明显地显示出朱光潜从中国传统审美经验及其理论概括出发对《判断力批判》中"关于崇高的分析"的观点的一种选择性阐发。朱光潜在《文艺心理学》第十五章中写道：康德"以为

---

① ［英］柏克：《关于崇高与美的观念的根源的哲学探讨》，《古典文艺理论译丛》第五册，人民文学出版社 1963 年版，第 61 页。

'雄伟'的特征为'绝对大'。一切东西和它相比都显得渺小的就是'雄伟'。'雄伟'有两种，一种是'数量的'，其大在体积，例如高山；一种是'精力的'，其大在精神气魄，在不受外物的阻挠，在能胜过一切障碍，例如狂风暴雨。"① 朱光潜显然将 sublime 理解为"大"或者"伟大"，他在下文又明确地说"康德所下的'雄伟'的定义是'绝对大'"②。他对自己选择的译名显然颇为得意："我们的译名中'伟'字可以括尽康德的'数量的 sublime，的意义，'雄'字可以括尽'精力的 sublime，的意义。"③ 然而，所谓"绝对大"并不是康德对崇高（sublime）下的定义，关于所谓"绝对大"的阐述在"论数学的崇高"的标题之下，显然，这里说的是崇高的事物在数量上的特征。事实上，后来研究康德的学者都指出：康德认为关于崇高的判断是与对象的无形式性（formless-ness）紧密相连的，如果说美的事物适合于我们的想象力或理解力，那么崇高则首先表现为对于我们的这些精神能力的挑战与冒犯，"崇高超越了感觉（sense）和理解（understanding）的界限"，然后才是对这些能力的无限性的激发与发现④。实际上，朱光潜在他后来写的《西方美学史》中也意识到这一点："康德更着重的是崇高和美的差异：第一，就对象来说，美只涉及对象的形式，而崇高却涉及对象的'无形式'。形式都有限制，而崇高对象的特点在于'无限制'或'无限大'。"⑤ 也就是说，所谓"绝对大"只是"无形式"的一种表现。

---

① 朱光潜：《文艺心理学》，《朱光潜全集》（新编增订本）第 3 卷，中华书局 2012 年版，第 326 页。

② 同上书，第 329 页。

③ 同上书，第 326 页。

④ 参见 Eva Schaper Taste, sublimity, and genius: The aesthetics of nature and art The Cambridge Companion to Kant Cambridge University press1992, pp. 382 – 384；［苏］瓦·费·阿斯穆斯：《康德》，北京大学出版社 1987 年版，第 377 页。

⑤ 朱光潜：《西方美学史》，《朱光潜全集》第七卷，安徽教育出版社 1991 年版，第 26 页。

应该说，sublime 是一个含义复杂丰富的词语，它既有伟大、雄伟等朱光潜所强调的意义，也包含了超凡脱俗、不可企及等意思。在《朗文英语字典》中对这个词的解释是这样的："非常高贵或精彩；最高品质的，能够带来欢乐、骄傲等等。"（Very noble or wonderful；of the highest quality；which causes pride，joy，etc.）在康德那里，这个词实际上也多少包含了这方面的含义。因此，一个美国的文化研究学者在一本分析有关香烟的文化现象的书中也使用了这个词，——原书名即为 *Cigarettes Are Sublime*——并且使用了康德的这篇文章（《崇高之分析》），认为康德的论述"可以帮助我们理解香烟带给这个世界的矛盾的美和荒谬的快感"①。书中说："香烟是有毒的，苦涩的。它不是美丽的，但它绝对是'超凡'的。用康德的划分方法，吸烟给人带来的伴随着痛苦滋味的美丽快感，和在宁静的象牙塔中沉思所获得的美感是不一样的。在康德看来，我们通常所说的美感，来自于对有形事物的'纯粹的（美学意义上的）感官判断'，比如某物精致而优美的线条，它的中间是怎样的，它的尾部是怎样的，它是否有恰当的边界和尺寸等，这些都可以刺激我们得到平静的愉悦感和沉着的兴奋，给我们审美上的满足。与此相反，康德说，对无形事物的审美带给我们的快感却不是这样积极的，它是消极的美。人的想象力因为某种毫无边界的景象的出现而震惊，他最初的感觉将是痛苦的。但这种消极性正是崇高美出现的前提。……崇尚与敬畏中夹杂着恐惧，这就是我们遭遇所谓崇高美时最初会有的遭受阻滞的感觉：在那充满恐惧的一刻，我们发现自己面对着一个超乎想像的无边深渊——我们对付有限事物的能力在面对这些在数量上看起来无止境的事物时，显得十分低下。谢天谢地，康德说，幸亏我们的理智此时还能拯救我们的想像力，理智造出'无穷'的概念，虽不可想像它的形态，却能帮我们

---

① ［美］理查德·克莱恩：《香烟——一个人类痼习的文化研究》，乐晓飞译，中国社会科学出版社 1999 年版，第 96 页。

掌握虚无的世界。理智在拯救我们的想像力的同时，还带给我们短暂的敬畏和恐惧之后的满足，这是征服之后的胜利的满足，意识到自己想像力的有限带给我们的痛苦感被理智克服，变成崇高的满足感。"①

根据人们的正常的体验，香烟无论如何很难与"雄伟"一类的概念扯上关系，但据《香烟》一书作者的阐述，它却有可能提供一种"超凡"的体验，而这，却有可能为人们的体验所证实。因此，sublime 也完全可以被用来描述香烟所提供的这类体验——一种超尘脱俗之感。

当朱光潜将 sublime 译为"雄伟"，并与"阳刚之美"相牵合的时候，他无疑在相当程度上忽略了这个术语所包含的"对人的想象力、理解力等精神能力构成了挑战"这方面内涵。而这正是由于他对心理经验的信任与倚赖使他更多地被康德、柏克关于 grace 和 sublime 经验性的阐述所吸引的结果。

当我们反观梁宗岱对 subime 的理解时，这一点就变得更加明显。

与朱光潜持守传统的心理体验前见不同，梁宗岱更多的是通过检验作为描述系统的审美范畴与作为描述对象的艺术审美体验本身的适宜度来呈现术语本身的精微内涵，并在此基础上考量其与中国古代批评范畴对接的可能。他首先对朱光潜用以支持自己论点的重要论据表述了不同的理解，对于朱光潜认为是阴柔之美的代表的达·芬奇的作品，尤其是《最后的晚餐》，梁宗岱的感受是这样的："耶稣呢，那简直是彻悟与慈悲底化身，眉宇微微低垂着，没有失望，也没有悲哀，只是一片光明的宁静，严肃的温柔，严肃中横溢着磅礴宇宙的慈祥与悲悯，温柔中透露出一副百折不挠的沉毅，一股将要负载全人类底罪恶的决心与宏力；不，这耶稣决不如

---

① ［美］理查德·克莱恩：《香烟——一个人类癖习的文化研究》，乐晓飞译，中国社会科学出版社 1999 年版，第 97 页。

朱先生所说的，'像抚慰病儿的慈母'。"最后，梁宗岱指出：达·芬奇的作品"没有夸张，没有矜奇或恣肆，没有肌肉底拘挛与筋骨底凸露，它底神奇只在描画底逼真，渲染底得宜，它底力量只是构思底深密，章法底谨严，笔笔都仿佛是依照几何学计算过的，却笔笔都蓬勃着生气"①。结论："（一）用 grace（妩媚或秀美）来形容达文奇底艺术是不妥当的，无论所指的他的《自画像》，他底《最后晚餐》或《孟纳里莎》；（二）柔性美和 sublime（崇高）并不是不能相容的；（三）形容这三件文艺品都应该用 sublime 一字，可是如果译为'雄浑'则三处都不适用。"②

梁宗岱认为，"一般粗糙的灵魂容易从刚性美认出 Sublime，一片属于柔性美的自然，尤其是一件艺术品，登峰造极的时候，一样可以使我们惊叹，使我们肃然起敬，使我们悦服和向往，一言以蔽之，使我们起崇高底感觉"③。显然，梁宗岱对 sublime 即"崇高"的理解着重于某种超越性，他大大强调与发挥了康德所谓"无形式性"中所包含的"对人的精神能力的挑战与冒犯"这一潜在内涵："像皮球受凌压才能高举一样，我们底灵魂也得要有一种意外的阻力横亘在我们面前，逼我们承认我们底感觉和官能之无能，自我之渺小，然后才能够聚精会神，集中思想底力量，去和它抵抗，和它较量，在那一瞬间解脱了感官底束缚而达到绝对的独立，自由与超升，亦即所谓崇高的境界。"④ 不仅如此，他还认为，这种"意外的阻力"不但可以在狂乱的"无形式性"中遇到，也可以在艺术手腕的和谐与完美中遇到——"因为极端的和谐与完美，都是人间所不多觏或可以说超出人力以上的"⑤，也就是同样是挑战人的想

---

① 见梁宗岱《诗与真二集·论崇高》，《梁宗岱文集》第二卷，中央编译出版社2003年版，第112—113页。
② 同上书，第115页。
③ 同上书，第115—116页。
④ 同上书，第118页。
⑤ 同上书，第122页。

象力与理解力的，令人起"不可思议"之感，故而同样可以产生
"崇高"的审美感受。

因此，梁宗岱认为崇高"只是美的绝境，相当于我国文艺批评
所用的'神'字或'绝'字"。其特征"与其说是'不可测量的'
或'未经测量的'，不如说是'不能至'或'不可企及的'"①。梁
宗岱接过康德的"力的崇高"的话头加以发挥，指出力量并不一定
都是以奔放狂放的方式表现出来，"对于一颗修养有素，敏感深思
的灵魂，那宁静，深邃，和光明的景象会和汹涌，嵯峨，与黑暗一
样能够引起精神底集中与反抗；不，它们会比这后者更持久，更耐
人寻味。因为宁静是精力底凝聚而波动是精力的交替；因为高山是
可测量的而深渊却无底；因为光明比黑暗更神秘，正如生比死还要
复杂变幻一样"②。而在可见的体力的强悍与德行的伟大之外，更
有在艺术的完美和谐中体现出来的人的智慧的力量，这更是"宇宙
间不可测量的东西"③。

这种对人的精神能力构成挑战的神境，并不能立刻诉诸人的直
感，而是更多地要经过理性的反思才能得出结论，可以说，它在很
大程度上逸出了经验心理学的地界之外，正是在这里，朱光潜的解
说之网出现了裂隙，造成了意义的流失。

第四节　合适的映射以及阐述机制

朱光潜的思路恐怕具有相当广泛的代表性，在中国传统诗学的
丛林中寻找一个个西方诗学概念的对应物，是许多中国现代批评家
都乐于从事的阐释学探险。通过建立起一系列这样的一一映射关

---

① 梁宗岱：《诗与真二集·论崇高》，《梁宗岱文集》第二卷，中央编译出版社
2003 年版，第 116 页。
② 同上书，第 118 页。
③ 同上书，第 119—120 页。

系，可以很方便地实现西方诗学术语与中国传统诗学术语的沟通与对接，从而在中西语言之网间构成语辞与意义的流通共享机制，但是，在建立这种概念的映射关系时，必须慎之又慎，至少，要精心挑选合适的互释对子，这样才能在语言与意义上达到一种视界的融合，从而实现对中西艺术体验及其描述语言的共享，否则，这张在中西语言之网的边际上编织起来的解说之网便会出现令人窘迫的裂隙。

正是因此，中国现代文学批评家们时常在中西术语的对释时因理解与解说的分歧而争讼不休。梁宗岱与朱光潜就是这样一对典型的论友。不仅在上述有关"崇高"的问题上，在象征主义诗学问题上他们也存在着理解的分歧。

朱光潜认为，"象征底定义可以说是：'寓理于象。'梅圣俞《续金针诗格》里有一段话很可以发挥这个定义：'诗有内外意，内意欲尽其理，外意欲尽其象。内外意含蓄，方入诗格'"①。

梁宗岱对此却颇不以为然，他指出，朱光潜是"把文艺上的'象征'和修辞学上的'比'混为一谈"，而中国诗学中的"比"，无论是拟人还是托物，只是把抽象的意义附加在形象上面，意与象并未融合为一，感人的力量也就有限。这绝不是他心目中的象征诗学的真髓。在否定了朱光潜建立的"象征＝寓理于象"（也即他所进一步概括的"象征＝比"）的中西概念映射之后，他自己提出了另一个映射："象征……我以为它和《诗经》里的'兴'颇近似。"当然，对于"兴"中国传统诗学中也有大量不同的解说，梁宗岱特别选定了《文心雕龙》的解说："兴者，起也；起情者依微以拟义"，但是却对其中的关键词作出了自己的阐释："所谓'微'，便是两物之间微妙的关系。表面看来，两者似乎不相联属，实则是一而二，二而一。"在此基础上，梁宗岱开始用他所理解的"兴"去

---

① 朱光潜：《谈美》，《朱光潜全集》（新编增订本）第三卷，中华书局 2012 年版，第 66 页。

解说"象征"："象征底微妙，'依微拟义'几个字颇能道出。当一件外物，譬如，一片自然风景映进我们眼帘的时候，我们猛然感到它和你们当时或喜，或忧，或哀伤，或恬适的心情相仿佛，相逼肖，相会合。我们不摹拟我们底心情而把那片自然风景作传达心情的符号，或者，较准确一点，把我们底心情印上那片风景去，这就是象征。瑞士底思想家亚美尔说，'一片自然风景是一个心灵底境界'。这话很可以概括这意思。"①

显然，梁宗岱不满于朱光潜将"象征"解释为中国诗学中的"寓理于象"，主要是因为这一解说不能阐说他理解中的象征主义诗学的独特气质——丰富微妙的情绪感性。而他用"兴"去与"象征"构成概念映射的对子，主要也就是为了强调突出这些方面的内涵，因此他对刘勰对"兴"的解说中涉及的"情"与"微"这两个字眼特别重视，并在阐说中加以重点凸显。实际上，梁宗岱的这些阐述，与朱光潜提出的"情趣加意象即是直觉"非常相似，接通的都是中国诗学中的"情景交融"论。即使是与"寓理于象"相比，虽然"情（心情）"在此置换了"理"，并特别强调情与景（象）之间的微妙融会，但是这其中所叙及的艺术符号结构却大致相同，都是以一个事物——景、象——去指代另一个客观上原本完全无关的事物——情、理。

但是在这之后，梁宗岱仍意犹未尽，似乎"情景交融"仍未能完全阐述他对象征主义诗学的理解，又似乎他唯恐自己着意强调的东西未能引起别人的重视。于是他又作了大量的补充与解释：

> 有"景中有情，情中有景"的，有"景即是情，情即是景"的。前者以我观物，物固着我底色彩，我亦受物底反映。可是物我之间，依然各存本来面目。后者是物我或相看既久，

---

①　见梁宗岱《象征主义》，《梁宗岱文集》第二卷，中央编译出版社2003年版，第61—63页。

或猝然相遇，心凝形释，物我两忘：不知何者为我，何者为物。前者做到恰好处，固不失为一首好诗；可是严格说来，只有后者才算象征底最高境。①

最终又概括出象征的两个特征：一，融洽无间；二，含蓄无限。"融洽是指一首诗的情与景，意与象底惝恍迷离，融成一片；含蓄是指它暗示给我们的意义和兴味的丰富和隽永。"②

在这一切之后，梁宗岱又意犹未尽地阐说道：

> 象征是藉有形寓无形，藉有限表无限，藉刹那抓住永恒，使我们只在梦中或出神底瞬间瞥见的遥遥的宇宙变成近在咫尺的现实世界，正如一个蓓蕾蕴蓄着炫熳芳菲的春信，一张落叶预奏那弥天漫地的秋声一样。所以，它所赋形的，蕴藏的，不是兴味索然的抽象观念，而是丰富，复杂，深邃，真实的灵境……③

可以说，这是一系列优美而富于启示的解说，但是，又是一种反复叠加的解说，这种反复叠加，恰恰透露出梁宗岱意有未足——尽管"兴"与"象征"所指涉的艺术体验极其相似，但是，这种映射与对释似乎并没有使得象征主义诗学得到清晰的界说，难怪梁实秋认为他不够"明白清楚"。

这似乎显示出，用"兴"的概念与"象征"相对接的努力并没有取得很大的成功。也许也正是因此，在《象征主义》一文之后，我们很少看见梁宗岱再提"兴＝象征"这一映射。

---

① 梁宗岱：《象征主义》，《梁宗岱文集》第二卷，中央编译出版社 2003 年版，第 64 页。
② 同上书，第 66 页。
③ 同上书，第 66—67 页。

　　究其实，梁宗岱心目中的"象征"论和朱光潜的"直觉＝情趣＋意象"的直觉论是有着相当大的差别的。与朱光潜谈诗时津津乐道于意象与情趣不同，梁宗岱似乎更经常地使用着一个他自己的描述语辞——"灵境"，他用这个语词指涉自己心目中的那个象征诗歌的艺术世界。我们还可以看到，尽管梁宗岱似乎对"灵境"有着特殊的偏爱，但实际上这个词所指涉的与人们常说的"意境"或"境界"并没有本质的差别，梁本人也在许多场合下同时使用"意境""境界"或"诗境"等概念。但是与朱光潜所说的"情趣＋意象＝意境"不同，在梁宗岱的阐述中，"灵境"（或意境）通过意象即可得到表现："正如风底方向和动静全靠草木摇动或云浪起伏才显露，心灵底活动也得受形于外物才能启示和完成自己：最幽玄最缥缈的灵境要借最鲜明最具体的意象表现出来。"① 而在梁宗岱这里，"意象"的内涵及其在理论结构中的地位与其在朱光潜那里的并不一样。朱氏尽管也认为情趣与意象不可分离，但是在理论阐述中，仍然认为意象必须与情趣相合才能构成艺术形象，"意象"在此实际上偏于"物象"。

　　而梁宗岱的"意象"则非如此。他在《试论直觉与表现》一文中叙说自己的创作经验时讲到，自己往往从古人的词律中感受到一种隐秘莫名的情绪体验：

　　　　当我有一天在翻阅《阳春集》里的《鹊踏枝》第五首到第三行

　　　　新结同心香未落

　　的时候，一个久沉睡在我记忆里的意象忽配上它底音节醒来，

<hr>

　　① 梁宗岱：《谈诗》，《梁宗岱文集》第二卷，中央编译出版社 2003 年版，第84页。

成为

怕见白帆开又落

梁宗岱进一步解释说：

> 这意象之获得乃在十五六年前一个春天，当我游览梵乐希诗翁地中海的故乡那因他一首诗而著名的海滨墓园的时候。……梵乐希底《海滨墓园》一开头便说：

> 这平静的瓦背，白鸽在那上面踱着……

> 可是这些以白鸽底姿态显现给梵乐希想象底眼的小帆船，我却觉得是一朵朵白花底开谢。但这也不过是当时偶现的幻觉罢了。谁想到多年后竟混合了别的情感底元素（"怕见"二字我疑心来自张玉田底"怕见飞花，怕听啼鹃"），配上另一种音节重现于我底意识界，而完成了我那江边《楼头思妇》的一幅图画！①

很显然，梁宗岱的"意象"已经不是简单的物象，而是融汇了主体的情感经验与记忆，甚而经过想象化合重组的艺术形象，至少是朱光潜的"情趣"与"意象"之和。但在朱光潜那里，情趣加上意象就构成了意境，而在梁宗岱这里，融汇了情感的意象并不等于完全的意境。在他心目中，诗所要传达的比这更加复杂丰富而且微妙："一首最上乘的诗所传达的不是一些凝固的抽象观念，亦不是单纯的明确的情感，而是一些情思未分化之前的复杂的经验或灵

---

① 见梁宗岱《试论直觉与表现》，《梁宗岱文集》第二卷，中央编译出版社 2003年版，第306—307页。

境；而是一切优美或庄严的自然与人事在我们里面所唤起的植根于我们所不能认识的深渊（非意识的区域）同时又伸拓和透达于我们肢体和肌肉底尖端的深邃错综的反应，无限地精微又极端地普遍，超出一切机械的理智与逻辑底把捉的。即使当一种情感（悲欢兴奋或忧郁），一个观念（善恶或永生），或一种景象（月夜或花朝）显得特别强烈，占据着作者意识底中心时，作者底反应与态度，以及那随着来的万千联想与回声，也组成一种不可分析的氛围与微妙的荫影。"①

　　因此，在梁宗岱的理解中，意境或境界与意象就不是以一物代一物的关系，意象只能构成微妙丰富的意境的一个断片，它只能暗示与召唤整体意境，也即充当诗歌意境的象征，它与意境之间是部分与全体的关系。这种关系使我们想起中国传统诗学中"境生象外"一类的命题。正是因此，梁宗岱认为："无论诗境是来自一股不可抑制的浓烈的情感，或一种不可抗拒的迷人的节奏，想象的功能都是要找寻或经营一个为它底工具和方法——声音及意象——所允许的与这诗境或灵感相仿佛的象征。"②

　　不仅如此，诗歌的所有构成因素——意象、语辞、语义、音律，都只是诗歌意境的象征因素，正是在这个意义上梁宗岱为步韵诗进行辩护："要各个韵都在我们心里唤起一个新鲜活泼的境界：这是步韵诗甚或一切诗创作成败的关键。如果你底韵对于你只是一些空洞嘈杂的音响，如果它们只使你想起一串模糊，黯淡，无意义，无组织的字，而不能在你心里唤起一幅甘芳歌舞的图画；或一句有光辉有色彩的旋律——那么，不独你步别人底韵时不免牵强生涩，就是你自己的创作也会和一切失败的趁韵诗一样无生命无灵魂。……我底《鹊踏枝》不致完全失败，就是说，它们还多少能传

----

　　①　见梁宗岱《试论直觉与表现》，《梁宗岱文集》第二卷，中央编译出版社2003年版，第340页。
　　②　同上书，第342页。

达我最隐秘的一种心声。"① "一首诗底每一行每一字以及每字底音和义，都是为要配合成一种新的关系以便在读者心里唤起作者所要传达的意境。如果照马拉美底说法，一句诗是几个字组成的一个完全簇新的字，则一首应该是许多句组成的一个更完全更簇新的大字。所以在一首诗里，一个字（尤其是一个字所含的音或义），即使是最精彩的，即使是全句或全首诗底和谐所系如我们通常所称的诗眼，正如一幅画上的一笔颜色，一支曲里的一个音符，或一个书法家底字里的一点或一撇，只是构成全诗底意境的一个极小元素或单位，——它本身并不能代表一个意境，它只能把它完成或表现到最高度。"②

可以说，直到梁宗岱找到意境、意象等中国古典诗论概念时，他对象征主义诗学观念的阐发才显得比较自如起来。这种自如并不在于找到了一个合适的可与"象征"概念构成映射的中国诗学概念，实际上，梁宗岱跳出并超越了寻找概念映射的思路，而是通过中西术语的杂用构成了一个对于具体艺术经验的阐述机制，即，将"意境"概念加入到象征主义诗论的概念系统中去，使得原来单独的"象征"概念衍化出了多个次级概念（梁宗岱用意境与意象等概念来阐发象征主义观念的时候，他实际上使得作为诗学方法的象征的概念解析出两个因素——象征物与被象征物，并用象与境这两个名词对它们进行命名）。在这其中作为接合与沟通基础的，是以不同的方式进行阐述的共同的艺术经验，正是通过把西方诗学概念的意义与内涵置入中国传统的语言与体验环境中，同时，更重要的是，使中国传统的诗学语言加入西方诗学的表述，两张语言之网都为这一艺术体验的阐说贡献了一部分语辞，以一种新的方式、新的

---

① 梁宗岱：《试论直觉与表现》，《梁宗岱文集》第二卷，中央编译出版社 2003 年版，第 314 页。

② 同上书，第 324 页。

概念系统来解说这种共同经验与共同意义，并使之得到更新①。在此基础上最终建立了一个杂合性的语言阐述机制，在这个机制中，不是来自某一张语言之网的声音在独语，也不是两张语言之网在同声歌唱同一旋律，而是来自两张语言之网的两个声音在合作讲说，在一个声音语焉不详或难乎为继之处，另一个声音将及时响起、接入，在这样的合作讲说中，人类的艺术体验将得到更加圆满的彰显。

中国的理论家与批评家们在两张语言之网的边际间已经站立了一百多年，他们弥合两网之间缝隙的努力也已进行了一百多年，但是在大多数时候，他们在网际间的言说仍然显得混杂断续，形不成流畅的语流。从本质上说，他们的言说不是独语，而是一种对话，是东方与西方的对话。这两张语言之网也许永远不可能弥合为一，这种对话也就永远没有结束的时刻，但正是在这种对话中，东方与西方的审美体验与语辞得以相互交流，于是，在对话者的立足之处，语言之网承载着不断丰富与增殖的体验逐渐生长。

---

① 这一阐述机制与"象征＝兴"一类的概念映射有着明显的差异，我们对比一下它们的内部概念结构就可知晓：

象征（作为一种艺术手法）＝兴＝情景契合＝诗

象征（意象、字句的音韵、色彩等）$\overline{\underset{\text{暗示、召唤}}{\qquad\qquad}}$意境＝诗

第十章　道家思想与中国现代美学

　　美学问题从来就不仅仅是关于审美趣味本身的问题，事实上，人类文化学家至今仍然将之作为人类文化的一个重要有机成分来看待，正如格尔兹所说，"一个民族的精神气质是生活的格调特征和品质，它的道德、审美风格和情绪；它是一种潜在态度，朝向自身和生活反映的世界。世界观则是他们对实在物的描画，对自然、自身和社会的概念。它包容了其最全面的秩序的概念。……精神气质成为思想上合理的，是因为它看上去代表了一种生活方式，这种生活方式为世界观所描述的事物的真实状态所暗示。世界观则成为情感上可接受的，是因它被作为一种事物真实状态的图像，这种生活方式是这种状态的真实表现。"① 美学观念实际上与人们对于世界、对于自我的认知与评价不可分割，而这又与人们对于自我行动模式的设计与期望密切相关。正是因此，中国现代美学的诞生与发展始终与塑造和体现中国人的宇宙观、世界观以及精神气质的中国传统文化观念纠缠不休，事实上，中国现代美学家们完全是自觉地将美学学科的引进与建设归属于一个更加宏大的文化重建工程。在这个系统工程之中，对于作为传统文化的重要一翼的道家思想与文化的审视与反思显然是不可或缺的一个环节，在这个过程中，随着中国

---

　　① ［美］克利福德·格尔兹：《文化的解释》，纳日碧力戈等译，上海人民出版社1999年版，第148页。

现代思想文化浪潮中文化激进主义与文化保守主义的缠斗与沉浮，道家文化思想在中国现代文化与美学建构中的地位与作用也显示出一种复杂的态势。

第一节　众矢之的

自 1895 年甲午战败开始，中国思想界开始了全面批判与反思自身文化传统、学习西方文化的历程，尽管道家思想及其文化精神历来就不乏其对立面与批判者，但在中国被推入近代化轨道这一"千年变局"之际，道家思想文化所遭遇的挑战与压力也许是前所未有的。1908 年，留学日本的鲁迅在《摩罗诗力说》中对中国思想文化传统进行了相当严厉的批判：

> 吾中国爱智之士，独不与西方同，心神所注，辽远在于唐虞，或迳入古初，游于人兽杂居之世；谓其时万祸不作，人安其天，不如斯世之恶浊阽危，无以生活。其说照之人类进化史实，事正背驰。[①]

鲁迅认为，这种与当时正在产生深远影响的进化论思想背道而驰的怀恋远古理想的文化价值观念集中体现于老子的道家思想之中：

> 且更为忖度其言，又将见古之思士，决不以华土为可乐，如今人所张皇；惟自知良懦无可为，乃独图脱屣尘埃，悄怆古国，任人群堕于虫兽，而己身以隐逸终。思士如是，社会善之，咸谓之高蹈之人，而自云我虫兽我虫兽也。其不然者，乃立言辞，欲致人同归于朴古，老子之辈，盖其枭雄。老子书五

---

① 鲁迅：《摩罗诗力说》，《鲁迅全集》第一卷，人民文学出版社 2005 年版，第 69 页。

千语，要在不撄人心；以不撄人心故，则必先自致槁木之心，立无为之治；以无为之为化社会，而世即于太平。①

而这种以"不撄人心"为治道之本的道家思想，在鲁迅看来，正是中国历代专制统治者的帝王之术："中国之治，理想在不撄，而意异于前说。有人撄人，或有人得撄者，为帝大禁，其意在保位，使子孙王千万世，无有底止，故性解（Genius）之出，必竭全力死之；有人撄我，或有能撄人者，为民大禁，其意在安生，宁蜷伏堕落而恶进取，故性解之出，亦必竭全力死之。"②鲁迅认为，正是这种文化思想与统治权术合谋造就了中华民族的卑怯崇利、拒斥创造力的偏枯萎缩的国民精神：

> 人人之心，无不沴二大字曰实利，不获则劳，即获便睡。纵有激响，何能撄之？夫心不受撄，非槁死则缩朒耳，而况实利之念，复黏黏热于中，且其为利，又至陋劣不足道，则驯至卑懦俭啬，退让畏葸，无古民之朴野，有末世之浇漓，又必然之势矣，此亦古哲人所不及料也。③

而在这物竞天择、适者生存的世界上，这种生命力萎缩的种族必然会面临亡国灭种的生存危机。鲁迅认为："不争之民，其遭遇战事，常较好争之民多，而畏死之民，其苓落殇亡，亦视强项敢死之民众。"④显然，面对民族的深重危局，鲁迅将其根由追溯到了由思想文化与政治文化传统合力造就的国民性之上，而在这其中，道家（包括道教）思想文化显然具有极其重大的影响。也许就是由于这

---

① 鲁迅：《摩罗诗力说》，《鲁迅全集》第一卷，人民文学出版社 2005 年版，第 69 页。
② 同上书，第 70 页。
③ 同上书，第 71 页。
④ 同上书，第 72 页。

个原因，鲁迅会认为"中国根柢全在道教"①。

这种将中国近代以来的民族危亡局面归因于道家（教）思想影响的观点，并不是鲁迅的一己之见，事实上，在五四前后，新文化运动的代表人物大多发表过类似的观点。

1915 年，陈独秀在《抵抗力》一文中写道：

> 老聃曰："天法道，道法自然。"自然之天道，其事虽迩，其意则远。循乎自然，万物并处而日相毁：雨水就下而蚀地，风日剥木而变衰，雷霆为殃，众生相杀，孰主张是？此老氏所谓"天地不仁，以万物为刍狗"也。故曰，天道恶。众星各葆有其离力而不相并，万物各驱作其灾害而图生存，人类以技术征服自然，利用以为进化之助，人力胜天，事列最显。其间意志之运用，虽为自然进动之所苞，然以人证物，各从其意，志之欲求，以与自然相抗，而成败别焉。故曰，人道善。②

与鲁迅相似，陈独秀也是在进化论思想的背景下提出了有关生存能力的命题："自然每趋于毁坏，万物各求其生存。一存一毁，此不得不需于抵抗力矣。抵抗力者，万物各执着其避害御侮自我生存之意志，以与天道自然相战之谓也。"③ 尽管从引述老子的观点出发，但陈独秀却从老子的命题中读出了反题。老子及道家哲学要求人们顺应天道，而陈独秀却要求人们执着于生存意志与天道自然相抗。而中华民族在外来侵略面前的节节败退，显然是抵抗力薄弱的表现。而究其原因，仍然在思想文化层面，而在这其中，道家学说仍然要承担相当一部分责任："老尚雌退，儒崇礼让，佛说空无。义

---

① 鲁迅：《致许寿裳》，《鲁迅全集》第十一卷，人民文学出版社 2005 年版，第 365 页。
② 陈独秀：《抵抗力》，《青年杂志》1915 年第 1 卷第 3 号。
③ 同上。

侠伟人，称以大盗；贞直之士，谓为粗横。充塞吾民精神界者，无一强梁敢进之思。惟抵抗之力，从根断矣。"①

1920 年，陈独秀更是断然认为道家思想是中国现代化的思想障碍："我们中国学术文化不发达，就坏在老子以来虚无的个人主义及任自然主义……虚无的个人主义及任自然主义，非把社会回转到原人时代不可实现。我们现在的至急需要，是在建立一个比较最适于救济现社会弊病的主义来努力改造社会；虚无主义及任自然主义，都是叫我们空想、颓唐、紊乱、堕落、返古。"②

可以说，在"五四"前后中国思想界展开的关于东西方文明的论战中，人们较多地将中国文化传统与西方文化传统进行这样一种宏观的概括与对照："东西文明有根本不同之点，即东洋文明主静，西洋文明主动是也……一为自然的，一为人为的；一为直觉的，一为理智的；一为精神的，一为物质的……"③ 这显然是一种极为粗略简约甚而似是而非的意识形态化的描述，而在这种粗线条的概括中，东方文明的基本特征似乎比较多地与道家思想文化的特质相吻合，于是导致了一种状况，即当"五四"思想界如林毓生所说的"整体性或全盘式的反传统"的时候，他们的批判矛头往往主要指向了道家思想。

例如胡适在 1926 年的《我们对于西洋近代文明的态度》一文中说：

> 西洋近代文明的精神方面的第一特色是科学，科学的根本精神在于求真理。人在世间，受环境逼迫，受习惯的支配，受迷信与成见的拘索。只有真理可以使你自由，使你强有力，使

---

① 陈独秀：《抵抗力》，《青年杂志》1915 年第 1 卷第 3 号。

② 陈独秀：《虚无的个人主义及任自然主义》，陈独秀《独秀文存》，安徽人民出版社 1987 年版，第 602 页。

③ 李大钊：《东西文明根本之异点》，载陈崧编《"五四"前后东西文化问题论战文选》（增订本），中国社会科学出版社 1989 年版，第 65 页。

你聪明圣智……求知是人类天生的一种精神上的最大要求。东方的旧文明对于这个要求，不但不想满足他，并且常想裁制他，断绝他。所以东方古圣人劝人要"无知"，要"绝圣弃智"，要"断思维"，要"不识不知，顺帝之则"，这是畏难，这是懒惰。还能自夸可以满足心灵上的要求吗？

东方的懒惰圣人说，"吾生也有涯，而知也无涯，以有涯逐无涯，殆已"。所以他们要人静坐澄心，不思不虑，而物来顺应……东方的文明的最大特色是知足，而西洋的近代文明的最大特色是不知足。知足的东方人自安于简陋的生活，故不求物质享受的提高；自安于愚昧，自安于"不识不知"，故不注意真理的发见与技艺器械的发明，自安于现在环境与命运，故不想征服自然，只求乐天安命；不想改革制度，只图安分守己，不想革命，只做顺民。①

但是尽管这些中国现代思想的开拓者们都将民族危亡的根本原因归咎于中国的文化传统——尤其是道家思想文化的影响，但是他们对中国传统文化以及道家思想文化的认识与批判的具体内容却并不完全一致，甚至在某些方面还呈现出一种互相悖反理解。如上文所提示的，陈独秀与胡适等人认为，道家思想文化影响所及，中国文化精神相对于西方文化体现出一种对物质实利的漠视，因此而导致了民族生存意志与生存能力的衰退。然而，鲁迅的看法则与此截然相反，他认为，在道家（教）思想的影响下，中国人体现出一种满足于追求现实利益的精神倾向，"人人之心，无不泐二大字曰实利，不获则劳，即获便睡"②，于是为了保有现实利

---

①　胡适：《我们对于西洋近代文明的态度》，载陈崧编《"五四"前后东西文化问题论战文选》（增订本），中国社会科学出版社 1989 年版，第 688—695 页。

②　鲁迅：《摩罗诗力说》，《鲁迅全集》第一卷，人民文学出版社 2005 年版，第 71 页。

益，惯于妥协，怯于反抗与进取，养成"卑懦俭啬，退让畏葸"①
的国民精神。

于是，鲁迅提出的文化缺陷的救治之道也与陈独秀胡适等人颇
不相同，他所提倡的是"似无裨于人间者"且与"不撄人心"的
道家（教）文化相对抗的诗人的文化，或者说，广义的诗，即审美
的艺术。"盖诗人者，撄人心者也。"② 审美的艺术的功能在于在现
实利益之外激发人们的情感与思想，也就是激发起人们的想象力、
创造力与生命力，这自然不利于专制的统治，因此，在中国和西方
都有企图以政治权力与意识形态力量排斥与框范诗歌艺术的传统：
"惟诗究不可灭尽，则又范以因之。如中国之诗，舜云言志；而后
贤立说，乃云持人性情，三百之旨，无邪所蔽。夫既言志矣，何持
之云？强以无邪，即非人志。"③ 鲁迅对于中国的"诗教"传统的
这种理解未必是独创性的，但是鲁迅是在近现代特有的对于中国传
统进行整体批判的大题目之下来谈论这些问题的，因而这一理解就
指示出这样一种观点：在中国的文化传统中，儒、道两家共同参与
甚而合谋了对文学艺术的钳制与框范。因此，为了避开或反抗这一
合谋力量的钳形挤压，鲁迅并不是在一般意义上倡导文学艺术的审
美力量，而是有意提倡鼓吹"立意在反抗，指归在动作，而为世所
不甚愉悦者"④ 的所谓"摩罗诗派"，鲁迅宣称，这种文艺"固声
之最雄桀伟美者矣"⑤。

可以说，和道家文化的消极影响进行斗争，占据了鲁迅的中国
文化改造工程的相当重要的份额，一直到 1933 年，他称赏英国作

---

① 鲁迅：《摩罗诗力说》，《鲁迅全集》第一卷，人民文学出版社 2005 年版，第
71 页。
② 同上书，第 70 页。
③ 同上。
④ 同上书，第 68 页。
⑤ 同上。

家萧伯纳对上流社会的尖锐讽刺，认为萧翁"是一个伟大的感叹号"①，同时指出，尽管中国作家们也在努力效仿萧伯纳，大倡"幽默"，尽管林语堂等人也说"幽默处俏皮与正经之间"。但是，"不知俏皮与正经之辨，怎么会知道这'之间'？我们虽挂孔子的门徒招牌，却是庄生的私淑弟子。'彼亦一是非，此亦一是非'，是与非不想辨；'不知周之为梦为蝴蝶欤，蝴蝶之梦为周欤？'梦与觉也分不清。生活要混沌。如果凿起七窍来呢？庄子曰：'七日而混沌死'。这如何容得感叹号？"② 对于庄子的齐物论，鲁迅显然很不以为然，他甚至在小说中也不放过嘲讽老庄思想的机会。在小说《起死》中，鲁迅让庄子落入一个关于半斤白糖与枣子的纠纷之中，高妙的道家齐物论不能帮助他脱身，最后不得不吹起警笛，借助现实的统治权力来继续他的"逍遥游"。

　　当然，鲁迅对道家思想文化的激烈而持续的批判可能与他痛切地感到道家思想文化对自己的深刻影响有关。他承认自己"何尝不中些庄周韩非的毒，时而很随便，时而很峻急。孔孟的书我读得最早，最熟，然而倒似乎和我不相干"③。但也正是因此，鲁迅也时时流露出对于道家思想文化传统的心灵性与情感性的理解。例如在《魏晋风度及文章与药及酒之关系》中，他对于深受道家文化影响的嵇康、阮籍等人就显示出了相当的同情与理解。

第二节　复归于朴

　　鲁迅希图引入西方美学思想以及某种特定审美范型来救治中国文化与国民精神的病症，显然是认为审美命题与更大的关于文化以

---

　　① 鲁迅：《"论语一年"》，《鲁迅全集》第四卷，人民文学出版社 2005 年版，第 583 页。

　　② 同上书，第 585 页。

　　③ 鲁迅：《写在〈坟〉后面》，《鲁迅全集》第一卷，人民文学出版社 2005 年版，第 301 页。

及现实人生态度的命题具有某种可置换性与通约性。可以说，这个思路在很大程度上构成了中国现代美学的共同理解。20 世纪 20 年代，宗白华在中央大学讲授美学课程时就明确地提出："美感乃人生对于世界之一种态度。"① 因此，在一定意义上，关于人生问题的思考与探索可以移置或缩微成为对于美学问题的探讨。正是因此，对人生态度与生命意义这些终极性问题投入了巨量关注的中国传统思想文化与道家思想文化成为中国现代美学论域中的一个重要范畴。

与此同时，鲁迅对待道家文化的态度也已暗示我们，道家思想文化与中国现代美学之间，应该存在着一种较为复杂的关系。

几乎就在陈独秀等"五四"新文化运动的巨子们以西方文化为思想武器对道家思想展开激烈批判的同时，另外一批留学海外的中国学者却开始表现出完全不同的态度。宗白华就是这其中一个比较突出的例子。1921 年，留学德国的宗白华发现，西方人正对东方文化抱着某种激赏的态度："德国战后学术界忽大振作……风行一时两大名著；一部《西方文化的消极观》，一部《哲学家的旅行日记》，皆畅论欧洲文化的破产，盛夸东方文化的优美。"② 在这其中，宗白华尤其注意到德国学界对于中国道家思想的浓厚兴趣："《庄子》《列子》都翻译了。《老子》译本已有五六种（月内还新出一种）。德人对中国文化兴趣颇不浅也。"③ 可以说，宗白华所捕捉到的正是一战后在欧洲兴起的反现代化思潮，一战所摧毁的不仅仅是欧洲的城市，更是西方人对于西方文化的信心，欧洲人感到西方文化似乎有着某种自身难以克服的缺陷，需要引入东方文明的某些方面来补偏救弊。显然，这种来自西方的反现代化思潮，对于远

---

① 宗白华：《美学》，《宗白华全集》第一卷，安徽教育出版社 1994 年版，第437 页。

② 宗白华：《自德见寄书》，《宗白华全集》第一卷，安徽教育出版社 1994 年版，第 320 页。

③ 同上。

涉重洋前来求取西式的救国良方的中国人来说，恐怕会引发出一些始料不及的错愕与深度的文化再反省。这种否定之否定后，也许能带来一种比较冷静公正的文化价值观。显然，宗白华在经历了这种意外的错位体验之后，所获得的就是这样一种文化思路："我以为中国将来的文化决不是把欧美文化搬了来就成功。中国旧文化中实有伟大优美的，万不可消灭。譬如中国的画，在世界中独辟蹊径，比较西洋画，其价值不易论定，到欧后才觉得。所以有许多中国人，到欧美后，反而'顽固'了，我或者也是卷在此东西对流中的潮流中，受了反流的影响了。但是我实在尊崇西洋的学术艺术，不过不复敢藐视中国的文化罢了。并且主张中国以后的文化发展，还是极力发挥中国民族文化的'个性'，不专门模仿，模仿的东西是没有创造的结果的。"① 可以说，宗白华的观点正是"五四"以后受西方反现代思潮影响的中国现代文化保守主义思潮的一种表现，与陈独秀、胡适等这些"五四"新文化领袖人物的全盘反传统思路不同，他们在西方反现代化思潮的参照下，对于传统以及传统中的道家思想的价值有更为正面的体认。但是，尽管价值判断有了很大的调整，宗白华对于中国文化基本精神的理解似乎与陈独秀等人并没有太大的差别：

中国的学说思想是统一、圆满的，一班大哲都自有他一个圆满的人生观和宇宙观。所以，不再有向前的冲动，以静为主。

东方的精神思想可以以"静观"二字代表之。儒家、佛家、道家都有这种倾向。……这种东方的"静观"和西方的"进取"实是东西文化的两大根本差点。②

① 宗白华：《自德见寄书》，《宗白华全集》第一卷，安徽教育出版社 1994 年版，第 321 页。
② 同上。

他甚至也同陈独秀等人一样认为，"静观"的中国文化不适合中国人在现代世界求生存："我们中国人现在乃不得不发挥其动的本能，以维持我们民族的存在，以新建我们文化的基础。"①

显然，正如我们上文所提到的，宗白华与当时人们对中国文化特征的宏观概括，更接近与吻合于道家思想。也许正是因此，当郭沫若对宗白华的"中国文化主'静'说"进行反驳时，他就要花更大的力气为道家思想进行辩护：

> 我国的儒家思想是以个性为中心，而发展自我之全圆于国于世界，所谓"修身、齐家、治国、平天下"，这不待言是动的，是进取的。便是道家思想也并不是不进取。老庄思想流而为申不害、韩非，是人所尽知的。老子的无为清静说为后人所误解，误认为与佛教思想同科，实则"无为"二字并不是寂灭无所事事，是"生而不有、为而不恃"的积极精神。我们试把"为"字读成去声，便容易得其旨趣。人类的精神为占有欲望所扰，人类的一切烦乱争夺尽都从此诞生。欲消除人类的苦厄则在效法自然，于自然的沉默之中听出雷鸣般的说教。自然界中，天旋地转，云行雨施，漫无目的之可言，而活用永远不绝。自然界中，草木榛榛，禽兽狉狉，亦漫无目的之可言，而生机永远不息。然而自然界中之秩序永远保持着数学的谨严，那又是何等清宁的状态！人能泯却一切的占有欲望而纯任自然，则人类精神自能澄然清明，而人类的创造本能便能自由发挥而含和光大。据我看来，老子的无为说应该是这样的意思，老子的恬静说是由这种思想所产生出来的活静。活静与死静不同。活静是群力合作的平稳状态，而死静则是佛家的枯槁寂灭。道家思想与佛学根本不

① 宗白华：《自德见寄书》，《宗白华全集》第一卷，安徽教育出版社1994年版，第321页。

同，我辈似不宜因形式上之相类而生淆惑。①

不仅如此，针对宗白华所说的德国青年从崇拜尼采转向崇尚老子的观点，郭沫若认为："我于老子与尼采的思想之中，并发见不出有甚么根本的差别。老子的思想绝非静观，我在前面已稍有溯述，而老子与尼采相同之处，是他们两个同是反抗有神论的，同是反抗藩篱个性的既成道德，同是以个人为本位而力求积极发展。"②

这种将道家思想与尼采或者西方某派思想并立求同的眼光显然与同时许多新文化人将中西思想对立观异的思路颇不相同，但事实上，这种思路并不新奇，早在 1904 年，王国维写《〈红楼梦〉评论》的时候，就已经将道家思想与叔本华互相参证。王氏在《〈红楼梦〉评论》开篇便称：

> 老子曰：人之大患，在我有身。庄子曰：大块载我以形，劳我以生。忧患与劳苦之与生，相对待也久矣。夫生者，人人之所欲；忧患与劳苦者，人人之所恶也。然则，讵不人人欲其所恶，而恶其所欲欤？将其所恶者，固不能不欲，而其所欲者，终非可欲之物欤？③

显然，老庄哲学中对生命痛苦体验的表述构成了王国维理解叔本华学说的前理解结构中的重要成分，王国维将叔本华学说理解成为一种解脱的哲学，即，人生因有欲望而充满痛苦，只有纯粹的审美的观照才能让人摆脱这种痛苦而得解脱。

---

　　① 郭沫若：《论中德文化书》，《郭沫若全集》文学编第十五卷，人民文学出版社 1990 年版，第 149—150 页。

　　② 同上书，第 157 页。

　　③ 王国维：《〈红楼梦〉评论》，《王国维文集》第一卷，中国文史出版社 1997 年版，第 1 页。

　　吾人之知识与实践之二方面，无往而不与生活之欲相关系，即与苦痛相关系。兹有一物焉，使吾人超然于利害之外，而忘物与我之关系。此时也，吾人之心无希望，无恐怖，非复欲之我，而但知之我也。此犹积阴弥月，而旭日杲杲也；犹覆舟大海之中，浮沉上下，而飘著于故乡之海岸也；……犹阵云惨淡，而插翅之天使，赍平和之福音而来者也；犹鱼之脱于罾网，鸟之自樊笼出，而游于山林江海也。然物之能使吾人超然于利害之外者，必其物之于吾人无利害之关系而后可；易言以明之，必其物非实物而后可。然而非美术何足以当之乎？①

　　苟吾人而能忘物与我之关系而观物，则夫自然界之山明水媚，鸟飞花落，固无往而非华胥之国、极乐之土也。②

我们可以发现，王氏在描述这种解脱与自由的境界时使用了一批意象，而其中相当一部分——鱼脱于罾网、鸟出于樊笼等——具有浓厚的道家文化色彩（也许来自陶渊明的诗句），至于以"华胥之国"来比附这种境界，更显然来自《列子》"黄帝梦游华胥氏国"的寓言。而他在评论《红楼梦》中顽石入世一段时又说："夫顽钝者既不幸而为此石矣，又幸而不见用，则何不游于广漠之野、无何有之乡，以自适其适，而必欲入此忧患劳苦之世界，不可谓非此石之大误也。"③ 这些观点与话语显然是来自《庄子》。

　　很显然，王国维将审美看成一种解脱与自由，看成一种观照或对待世界的特殊方式，他在中国古典思想文化传统中，尤其是道家

---

　　① 王国维：《〈红楼梦〉评论》，《王国维文集》第一卷，中国文史出版社 1997 年版，第 3 页。
　　② 同上。
　　③ 同上书，第 7 页。

思想文化中找到了可相参证的相似性体验：

> 是故观物无方，因人而变：濠上之鱼，庄、惠之所乐也，
> 而渔父袭之以网罟；舞雩之木，孔、曾之所憩也，而樵者继之
> 以斤斧。……故美术之为物，欲者不观，观者不欲；而艺术之
> 美所以优于自然之美者，全存于使人易忘物我之关系也。①

于是庄子在濠梁之上观鱼而乐，就成为一种审美的观照。这也许是
庄子之学第一次比较明确地与西方现代美学观念连接起来。

王国维以道家的相关观念去读解叔本华乃至康德的美学，将审
美看成人生的一种解脱途径，开启了中国现代美学的一条重要理
路，这恐怕更多地根植于王氏自身的个人气质与体验②，而20世纪
20年代之后，中国现代美学家们继续承接这一思路，恐怕就是由
于一种集体性的体验了。1920年，宗白华在《青年烦闷的解救法》
一文中说："现在中国有许多的青年，实处于一种很可注意的状态，
就是对于旧学术、旧思想、旧信条都已失去了信仰，而新学术、新
思想、新信条还没有获着，心界中突然产生了一种空虚，思想情绪
没有着落，行为举措没有标准，搔首踯躅，不知怎么才好，这就是
普通所谓'青年的烦闷'。"③ 他又指出："这本来是向来'黎明运
动'所常附带的现象，将来自然会趋于稳健创造的一途，为中国文
化开一新纪元，就着过去历史上看来，本是很可喜的现象。但是，
我们自己既遇着这种时期，陷入这种状态，就不得不自谋解救的方

① 王国维：《〈红楼梦〉评论》，《王国维文集》第一卷，中国文史出版社1997年
版，第3—4页。
② 可参见聂振斌《王国维对庄子思想的阐释与发挥》中的相关论述，《道家文化
研究》第二十辑，三联书店2003年版。
③ 宗白华：《青年烦闷的解救法》，《宗白华全集》第一卷，安徽教育出版社1994
年版，第178页。

法，以求早入稳健创造的境地。"① 可以说，宗白华敏锐地觉察到中国现代知识分子的某种集体性的精神困惑与苦闷，这种精神症候导源于文化转型时代的价值指针的淆乱与丧失。而为了救治这种集体精神症候，从这种所谓"烦闷"中解脱出来，宗白华开出了几条所谓"解救法"，其中一条即"唯美的眼光"："唯美的眼光，就是我们把世界上社会上各种现象，无论美的，丑的，可恶的，龌龊的，伟丽的自然生活，以及鄙俗的社会生活，都把他当作一种艺术品看待……因为我们观览一个艺术品的时候，小己的哀乐烦闷都已停止了，心中就得着一种安慰，一种宁静，一种精神界的愉乐。"② 通过这种唯美的观照，便可以建立一种"艺术人生观"，"就是把我们的一生生活，当作一个艺术品似的创造。这种'艺术式的人生'，也同一个艺术品一样，是个很有价值、有意义的人生"③。

这种以艺术与审美为人生的目的与精神家园的观点在中国现代文化史上影响广泛。不少学者往往将中国传统艺术论述成体现这种艺术观与审美观的典范形态，不仅如此，这种唯美的人生观，"可以替社会提倡艺术的教育和艺术的创造。艺术教育，可以高尚社会人民的人格"④。

可以说，这种思路，即通过审美而达到自我解救、自我提升，进而达到全体社会成员人格的提升，也就是说，将审美看成一种心理调整、一种人生态度，乃至一种人格修养的手段与途径，是当时不少美学学者的共同信念。于是，对审美心态的描述成为当时美学研究的重要方面，而在这其中，审美心理描述经常成为援引与利用道家话语因素的重要契机。如戴岳在《美术之真价值及革新中国美术之根本方法》一文中企图对美感对人的身心状态的影响进行说

---

① 宗白华：《青年烦闷的解救法》，《宗白华全集》第一卷，安徽教育出版社1994年版，第178页。

② 同上书，第179页。

③ 同上。

④ 同上书，第180页。

明，他大致将美感的身心体验概括为三种："冲和之状""随化之状""超脱之状"，而在描述这些美感状态之时，他大量地使用了道家或道家式的话语范畴：

> 当斯时也，心志则恬然无思，澹然无虑；几如秋月之朗照清空，无一毫暧昧之状。血气则湛然平静，霍然清爽；几如春风之鼓畅庶类，无半点滞郁之形。此即所谓冲也，和也；心冲气和，则神明开涤，胸次清旷；凡一切机械诈伪之念，恩怨利害之见，莫不涤除清尽，屏诸胸怀。所余者，止此清净闲适之胸襟，以与外物之美相游衍而已。此殆释家所谓"身心两自在"者乎。使吾人能时与此种美境相薰染，以常维持此冲和之状态，则久而成习，即无丝无竹亦自恬愉；即不山不水，亦自幽静。以之持身涉世，则虽大火流金，而清风穆然；虽严霜杀物，而和气霭然；虽阴霾翳空，而慧心朗然；虽洪涛倒海，而砥柱屹然。若然者，中正优游，抱德炀和；不以外界之宠辱得失，搅乱其浩旷活泼之性灵。殆庄子所谓"大泽焚而不能热，河汉冱而不能寒，疾雷破山飘风震海而不能惊"之至人乎。①

我们看到，戴岳此文比王国维与宗白华更加清晰细致地揭示出了将审美视为由心理调整手段向人格修养途径升华的美学理路。在这种以道家思想话语阐释美学理论的过程中，美学固然道家化、心性之学化了，而道家话语也被心理学化了，几乎成为一种审美心理学。可以说，正是在这一汇合点上，美学与作为心性之学的道家学说实现了连通，也正是在这条大思路之下，美学家们在阐述美学理论的时候，经常喜欢拿道家思想的经典论说作参照与比附。在这种"人生的艺术化"的思路下，以美学和道学互释的阐释活动可以说是中

---

① 戴岳：《美术之真价值及革新中国美术之根本方法》，载胡经之编《中国现代美学丛编（1919—1949）》，北京大学出版社 1987 年版，第 293—294 页。

国现代美学的重要工程。在这其中，道家文化精神及其思想论说往往构成了美学家们理解与阐释康德以来的西方现代美学观念的重要知识参考系统，而经由美学化的人生观往往又成为进一步整理与阐释道家乃至中国传统文化精神的知识框架。

在这其中，朱光潜虽不是这一思路的开创者，却可以称得上是一个典范。1924 年，他在处女作《无言之美》一文中极力称扬"无言之美"，宣称"美术作品之所以美，不是只美在已表现的一部分，尤其是美在未表现而含蓄无穷的一大部分，这就是本文所谓无言之美"①。并认为"我们所居的世界是最完美的，就因为它是最不完美的。……这个世界之所以美满，就是在有缺陷，就在有希望的机会，有想象的田地。换句话说，世界有缺陷，可能性（potentiality）才大。这种可能而未能的状况就是无言之美"②。——这种论说逻辑很容易让人想起老子所谓"大成若缺""大音希声"一类的命题。而在文末，朱光潜声言曰："天上的云霞有多么美丽！风涛虫鸟的声息有多么和谐！用颜色来摹绘，用金石丝竹来比拟，任何美术家也是作践天籁，糟蹋自然！无言之美何限？……倘若有人骂我胡言乱道，我也只好引陶渊明的诗回答他说：'此中有真味，欲辩已忘言！'"③ 这些都提示出，朱光潜的美学之根与中国道家审美文化传统有着千丝万缕的联系。

而到了 20 世纪 20 年代后半期以及三四十年代的一些著作中，朱光潜更显示出以美学化的道家庄学来建构自己的人生哲学的倾向。他在《给青年的十二封信》的第十二封信《谈人生与我》中说："人类比其他物类痛苦，就因为人类把自己看得比其他物类重要。人类中有一部分人比其余的人苦痛，就因为这一部分人把自己

① 朱光潜：《无言之美》，《朱光潜全集》（新编增订本）第一卷，中华书局 2012 年版，第 72 页。

② 同上书，第 74 页。

③ 同上书，第 75 页。

比其余的人看得重要。"①　因此，他主张放下"我执"，"把自己看作草木虫鱼的侪辈，草木虫鱼在和风甘露中是那样活着，在炎暑寒冬中也还是那样活着。象庄子所说，它们'诱然皆生，而不知其所以生；同焉皆得，而不知其所以得'。它们时而戾天跃渊，欣欣向荣，时而含葩敛翅，晏然蛰处，都顺着自然所赋予的那一副本性。它们决不计较生活应该是如何，决不追究生活是为着什么，也决不埋怨上天待它们特薄，把它们供人类宰割凌虐。在它们说，生活自身就是方法，生活自身也就是目的。""从草木虫鱼的生活，我觉得一个经验。我不在生活以外别求生活方法，不在生活以外别求生活目的。"②　朱光潜认为这种人生态度在中国传统思想文化中可以找到依据："孔子所谓'知命'，孟子所谓'尽性'，庄子所谓'齐物'，宋儒所谓'廓然大公，物来顺应'，和希腊廊下派哲学，我都可以引申成一篇经义文，做我的护身符。"③

　　但是，在朱光潜对人生态度的表述中，更为重要的却是他所谓"站在后台看人生"④。他说"许多人把人生看作只有善恶分别的，所以他们的态度不是留恋，就是厌恶。我站在后台时把人和物也一律看待，我看西施、嫫母、秦桧、岳飞也和我看八哥、鹦鹉、甘草、黄连一样，我看匠人盖屋也和我看鸟鹊营巢、蚂蚁打洞一样，我看战争也和我看斗鸡一样，我看恋爱也和我看雄蜻蜓追雌蜻蜓一样。因此，是非善恶对我都无意义，我只觉得对着这些纷纭扰攘的人和物，好比看图画，好比看小说，件件都很有趣味"⑤。这种"看戏"式的人生观，可说颇得庄子"齐物论"精髓。这种深受庄学影响的美学化的人生观一直贯穿着朱光潜对人生哲学与美学的思

---

　　①　朱光潜：《给青年的十二封信》，《朱光潜全集》（新编增订本）第一卷，中华书局 2012 年版，第 60—61 页。
　　②　同上书，第 61 页。
　　③　同上书，第 62 页。
　　④　同上。
　　⑤　同上。

考。直到 1947 年，他在《生命》一文中明确地承认："我对于这生命问题倒有一个看法，这看法大体源于庄子。（我不敢说它是否合于佛家的意思，）庄子尝提到生死问题，在《大宗师》篇说得尤其透辟。在这篇里他着重一个'化'字，我觉得这'化'字非常之妙。中国人称造物为'造化'，万物为'万化'。生命原就是化，就是流动与变易。整个宇宙在化，物在化，我也在化。只是化，并非毁灭。草木虫鱼在化，它们并不因此而有所忧喜，而全体宇宙也不因此而有所损益。何以我独于我的化看成世间一件大了不起的事呢？我特别看待我的化，这便是'我执'。"①

朱光潜极为欣赏庄子所表达的一种生命态度：

> 浸假而化予之左臂以为鸡，予因以求时夜，浸假而化予之右臂以为弹，予因以求鸮炙……②

生生死死，只不过是宇宙间的大化流行，"伟大而悠久，丰富而曲折的一个游历，一个冒险，这真是所谓'逍遥游'！"③ 这是一种真正的美学化的人生观，拉开观照的距离，于是自己的生命历程也成为自己观照与欣赏的一幕壮剧，这正是朱光潜一直阐释与倡扬的"远距离审美"的美学精神。

在写于同年的《看戏与演戏》一文中，他更明确地把人生观概括为"看戏"与"演戏"两大类。从这种观点出发，他将中国的儒道两家分属这两大类型："就大体说，儒家能看戏而却偏重演戏，

---

① 朱光潜：《生命》，《朱光潜全集》（新编增订本）第十卷，中华书局 2012 年版，第 125 页。

② 《庄子·大宗师》，引自陈鼓应注译《庄子今注今译》，中华书局 1983 年版，第 189 页。

③ 朱光潜：《生命》，《朱光潜全集》（新编增订本）第十卷，中华书局 2012 年版，第 126 页。

道家根本藐视演戏，会看戏而却也不明白地把看戏当作人生理想。"① 他指出，儒家也"很能作阿波罗式的观照"②，但更重视于"行"——投入生活的实践。至于道家，则重于"看戏"——对人生物理进行静观：

> 老子抱朴守一，法自然，尚无为，持清虚寂寞，观"众妙之门"，玩"无物之象"，五千言大半是一个老于世故者静观人生物理所得到的直觉妙谛。他对于宇宙始终持着一个看戏人的态度。庄子尤其是如此。他齐是非，一生死，逍遥于万物之表，大鹏与鷦鱼，姑射仙人与庖丁，物无大小，都触目成象，触心成理，他自己却"凄然似秋，暖然似春"，哀乐毫无动于衷。……我们可以看出老子所谓"抱朴守一"，庄子所谓"心斋"，都恰是西方哲学家与宗教家所谓"观照"（contemplation）与佛家所谓"定"或"止观"。③

显然，朱光潜是在"看戏"的隐喻下将道家的"心斋"以及佛教的"止观"与尼采美学中的"阿波罗式的观照"都等同起来，将这些都视为美学的范畴了，他有意无意地忽略了宗教或哲学意义的"观照"与普通审美意义上的"纯粹直观"之间的微妙区别——至少由"看戏"可得的审美快感与由"心斋""坐忘"而达的形如槁木、心如死灰的状态恐怕是不同的。这恰恰透露出，在朱光潜等中国现代美学家那里，道家之学已经经过了一种美学化改造，而这种经过改造过的道家之学又成为他们建构与支持自己的美学化的人生哲学的重要思想资源。

---

① 朱光潜：《看戏与演戏》，《朱光潜全集》（新编增订本）第一卷，中华书局2012年版，第293页。
② 同上书，第294页。
③ 同上。

第三节 "道""艺"之间

对于中国现代美学的建构工程而言，仅仅停留于引介西方美学的层面是远远不够的，对于本民族传统的审美经验进行现代化阐释，将其引渡到现代文化语境之中，更是这一美学建构工程必须完成的重要部分。对于这一点，中国现代美学家们显然具有充分的自觉。宗白华指出："现代的中国站在历史的转折点。新局面必将展开。然而我们对旧文化的检讨，以同情的了解给予新的评价，也更重要。就中国艺术方面——这中国文化史上最中心最有世界贡献的一方面——研寻其意境的特构，以窥探中国心灵的幽情壮采，也是民族文化底自省工作。"①

在这方面，宗白华可谓是成绩卓著。在宗白华的美学探索中，相当一部分工作是对中国画艺术进行现代阐释。恰恰是在这一领域，道家思想文化具有极为深远广泛的影响："中国古代画家多为耽嗜老庄思想之高人逸士。彼等忘情世俗，于静中观万物之理趣。其心追手摹表现于笔墨者，亦此物象中之理趣而已（理者物之定形，趣者物之生机）。……山水人物花鸟中，无往而不寓有浑沦宇宙之常理。"② 于是，我们看到，当宗白华通过中国书画艺术而"窥探中国心灵的幽情壮采"时，他所读出的往往主要是道家的艺术精神与审美理念。

作为华夏民族审美经验与艺术理想的结晶，"意境"范畴无论在中国古典艺术美学那里，还是在宗白华那里，都具有举足轻重的重要意义。可以说，对于中国艺术"意境"的阐释，承载了宗白华

---

① 宗白华：《中国艺术意境之诞生》（增订稿），《宗白华全集》第二卷，安徽教育出版社1994年版，第356页。

② 宗白华：《徐悲鸿与中国绘画》，《宗白华全集》第二卷，安徽教育出版社1994年版，第50页。

在美学与艺术研究方面的多重理想。

对宗白华而言，艺术的价值不仅仅在于其"美"，更在于其"真"。他早年在给郭沫若的信中说："我已从哲学中觉得宇宙的真相最好是用艺术表现，不是纯粹的名言所能写出的，所以我认将来最真确的哲学就是一首'宇宙诗'，我将来的事业也就是尽力加入做这首诗的一部分罢了。"① 可以说，支持与推动着宗白华的美学研究的，正是这种哲学性的动机，是对于"宇宙真理"的探索意志。

而"意境"恰恰能够承载这一目标。从王国维开始，中国现代美学就开始了对古典的"意境"范畴进行现代引渡的工作，而对于"意境"的主流理解，往往强调其"情景交融"、主客观统一的内涵，但是宗白华却有一些似乎不同于主流的表述：

> 意境是造化与心源的合一。就粗浅方面说，就是客观的自然景象和主观的生命情调的交融渗化。②

在这里，值得注意的是，他没有使用"情感"的概念，而是使用了所谓"生命情调"这样一个更加宽泛而玄奥的概念。

如果说这一表述仍显得有些模糊的话，那么他在《中国艺术意境之诞生》的增订稿中的表述则更加清晰：

> 什么是意境？人与世界接触，因关系的层次不同，可有五种境界：（1）为满足生理的物质的需要，而有功利境界；（2）因人群共存互爱的关系，而有伦理境界；（3）因人群组

---

① 宗白华、郭沫若、田汉：《三叶集》，《宗白华全集》第一卷，安徽教育出版社1994年版，第225页。

② 宗白华：《中国艺术意境之诞生》，《宗白华全集》第二卷，安徽教育出版社1994年版，第327页。

合互制的关系，而有政治境界；（4）因穷研物理，追求智慧，而有学术境界；（5）因欲返本归真，冥合天人，而有宗教境界。功利境界主于利，伦理境界主于爱，政治境界主于权，学术境界主于真，宗教境界主于神。但介乎后二者的中间，以宇宙人生的具体为对象，赏玩它的色相、秩序、节奏、和谐，借以窥见自我的最深心灵的反映；化实景而为虚境，创形象以为象征，使人类最高的心灵具体化、肉身化，这就是"艺术境界"。艺术境界主于美。①

显然，艺术境界，即艺术意境，是介于学术境界与宗教境界、介乎"真"与"神"之间的境界，它表现的是人类的心灵，但似乎不仅仅是普通意义上的喜怒哀乐之"情"，而是所谓人类自我的"最深"的心灵。而这种表现，又是借助对宇宙种种构成与运动规律——即所谓"色相、秩序、节奏、和谐"——的观照来达成的。

宗白华指出，最适宜作为这种艺术境界的象征物的，是自然的山川，因为：

艺术家禀赋的诗心，映射着天地的诗心。（《诗纬》云："诗者天地之心。"）山川大地是宇宙诗心的影现；画家诗人的心灵活跃，本身就是宇宙的创化。②

基于这种观点，宗白华认为，中国的山水画和山水诗最充分地体现了这种艺术意境。

很显然，宗白华所说的"意境"并不是一种普通意义上的主客观相统一、"情景交融"的艺术形象，所谓的"生命情调"，也并

---

① 宗白华：《中国艺术意境之诞生》（增订稿），《宗白华全集》第二卷，安徽教育出版社 1994 年版，第 357 页。
② 同上书，第 360 页。

不等同于普通意义上的"情感",所有这一切,都渗透着宏远深邃的宇宙意识与生命意识,具有浓厚的形而上意味,可以说,这就是宗白华早年所提到过的"宇宙诗"。只是他似乎不是在诗歌中,而主要是在中国画当中找到了这首"诗"。

也就是说,宗白华的"意境"概念,在很大程度上是一个哲学的概念,而不仅仅是一个美学的概念,这个概念所承载的,是宗白华对于"宇宙真相"、生命本原的追寻与探求。这就是为什么他会说"中国艺术意境的创成,既须得屈原的缠绵悱恻,又须得庄子的超旷空灵。缠绵悱恻,才能一往情深,深入万物的核心,所谓'得其环中'"[1]。艺术家的体验的深化,是为了"深入万物的核心",是为了洞察宇宙万象的本真,这显然是一种哲学认识论层面上的任务,宗白华却让艺术去承担,或者说,他是要让艺术的"意境"去承载这种本体论意义上的求真意志。

因此,宗白华赋予艺术的,是一个伟大的使命——艺术家要在作品里把握到天地境界!"艺术意境之表现于作品,就是要透过秩序的网幕,使鸿濛之理闪闪发光。"[2]

宗白华的这种"意境"论很可能来自歌德与庄子的共同启悟。他这样阐释《庄子》中"象罔得珠"的寓言:

> 庄子《天地》篇有一段寓言说明只有艺"象罔"才能获得道真"玄珠"……吕惠卿注释得好:"象则非无,罔则非有,有皦不昧,玄珠之所以得也。"非无非有,不皦不昧,这正是艺术形象的象征作用。"象"是境相,"罔"是虚幻,艺术家创造虚幻的境相以象征宇宙人生的真际。真理闪耀于艺

---

① 宗白华:《中国艺术意境之诞生》,《宗白华全集》第二卷,安徽教育出版社1994年版,第331页。
② 宗白华:《中国艺术意境之诞生》(增订稿),《宗白华全集》第二卷,安徽教育出版社1994年版,第366页。

形相里，玄珠的蹀于象罔里。歌德曾说："真理和神性一样，是永不肯让我们直接识知的。我们只能在反光、譬喻、象征里面观照它。"……他在《浮士德》里面的诗句"一切消逝者，只是一象征"，更说明"道"、"真的生命"是寓在一切变灭的形相里。①

也就是说，艺术的幻象，是真理——或者，用中国古代哲学的术语来表述，是"道"——的象征，"'道'，这形而上原理，和'艺'，能够体合无间"②。而宗白华在中国画中找到了这种境界。

宗白华认为，"美与美术的源泉是人类最深心灵与他的环境世界接触相感时的波动。各个美术有它特殊的宇宙观与人生情绪为最深基础"③。也就是说，在艺术中，蕴含着一个民族的独特的宇宙观念。那么，中国书画艺术意境所表现的就是中国人心目中的宇宙，这会是一种什么样的图景呢？

宗白华非常激赏恽南田的这段话："谛视斯境，一草一树，一丘一壑，皆洁庵灵想所得辟，总非人间所有。其意象在六合之表，荣落在四时之外。"（恽南田《题洁庵图》）并据此指出，中国画所欲造之境，就是这样的"一种永恒的灵的空间"④，可以看出，宗白华所感悟的中国书画艺术（乃至中国诗歌）的"意境"，实际上是这些艺术作品给人带来的一种独特的无限的空间感，而这种特殊的空间感，就是中国人对于天地宇宙的感受，也就是道家哲学所领

① 宗白华：《中国艺术意境之诞生》（增订稿），《宗白华全集》第二卷，安徽教育出版社1994年版，第367—368页。

② 宗白华：《中国艺术意境之诞生》，《宗白华全集》第二卷，安徽教育出版社1994年版，第332页。

③ 宗白华：《介绍两本关于中国画学的书并论中国的绘画》，《宗白华全集》第二卷，安徽教育出版社1994年版，第43页。

④ 宗白华：《中西画法所表现的空间意识》，《宗白华全集》第二卷，安徽教育出版社1994年版，第145页。

悟并反复阐说的"虚无"或者"道"：

> 绘画是托不动的形象以显现那灵而变动（无所见）的心。绘画不是面对实景，画出一角的视野（目有所极故所见不周），而是以一管之笔，拟太虚之体。那无穷的空间和充塞这空间的生命（道），是绘画的真正对象和境界。①

宗白华在许多地方多次表述了他对于中国画意境中所体现的中国人的宇宙观念的理解：

> 中国人感到这宇宙的深处是无形无色的虚空，而这虚空却是万物的源泉，万动的根本，生生不已的创造力。老、庄名之为"道"、为"自然"、为"虚无"，儒家名之为"天"。万象皆从空虚中来，向空虚中去。②

> 《淮南子》的《天文训》首段说："……道始于虚霩（通廓），虚霩生宇宙，宇宙生气……。"这和宇宙虚廓合而为一的生生之气，正是中国画的对象。③

宗白华指出，对于这样一个"虚而不屈，动而愈出"的充满生命气息的宇宙，中国人的态度"不是正视的抗衡，紧张的对立，而是纵身大化，与物推移"④，是"深沉静默地与这无限的自然，无

---

① 宗白华：《中西画法所表现的空间意识》，《宗白华全集》第二卷，安徽教育出版社1994年版，第147页。
② 宗白华：《介绍两本关于中国画学的书并论中国的绘画》，《宗白华全集》第二卷，安徽教育出版社1994年版，第45页。
③ 宗白华：《中西画法所表现的空间意识》，《宗白华全集》第二卷，安徽教育出版社1994年版，第147页。
④ 同上书，第148页。

限的太空浑然融化，体合为一"①。即所谓默契自然，不知何者为
我，何者为物。正是这样一种"天人合一"的态度，使得中国画的
艺术视觉——即构图法呈现出一种迥异于西方绘画的特征——即完
全回避与消解在西方绘画中至关重要的透视法则，例如，"在西洋
画上有画大树参天者，则树外人家及远山流水必在地平线上缩短缩
小，合乎透视法"②。然而，中国画甚至中国诗中所体现的空间关
系却不是这样："透迤南川水，明灭青木端"（王维），"树杪玉堂
悬"（杜审言）"碧松梢外挂青天。"（杜枚）这些诗境与中国画的
画境是相似的，玉堂坚重而悬之于树杪，青天悠远而挂之于松梢，
远景都与近景构成一个平面。对于中西绘画的这一重要差异，宗白
华从文化观念的层面提出了阐释：

> 西洋人站在固定地点，由固定角度透视深空，他的视线失
> 落于无穷，驰于无极。他对这无穷空间的态度是追寻的、控制
> 的、冒险的、探索的。近代无线电、飞机都是表现这控制无限
> 空间的欲望。而结果是彷徨不安，欲海难填。③

而中国画中表现的则是中国人的空间意识与宇宙观念：

> 玉堂坚重而悬之于树杪，这是画境的平面化。青天悠远
> 而挂之于松梢，这已经不止于世界的平面化，而移远就近了。
> 这不是西洋精神的追求无穷，而是饮吸无穷于自我之
> 中！……深广无穷的宇宙来亲近我，扶持我，无庸我去争取

---

① 宗白华：《介绍两本关于中国画学的书并论中国的绘画》，《宗白华全集》第二
卷，安徽教育出版社1994年版，第44页。
② 宗白华：《中国诗画中所表现的空间意识》，《宗白华全集》第二卷，安徽教育
出版社1994年版，第425页。
③ 同上书，第436—437页。

那无穷的空间。①

　　中国人对无穷空间这种特异的态度，阻碍中国人去发明透视法。……中国诗人多爱从窗户庭阶，词人尤爱从帘、屏、栏干、镜以吐纳世界景物。我们有"天地为庐"的宇宙观。老子曰："不出户，知天下。不窥牖，见天道。"庄子曰："瞻彼阙者，虚室生白。"孔子曰："谁能出不由户，何莫由斯道也"？中国这种移远就近，由近知远的空间意识，已经成为我们宇宙观的特色了。②

在这种宇宙观念与空间意识中，空间不是一个凝固僵硬的外在于人的生命的客观构架，而是人的亲切的家园，是一个与人的生命律动融合为一的音乐化与节奏化了的生命体。宗白华指出，中国人的"宇宙"概念与中国人在古代农业社会中的生产生活体验有着密切的关系：

　　中国人的宇宙概念本与庐舍有关。"宇"是屋宇，"宙"是由"宇"中出入往来。中国古代农人的农舍就是他的世界。他们从屋宇中得到空间观念。从"日出而作，日入而息"（击壤歌），由宇中出入而得到时间观念。空间、时间合成他的宇宙而安顿着他的生活。他的生活是从容的，是有节奏的。对于他空间与时间是不能分割的。春夏秋冬配合着东南西北。这个意识表现在秦汉的哲学思想里。时间的节奏（一岁十二月二十四节）率领着空间方位（东西南北等）以构成我们的宇宙。

---

① 宗白华：《中国诗画中所表现的空间意识》，《宗白华全集》第二卷，安徽教育出版社 1994 年版，第 426—427 页。
② 同上书，第 429 页。

> 所以我们的空间感觉随着我们的时间感觉而节奏化了、音乐化了！①

中国画的画家在画面中所表现的也正是这样一种"宇宙"观，即既包含着"宇"这一由屋宇建筑中产生的空间感，又包含着"宙"这一由随同日之出入而作息的生命活动而体会出来的、节律化与音乐化的时间节奏。因此，中国画家与诗人所表现的艺术境界，就是一个充满音乐情趣的宇宙（时空合一体）。

因而中国画家就不会或不愿意像西方画家那样采取一个固定的透视焦点来观察与构成一个空间，而是发展出了一种完全不同的透视法。既然宇宙之气是流动往复、生生不息的，因而空间与时间是在一起律动的，于是，中国画便采用这样一种透视法来观照这个宇宙："提神太虚，从世外鸟瞰的立场观照全整的律动的大自然，他的空间立场是在时间中徘徊移动，游目周览，集合数层与多方的视点谱成一幅超象虚灵的诗情画境。"② 这就是中国画独特的透视法——"三远"法（即人们所谓"散点透视"）。面对一片风景，中国画家从既高且远的心灵之眼去仰观俯察，上下游观，从而构成一幅具有节奏感的空间图景。

可以说，宗白华致力于将中国古代艺术文化与思想文化之间的联系揭示出来，因此，他最终从中国画的境界中读出了中国古代的哲学观念：

> 中国画所表现的境界特征，可以说是根基于中国民族的基本哲学，即《易经》的宇宙观：阴阳二气化生万物，万物皆禀天地之气以生，一切物体可以说是一种"气积"（庄子：天，

---

① 宗白华：《中国诗画中所表现的空间意识》，《宗白华全集》第二卷，安徽教育出版社1994年版，第431页。

② 同上书，第110页。

积气也）。这生生不已的阴阳二气织成一种有节奏的生命。中
国画的主题"气韵生动"，就是"生命的节奏"或"有节奏的
生命"。①

也就是说，中国画所真正要表现的，是宇宙虚空和人的生命节律这
样的"象外之象、景外之景"。宗白华认为，这就是中国艺术"意
境"的真正蕴含。

中国古代道家哲人认为"大道无形"，而中国画的意境所体现
的，实际上正是这个"道"，或者说，是宇宙虚空中的生命之气的
运行节奏。这是宗白华在读解中国画艺术时的重大发现。然而，正
如宗白华所指出的："艺术意境之表现于作品，就是透过秩序的网
幕，使鸿濛之理闪闪发光。这秩序的网幕，是由各个艺术家的意匠
组织线、点、光色、形体、声音或文字成为有机谐和的艺术形式，
以表出意境。"② 也就是说，无形的"道"需要借助有形的形式元
素所形成的意境来表达。那么，中国画家用以构造这种"韵外之
致"的艺术元素都具有一种什么样的特点呢？

宗白华在中西方艺术比较中，发现了中国画独特的艺术风格及
其理想："中国画笔法之异于西洋油画者，即在简之一字。……此
实中国画法所到之最高境界。华贵而简，乃宇宙生命之表象。造化
中形态万千，其生命之原理则一。故气象最华贵之午夜星天，亦最
为清空高洁，以其灿烂中有秩序也。此宇宙生命中一以贯之之道，
周流万汇，无往不在；而视之无形，听之无声。"③ 正是以无形之
"道"为表现对象，使得中国画在形式上趋于简洁空灵。而所谓简

---

① 宗白华：《论中西画法的渊源与基础》，《宗白华全集》第二卷，安徽教育出版
社1994年版，第109页。
② 宗白华：《中国艺术意境之诞生》，《宗白华全集》第二卷，安徽教育出版社
1994年版，第333页。
③ 宗白华：《徐悲鸿与中国绘画》，《宗白华全集》第二卷，安徽教育出版社1994
年版，第50页。

洁则表现为对于物象特征的筛选，超越了物体的具体局部细节，从而进行整体的概括化呈现。宗白华举例说：摄影虽然能将景物的一切特征事无巨细地拍摄下来，所摄事物形体的底层——即背景——在相纸上形成了黑影（宗白华说的是当时的黑白摄影），物体轮廓内的纹理形象反而因之而模糊不清，因此，山川草树崖石的脉络与姿态并不生动鲜明。而在大雪之后，由于大雪的覆盖，事物的背景细节被湮没了，如同铺了一层空白的纸，在这层白纸的衬托下，万物嵯峨突兀的线纹得以呈露，崖石的轮廓与林木的枝干才显出它们各自的精神性格。可以说，雪使得万物呈现了它们的"绘画状态"，正是因此，中国画家爱写雪景。

可以说，中国画家并不重视对于物体的写实性描绘，而是用线纹和水墨来表现物体的神理，尽管黑色的水墨在白纸上所绘出的形象，如同物体的"影"，但是宗白华却认为，这种超越了具体实象的"'影'即'真'，即'理'，而非'实'非'形'。超以象外，得其环中之境物"①。甚至认为，"一切高品之境界皆宜用水墨定其真，其影，其神理！"② 因为老子说过："五色令人目盲！"（《老子·第十二章》）——过多的色彩反而可能成为一种信息干扰，而淹没了事物的真实状貌。

因此，中国画的主要艺术元素是抽象的笔墨与线纹。"其精神在以抽象的笔墨超象立形，依形造境，因境传神，达于心物交融、形神互映的境界。"③ 例如，顾恺之和吴道子以线画著名，后者更有所谓"吴带当风"的美誉，正可以想见其线纹笔法的动荡与飘逸，充分体现超越形体实象的"动力与气韵"。

可以说，与中国画表现超越具体形象的"生命的节奏"或

---

① 宗白华：《艺事杂录》，《宗白华全集》第二卷，安徽教育出版社 1994 年版，第78 页注③。

② 同上书，第 79 页注①。

③ 宗白华：《论素描》，《宗白华全集》第二卷，安徽教育出版社 1994 年版，第117 页。

"有节奏的生命"这一艺术目标相适应，抽象的线纹与笔墨也就构成了中国画的主要艺术元素。宗白华指出，"抽象线纹，不存于物，不存于心，却能以它的匀整、流动、回环、屈折，表达万物的体积、形态与生命；更能凭借它的节奏、速度、刚柔、明暗，有如弦上的音、舞中的态，写出心情的灵境而探入物体的诗魂"①。

宗白华认为，"一切艺术趋向音乐的状态，建筑的意匠"②。因为，音乐和建筑是纯粹的秩序结构，这才能直接地启示宇宙真体的内部和谐与节奏。而中国画，则是"水墨之无声音乐，而摆脱色相。其意不在五色，亦不在形体，乃在'气韵生动'中之节奏。一阴一阳，一开一阖，昼夜消息之理"③。

正是基于这一点，宗白华指出，中国画艺术通于书法与舞蹈。"中国画里的空间构造，既不是凭借光影的烘染衬托（中国水墨画并不是光影的实写，而仍是一种抽象的笔墨表现），也不是移写雕像立体及建筑的几何透视，而是显示一种类似音乐或舞蹈所引起的空间感形。确切地说：是一种'书法的空间创造'。中国的书法本是一种类似音乐或舞蹈的节奏艺术。它具有形线之美，有情感与人格的表现。"④

于是，我们看到，在"运动"感与"节奏"感这一特点上，宗白华将中国书画的笔墨线条与宇宙生命的运动、人的内在生命与外部身体的动态等量齐观，显然认为这三者——"道"—"人"—"艺"是互感而互通，或曰是异质而同构的。实际上，现代格式塔心理学也持有类似的看法。阿恩海姆指出，一些实际上静

---

① 宗白华：《论素描》，《宗白华全集》第二卷，安徽教育出版社 1994 年版，第116 页。

② 宗白华：《中国艺术意境之诞生》（增订稿），《宗白华全集》第二卷，安徽教育出版社 1994 年版，第 366 页。

③ 宗白华：《艺事杂录》，《宗白华全集》第二卷，安徽教育出版社 1994 年版，第76 页。

④ 宗白华：《中西画法所表现的空间意识》，《宗白华全集》第二卷，安徽教育出版社 1994 年版，第 143 页。

止不动的线纹与式样可以让人看到"运动"或"具有倾向性的张力",而这种所谓"运动",是"大脑在对知觉刺激进行组织时激起的生理活动的心理对应物"① 而自然物的形状,则是物理力作用之后留下的痕迹,也就是物理力的一种表现形式。同样,艺术家的笔迹则是艺术家的手的力量与运动的一种结果,也透露了艺术家的生理和心理特征。因此,"艺术家们知道,用笔时涉及的物理运动,其能动特征不仅会使作品具有动感,而且还会进一步从中暴露出作者本人的好动性格。在创作中,许多艺术家不仅运用自己手腕和胳膊的灵活自由的运动去创造流畅和富有生命力的线条,而且还常常为了更加恰切地表现出题材的特征,而把全身都发动起来,使整个身体都处在运动之中"②。

也就是说,纸面上的线纹墨迹是一种"有意味的形式",象征了人的生命运动方式,进而又表征着"道"——即宇宙的秩序与运动。而在这其间,人的姿体的运动显然是一个居中的环节,一方面人的姿体运动表征了人的心理情绪的状态,或者,用宗白华的话说,表露了人的"生命情调",并可以幻化成为纸上的书画笔墨;另一方面,这种生命运动的节奏与韵律,又与宇宙生命的运行是同步共振的,——在中国古人的哲学观念中,"天"与"人"是合一的,互为感应的。

正是在这个意义上,宗白华认为"舞"是"最高度的韵律、节奏、秩序、理性,同时是最高度的生命、旋动、力、热情,它不仅是一切艺术表现的究竟状态,且是宇宙创化过程的象征"③。而中国书画与舞则是相通的,因为它们所表现的,都是运动感,是空间感,或者说,是通过空间形态而体现的运动:"书画都通于舞。

---

① [美] 鲁道夫·阿恩海姆:《艺术与视知觉》,滕守尧、朱疆源译,四川人民出版社 1998 年版,第 568 页。

② 同上书,第 592 页。

③ 宗白华:《中国艺术意境之诞生》(增订稿),《宗白华全集》第二卷,安徽教育出版社 1994 年版,第 366 页。

它的空间感觉也同于舞蹈与音乐所引起的力线律动的空间感觉。书法中所谓气势，所谓结构，所谓力透纸背，都是表现这书法的空间意境。一件表现生动的艺术品，必然地同时表现空间感。因为一切动作以空间为条件，为间架。……又如中国剧台，毫无布景，单凭动作暗示景界。（尝见一幅八大山人画鱼，在一张白纸的中心勾点寥寥数笔，一条极生动的鱼，别无所有，然而顿觉满纸江湖，烟波无尽。）"①

在宗白华的理解中，中国画乃至中国艺术的意境是对于"道"的表述，然而，"道"乃"无"，是"无状之状，无物之象"，艺术却最终要表现为"有"，表现为具体的艺术形象，这无疑构成了一个悖论，但是宗白华却发现中国画的艺术规则超越了这样一个看似不可能解决的悖论。他最终找到了"道"的象征形式，这就是中国画中的空白。

画家所写的自然生命，集中在一片无边的虚白上，空中荡漾着"视之不见、听之不闻、搏之不得"的"道"，老子名之为"夷"、"希"、"微"。在这一片虚白上幻现的一花一鸟、一树一石、一山一水，都负荷着无限的深意、无边的深情。②

准确地说，"有无相生"，中国画对于虚空之"道"的表现，是通过空白与直接在空白中呈现出来的形象来达到的，是通过笔墨线条的"有"与空白的"无"相互构成的空间关系而达到的。

在这种点线交流的律动的形相里面，立体的、静的空间失

---

① 宗白华：《中西画法所表现的空间意识》，《宗白华全集》第二卷，安徽教育出版社 1994 年版，第 144 页。

② 宗白华：《中国艺术意境之诞生》（增订稿），《宗白华全集》第二卷，安徽教育出版社 1994 年版，第 371 页。

> 去意义，它不复是位置物体的间架。画幅中飞动的物象与"空
> 白"处处交融，结成全幅流动的虚灵的节奏。空白在中国画里
> 不复是包举万象位置万物的轮廓，而是溶入万物内部，参加万
> 象之动的虚灵的"道"。①

> 画家用笔墨的浓淡，点线的交错，明暗虚实的互映，形体
> 气势的开合，谱成一幅如音乐如舞蹈的图案。物体形象固宛然
> 在目，然而飞动摇曳，似真似幻，完全溶解浑化在笔墨点线的
> 互流交错之中！②

这就是所谓"超以象外，得其环中"。笔墨线条与空白之间的空间
关系最终构成一种纯粹的节奏与韵律，"道"与"艺"在此最终体
合无间。

可以说，宗白华的画论就是在"道"与"艺"之间，在中国
思想文化（主要是道家思想文化）与作为民族审美心理之积淀的艺
术形式之间，架起一座桥梁，这是一座审美之桥，也是一座理解之
桥，这座桥不仅通向历史，同样也通往未来。

希尔斯在《论传统》一书中指出："传统得以存在，是企图摆
脱它的有限能力和力图继续保留它的愿望的双重作用的结果。"③
任何传统所面临的都不会是非存即废的单一局面，而传统能否得以
延续，不仅取决于传统自身是否适用于目前，也取决于传统话语自
身具备多少新的意义阐释空间以及更新潜力，更取决于当代人对传
统话语进行新的理解与阐释的能力。道家思想文化恰恰就是这样一

---

① 宗白华：《论中西画法的渊源与基础》，《宗白华全集》第二卷，安徽教育出版
社1994年版，第101页。
② 同上书，第100页。
③ ［美］E. 希尔斯：《论传统》，傅铿、吕乐译，上海人民出版社1991年版，第
285页。

个极具阐释与更新潜力的思想传统，中国现代美学对道家思想文化的批判与现代阐释也恰恰说明了这一点，但也正是通过这种现代化的审视与阐释，古老的道家智慧才得以在中国现代思想中继续展现其意义与活力，只有通过这种"创造性转化"，这些祖先的遗产才不致成为阻滞我们发展的重负，而真正成为一笔宝贵的精神财富。

结　　语

　　沃勒斯坦指出，对于世界其他地区的民族与文化共同体而言，西方资本主义全球化的结果，就是产生了一个普遍主义的"单数形式的文明"，从而将其他民族的"复数形式的文明"贬低为非文明而加以统治，沃氏指出，普遍主义的文明是"强者给弱者的礼物"，对于弱者来说，不接受是失败，接受也是失败。前者意味着有在古风中被毁灭的危险，而后者则是承认以前的落后，而且充其量也只能得到二等公民的地位。对于弱势文明的这种困境，沃氏认为"弱者的唯一选择是既不接受也不拒绝，或者同时拒绝和接受"。①

　　可以说，对于现代中国人来说，沃氏的这些论述确实击中要害。事实上，中国近现代文化保守主义思潮正是中国文化对于西方"单数形式的文明"扩张过程的一种反应，大多数中国现代文化保守主义思想都认识到中国现代化的必要性，认同一部分现代化观念与价值，例如科学、民主，甚至主动地寻求现代化的途径，如果说这是他们"接受"的一方面，那么强调中国传统文化的整全价值则是他们"拒绝"西方普遍主义文明的一方面。而无论文化保守主义的观点论述有何不同，他们都是通过对于传统的重新阐释来强调中国文化在现代世界的意义与价值，而在西方文化与学术强势扩张的

---

　　① 见沃勒斯坦《作为一种文明的近现代世界体系》，梁子译，《国外社会学》1998年第 3 期。

背景下，这种阐释往往因为有意无意地使用了西方文化与学术的知识、观念与逻辑而成为一种"创造性转化"或者"现代转换"，传统话语被西方现代学术话语所替代之后，其中的一些复杂细微的成分流失了，被人忽略甚而遗忘，这种"创造性转化"因而也成为一种"消耗性转换"①，进而被质疑为是"被西方知识挪用和收编""西方化"、是"更深刻的意义上的失语"②。

　　这种质疑与担忧无疑包含着敏锐的洞见，但同时也正是弱势文明在面对西方普遍主义的一种症候式反应。事实上，中国人对传统进行再阐释以及所谓"现代"（指相对于行为主体而言的现时代与当下）转化一直在进行，中国学术与文化话语利用外来文化的知识、观念与逻辑来生产新的文化系统的工作亦并不从今日始，实际上，文化的更新往往就是通过这种对于既存精神资源的重新阐释才得以进行的，从一定意义上说，并不存在固定不变的文化规定性，正如许倬云在讨论如何界定所谓"中国"的问题时所指出的："从语言到价值观念各项，也经常在变动。人群与人群之间会互相学习，饮食习惯、生活方式和信仰，包括交谈的工具（语言、文字），两代人之间都未必一样，何况长期的演变极有可能使得这些因素累积、转变，最终发展出完全不同的一套文化体系。……在某一个时期，在界外的部分忽然进入界内；同样地，本来在界内的部分，可以忽然被排除在界外。"③ 就中国而言，我们知道掺杂了阴阳灾异学说的汉代儒学并不同于先秦孔孟儒学，吸纳了佛学禅宗的宋明理学更不同于汉儒，就西方而言，文艺复兴与古希腊罗马文化隔着中世纪文化与阿拉伯译本，更是对于古希腊罗马文化的现代阐释。可以说，正是通过这种"现代"阐释，传统作为丰富复杂的文

---

　　① 王汎森：《执拗的低音：一些历史思考方式的反思》，三联书店 2014 年版，第23 页。

　　② 罗钢：《传统的幻象：跨文化语境中的王国维诗学》，人民文学出版社 2015 年版，第 376 页。

　　③ 许倬云：《说中国》，广西师范大学出版社 2015 年版，绪论第 5—6 页。

化资源库存才得以彰显其对于当代人的意义与价值。

但是，中国现代文化所面临的境况与以往不同之处在于，我们已经丧失了文化逻辑与规则的制定权，从某种意义上说，我们的问题并不在于选择"接受"还是"拒绝"，或者所谓"既不接受也不拒绝"抑或"同时拒绝和接受"，而是应该如何"拒绝"以及如何"接受"，以及这种"拒绝"或者"接受"是否是可能的。正是基于这些原因，才会出现中国近现代文化史上的"体""用"之争，各方对于"体""用"可分或是不可分各执一词，所谓"全盘反传统""全盘西化"的观点正是建立在"体""用"不可分的理解基础之上，对于一个普遍文明，要么全盘接受，要么全盘拒绝，要接受西方文明中的某些方面——例如中国人颇感兴趣的科学、民主，很可能就不得不改变自身的文化逻辑，绝不可能有"既接受又拒绝"的第三选项。这可以说是所谓"千年变局"在文化上的表现。

而文化保守主义的意义就在于，他们往往并不承认西方文明作为一种普遍文明的唯一性与不可分割性，因而，面对这个自身呈现多元化格局的外来文明，接受一部分与拒绝一部分都是可能的，另一方面，他们往往坚信中国文化与西方文化同样作为一种特殊文明，其中同样包含着普遍文明的成分，因而只要通过重新阐释，就可以使中国文化彰显出现代意义，当然，正如一些论者所指出的，他们的这种重新阐释往往是在承认与接受西方文化逻辑的前提之下进行的，甚至大量运用了西方的学术逻辑，从这个角度上看，文化保守主义同样不能自外于席卷全球的现代化浪潮，所不同的是，文化保守主义思想往往希望充分利用本土原有的传统文化资源进行转化与整合，以维护文化的所谓"道统"或者连续性，只是这个连续性，因为文化逻辑的易手，已经发生了某种质变，是一种经过现代阐释之后的传统，这种连续性从某种意义上说可能只是一种幻象，只是一种心理上与情感上的认祖归宗，其现代化的实质已无可回避。从这个意义上说，文化保守主义同样也是现代性谱系中的一种范式。

从这个意义上说，沃氏所言的"既不接受也不拒绝，或者同时拒绝和接受"的策略就显得有些迂远乃至不切实际，对于这件强者送给弱者的礼物，归根结底都只能接受，这不仅仅在于一旦拒绝就意味着"有在古风中被毁灭的危险"，而且在于甚至拒绝也是在更深层的意义上的一种接受的方式，因为一旦面对这种选择，就意味着进入了他人制定的游戏规则，被迫参与这一游戏，当游戏场地已经笼罩了整个世界的时候，如果不愿意出局，就只能选择参与其中，这是弱者无法逃脱的现实命运。

于是沃勒斯坦提出的问题就被转换成另一个问题，不是"拒绝还是接受"，甚至也不是"既不接受也不拒绝"或者"同时拒绝又接受"，而是如何通过参与从而逐渐改变或者升级游戏规则的问题。只有解决这个问题，才能保证不仅不致失败，而且重新分有文化逻辑与规则的制定权。而这又取决于作为弱势文明的游戏参与者在接受西方文明的同时，能否在认知、理解与情感归属上继续保有由历史所遗传而来的文化库存，并在未来漫长的岁月中可以自由地支配与取用。如果做不到这一点，即使是中国人在将来成为沃氏所言"单数的文明"中的"一等公民"，无论对中国人来说，还是对整个世界的文化库存来说，仍然都是一种双输的局面。

而文化保守主义的意义就在于维系现代中国人与传统文化库存之间不绝如缕的联系，通过重新阐释或者所谓"现代转化"，不断地将文化传统的历史性资源重新置回现代人的精神视野，这种视野不仅仅限于知识与记忆的层面，更重要的是思维理解、价值同情与情感认同的层面，只有这样才能使中国人始终牢牢掌握住传统文化精神库存的钥匙权，并结合外人所赠予的"礼物"而打造出新的文化产品并促成现代文化逻辑与规则的升级换代。从这个层面上看，文艺批评与美学对于文化保守主义的目标就显示出了更重要的意义——如果我们不可能使整个历史文化库存都在实用理性层面发挥其作用，至少我们可以而且也应该做到在审美意识与理想中保有对它们的向往与怀念。

维系与过往的联系，正是为了开辟未来的天地。也许只有这样才可能使我们所面临的现代文化危机与宿命转变成一次机遇，促成民族文化的浴火重生，提升与拓展其生命的格局与境界。

主要参考文献

一

蔡元培著，高平叔编：《蔡元培全集》，中华书局 1984 年版。

陈独秀：《独秀文存》，安徽人民出版社 1987 年版。

陈焕章：《孔教论》，商务印书馆 1913 年版。

陈平原、夏晓虹编：《二十世纪中国小说理论资料》第一卷，北京大学出版社 1989 年版。

陈崧编：《五四前后东西文化问题论战文选》，中国社会科学出版社 1989 年版。

陈天华、邹容撰，郅志选注《猛回头——陈天华、邹容集》，辽宁人民出版社 1994 年版。

戴季陶：《孙文主义之哲学的基础》，民智书局 1925 年版。

邓实辑《政艺通报》，沈云龙主编《近代中国史料丛刊续编》第二十七辑，文海出版社有限公司印行。

方东美：《中国人生哲学》，黎明文化事业股份有限公司 2005 年版。

冯桂芬：《校邠庐抗议》，中州古籍出版社 1998 年版。

冯友兰：《三松堂全集》，河南人民出版社 2001 年版。

故宫博物院明清档案部编《清末筹备立宪档案史料》，中华书局 1979 年版。

郭沫若：《郭沫若全集》文学编，人民文学出版社 1990 年版。

郭嵩焘:《郭嵩焘日记》,湖南人民出版社 1981 年版。

黄兴撰,湖南省社会科学院编:《黄兴集》,中华书局 1981 年版。

黄遵宪撰,吴振清、徐勇、王家祥编校整理:《黄遵宪集》,天津人民出版社 2003 年版。

贺麟:《文化与人生》,上海世纪出版集团、上海人民出版社 2011 年版。

贺麟:《近代唯心论简释》,上海人民出版社 2009 年版。

[英] 赫胥黎著,严复译《天演论》,商务印书馆 1981 年版。

胡经之编:《中国现代美学丛编(1919—1949)》,北京大学出版社 1987 年版。

胡适著,欧阳哲生编:《胡适文集》,北京大学出版社 1998 年版。

胡适著,欧阳哲生、刘红中编:《中国的文艺复兴》,外语教学与研究出版社 2001 年版。

胡适著,曹伯言整理:《胡适日记全编》,安徽教育出版社 2001 年版。

胡适:《胡适往来书信选》,中华书局 1979 年版。

胡先骕著,张大为、胡德熙、胡德焜编:《胡先骕文存》,江西高校出版社 1995 年版。

(清)贾祯等编:《筹办夷务始末·咸丰朝》,中华书局 1979 年版。

蒋介石:《蒋委员长新生活运动讲演集》,新生活运动促进总会 1937 年编印。

康有为撰,姜义华、张荣华编校:《康有为全集》,中国人民大学出版社 2007 年版。

梁济著,黄曙辉编校:《梁巨川遗书》,华东师范大学出版社 2008 年版。

梁启超:《新民说》,中州古籍出版社 1998 年版。

梁启超:《中国近三百年学术史》,天津古籍出版社 2003 年版。

梁启超:《饮冰室合集》,上海中华书局 1936 年版。

梁漱溟：《东西方哲学与文化》，商务印书馆 1999 年版。

梁宗岱：《梁宗岱文集》，中央编译出版社 2003 年版。

李长之：《李长之文集》，河北教育出版社 2006 年版。

李鸿章撰，顾廷龙、戴逸主编：《李鸿章全集》，安徽教育出版社、安徽出版集团 2008 年版。

林纾：《林琴南文集》，北京市中国书店 1985 年影印版。

林纾著，李家骥、李茂肃、薛祥生整理：《林纾诗文选》，商务印书馆 1993 年版。

李书源整理：《筹办夷务始末·同治朝》，中华书局 2008 年版。

刘禺生：《世载堂杂忆》，中华书局 1960 年版。

鲁迅：《鲁迅全集》，人民文学出版社 2005 年版。

茅盾：《茅盾全集》，人民文学出版社 1989 年版。

牟宗三：《历史哲学》，台北联经出版事业公司 2003 年版。

牟宗三：《政道与治道》，台北联经出版事业公司 2003 年版。

倭仁：《倭文端公遗书》，清光绪元年求我斋刊本。

钱穆：《钱宾四先生全集》，台北联经出版事业公司 1998 年版。

钱玄同撰，杨天石主编：《钱玄同日记》（整理本），北京大学出版社 2014 年版。

璩金圭、唐良炎编：《中国近代教育史资料汇编·学制演变》，上海教育出版社 1991 年版。

上海经世文社辑：《民国经世文编（内政·外交）》，台湾文海出版社 1973 年影印。

邵雍著，郭彧整理：《邵雍集》，中华书局 2010 年版。

孙宝瑄：《忘山庐日记》，上海古籍出版社 1983 年版。

孙尚扬、郭兰芳编：《国故新知论——学衡派文化论著辑要》，中国广播电视出版社 1995 年版。

孙文：《三民主义》，正中书局 1938 年版。

孙中山：《建国方略》，中州古籍出版社 1998 年版。

苏舆：《苏舆集》，湖南人民出版社 2008 年版。

唐君毅：《中华人文与当今世界》，台湾学生书局 1975 年版。

唐君毅：《中华人文与当今世界补编》，台湾学生书局 1988 年版。

唐君毅：《中国文化之精神价值》，广西师范大学出版社 2005 年版。

唐君毅：《中国人文精神之发展》，台湾学生书局 1989 年版。

王闿运：《湘军志》，岳麓书社 1983 年版。

王定安：《湘军记》，岳麓书社 1983 年版。

王国维著，姚淦铭、王燕编：《王国维文集》，中国文史出版社
　　1997 年版。

文化建设月刊社编：《中国本位文化建设讨论集》，文化建设月刊
　　社 1936 年版。

闻一多：《闻一多全集》，湖北人民出版社 1993 年版。

吴汝纶撰，施培毅、徐寿凯校点：《吴汝纶全集》，黄山书社 2002
　　年版。

吴宓著，徐葆耕编选：《会通派如是说——吴宓集》，上海文艺出版
　　社 1998 年版。

吴宓：《吴宓日记》，三联书店 1998 年版。

薛福成：《庸盦笔记》，上海商务印书馆 1937 年版。

薛绥之、张俊才编：《林纾研究资料》，知识产权出版社 2010 年版。

严复著，王栻主编：《严复集》，中华书局 1986 年版。

杨匡汉、刘福春编：《中国现代诗论》，花城出版社 1985 年版。

叶德辉编：《翼教丛编》，沈云龙主编：《近代中国史料丛刊》第六
　　十五辑，文海出版社印行。

曾国藩著，唐明浩编：《曾国藩全集》，岳麓书社出版。

张枬、王忍之编：《辛亥革命前十年时论选集》，三联书店 1963
　　年版。

张君劢等：《科学与人生观》，山东人民出版社 1997 年版。

张之洞：《劝学篇》，中州古籍出版社 1998 年版。

张之洞撰，苑书义、孙华峰、李秉新主编：《张之洞全集》，河北人民出版社 1998 年版。

章士钊：《章士钊全集》，文汇出版社 2000 年版。

章太炎撰，汤志钧编：《章太炎政论选集》，中华书局 1977 年版。

郑观应撰，夏东元编：《郑观应集》，上海人民出版社 1982 年版。

朱光潜：《朱光潜全集》（新编增订本），中华书局 2012 年版。

朱有瓛编：《中国近代学制史料》，华东师范大学出版社 1987 年版。

宗白华：《宗白华全集》，安徽教育出版社 1994 年版。

二

陈平原：《中国大学十讲》，复旦大学出版社 2002 年版。

陈平原：《中国现代小说的起点——清末民初小说研究》，北京大学出版社 2005 年版。

傅乐诗等著，周阳山、杨肃献编：《近代中国思想人物论——保守主义》，时报文化出版事业有限公司 1980 年版。

侯宜杰：《二十世纪初中国政治改革风潮》，人民出版社 1993 年版。

黄克武：《近代中国的思想与人物》，九州出版社 2013 年版。

金观涛：《探索现代社会的起源》，社会科学文献出版社 2010 年版。

蒋庆：《公羊学引论》，辽宁教育出版社 1995 年版。

王尔敏：《中国近代思想史论》，中国社会科学文献出版社 2003 年版。

王汎森：《古史辨运动的兴起》，台北：允晨文化实业股份有限公司 1987 年版。

王汎森：《执拗的低音：一些历史思考方式的反思》，三联书店 2014 年版。

王攸欣：《选择、接受与疏离》，三联书店 1999 年版。

丁文江、赵丰田：《梁启超年谱长编》，上海人民出版社 2009 年版。

林毓生：《中国意识的危机》（增订再版本），贵州人民出版社 1988 年版。

林安梧：《儒学革命：从"新儒学"到"后新儒学"》，商务印书馆 2011 年版。

罗钢：《传统的幻象：跨文化语境中的王国维诗学》，人民文学出版社 2015 年版。

罗志田：《权势转移：近代中国的思想、社会与学术》，湖北人民出版社 1999 年版。

史彤彪：《法国大革命时期的宪政理论与实践研究（1789——1814）》，中国人民大学出版社 2004 年版。

宋小庆、梁丽萍：《关于中国本位文化问题的讨论》，百花洲文艺出版社 2004 年版。

宋祖良、范进编：《会通集——贺麟生平与学术》，三联书店 1993 年版。

萧公权：《近代中国与新世界：康有为变法与大同思想研究》，江苏人民出版社 1997 年版。

夏勇：《人权概念起源》，中国政法大学出版社 1992 年版。

张朋园：《中国民主政治的困境，1909—1949：晚清以来历届议会选举述论》，吉林出版集团有限责任公司 2008 年版。

赵宪章：《西方形式美学》，上海人民出版社 1996 年版。

周济：《识同辨异，探源汇流：中西科学思想比较研究》，厦门大学出版社 2010 年版。

汪民安、陈永国、张云鹏主编：《现代性基本读本》，河南大学出版社 2005 年版。

三

［美］鲁道夫·阿恩海姆：《艺术与视知觉》，滕守尧、朱疆源译，

中国社会科学出版社 1984 年版。

［英］阿克顿：《法国大革命讲稿》，秋风译，贵州人民出版社 2004 年版。

［苏］瓦·费·阿斯穆斯：《康德》，孙鼎国译，北京大学出版社 1987 年版。

［美］本尼迪克特·安德森：《想象的共同体：民族主义的起源与散布》，吴叡人译，上海人民出版社 2003 年版。

［美］奥尔波特：《谣言心理学》，刘水平等译，辽宁教育出版社 2003 年版。

［德］马克思、恩格斯：《德意志意识形态》，《马克思恩格斯全集》第三卷，人民出版社 1960 年版。

［美］欧文·白璧德：《文学与美国的大学》，张沛、张源译，北京大学出版社 2004 年版。

［美］马歇尔·伯曼：《一切坚固的东西都烟消云散了》，徐大建，张辑译，商务印书馆 2003 年版。

［瑞士］雅各布·布克哈特：《意大利文艺复兴时期的文化》，何新译，商务印书馆 1979 年版。

［英］阿伦·布洛克：《西方人文主义传统》，董乐山译，三联书店 1997 年版。

［美］苏珊·邓恩：《姊妹革命》，杨小刚译，上海文艺出版社 2003 年版。

［法］福柯著，杜小真编选《福柯集》，上海远东出版社 1998 年版。

［英］厄纳斯特·盖尔纳：《民族与民族主义》，韩红译，中央编译出版社 2002 年版。

［美］克利福德·格尔兹：《文化的解释》，纳日碧力戈等译，上海人民出版社 1999 年版。

［德］哈贝马斯：《作为"意识形态"的技术与科学》，李黎、郭官

义译，学林出版社 1999 年版。

［德］哈贝马斯：《在事实与规范之间》，童世骏译，三联书店 2003
　　年版。

［英］约翰·亨利：《科学革命与现代科学的起源》（第 3 版），杨
　　俊杰译，北京大学出版社 2013 年版。

［法］勒内·吉拉尔：《替罪羊》，冯亦农译，东方出版社 2002
　　年版。

［奥］凯尔森：《法与国家的一般理论》，沈宗灵译，中国大百科全
　　书出版社 1996 年版。

［德］康德：《判断力批判》，邓晓芒译，人民出版社 2002 年版。

［法］让－诺埃尔·卡普费雷：《谣言》，郑若麟、边芹译，上海人
　　民出版社 2008 年版。

［德］恩斯特·卡西尔：《人论》，甘阳译，上海译文出版社 1985
　　年版。

［美］理查德·克莱恩：《香烟——一个人类痼习的文化研究》，乐
　　晓飞译，中国社会科学出版社 1999 年版。

［美］约瑟夫·列文森：《儒教中国及其现代命运》，郑大华、任菁
　　译，广西师范大学出版社 2009 年版。

刘禾：《帝国的话语政治：从近代中西冲突看现代世界秩序的形
　　成》，杨立华等译，三联书店 2009 年版。

［英］密尔：《论自由》，顾肃译，译林出版社 2010 年版。

［法］菲利普·尼摩：《什么是西方?》，阎雪梅译，广西师范大学
　　出版社 2009 年版。

［美］斯塔夫里阿诺斯：《全球通史：从史前史到 21 世纪》（第 7
　　版修订版），吴象婴、梁赤民等译，北京大学出版社 2006 年版。

［德］叔本华：《作为意志和表象的世界》，石冲白译，商务印书馆
　　1982 年版。

［法］托克维尔：《论美国的民主》，董果良译，商务印书馆 1988 年版。

［法］托克维尔：《旧制度与大革命》，冯棠译，商务印书馆 1997
　　年版。

［美］希尔斯：《论传统》，傅铿、吕乐译，上海人民出版社 1991
　　年版。

四

《新民丛报》（1902—1907 年），横滨新民丛报社发行。

《新小说》（1902 年），新小说社发行。

《小说林》（1907—1908 年），小说林社发行。

《新青年》（1915—1926 年），新青年社编辑。

《每周评论》（1918—1919 年），陈独秀、胡适主编。

《北京大学日刊》（16 册），人民出版社 1981 年影印本。

《语丝》周刊（1924—1930 年）。

《独立评论》（1932—1937 年），胡适主编。

《东方杂志》（1904—1948 年），商务印书馆发行。

《文化建设》月刊（1934—1937 年），文化建设月刊社编辑发行。

《思想与时代》月刊（1941—1948 年），思想与时代社编辑出版。

后　记

　　看了程老师为这本书写的序，才惊觉距离我的第一本书《京派文学批评研究》出版，已经过去了十五年。这十五年的时间间隔其实并不能说明我有什么"十年磨一剑"的耐心和毅力，反而恰恰是因为不够努力，放任自己在与各种人生义务与俗务的纠缠中得过且过着。实际上早在2008年之前我就意识到文化保守主义思潮是个重要的问题，但是同时也感到这个课题很难，自忖学养与能力都未必够，所以一直拖着，下不了决心去钻研。直到申请到了课题，这才有了任务感，不得不硬着头皮钻进去，沉下心去对付这片史华慈所说的"教人不愿意去碰触的泥淖"。

　　虽然知道自己没什么学问，但只有真正动手做起来，才真切地知道自己学养之薄弱、见解之庸陋到了何等的地步。这种感觉每每在夜间研读作为自己的研究对象的大师们的著作的时候，就更其清晰。但是一边啃读各种文献，一边吭吭哧哧地写下自己的感想和体会，几年下来，居然也积下如许一叠书稿。

　　虽然看了不少书，写下了这么多文字，但是我对于这个课题的中心议题——有关传统的问题仍然充满了困惑。这种困惑不仅是理论上的，更是生活本身给我的感触。一方面我们无法脱离传统的影响，无论是孝顺父母还是养育子女，中国人的传统都在默默地影响与左右着我们的生活观念，我们甚至会本能地感觉到对传统的需求，但是面对当下社会的变迁，我们的个人的生活方式已经使我们无法完全按照传统的规则来生活，要真正地践行传统的理念与行为准则，往往要付出相当的代价，而生活的琐碎与压力往往迫使我们不得不选择一种非传统的方式。传统在渐渐远离我们，似乎也是不争的事实。就这个意义上说，文化保守主义者们的想法在这个时代往往成为一种不合时宜的空想，传统也许只能成为现代人藏在内心深处的怀念与向往，只有在特定的节日——例如春运的时候——才会以一种全民参与的仪式化的方式来显示这种怀念与向往。

看来，凡庸的生活总是比宏大的理论更有力量。面对芸芸众生的生活实践，理论也许应该保持一种谦逊。

2017 年 6 月 22 日